CÓDIGO DE PROCESSO CIVIL

Lei nº 13.105/2015

LEI DE MEDIAÇÃO

Lei nº 13.140/2015

DIERLE NUNES

NATANAEL LUD SANTOS E SILVA

CÓDIGO DE PROCESSO CIVIL

Lei nº 13.105/2015

LEI DE MEDIAÇÃO

Lei nº 13.140/2015

Referenciado com os dispositivos correspondentes no CPC/73 Reformado, com os enunciados interpretativos do Fórum Permanente de Processualistas Civis (FPPC) e com artigos da Constituição Federal e da Legislação

Em conformidade com a Lei nº 13.256/2016

3ª edição revista e ampliada

Belo Horizonte

2016

© 2015 Empório do Direito Editora.
© 2015 2ª edição Editora Fórum Ltda.
2016 3ª edição
2016 Editora Fórum Ltda.

É proibida a reprodução total ou parcial desta obra, por qualquer meio eletrônico, inclusive por processos xerográficos, sem autorização expressa do Editor.

Conselho Editorial

Adilson Abreu Dallari
Alécia Paolucci Nogueira Bicalho
Alexandre Coutinho Pagliarini
André Ramos Tavares
Carlos Ayres Britto
Carlos Mário da Silva Velloso
Cármen Lúcia Antunes Rocha
Cesar Augusto Guimarães Pereira
Clovis Beznos
Cristiana Fortini
Dinorá Adelaide Musetti Grotti
Diogo de Figueiredo Moreira Neto
Egon Bockmann Moreira
Emerson Gabardo
Fabrício Motta
Fernando Rossi

Flávio Henrique Unes Pereira
Floriano de Azevedo Marques Neto
Gustavo Justino de Oliveira
Inês Virgínia Prado Soares
Jorge Ulisses Jacoby Fernandes
Juarez Freitas
Luciano Ferraz
Lúcio Delfino
Marcia Carla Pereira Ribeiro
Márcio Cammarosano
Marcos Ehrhardt Jr.
Maria Sylvia Zanella Di Pietro
Ney José de Freitas
Oswaldo Othon de Pontes Saraiva Filho
Paulo Modesto
Romeu Felipe Bacellar Filho
Sérgio Guerra

Luís Cláudio Rodrigues Ferreira
Presidente e Editor

Coordenação editorial: Leonardo Eustáquio Siqueira Araújo

Av. Afonso Pena, 2770 – 15º andar – Savassi – CEP 30130-012
Belo Horizonte – Minas Gerais – Tel.: (31) 2121.4900 / 2121.4949
www.editoraforum.com.br – editoraforum@editoraforum.com.br

N563c   Nunes, Dierle

Código de Processo Civil: Lei nº 13.105/2015: Lei de Mediação: Lei nº 13.140/2015: referenciado com os dispositivos correspondentes no CPC/73 Reformado, com os enunciados interpretativos do Fórum Permanente de Processualistas Civis (FPPC) e com artigos da Constituição Federal e da Legislação / Dierle Nunes ; Natanael Lud Santos e Silva. 3. ed. rev. e ampl. – Belo Horizonte : Fórum, 2016.

536 p.
ISBN 978-85-450-0117-1

1. Direito Processual Civil. 2. Constitucional. I. Silva, Natanael Lud Santos e. II. Título.

CDD: 347.05
CDU: 37.91

Informação bibliográfica deste livro, conforme a NBR 6023:2002 da Associação Brasileira de Normas Técnicas (ABNT):

NUNES, Dierle; SILVA, Natanael Lud Santos e. *Código de Processo Civil*: Lei nº 13.105/2015: Lei de Mediação: Lei nº 13.140/2015: referenciado com os dispositivos correspondentes no CPC/73 Reformado, com os enunciados interpretativos do Fórum Permanente de Processualistas Civis (FPPC) e com artigos da Constituição Federal e da Legislação. 3. ed. rev. e ampl. Belo Horizonte: Fórum, 2016. 536 p. ISBN 978-85-450-0117-1.

SUMÁRIO

INTRODUÇÃO 19
EXPOSIÇÃO DE MOTIVOS DA COMISSÃO DO ANTEPROJETO 23

LEI Nº 13.105, DE 16 DE MARÇO DE 2015 43

Art. 1º	43	Art. 35.	62
Art. 2º	43	Art. 36.	63
Art. 3º	44	Art. 37.	63
Art. 4º	44	Art. 38.	63
Art. 5º	45	Art. 39.	63
Art. 6º	46	Art. 40.	64
Art. 7º	47	Art. 41.	64
Art. 8º	48	Art. 42.	64
Art. 9º	48	Art. 43.	64
Art. 10.	49	Art. 44.	65
Art. 11.	50	Art. 45.	65
Art. 12.	51	Art. 46.	65
Art. 13.	52	Art. 47.	66
Art. 14.	52	Art. 48.	66
Art. 15.	52	Art. 49.	66
Art. 16.	57	Art. 50.	67
Art. 17.	57	Art. 51.	67
Art. 18.	57	Art. 52.	67
Art. 19.	58	Art. 53.	67
Art. 20.	58	Art. 54.	68
Art. 21.	58	Art. 55.	68
Art. 22.	59	Art. 56.	69
Art. 23.	59	Art. 57.	69
Art. 24.	59	Art. 58.	69
Art. 25.	60	Art. 59.	69
Art. 26.	60	Art. 60.	69
Art. 27.	61	Art. 61.	70
Art. 28.	61	Art. 62.	70
Art. 29.	61	Art. 63.	70
Art. 30.	61	Art. 64.	70
Art. 31.	62	Art. 65.	71
Art. 32.	62	Art. 66.	71
Art. 33.	62	Art. 67.	72
Art. 34.	62	Art. 68.	72

Art. 69.	72	Art. 115.	94
Art. 70.	73	Art. 116.	94
Art. 71.	73	Art. 117.	95
Art. 72.	73	Art. 118.	95
Art. 73.	74	Art. 119.	95
Art. 74.	74	Art. 120.	96
Art. 75.	74	Art. 121.	96
Art. 76.	75	Art. 122.	96
Art. 77.	76	Art. 123.	96
Art. 78.	77	Art. 124.	97
Art. 79.	77	Art. 125.	97
Art. 80.	77	Art. 126.	98
Art. 81.	78	Art. 127.	98
Art. 82.	78	Art. 128.	98
Art. 83.	79	Art. 129.	98
Art. 84.	79	Art. 130.	99
Art. 85.	79	Art. 131.	99
Art. 86.	83	Art. 132.	99
Art. 87.	83	Art. 133.	100
Art. 88.	83	Art. 134.	100
Art. 89.	83	Art. 135.	101
Art. 90.	83	Art. 136.	101
Art. 91.	84	Art. 137.	102
Art. 92.	84	Art. 138.	102
Art. 93.	84	Art. 139.	103
Art. 94.	85	Art. 140.	106
Art. 95.	85	Art. 141.	106
Art. 96.	85	Art. 142.	106
Art. 97.	85	Art. 143.	106
Art. 98.	86	Art. 144.	107
Art. 99.	87	Art. 145.	108
Art. 100.	88	Art. 146.	108
Art. 101.	88	Art. 147.	109
Art. 102.	89	Art. 148.	109
Art. 103.	89	Art. 149.	110
Art. 104.	89	Art. 150.	110
Art. 105.	90	Art. 151.	110
Art. 106.	90	Art. 152.	110
Art. 107.	91	Art. 153.	111
Art. 108.	91	Art. 154.	111
Art. 109.	92	Art. 155.	112
Art. 110.	92	Art. 156.	112
Art. 111.	92	Art. 157.	113
Art. 112.	92	Art. 158.	113
Art. 113.	93	Art. 159.	113
Art. 114.	94	Art. 160.	114

Art. 161.	114	Art. 207.	133
Art. 162.	114	Art. 208.	134
Art. 163.	114	Art. 209.	134
Art. 164.	115	Art. 210.	134
Art. 165.	115	Art. 211.	134
Art. 166.	116	Art. 212.	135
Art. 167.	116	Art. 213.	135
Art. 168.	117	Art. 214.	135
Art. 169.	118	Art. 215.	135
Art. 170.	118	Art. 216.	136
Art. 171.	118	Art. 217.	136
Art. 172.	119	Art. 218.	136
Art. 173.	119	Art. 219.	137
Art. 174.	119	Art. 220.	138
Art. 175.	120	Art. 221.	138
Art. 176.	120	Art. 222.	138
Art. 177.	120	Art. 223.	139
Art. 178.	120	Art. 224.	139
Art. 179.	121	Art. 225.	139
Art. 180.	121	Art. 226.	139
Art. 181.	121	Art. 227.	140
Art. 182.	122	Art. 228.	140
Art. 183.	122	Art. 229.	140
Art. 184.	123	Art. 230.	140
Art. 185.	123	Art. 231.	140
Art. 186.	123	Art. 232.	142
Art. 187.	123	Art. 233.	142
Art. 188.	124	Art. 234.	142
Art. 189.	124	Art. 235.	142
Art. 190.	125	Art. 236.	143
Art. 191.	129	Art. 237.	143
Art. 192.	129	Art. 238.	144
Art. 193.	129	Art. 239.	144
Art. 194.	130	Art. 240.	144
Art. 195.	130	Art. 241.	145
Art. 196.	130	Art. 242.	145
Art. 197.	131	Art. 243.	146
Art. 198.	131	Art. 244.	146
Art. 199.	131	Art. 245.	146
Art. 200.	131	Art. 246.	146
Art. 201.	132	Art. 247.	147
Art. 202.	132	Art. 248.	147
Art. 203.	132	Art. 249.	148
Art. 204.	133	Art. 250.	148
Art. 205.	133	Art. 251.	148
Art. 206.	133	Art. 252.	149

Art. 253.	....	149
Art. 254.	....	149
Art. 255.	....	150
Art. 256.	....	150
Art. 257.	....	150
Art. 258.	....	150
Art. 259.	....	151
Art. 260.	....	151
Art. 261.	....	152
Art. 262.	....	152
Art. 263.	....	152
Art. 264.	....	153
Art. 265.	....	153
Art. 266.	....	153
Art. 267.	....	153
Art. 268.	....	154
Art. 269.	....	154
Art. 270.	....	154
Art. 271.	....	155
Art. 272.	....	155
Art. 273.	....	156
Art. 274.	....	156
Art. 275.	....	156
Art. 276.	....	157
Art. 277.	....	157
Art. 278.	....	157
Art. 279.	....	157
Art. 280.	....	157
Art. 281.	....	157
Art. 282.	....	158
Art. 283.	....	158
Art. 284.	....	159
Art. 285.	....	159
Art. 286.	....	159
Art. 287.	....	159
Art. 288.	....	160
Art. 289.	....	160
Art. 290.	....	160
Art. 291.	....	160
Art. 292.	....	160
Art. 293.	....	161
Art. 294.	....	161
Art. 295.	....	162
Art. 296.	....	162
Art. 297.	....	163
Art. 298.	....	163
Art. 299.	....	164
Art. 300.	....	164
Art. 301.	....	165
Art. 302.	....	166
Art. 303.	....	166
Art. 304.	....	167
Art. 305.	....	168
Art. 306.	....	169
Art. 307.	....	169
Art. 308.	....	170
Art. 309.	....	170
Art. 310.	....	171
Art. 311.	....	171
Art. 312.	....	173
Art. 313.	....	173
Art. 314.	....	174
Art. 315.	....	175
Art. 316.	....	175
Art. 317.	....	175
Art. 318.	....	175
Art. 319.	....	176
Art. 320.	....	177
Art. 321.	....	177
Art. 322.	....	178
Art. 323.	....	178
Art. 324.	....	179
Art. 325.	....	179
Art. 326.	....	179
Art. 327.	....	180
Art. 328.	....	180
Art. 329.	....	180
Art. 330.	....	181
Art. 331.	....	182
Art. 332.	....	183
Art. 333.	....	184
Art. 334.	....	187
Art. 335.	....	188
Art. 336.	....	189
Art. 337.	....	190
Art. 338.	....	190
Art. 339.	....	191
Art. 340.	....	192
Art. 341.	....	192
Art. 342.	....	193
Art. 343.	....	193
Art. 344.	....	194

Art. 345.	194	Art. 391.	210
Art. 346.	194	Art. 392.	210
Art. 347.	195	Art. 393.	210
Art. 348.	195	Art. 394.	210
Art. 349.	195	Art. 395.	211
Art. 350.	195	Art. 396.	211
Art. 351.	196	Art. 397.	211
Art. 352.	196	Art. 398.	211
Art. 353.	196	Art. 399.	212
Art. 354.	196	Art. 400.	212
Art. 355.	197	Art. 401.	212
Art. 356.	197	Art. 402.	212
Art. 357.	198	Art. 403.	213
Art. 358.	200	Art. 404.	213
Art. 359.	200	Art. 405.	214
Art. 360.	200	Art. 406.	214
Art. 361.	200	Art. 407.	214
Art. 362.	201	Art. 408.	214
Art. 363.	201	Art. 409.	214
Art. 364.	201	Art. 410.	215
Art. 365.	202	Art. 411.	215
Art. 366.	202	Art. 412.	215
Art. 367.	202	Art. 413.	215
Art. 368.	202	Art. 414.	216
Art. 369.	203	Art. 415.	216
Art. 370.	203	Art. 416.	216
Art. 371.	204	Art. 417.	216
Art. 372.	204	Art. 418.	216
Art. 373.	204	Art. 419.	216
Art. 374.	205	Art. 420.	217
Art. 375.	205	Art. 421.	217
Art. 376.	206	Art. 422.	217
Art. 377.	206	Art. 423.	217
Art. 378.	206	Art. 424.	218
Art. 379.	206	Art. 425.	218
Art. 380.	207	Art. 426.	218
Art. 381.	207	Art. 427.	218
Art. 382.	207	Art. 428.	219
Art. 383.	208	Art. 429.	219
Art. 384.	208	Art. 430.	219
Art. 385.	208	Art. 431.	219
Art. 386.	209	Art. 432.	220
Art. 387.	209	Art. 433.	220
Art. 388.	209	Art. 434.	220
Art. 389.	209	Art. 435.	220
Art. 390.	210	Art. 436.	220

Art. 437.	221	Art. 483.	235
Art. 438.	221	Art. 484.	235
Art. 439.	222	Art. 485.	235
Art. 440.	222	Art. 486.	237
Art. 441.	222	Art. 487.	237
Art. 442.	222	Art. 488.	238
Art. 443.	222	Art. 489.	238
Art. 444.	223	Art. 490.	242
Art. 445.	223	Art. 491.	242
Art. 446.	223	Art. 492.	242
Art. 447.	223	Art. 493.	242
Art. 448.	224	Art. 494.	243
Art. 449.	224	Art. 495.	243
Art. 450.	224	Art. 496.	244
Art. 451.	225	Art. 497.	245
Art. 452.	225	Art. 498.	246
Art. 453.	225	Art. 499.	246
Art. 454.	225	Art. 500.	246
Art. 455.	226	Art. 501.	246
Art. 456.	227	Art. 502.	246
Art. 457.	227	Art. 503.	247
Art. 458.	228	Art. 504.	248
Art. 459.	228	Art. 505.	248
Art. 460.	228	Art. 506.	249
Art. 461.	229	Art. 507.	249
Art. 462.	229	Art. 508.	249
Art. 463.	229	Art. 509.	249
Art. 464.	229	Art. 510.	250
Art. 465.	230	Art. 511.	250
Art. 466.	230	Art. 512.	250
Art. 467.	231	Art. 513.	250
Art. 468.	231	Art. 514.	251
Art. 469.	231	Art. 515.	251
Art. 470.	232	Art. 516.	252
Art. 471.	232	Art. 517.	253
Art. 472.	232	Art. 518.	253
Art. 473.	232	Art. 519.	254
Art. 474.	233	Art. 520.	254
Art. 475.	233	Art. 521.	255
Art. 476.	233	Art. 522.	256
Art. 477.	233	Art. 523.	256
Art. 478.	234	Art. 524.	257
Art. 479.	234	Art. 525.	258
Art. 480.	234	Art. 526.	261
Art. 481.	234	Art. 527.	261
Art. 482.	235	Art. 528.	261

Art. 529.	262
Art. 530.	262
Art. 531.	263
Art. 532.	263
Art. 533.	263
Art. 534.	264
Art. 535.	264
Art. 536.	266
Art. 537.	267
Art. 538.	268
Art. 539.	268
Art. 540.	269
Art. 541.	269
Art. 542.	269
Art. 543.	270
Art. 544.	270
Art. 545.	270
Art. 546.	271
Art. 547.	271
Art. 548.	271
Art. 549.	271
Art. 550.	272
Art. 551.	272
Art. 552.	273
Art. 553.	273
Art. 554.	273
Art. 555.	274
Art. 556.	274
Art. 557.	274
Art. 558.	275
Art. 559.	275
Art. 560.	275
Art. 561.	275
Art. 562.	276
Art. 563.	276
Art. 564.	276
Art. 565.	276
Art. 566.	277
Art. 567.	277
Art. 568.	278
Art. 569.	278
Art. 570.	278
Art. 571.	279
Art. 572.	279
Art. 573.	279
Art. 574.	279
Art. 575.	280
Art. 576.	280
Art. 577.	280
Art. 578.	280
Art. 579.	280
Art. 580.	280
Art. 581.	281
Art. 582.	281
Art. 583.	281
Art. 584.	281
Art. 585.	282
Art. 586.	282
Art. 587.	282
Art. 588.	282
Art. 589.	282
Art. 590.	282
Art. 591.	283
Art. 592.	283
Art. 593.	283
Art. 594.	283
Art. 595.	284
Art. 596.	284
Art. 597.	284
Art. 598.	285
Art. 599.	285
Art. 600.	285
Art. 601.	286
Art. 602.	286
Art. 603.	286
Art. 604.	286
Art. 605.	287
Art. 606.	287
Art. 607.	287
Art. 608.	287
Art. 609.	288
Art. 610.	288
Art. 611.	288
Art. 612.	288
Art. 613.	289
Art. 614.	289
Art. 615.	289
Art. 616.	289
Art. 617.	290
Art. 618.	290
Art. 619.	291
Art. 620.	291

Art. 621.	292	Art. 667.	304
Art. 622.	292	Art. 668.	304
Art. 623.	292	Art. 669.	305
Art. 624.	292	Art. 670.	305
Art. 625.	293	Art. 671.	305
Art. 626.	293	Art. 672.	305
Art. 627.	293	Art. 673.	305
Art. 628.	294	Art. 674.	306
Art. 629.	294	Art. 675.	306
Art. 630.	294	Art. 676.	307
Art. 631.	294	Art. 677.	307
Art. 632.	294	Art. 678.	308
Art. 633.	295	Art. 679.	308
Art. 634.	295	Art. 680.	308
Art. 635.	295	Art. 681.	308
Art. 636.	295	Art. 682.	309
Art. 637.	295	Art. 683.	309
Art. 638.	295	Art. 684.	309
Art. 639.	296	Art. 685.	309
Art. 640.	296	Art. 686.	309
Art. 641.	296	Art. 687.	310
Art. 642.	297	Art. 688.	310
Art. 643.	297	Art. 689.	310
Art. 644.	297	Art. 690.	310
Art. 645.	297	Art. 691.	310
Art. 646.	298	Art. 692.	310
Art. 647.	298	Art. 693.	311
Art. 648.	299	Art. 694.	311
Art. 649.	299	Art. 695.	311
Art. 650.	299	Art. 696.	312
Art. 651.	299	Art. 697.	312
Art. 652.	300	Art. 698.	312
Art. 653.	300	Art. 699.	312
Art. 654.	300	Art. 700.	312
Art. 655.	301	Art. 701.	313
Art. 656.	301	Art. 702.	313
Art. 657.	301	Art. 703.	314
Art. 658.	302	Art. 704.	315
Art. 659.	302	Art. 705.	315
Art. 660.	302	Art. 706.	315
Art. 661.	303	Art. 707.	316
Art. 662.	303	Art. 708.	316
Art. 663.	303	Art. 709.	316
Art. 664.	303	Art. 710.	317
Art. 665.	304	Art. 711.	317
Art. 666.	304	Art. 712.	317

Art. 713.	317	Art. 759.	330
Art. 714.	317	Art. 760.	331
Art. 715.	318	Art. 761.	331
Art. 716.	318	Art. 762.	331
Art. 717.	318	Art. 763.	331
Art. 718.	319	Art. 764.	332
Art. 719.	319	Art. 765.	332
Art. 720.	319	Art. 766.	332
Art. 721.	319	Art. 767.	333
Art. 722.	319	Art. 768.	333
Art. 723.	319	Art. 769.	333
Art. 724.	320	Art. 770.	333
Art. 725.	320	Art. 771.	334
Art. 726.	320	Art. 772.	335
Art. 727.	320	Art. 773.	335
Art. 728.	321	Art. 774.	335
Art. 729.	321	Art. 775.	336
Art. 730.	321	Art. 776.	336
Art. 731.	321	Art. 777.	336
Art. 732.	322	Art. 778.	337
Art. 733.	322	Art. 779.	337
Art. 734.	322	Art. 780.	337
Art. 735.	323	Art. 781.	338
Art. 736.	323	Art. 782.	338
Art. 737.	323	Art. 783.	339
Art. 738.	324	Art. 784.	339
Art. 739.	324	Art. 785.	340
Art. 740.	324	Art. 786.	340
Art. 741.	325	Art. 787.	341
Art. 742.	325	Art. 788.	341
Art. 743.	326	Art. 789.	341
Art. 744.	326	Art. 790.	341
Art. 745.	326	Art. 791.	342
Art. 746.	327	Art. 792.	342
Art. 747.	327	Art. 793.	343
Art. 748.	328	Art. 794.	343
Art. 749.	328	Art. 795.	343
Art. 750.	328	Art. 796.	344
Art. 751.	328	Art. 797.	344
Art. 752.	328	Art. 798.	344
Art. 753.	329	Art. 799.	345
Art. 754.	329	Art. 800.	346
Art. 755.	329	Art. 801.	346
Art. 756.	330	Art. 802.	346
Art. 757.	330	Art. 803.	346
Art. 758.	330	Art. 804.	347

Art. 805.	347
Art. 806.	348
Art. 807.	348
Art. 808.	348
Art. 809.	348
Art. 810.	349
Art. 811.	349
Art. 812.	349
Art. 813.	349
Art. 814.	350
Art. 815.	350
Art. 816.	350
Art. 817.	350
Art. 818.	351
Art. 819.	351
Art. 820.	351
Art. 821.	351
Art. 822.	351
Art. 823.	352
Art. 824.	352
Art. 825.	352
Art. 826.	352
Art. 827.	353
Art. 828.	353
Art. 829.	354
Art. 830.	354
Art. 831.	355
Art. 832.	355
Art. 833.	355
Art. 834.	356
Art. 835.	356
Art. 836.	357
Art. 837.	357
Art. 838.	358
Art. 839.	358
Art. 840.	358
Art. 841.	358
Art. 842.	359
Art. 843.	359
Art. 844.	360
Art. 845.	360
Art. 846.	360
Art. 847.	361
Art. 848.	361
Art. 849.	362
Art. 850.	362

Art. 851.	362
Art. 852.	362
Art. 853.	363
Art. 854.	363
Art. 855.	364
Art. 856.	365
Art. 857.	365
Art. 858.	365
Art. 859.	366
Art. 860.	366
Art. 861.	366
Art. 862.	367
Art. 863.	367
Art. 864.	368
Art. 865.	368
Art. 866.	368
Art. 867.	368
Art. 868.	369
Art. 869.	369
Art. 870.	369
Art. 871.	370
Art. 872.	370
Art. 873.	370
Art. 874.	371
Art. 875.	371
Art. 876.	371
Art. 877.	372
Art. 878.	372
Art. 879.	373
Art. 880.	373
Art. 881.	373
Art. 882.	374
Art. 883.	374
Art. 884.	374
Art. 885.	374
Art. 886.	375
Art. 887.	375
Art. 888.	376
Art. 889.	376
Art. 890.	377
Art. 891.	377
Art. 892.	378
Art. 893.	378
Art. 894.	378
Art. 895.	378
Art. 896.	379

Art. 897.	380	Art. 943.	407
Art. 898.	380	Art. 944.	407
Art. 899.	380	Art. 945.	407
Art. 900.	380	Art. 946.	407
Art. 901.	380	Art. 947.	408
Art. 902.	381	Art. 948.	409
Art. 903.	381	Art. 949.	409
Art. 904.	382	Art. 950.	410
Art. 905.	382	Art. 951.	410
Art. 906.	383	Art. 952.	410
Art. 907.	383	Art. 953.	410
Art. 908.	383	Art. 954.	411
Art. 909.	384	Art. 955.	411
Art. 910.	384	Art. 956.	411
Art. 911.	384	Art. 957.	411
Art. 912.	385	Art. 958.	412
Art. 913.	385	Art. 959.	412
Art. 914.	385	Art. 960.	412
Art. 915.	386	Art. 961.	412
Art. 916.	386	Art. 962.	413
Art. 917.	387	Art. 963.	414
Art. 918.	388	Art. 964.	414
Art. 919.	389	Art. 965.	415
Art. 920.	389	Art. 966.	415
Art. 921.	390	Art. 967.	417
Art. 922.	391	Art. 968.	418
Art. 923.	391	Art. 969.	419
Art. 924.	391	Art. 970.	419
Art. 925.	392	Art. 971.	419
Art. 926.	392	Art. 972.	419
Art. 927.	394	Art. 973.	420
Art. 928.	399	Art. 974.	420
Art. 929.	399	Art. 975.	420
Art. 930.	399	Art. 976.	421
Art. 931.	400	Art. 977.	423
Art. 932.	400	Art. 978.	423
Art. 933.	402	Art. 979.	424
Art. 934.	402	Art. 980.	424
Art. 935.	402	Art. 981.	424
Art. 936.	403	Art. 982.	425
Art. 937.	403	Art. 983.	427
Art. 938.	404	Art. 984.	427
Art. 939.	405	Art. 985.	428
Art. 940.	405	Art. 986.	429
Art. 941.	405	Art. 987.	429
Art. 942.	406	Art. 988.	430

Art. 989.	432	Art. 1.032.	458
Art. 990.	432	Art. 1.033.	459
Art. 991.	432	Art. 1.034.	459
Art. 992.	432	Art. 1.035.	460
Art. 993.	432	Art. 1.036.	461
Art. 994.	433	Art. 1.037.	462
Art. 995.	433	Art. 1.038.	466
Art. 996.	433	Art. 1.039.	467
Art. 997.	434	Art. 1.040.	467
Art. 998.	434	Art. 1.041.	468
Art. 999.	435	Art. 1.042.	469
Art. 1.000.	435	Art. 1.043.	471
Art. 1.001.	435	Art. 1.044.	472
Art. 1.002.	435	Art. 1.045.	472
Art. 1.003.	435	Art. 1.046.	473
Art. 1.004.	436	Art. 1.047.	475
Art. 1.005.	436	Art. 1.048.	475
Art. 1.006.	437	Art. 1.049.	476
Art. 1.007.	437	Art. 1.050.	476
Art. 1.008.	439	Art. 1.051.	476
Art. 1.009.	439	Art. 1.052.	477
Art. 1.010.	440	Art. 1.053.	477
Art. 1.011.	441	Art. 1.054.	477
Art. 1.012.	441	Art. 1.055.	477
Art. 1.013.	442	Art. 1.056.	477
Art. 1.014.	443	Art. 1.057.	478
Art. 1.015.	443	Art. 1.058.	478
Art. 1.016.	445	Art. 1.059.	478
Art. 1.017.	445	Art. 1.060.	478
Art. 1.018.	446	Art. 1.061.	478
Art. 1.019.	447	Art. 1.062.	479
Art. 1.020.	447	Art. 1.063.	479
Art. 1.021.	447	Art. 1.064.	479
Art. 1.022.	448	Art. 1.065.	479
Art. 1.023.	450	Art. 1.066.	480
Art. 1.024.	450	Art. 1.067.	480
Art. 1.025.	451	Art. 1.068.	481
Art. 1.026.	451	Art. 1.069.	481
Art. 1.027.	452	Art. 1.070.	481
Art. 1.028.	454	Art. 1.071.	482
Art. 1.029.	454	Art. 1.072.	483
Art. 1.030.	456		
Art. 1.031.	458		

LEI Nº 13.140, DE 26 DE JUNHO DE 2015 485

Art. 1º 485	Art. 25. 491
Art. 2º 485	Art. 26. 491
Art. 3º 486	Art. 27. 491
Art. 4º 486	Art. 28. 492
Art. 5º 487	Art. 29. 492
Art. 6º 487	Art. 30. 492
Art. 7º 487	Art. 31. 493
Art. 8º 487	Art. 32. 493
Art. 9º 487	Art. 33. 494
Art. 10. 487	Art. 34. 494
Art. 11. 487	Art. 35. 495
Art. 12. 488	Art. 36. 495
Art. 13. 488	Art. 37. 496
Art. 14. 489	Art. 38. 496
Art. 15. 489	Art. 39. 496
Art. 16. 489	Art. 40. 496
Art. 17. 489	Art. 41. 497
Art. 18. 489	Art. 42. 497
Art. 19. 489	Art. 43. 497
Art. 20. 490	Art. 44. 497
Art. 21. 490	Art. 45. 498
Art. 22. 490	Art. 46. 498
Art. 23. 491	Art. 47. 498
Art. 24. 491	Art. 48. 498

APÊNCIDE A – TABELA DE EQUIVALÊNCIA CPC 2015 X CPC 1973.............499

APÊNCIDE B – TABELA DE EQUIVALÊNCIA CPC 1973 X CPC 2015 517

INTRODUÇÃO

Apresenta-se o Novo Código de Processo Civil, Lei nº 13.105, de 16 de março de 2015, já em conformidade com a Lei nº 13.256 de 04 de fevereiro de 2016 que o reformou, referenciado pela equipe de Camara, Rodrigues, Oliveira & Nunes Advocacia (CRON Advocacia) com os dispositivos correspondentes do CPC de 1973 Reformado, os enunciados interpretativos produzidos nos encontros de processualistas realizados em Salvador, em novembro de 2013; no Rio de Janeiro, em abril de 2014; em Belo Horizonte, em dezembro de 2014; em Vitória, maio de 2015 e em Curitiba, outubro de 2015 (Fórum Permanente de Processualistas Civis), os artigos da Constituição e da Legislação.

Acrescentou-se também o texto da Lei nº 13.140, de 26 de junho de 2015, chamada de Lei da Mediação entre particulares como meio de solução de controvérsias e sobre a autocomposição de conflitos no âmbito da administração pública.

Esperamos que os presentes textos legislativos referenciados possam auxiliar a comunidade jurídica a se informar acerca das novas normas processuais.

Sabe-se que o Novo CPC teve sua tramitação inaugural quando da apresentação ao Congresso Nacional de um Anteprojeto de Novo Código de Processo Civil preparado por uma Comissão de Juristas,[1] instaurada em 30.09.2009. O Anteprojeto foi apresentado em 08 de junho de 2010 ao Senado Federal sob o número 166/2010 (convertido no Projeto de Lei do Senado de nº 166/2010 – PLS nº 166/2010).[2]

Segundo a Exposição de Motivos do projeto, sua elaboração se orientou precipuamente "por cinco objetivos: 1. Estabelecer expressa e implicitamente verdadeira sintonia fina com a Constituição Federal;

---

[1] A Comissão de Juristas com a finalidade de apresentar, no prazo de cento e oitenta dias, anteprojeto de Código de Processo Civil pelo Senado Brasileiro criada mediante o ATO nº 379, de 30 de setembro de 2009, é composta por: Adroaldo Furtado Fabricio, Bruno Dantas, Benedito Cerezzo Pereira Filho, Elpídio Donizetti, Teresa Arruda Alvim Wambier, Humberto Theodoro Júnior, Paulo Cezar Pinheiro Carneiro, Luiz Fux, Jansen Fialho de Almeida, José Miguel Garcia Medina, José Roberto dos Santos Bedaque, Marcus Vinicius Furtado Coelho.

[2] Disponível em: <http://www.senado.gov.br/atividade/materia/detalhes.asp?p_cod_mate=97249>. Acesso em: 11 ago. 2010.

2. Criar condições para que o juiz possa proferir decisão de forma mais rente à realidade fática subjacente à causa; 3. Simplificar, resolvendo problemas e reduzindo a complexidade de subsistemas, como, por exemplo, o recursal; 4. Dar todo o rendimento possível a cada processo em si mesmo considerado; e, 5. Finalmente, sendo talvez este último objetivo parcialmente alcançado pela realização daqueles mencionados antes, imprimir maior grau de organicidade ao sistema, dando-lhe, assim, mais coesão".

O presidente da comissão de juristas, Luiz Fux, Ministro do Supremo Tribunal Federal, informa que o projeto manteve os mesmos fundamentos técnicos do movimento reformista gestado a partir da década de 1990, com busca de adequação ao movimento de acesso à justiça.[3]

Tal projeto teve seu relatório final apresentado ao Senado, em 24 de novembro, e aprovado em 1º de dezembro de 2010, com poucas alterações.

Com a aprovação do relatório, o PLS nº 166/2010 foi aprovado pelo Senado Federal em 15 de dezembro de 2010, com envio para a tramitação na Câmara dos deputados (Projeto de Lei nº 8.046/10).

De 12 de abril de 2011 a 15 de maio de 2011, ficou submetido à consulta pública no *site* do Ministério da Justiça.[4]

Em 16.06.2011 foi instituída uma comissão especial na câmara, tendo como presidente e relator, respectivamente, os Deputados Fábio Trad e Sérgio Barradas Carneiro.

Em 05.09.2011 foi instituída uma comissão de juristas notáveis (entre eles os Profs. Fredie Didier Jr. e Luiz Henrique Volpe Camargo, como coordenadores deste trabalho, além de Leonardo Carneiro da Cunha, Alexandre Freitas Câmara, Daniel Mitidiero, Paulo Lucon, José Manuel Arruda Alvim, Rinaldo Mouzalas e Marcos Destefenni) com a finalidade de auxiliar na adequação do susbtitutivo.

Após a saída da relatoria do Dep. Barradas Carneiro houve uma interrupção dos trabalhos, que retornaram com o ingresso no múnus do Dep. Paulo Teixeira, a partir de maio de 2012.

Quando assumiu a relatoria, o Dep. Teixeira ampliou o grupo de juristas para os Profs. Ada Pelegrini Grinover, Alexandre Freire,

---

[3] FUX, Luiz. O novo processo civil. In: FUX, Luiz *et al.* (Coord.). *O novo processo civil brasileiro*: direito em expectativa (reflexões acerca do projeto do novo Código de Processo Civil). Rio de Janeiro: GEN, Forense, 2011. p. 2.

[4] Disponível em: <http://participacao.mj.gov.br/cpc/>.

Antonio Carlos Marcato, Antonio Claudio da Costa Machado, Athos Gusmão Carneiro, Candido Rangel Dinamarco, Carlos Alberto Sales, Cassio Scarpinela Bueno, Dierle Nunes, José Augusto Garcia, Kazuo Watanabe, Lenio Streck, Luiz Guilherme Costa Wagner, Luiz Guilherme Marinoni, Paulo Cesar Pinheiro Carneiro, Regina Beatriz Tavares e Teresa Arruda Alvim Wambier.

Após a aprovação na Comissão Especial em 16 de julho de 2013, o grupo de juristas que auxiliou diretamente os Deputados Trad e Teixeira contou continuamente com a participação dos Profs. Fredie Didier Jr., Luis Henrique Volpe Camargo, Leonardo José Carneiro da Cunha e Dierle Nunes, até aprovação do texto em 26 de março de 2014, com sua remessa para tramitação final na Casa de ingresso.

O projeto apresenta uma redivisão topográfica dos livros do CPC. Ao invés de trabalhar com os cinco livros existentes no Código de Processo Civil de 1973 reformado, o Novo CPC apresenta uma PARTE GERAL dividida em seis Livros (LIVRO I - DAS NORMAS PROCESSUAIS CIVIS; LIVRO II - DA FUNÇÃO JURISDICIONAL; LIVRO III - DOS SUJEITOS DO PROCESSO; LIVRO IV - DOS ATOS PROCESSUAIS; LIVRO V - DA TUTELA ANTECIPADA; LIVRO VI - FORMAÇÃO, SUSPENSÃO E EXTINÇÃO DO PROCESSO) e *uma parte especial*, dividida em três Livros (LIVRO I - DO PROCESSO DE CONHECIMENTO E DO CUMPRIMENTO DE SENTENÇA; LIVRO II - DO PROCESSO DE EXECUÇÃO; LIVRO III - DOS PROCESSOS NOS TRIBUNAIS E DOS MEIOS DE IMPUGNAÇÃO DAS DECISÕES JUDICIAIS), e finalmente um *livro complementar* (DAS DISPOSIÇÕES FINAIS E TRANSITÓRIAS).

No Senado, na etapa final, foi designada Comissão Especial para analisar o projeto e apresentação de um parecer final. Integraram o bloco da maioria os peemedebistas Eunício Oliveira (CE), Vital do Rêgo (PB), Romero Jucá (RR) e Eduardo Braga (AM). No grupo governista estiveram os petistas José Pimentel (CE) e Jorge Viana (AC), além de Antonio Carlos Valadares (PSB-SE). Aloysio Nunes Ferreira (PSDB/SP) e Wilder Morais (DEM-GO) representaram a oposição. Também fizeram parte da comissão Cidinho Santos (PR-MT) e Eduardo Amorim (PSC-SE). Foi nomeada Comissão de Juristas constituída pelo Ministro Luiz Fux e os Professores Teresa Wambier, José Santos Bedaque, Paulo C. Pinheiro Carneiro e Bruno Dantas.

O texto foi aprovado em 17 de dezembro de 2014 no Senado Federal e enviado à sanção presidencial em 24 de fevereiro de 2015, tendo sido sancionado pela Presidente Dilma Rousseff em 16 de março de 2015, com *vacatio legis* de 1 (um) ano, entrando em vigor em 17 de março de 2016.

Em face da insatisfação de alguns seguimentos da magistratura, foi encaminhado um Projeto de Lei da Câmara nº 168, que — após uma tramitação extremamente veloz nas duas casas legislativas — foi aprovado no Senado Federal em dezembro de 2015 e sancionado em 03 fevereiro de 2016, mediante a já aludida Lei nº 13.256 de 04 de fevereiro de 2016, que entrará em vigor juntamente com o texto originário do CPC-2015, trazendo sensíveis modificações.

Belo Horizonte, fevereiro de 2016.

Camara, Rodrigues, Oliveira & Nunes Advocacia

Sócios
Dierle Nunes
Marcelo Camara
Walsir Edson Rodrigues
Heitor Oliveira
Moisés Oliveira

Colaboradores na obra
Natanael Lud Santos e Silva
Pedro Moreira
Silvia Márcia Santos de Jesus

EXPOSIÇÃO DE MOTIVOS DA COMISSÃO DO ANTEPROJETO

Brasília, 08 de junho de 2010

Um sistema processual civil que não proporcione à sociedade o reconhecimento e a realização[5] dos direitos, ameaçados ou violados, que têm cada um dos jurisdicionados, não se harmoniza com as garantias constitucionais[6] de um Estado Democrático de Direito.[7]

Sendo ineficiente o sistema processual, todo o ordenamento jurídico passa a carecer de real efetividade. De fato, as normas de direito material se transformam em pura ilusão, sem a garantia de sua correlata realização, no mundo empírico, por meio do processo.[8]

---

[5] Essencial que se faça menção a efetiva satisfação, pois, a partir da dita terceira fase metodológica do direito processual civil, o processo passou a ser visto como instrumento que deve ser idôneo para o reconhecimento e a adequada concretização de direitos.

[6] Isto é, aquelas que regem, eminentemente, as relações das partes entre si, entre elas e o juiz e, também, entre elas e terceiros, de que são exemplos a imparcialidade do juiz, o contraditório, a demanda, como ensinam CAPPELLETTI e VIGORITI (I diritti costituzionali delle parti nel processo civile italiano. *Rivista di diritto processuale*, II serie, v. 26, p. 604-650, Padova, Cedam, 1971, p. 605).

[7] Os princípios e garantias processuais inseridos no ordenamento constitucional, por conta desse movimento de "constitucionalização do processo", não se limitam, no dizer de Luigi Paolo Comoglio, a "reforçar do exterior uma mera 'reserva legislativa' para a regulamentação desse método [em referência ao processo como método institucional de resolução de conflitos sociais], mas impõem a esse último, e à sua disciplina, algumas condições mínimas de legalidade e retidão, cuja eficácia é potencialmente operante em qualquer fase (ou momento nevrálgico) do processo" (COMOGLIO, Luigi Paolo. *Giurisdizione e processo nel quadro delle garanzie costituzionali*. Studi in onore di Luigi Montesano, v. II, p. 87-127, Padova, Cedam, 1997, p. 92).

[8] É o que explica, com a clareza que lhe é peculiar, Barbosa Moreira: "Querer que o processo seja efetivo é querer que desempenhe com eficiência o papel que lhe compete na economia do ordenamento jurídico. Visto que esse papel é instrumental em relação ao direito substantivo, também se costuma falar da instrumentalidade do processo. Uma noção conecta-se com a outra e por assim dizer a implica. Qualquer instrumento será bom na medida em que sirva de modo prestimoso à consecução dos fins da obra a que se ordena; em outras palavras, na medida em que seja efetivo. Vale dizer: será efetivo o processo que constitua instrumento eficiente de realização do direito material" (BARBOSA MOREIRA, José Carlos. Por um processo socialmente efetivo. *Revista de Processo*. São Paulo, v. 27, n. 105, p. 183-190, jan./mar. 2002, p. 181).

Não há fórmulas mágicas. O Código vigente, de 1973, operou satisfatoriamente durante duas décadas. A partir dos anos noventa, entretanto, sucessivas reformas, a maioria delas lideradas pelos Ministros Athos Gusmão Carneiro e Sálvio de Figueiredo Teixeira, introduziram no Código revogado significativas alterações, com o objetivo de adaptar as normas processuais a mudanças na sociedade e ao funcionamento das instituições.

A expressiva maioria dessas alterações — como, por exemplo, em 1994, a inclusão no sistema do instituto da antecipação de tutela; em 1995, a alteração do regime do agravo; e, mais recentemente, as leis que alteraram a execução — foram bem recebidas pela comunidade jurídica e geraram resultados positivos, no plano da operatividade do sistema.

O enfraquecimento da coesão entre as normas processuais foi uma consequência natural do método consistente em se incluírem, aos poucos, alterações no CPC, comprometendo a sua forma sistemática. A complexidade resultante desse processo confunde-se, até certo ponto, com essa desorganização, comprometendo a celeridade e gerando questões evitáveis (= pontos que geram polêmica e atraem atenção dos magistrados) que subtraem indevidamente a atenção do operador do direito.

Nessa dimensão, a preocupação em se preservar a forma sistemática das normas processuais, longe de ser meramente acadêmica, atende, sobretudo, a uma necessidade de caráter pragmático: obter-se um grau mais intenso de funcionalidade.

Sem prejuízo da manutenção e do aperfeiçoamento dos institutos introduzidos no sistema pelas reformas ocorridas nos anos de 1992 até hoje, criou-se um Código novo, que não significa, todavia, uma ruptura com o passado, mas um passo à frente. Assim, além de conservados os institutos cujos resultados foram positivos, incluíram-se no sistema outros tantos que visam a atribuir-lhe alto grau de eficiência.

Há mudanças necessárias, porque reclamadas pela comunidade jurídica, e correspondentes a queixas recorrentes dos jurisdicionados e dos operadores do Direito, ouvidas em todo país. Na elaboração deste Anteprojeto de Código de Processo Civil, essa foi uma das linhas principais de trabalho: resolver problemas. Deixar de ver o processo como teoria descomprometida de sua natureza fundamental de método de resolução de conflitos, por meio do qual se realizam valores constitucionais.[9]

---

[9] Sálvio de Figueiredo Teixeira, em texto emblemático sobre a nova ordem trazida pela Constituição Federal de 1988, disse, acertadamente, que, apesar de suas vicissitudes,

Assim, e por isso, um dos métodos de trabalho da Comissão foi o de resolver problemas, sobre cuja existência há praticamente unanimidade na comunidade jurídica. Isso ocorreu, por exemplo, no que diz respeito à complexidade do sistema recursal existente na lei revogada. Se o sistema recursal, que havia no Código revogado em sua versão originária, era consideravelmente mais simples que o anterior, depois das sucessivas reformas pontuais que ocorreram, se tornou, inegavelmente, muito mais complexo.

Não se deixou de lado, é claro, a necessidade de se construir um Código coerente e harmônico *interna corporis*, mas não se cultivou a obsessão em elaborar uma obra magistral, estética e tecnicamente perfeita, em detrimento de sua funcionalidade.

De fato, essa é uma preocupação presente, mas que já não ocupa o primeiro lugar na postura intelectual do processualista contemporâneo.

A coerência substancial há de ser vista como objetivo fundamental, todavia, e mantida em termos absolutos, no que tange à Constituição Federal da República. Afinal, é na lei ordinária e em outras normas de escalão inferior que se explicita a promessa de realização dos valores encampados pelos princípios constitucionais.

O novo Código de Processo Civil tem o potencial de gerar um processo mais célere, mais justo,[10] porque mais rente às necessidades sociais[11] e muito menos complexo.[12]

A simplificação do sistema, além de proporcionar-lhe coesão mais visível, permite ao juiz centrar sua atenção, de modo mais intenso, no mérito da causa.

"nenhum texto constitucional valorizou tanto a 'Justiça', tomada aqui a palavra não no seu conceito clássico de 'vontade constante e perpétua de dar a cada um o que é seu', mas como conjunto de instituições voltadas para a realização da paz social" (FIGUEIREDO TEIXEIRA, Sálvio. O aprimoramento do processo civil como garantia da cidadania. In: FIGUEIREDO TEIXEIRA, Sálvio. *As garantias do cidadão na Justiça*. São Paulo: Saraiva, 1993. p. 79-92, p. 80).

[10] Atentando para a advertência, acertada, de que não o processo, além de produzir um resultado justo, precisa ser justo em si mesmo, e portanto, na sua realização, devem ser observados aqueles *standards* previstos na Constituição Federal, que constituem desdobramento da garantia do *due process of law* (DINAMARCO, Cândido. *Instituições de direito processual civil*, v. 1. 6. ed. São Paulo: Malheiros, 2009).

[11] Lembrando, com Barbosa Moreira, que "não se promove uma sociedade mais justa, ao menos primariamente, por obra do aparelho judicial. É todo o edifício, desde as fundações, que para tanto precisa ser revisto e reformado. Pelo prisma jurídico, a tarefa básica inscreve-se no plano do direito material" (BARBOSA MOREIRA, José Carlos. *Por um processo socialmente efetivo*, p. 181).

[12] Trata-se, portanto, de mais um passo decisivo para afastar os obstáculos para o acesso à Justiça, a que comumente se alude, isto é, a duração do processo, seu alto custo e a excessiva formalidade.

Com evidente redução da complexidade inerente ao processo de criação de um novo Código de Processo Civil, poder-se-ia dizer que os trabalhos da Comissão se orientaram precipuamente por cinco objetivos: 1. Estabelecer expressa e implicitamente verdadeira sintonia fina com a Constituição Federal; 2. Criar condições para que o juiz possa proferir decisão de forma mais rente à realidade fática subjacente à causa; 3. Simplificar, resolvendo problemas e reduzindo a complexidade de subsistemas, como, por exemplo, o recursal; 4. Dar todo o rendimento possível a cada processo em si mesmo considerado; e, 5. Finalmente, sendo talvez este último objetivo parcialmente alcançado pela realização daqueles mencionados antes, imprimir maior grau de organicidade ao sistema, dando-lhe, assim, mais coesão.

Esta Exposição de Motivos obedece à ordem dos objetivos acima alistados.

1 A necessidade de que fique evidente a harmonia da lei ordinária em relação à Constituição Federal da República[13] fez com que se incluíssem no Código, expressamente, princípios constitucionais, na sua versão processual.

Por outro lado, muitas regras foram concebidas, dando concreção a princípios constitucionais, como, por exemplo, as que preveem um procedimento, com contraditório e produção de provas, prévio à decisão que desconsidera da pessoa jurídica, em sua versão tradicional, ou "às avessas".[14]

Está expressamente formulada a regra no sentido de que o fato de o juiz estar diante de matéria de ordem pública não dispensa a obediência ao princípio do contraditório.

---

[13] Hoje, costuma-se dizer que o processo civil constitucionalizou-se. Fala-se em modelo constitucional do processo, expressão inspirada na obra de Italo Andolina e Giuseppe Vignera, Il modello costituzionale del processo civile italiano: corso di lezioni (Turim, Giapicchelli, 1990). O processo há de ser examinado, estudado e compreendido à luz da Constituição e de forma a dar o maior rendimento possível aos seus princípios fundamentais.

[14] O Novo CPC prevê expressamente que, antecedida de contraditório e produção de provas, haja decisão sobre a desconsideração da pessoa jurídica, com o redirecionamento da ação, na dimensão de sua patrimonialidade, e também sobre a consideração dita inversa, nos casos em que se abusa da sociedade, para usá-la indevidamente com o fito de camuflar o patrimônio pessoal do sócio. Essa alteração está de acordo com o pensamento que, entre nós, ganhou projeção ímpar na obra de J. Lamartine Corrêa de Oliveira. Com efeito, há três décadas, o brilhante civilista já advertia ser essencial o predomínio da realidade sobre a aparência, quando "em verdade [é] uma outra pessoa que está a agir, utilizando a pessoa jurídica como escudo, e se é essa utilização da pessoa jurídica, fora de sua função, que está tornando possível o resultado contrário à lei, ao contrato, ou às coordenadas axiológicas" (OLIVEIRA, J. Lamartine Corrêa de. *A dupla crise da pessoa jurídica*. São Paulo: Saraiva, 1979, p. 613).

Como regra, o depósito da quantia relativa às multas, cuja função processual seja levar ao cumprimento da obrigação *in natura*, ou da ordem judicial, deve ser feito logo que estas incidem.

Não podem, todavia, ser levantadas, a não ser quando haja trânsito em julgado ou quando esteja pendente agravo de decisão denegatória de seguimento a recurso especial ou extraordinário.

Trata-se de uma forma de tornar o processo mais eficiente e efetivo, o que significa, indubitavelmente, aproximá-lo da Constituição Federal, em cujas entrelinhas se lê que o processo deve assegurar o cumprimento da lei material.

Prestigiando o princípio constitucional da publicidade das decisões, previu-se a regra inafastável de que à data de julgamento de todo recurso deve-se dar publicidade (= todos os recursos devem constar em pauta), para que as partes tenham oportunidade de tomar providências que entendam necessárias ou, pura e simplesmente, possam assistir ao julgamento.

Levou-se em conta o princípio da razoável duração do processo.[15] Afinal a ausência de celeridade, sob certo ângulo,[16] é ausência de justiça. A simplificação do sistema recursal, de que trataremos separadamente, leva a um processo mais ágil.

Criou-se o incidente de julgamento conjunto de demandas repetitivas, a que adiante se fará referência. Por enquanto, é oportuno ressaltar que levam a um processo mais célere as medidas cujo objetivo seja o julgamento conjunto de demandas que gravitam em torno da mesma questão de direito, por dois ângulos: a) o relativo àqueles processos, em si mesmos considerados, que serão decididos conjuntamente; b) no que concerne à atenuação do excesso de carga

---

[15] Que, antes de ser expressamente incorporado à Constituição Federal em vigor (art. 5º, inciso LXXVIII), já havia sido contemplado em outros instrumentos normativos estrangeiros (veja-se, por exemplo, o art. 111, da Constituição da Itália) e convenções internacionais (Convenção Europeia e Pacto de San Jose da Costa Rica). Trata-se, portanto, de tendência mundial.

[16] Afinal, a celeridade não é um valor que deva ser perseguido a qualquer custo. "Para muita gente, na matéria, a rapidez constitui o valor por excelência, quiçá o único. Seria fácil invocar aqui um rol de citações de autores famosos, apostados em estigmatizar a morosidade processual. Não deixam de ter razão, sem que isso implique — nem mesmo, quero crer, no pensamento desses próprios autores — hierarquização rígida que não reconheça como imprescindível, aqui e ali, ceder o passo a outros valores. Se uma justiça lenta demais é decerto uma justiça má, daí não se segue que uma justiça muito rápida seja necessariamente uma justiça boa. O que todos devemos querer é que a prestação jurisdicional venha ser melhor do que é. Se para torná-la melhor é preciso acelerá-la, muito bem: não, contudo, a qualquer preço" (BARBOSA MOREIRA, José Carlos. O futuro da justiça: alguns mitos. *Revista de Processo*, v. 102, p. 228-237, abr.-jun. 2001, p. 232).

de trabalho do Poder Judiciário — já que o tempo usado para decidir aqueles processos poderá ser mais eficazmente aproveitado em todos os outros, em cujo trâmite serão evidentemente menores os ditos "tempos mortos" (= períodos em que nada acontece no processo).

Por outro lado, haver, indefinidamente, posicionamentos diferentes e incompatíveis, nos Tribunais, a respeito da mesma norma jurídica, leva a que jurisdicionados que estejam em situações idênticas tenham de submeter-se a regras de conduta diferentes, ditadas por decisões judiciais emanadas de tribunais diversos.

Esse fenômeno fragmenta o sistema, gera intranquilidade e, por vezes, verdadeira perplexidade na sociedade. Prestigiou-se, seguindo-se direção já abertamente seguida pelo ordenamento jurídico brasileiro, expressado na criação da Súmula Vinculante do Supremo Tribunal Federal (STF) e do regime de julgamento conjunto de recursos especiais e extraordinários repetitivos (que foi mantido e aperfeiçoado) tendência a criar estímulos para que a jurisprudência se uniformize, à luz do que venham a decidir tribunais superiores e até de segundo grau, e se estabilize.

Essa é a função e a razão de ser dos tribunais superiores: proferir decisões que moldem o ordenamento jurídico, objetivamente considerado. A função paradigmática que devem desempenhar é inerente ao sistema.

Por isso é que esses princípios foram expressamente formulados. Veja-se, por exemplo, o que diz o novo Código, no Livro IV: "A jurisprudência do STF e dos Tribunais Superiores deve nortear as decisões de todos os Tribunais e Juízos singulares do país, de modo a concretizar plenamente os princípios da legalidade e da isonomia".

Evidentemente, porém, para que tenha eficácia a recomendação no sentido de que seja a jurisprudência do STF e dos Tribunais superiores, efetivamente, norte para os demais órgãos integrantes do Poder Judiciário, é necessário que aqueles Tribunais mantenham jurisprudência razoavelmente estável.

A segurança jurídica fica comprometida com a brusca e integral alteração do entendimento dos tribunais sobre questões de direito.[17]

Encampou-se, por isso, expressamente princípio no sentido de que, uma vez firmada jurisprudência em certo sentido, esta deve, como

---

[17] Os ingleses dizem que os jurisdicionados não podem ser tratados "como cães, que só descobrem que algo é proibido quando o bastão toca seus focinhos" (BENTHAM citado por R. C. CAENEGEM, *Judges, Legislators & Professors*, p. 161).

norma, ser mantida, salvo se houver relevantes razões recomendando sua alteração.

Trata-se, na verdade, de um outro viés do princípio da segurança jurídica,[18] que recomendaria que a jurisprudência, uma vez pacificada ou sumulada, tendesse a ser mais estável.[19]

De fato, a alteração do entendimento a respeito de uma tese jurídica ou do sentido de um texto de lei pode levar ao legítimo desejo de que as situações anteriormente decididas, com base no entendimento superado, sejam redecididas à luz da nova compreensão. Isto porque a alteração da jurisprudência, diferentemente da alteração da lei, produz efeitos equivalentes aos *ex tunc*. Desde que, é claro, não haja regra em sentido inverso.

Diz, expressa e explicitamente, o novo Código que: "A mudança de entendimento sedimentado observará a necessidade de fundamentação adequada e específica, considerando o imperativo de estabilidade das relações jurídicas".

E, ainda, com o objetivo de prestigiar a segurança jurídica, formulou-se o seguinte princípio: "Na hipótese de alteração da jurisprudência dominante do STF e dos Tribunais superiores, ou oriunda de julgamentos de casos repetitivos, pode haver modulação dos efeitos da alteração no interesse social e no da segurança jurídica".

Esse princípio tem relevantes consequências práticas, como, por exemplo, a não rescindibilidade de sentenças transitadas em julgado baseadas na orientação abandonada pelo Tribunal. Também em nome da segurança jurídica, reduziu-se para um ano, como regra geral, o prazo decadencial dentro do qual pode ser proposta a ação rescisória.

---

[18] "O homem necessita de segurança para conduzir, planificar e conformar autônoma e responsavelmente a sua vida. Por isso, desde cedo se consideravam os princípios da segurança jurídica e da proteção à confiança como elementos constitutivos do Estado de Direito. Esses dois princípios — segurança jurídica e proteção da confiança — andam estreitamente associados, a ponto de alguns autores considerarem o princípio da confiança como um subprincípio ou como uma dimensão específica da segurança jurídica. Em geral, considera-se que a segurança jurídica está conexionada com elementos objetivos da ordem jurídica — garantia de estabilidade jurídica, segurança de orientação e realização do direito — enquanto a proteção da confiança se prende mais com os componentes subjetivos da segurança, designadamente a calculabilidade e previsibilidade dos indivíduos em relação aos efeitos dos actos" (CANOTILHO, José Joaquim Gomes. *Direito constitucional e teoria da constituição*. Almedina, Coimbra, 2000, p. 256).

[19] Os alemães usam a expressão princípio da "proteção", acima referida por Canotilho. (ALEXY, Robert; DREIER, Ralf. Precedent in the Federal Republic of Germany, in MACCORMICK, Neil; SUMMERS, Robert. *Interpreting Precedents, A Comparative Study*, Dartmouth Publishing Company, p. 19).

Mas talvez as alterações mais expressivas do sistema processual ligadas ao objetivo de harmonizá-lo com o espírito da Constituição Federal sejam as que dizem respeito a regras que induzem à uniformidade e à estabilidade da jurisprudência.

O novo Código prestigia o princípio da segurança jurídica, obviamente de índole constitucional, pois que se hospeda nas dobras do Estado Democrático de Direito e visa a proteger e a preservar as justas expectativas das pessoas.

Todas as normas jurídicas devem tender a dar efetividade às garantias constitucionais, tornando "segura" a vida dos jurisdicionados, de modo a que estes sejam poupados de "surpresas", podendo sempre prever, em alto grau, as consequências jurídicas de sua conduta.

Se, por um lado, o princípio do livre convencimento motivado é garantia de julgamentos independentes e justos, e neste sentido mereceu ser prestigiado pelo novo Código, por outro, compreendido em seu mais estendido alcance, acaba por conduzir a distorções do princípio da legalidade e à própria ideia, antes mencionada, de Estado Democrático de Direito. A dispersão excessiva da jurisprudência produz intranquilidade social e descrédito do Poder Judiciário.

Se todos têm que agir em conformidade com a lei, ter-se-ia, *ipso facto*, respeitada a isonomia. Essa relação de causalidade, todavia, fica comprometida como decorrência do desvirtuamento da liberdade que tem o juiz de decidir com base em seu entendimento sobre o sentido real da norma.

A tendência à diminuição[20] do número[21] de recursos que devem ser apreciados pelos Tribunais de segundo grau e superiores é resultado inexorável da jurisprudência mais uniforme e estável.

---

[20] Comentando os principais vetores da reforma sofrida no processo civil alemão na última década, Barbosa Moreira alude ao problema causado pelo excesso de recursos no processo civil: "Pôr na primeira instância o centro de gravidade do processo é diretriz política muito prestigiada em tempos modernos, e numerosas iniciativas reformadoras levam-na em conta. A rigor, o ideal seria que os litígios fossem resolvidos em termos finais mediante um único julgamento. Razões conhecidas induzem as leis processuais a abrirem a porta a reexames. A multiplicação desmedida dos meios tendentes a propiciá-los, entretanto, acarreta o prolongamento indesejável do feito, aumenta-lhe o custo, favorece a chicana e, em muitos casos, gera para os tribunais superiores excessiva carga de trabalho. Convém, pois, envidar esforços para que as partes se deem por satisfeitas com a sentença e se abstenham de impugná-la" (BARBOSA MOREIRA, José Carlos. Breve notícia sobre a reforma do processo civil alemão. *Revista de Processo*. São Paulo, v. 28, n. 111, p. 103-112, jul./set. 2003, p. 105).

[21] O número de recursos previstos na legislação processual civil é objeto de reflexão e crítica, há muitos anos, na doutrina brasileira. Egas Moniz de Aragão, por exemplo, em emblemático trabalho sobre o tema, já indagou de forma contundente: "há demasiados

Proporcionar legislativamente melhores condições para operacionalizar formas de uniformização do entendimento dos Tribunais brasileiros acerca de teses jurídicas é concretizar, na vida da sociedade brasileira, o princípio constitucional da isonomia.

Criaram-se figuras, no novo CPC, para evitar a dispersão[22] excessiva da jurisprudência. Com isso, haverá condições de se atenuar o assoberbamento de trabalho no Poder Judiciário, sem comprometer a qualidade da prestação jurisdicional.

Dentre esses instrumentos, está a complementação e o reforço da eficiência do regime de julgamento de recursos repetitivos, que agora abrange a possibilidade de suspensão do procedimento das demais ações, tanto no juízo de primeiro grau quanto dos demais recursos extraordinários ou especiais, que estejam tramitando nos tribunais superiores, aguardando julgamento, desatreladamente dos afetados.

Com os mesmos objetivos, criou-se, com inspiração no direito alemão,[23] o já referido incidente de Resolução de Demandas Repetitivas, que consiste na identificação de processos que contenham a mesma questão de direito, que estejam ainda no primeiro grau de jurisdição, para decisão conjunta.[24]

---

recursos no ordenamento jurídico brasileiro? Deve-se restringir seu cabimento? São eles responsáveis pela morosidade no funcionamento do Poder Judiciário?" Respondendo tais indagações, o autor conclui que há três recursos que "atendem aos interesses da brevidade e certeza, interesses que devem ser ponderados — como na fórmula da composição dos medicamentos — para dar adequado remédio às necessidades do processo judicial": a apelação, o agravo e o extraordinário, isto é, recurso especial e recurso extraordinário (ARAGÃO, Egas Moniz de. Demasiados recursos?. *Revista de Processo*. São Paulo, v. 31, n. 136, p. 9-31, jun. 2006, p. 18).

[22] A preocupação com essa possibilidade não é recente. Alfredo Buzaid já aludia a ela, advertindo que há uma grande diferença entre as decisões adaptadas ao contexto histórico em que proferidas e aquelas que prestigiam interpretações contraditórias da mesma disposição legal, apesar de iguais as situações concretas em que proferidas. Nesse sentido: "Na verdade, não repugna ao jurista que os tribunais, num louvável esforço de adaptação, sujeitem a mesma regra a entendimento diverso, desde que se alterem as condições econômicas, políticas e sociais; mas repugna-lhe que sobre a mesma regra jurídica deem os tribunais interpretação diversa e até contraditória, quando as condições em que ela foi editada continuam as mesmas. O dissídio resultante de tal exegese debilita a autoridade do Poder Judiciário, ao mesmo passo que causa profunda decepção às partes que postulam perante os tribunais" (BUZAID, Alfredo. Uniformização de Jurisprudência. *Revista da Associação dos Juízes do Rio Grande do Sul*, 34/139, jul. 1985).

[23] No direito alemão a figura se chama Musterverfahren e gera decisão que serve de modelo (= Muster) para a resolução de uma quantidade expressiva de processos em que as partes estejam na mesma situação, não se tratando necessariamente, do mesmo autor nem do mesmo réu. (RALF-THOMAS WITTMANN. Il "contenzioso di massa" in Germania, in GIORGETTI ALESSANDRO e VALERIO VALLEFUOCO, Il Contenzioso di massa in Italia, in Europa e nel mondo, Milão, Giuffrè, 2008, p. 178).

[24] Tais medidas refletem, sem dúvida, a tendência de coletivização do processo, assim explicada por Mancuso: "Desde o último quartel do século passado, foi tomando

O incidente de resolução de demandas repetitivas é admissível quando identificada, em primeiro grau, controvérsia com potencial de gerar multiplicação expressiva de demandas e o correlato risco da coexistência de decisões conflitantes.

É instaurado perante o Tribunal local, por iniciativa do juiz, do MP, das partes, da Defensoria Pública ou pelo próprio Relator. O juízo de admissibilidade e de mérito caberão ao tribunal pleno ou ao órgão especial, onde houver, e a extensão da eficácia da decisão acerca da tese jurídica limita-se à área de competência territorial do tribunal, salvo decisão em contrário do STF ou dos Tribunais superiores, pleiteada pelas partes, interessados, MP ou Defensoria Pública. Há a possibilidade de intervenção de *amici curiae*.

O incidente deve ser julgado no prazo de seis meses, tendo preferência sobre os demais feitos, salvo os que envolvam réu preso ou pedido de *habeas corpus*.

O recurso especial e o recurso extraordinário, eventualmente interpostos da decisão do incidente, têm efeito suspensivo e se considera presumida a repercussão geral, de questão constitucional eventualmente discutida.

Enfim, não observada a tese firmada, caberá reclamação ao tribunal competente.

As hipóteses de cabimento dos embargos de divergência agora se baseiam exclusivamente na existência de teses contrapostas, não importando o veículo que as tenha levado ao Supremo Tribunal Federal ou ao Superior Tribunal de Justiça. Assim, são passíveis de confronto teses contidas em recursos e ações, sejam as decisões de mérito ou relativas ao juízo de admissibilidade.

Está-se, aqui, diante de poderoso instrumento, agora tornado ainda mais eficiente, cuja finalidade é a de uniformizar a jurisprudência dos Tribunais superiores, *interna corporis*.

vulto o fenômeno da 'coletivização' dos conflitos, à medida que, paralelamente, se foi reconhecendo a inaptidão do processo civil clássico para instrumentalizar essas mega-controvérsias, próprias de uma conflitiva sociedade de massas. Isso explica a proliferação de ações de cunho coletivo, tanto na Constituição Federal (arts. 5º, XXI; LXX, 'b'; LXXIII; 129, III) como na legislação processual extravagante, empolgando segmentos sociais de largo espectro: consumidores, infância e juventude; deficientes físicos; investidores no mercado de capitais; idosos; torcedores de modalidades desportivas, etc. Logo se tornou evidente (e premente) a necessidade da oferta de novos instrumentos capazes de recepcionar esses conflitos assim potencializado, seja em função do número expressivo (ou mesmo indeterminado) dos sujeitos concernentes, seja em função da indivisibilidade do objeto litigioso, que o torna insuscetível de partição e fruição por um titular exclusivo" (MANCUSO, Rodolfo de Camargo. *A resolução de conflitos e a função judicial no Contemporâneo Estado de Direito*. São Paulo: Revista dos Tribunais, 2009, p. 379-380).

Sem que a jurisprudência desses Tribunais esteja internamente uniformizada, é posto abaixo o edifício cuja base é o respeito aos precedentes dos Tribunais superiores.

2. Pretendeu-se converter o processo em instrumento incluído no contexto social em que produzirá efeito o seu resultado. Deu-se ênfase à possibilidade de as partes porem fim ao conflito pela via da mediação ou da conciliação.[25] Entendeu-se que a satisfação efetiva das partes pode dar-se de modo mais intenso se a solução é por elas criada e não imposta pelo juiz.

Como regra, deve realizar-se audiência em que, ainda antes de ser apresentada contestação, se tentará fazer com que autor e réu cheguem a acordo. Dessa audiência, poderão participar conciliador e mediador e o réu deve comparecer, sob pena de se qualificar sua ausência injustificada como ato atentatório à dignidade da justiça. Não se chegando a acordo, terá início o prazo para a contestação.

Por outro lado, e ainda levando em conta a qualidade da satisfação das partes com a solução dada ao litígio, previu-se a possibilidade da presença do *amicus curiae*, cuja manifestação, com certeza, tem aptidão de proporcionar ao juiz condições de proferir decisão mais próxima às reais necessidades das partes e mais rente à realidade do país.[26]

Criou-se regra no sentido de que a intervenção pode ser pleiteada pelo *amicus curiae* ou solicitada de ofício, como decorrência das peculiaridades da causa, em todos os graus de jurisdição.

Entendeu-se que os requisitos que impõem a manifestação do *amicus curiae* no processo, se existem, estarão presentes desde o primeiro

---

[25] A criação de condições para realização da transação é uma das tendências observadas no movimento de reforma que inspirou o processo civil alemão. Com efeito, explica BARBOSA MOREIRA que "já anteriormente, por força de uma lei de 1999, os órgãos legislativos dos 'Lander' tinham sido autorizados, sob determinadas circunstâncias, a exigirem, como requisito de admissibilidade da ação, que se realizasse prévia tentativa de conciliação extrajudicial. Doravante, nos termos do art. 278, deve o tribunal, em princípio, levar a efeito a tentativa, ordenando o comparecimento pessoal de ambas as partes. O órgão judicial discutirá com elas a situação, poderá formular-lhes perguntas e fazer-lhes observações. Os litigantes serão ouvidos pessoalmente e terá cada qual a oportunidade de expor sua versão do litígio..." (BARBOSA MOREIRA, José Carlos. Breves notícias sobre a reforma do processo civil alemão, p. 106).

[26] Predomina na doutrina a opinião de que a origem do *amicus curiae* está na Inglaterra, no processo penal, embora haja autores que afirmem haver figura assemelhada já no direito romano (BUENO, Cássio Scarpinella. *Amicus curiae no processo civil brasileiro*, Saraiva, 2006, p. 88). Historicamente, sempre atuou ao lado do juiz, e sempre foi a discricionariedade deste que determinou a intervenção desta figura, fixando os limites de sua atuação. Do direito inglês, migrou para o direito americano, em que é, atualmente, figura de relevo digno de nota (BUENO, Cássio Scarpinella, ob. cit., p. 94 e seguintes)."

grau de jurisdição, não se justificando que a possibilidade de sua intervenção ocorra só nos Tribunais Superiores. Evidentemente, todas as decisões devem ter a qualidade que possa proporcionar a presença do *amicus curiae*, não só a última delas.

Com objetivo semelhante, permite-se no Novo CPC que os Tribunais Superiores apreciem o mérito de alguns recursos que veiculam questões relevantes, cuja solução é necessária para o aprimoramento do Direito, ainda que não estejam preenchidos requisitos de admissibilidade considerados menos importantes. Trata-se de regra afeiçoada à processualística contemporânea, que privilegia o conteúdo em detrimento da forma, em consonância com o princípio da instrumentalidade.

3. Com a finalidade de simplificação, criou-se,[27] *v.g.*, a possibilidade de o réu formular pedido independentemente do expediente formal da reconvenção, que desapareceu. Extinguiram-se muitos incidentes: passa a ser matéria alegável em preliminar de contestação a incorreção do valor da causa e a indevida concessão do benefício da justiça gratuita, bem como as duas espécies de incompetência. Não há mais a ação declaratória incidental nem a ação declaratória incidental de falsidade de documento, bem como o incidente de exibição de documentos. As formas de intervenção de terceiro foram modificadas e parcialmente fundidas: criou-se um só instituto, que abrange as hipóteses de denunciação da lide e de chamamento ao processo. Deve ser utilizado quando o chamado puder ser réu em ação regressiva; quando um dos devedores solidários saldar a dívida, aos demais; quando houver obrigação, por lei ou por contrato, de reparar ou garantir a reparação de dano, àquele que tem essa obrigação. A sentença dirá se terá havido a hipótese de ação regressiva, ou decidirá quanto à obrigação comum. Muitos[28] procedimentos especiais [29] foram

---

[27] Tal possibilidade, rigorosamente, já existia no CPC de 1973, especificamente no procedimento comum sumário (art. 278, parágrafo 10) e em alguns procedimentos especiais disciplinados no Livro IV, como, por exemplo, as ações possessórias (art. 922), daí porque se afirmava, em relação a estes, que uma de suas características peculiares era, justamente, a natureza dúplice da ação. Contudo, no Novo Código, o que era excepcional se tornará regra geral, em evidente benefício da economia processual e da ideia de efetividade da tutela jurisdicional.

[28] Aragão, comentando a transição do Código de 1939 para o Código de 1973, já chamava a atenção para a necessidade de refletir sobre o grande número de procedimentos especiais que havia no primeiro e foi mantido, no segundo diploma. Nesse sentido: "Ninguém jamais se preocupou em investigar se é necessário ou dispensável, se é conveniente ou inconveniente oferecer aos litigantes essa pletora de procedimentos especiais; ninguém jamais se preocupou em verificar se a existência desses inúmeros procedimentos constitui

extintos. Foram mantidos ação de consignação em pagamento, ação de prestação de contas, ação de divisão e demarcação de terras particulares, inventário e partilha, embargos de terceiro, habilitação, restauração de autos, homologação de penhor legal e ações possessórias.

Extinguiram-se também as ações cautelares nominadas. Adotou-se a regra no sentido de que basta à parte a demonstração do *fumus boni iuris* e do perigo de ineficácia da prestação jurisdicional para que a providência pleiteada deva ser deferida. Disciplina-se também a tutela sumária que visa a proteger o direito evidente, independentemente de *periculum in mora*.

O Novo CPC agora deixa clara a possibilidade de concessão de tutela de urgência e de tutela à evidência. Considerou-se conveniente esclarecer de forma expressa que a resposta do Poder Judiciário deve ser rápida não só em situações em que a urgência decorre do risco de eficácia do processo e do eventual perecimento do próprio direito. Também em hipóteses em que as alegações da parte se revelam de juridicidade ostensiva deve a tutela ser antecipadamente (total ou parcialmente) concedida, independentemente de *periculum in mora*, por não haver razão relevante para a espera, até porque, via de regra, a demora do processo gera agravamento do dano.

Ambas essas espécies de tutela vêm disciplinadas na Parte Geral, tendo também desaparecido o livro das Ações Cautelares.

A tutela de urgência e da evidência podem ser requeridas antes ou no curso do procedimento em que se pleiteia a providência principal.

Não tendo havido resistência à liminar concedida, o juiz, depois da efetivação da medida, extinguirá o processo, conservando-se a eficácia da medida concedida, sem que a situação fique protegida pela coisa julgada.

---

obstáculo à 'efetividade do processo', valor tão decantado na atualidade; ninguém jamais se preocupou em pesquisar se a existência de tais e tantos procedimentos constitui estorvo ao bom andamento dos trabalhos forenses e se a sua substituição por outros e novos meios de resolver os mesmos problemas poderá trazer melhores resultados. Diante desse quadro é de indagar: será possível atingir os resultados verdadeiramente aspirados pela revisão do Código sem remodelar o sistema no que tange aos procedimentos especiais?" (ARAGÃO, Egas Moniz de. Reforma processual: 10 anos. *Revista do Instituto dos Advogados do Paraná*. Curitiba, n. 33, p. 201-215, dez. 2004, p. 205).

[29] Ainda na vigência do Código de 1973, já não se podia afirmar que a maior parte desses procedimentos era efetivamente especial. As características que, no passado, serviram para lhes qualificar desse modo, após as inúmeras alterações promovidas pela atividade de reforma da legislação processual, deixaram de lhes ser exclusivas. Vários aspectos que, antes, somente se viam nos procedimentos ditos especiais, passaram, com o tempo, a se observar também no procedimento comum. Exemplo disso é o sincretismo processual, que passou a marcar o procedimento comum desde que admitida a concessão de tutela de urgência em favor do autor, nos termos do art. 273.

Impugnada a medida, o pedido principal deve ser apresentado nos mesmos autos em que tiver sido formulado o pedido de urgência.

As opções procedimentais acima descritas exemplificam sobremaneira a concessão da tutela cautelar ou antecipatória, do ponto de vista procedimental.

Além de a incompetência, absoluta e relativa, poderem ser levantadas pelo réu em preliminar de contestação, o que também significa uma maior simplificação do sistema, a incompetência absoluta não é, no Novo CPC, hipótese de cabimento de ação rescisória.

Cria-se a faculdade de o advogado promover, pelo correio, a intimação do advogado da outra parte. Também as testemunhas devem comparecer espontaneamente, sendo excepcionalmente intimadas por carta com aviso de recebimento.

A extinção do procedimento especial "ação de usucapião" levou à criação do procedimento edital, como forma de comunicação dos atos processuais, por meio do qual, em ações deste tipo, devem-se provocar todos os interessados a intervir, se houver interesse.

O prazo para todos os recursos, com exceção dos embargos de declaração, foi uniformizado: quinze dias.

O recurso de apelação continua sendo interposto no 1º grau de jurisdição, tendo-lhe sido, todavia, retirado o juízo de admissibilidade, que é exercido apenas no 2º grau de jurisdição. Com isso, suprime-se um novo foco desnecessário de recorribilidade.

Na execução, se eliminou a distinção entre praça e leilão, assim como a necessidade de duas hastas públicas. Desde a primeira, pode o bem ser alienado por valor inferior ao da avaliação, desde que não se trate de preço vil.

Foram extintos os embargos à arrematação, tornando-se a ação anulatória o único meio de que o interessado pode valer-se para impugná-la.

Bastante simplificado foi o sistema recursal. Essa simplificação, todavia, em momento algum significou restrição ao direito de defesa. Em vez disso deu, de acordo com o objetivo tratado no item seguinte, maior rendimento a cada processo individualmente considerado.

Desapareceu o agravo retido, tendo, correlatamente, alterado-se o regime das preclusões.[30] Todas as decisões anteriores à sentença

---

[30] Essa alteração contempla uma das duas soluções que a doutrina processualista colocava em relação ao problema da recorribilidade das decisões interlocutórias. Nesse sentido: "Duas teses podem ser adotadas com vistas ao controle das decisões proferidas pelo juiz

podem ser impugnadas na apelação. Ressalte-se que, na verdade, o que se modificou, nesse particular, foi exclusivamente o momento da impugnação, pois essas decisões, de que se recorria, no sistema anterior, por meio de agravo retido, só eram mesmo alteradas ou mantidas quando o agravo era julgado, como preliminar de apelação. Com o novo regime, o momento de julgamento será o mesmo; não o da impugnação.

O agravo de instrumento ficou mantido para as hipóteses de concessão, ou não, de tutela de urgência; para as interlocutórias de mérito, para as interlocutórias proferidas na execução (e no cumprimento de sentença) e para todos os demais casos a respeito dos quais houver previsão legal expressa.

Previu-se a sustentação oral em agravo de instrumento de decisão de mérito, procurando-se, com isso, alcançar resultado do processo mais rente à realidade dos fatos.

Uma das grandes alterações havidas no sistema recursal foi a supressão dos embargos infringentes.[31] Há muito, doutrina da melhor qualidade vem propugnando pela necessidade de que sejam extintos.[32] Em contrapartida a essa extinção, o relator terá o dever de declarar o voto vencido, sendo este considerado como parte integrante do acórdão, inclusive para fins de prequestionamento.

Significativas foram as alterações, no que tange aos recursos para o STJ e para o STF. O Novo Código contém regra expressa, que leva ao aproveitamento do processo, de forma plena, devendo ser decididas todas as razões que podem levar ao provimento ou ao improvimento do recurso.

Sendo, por exemplo, o recurso extraordinário provido para acolher uma causa de pedir, ou a) examinam-se todas as outras, ou,

---

no decorrer do processo em primeira instância: ou, a) não se proporciona recurso algum e os litigantes poderão impugná-las somente com o recurso cabível contra o julgamento final, normalmente a apelação, caso estes em que não incidirá preclusão sobre tais questões, ou, b) é proporcionado recurso contra as decisões interlocutórias (tanto faz que o recurso suba incontinente ao órgão superior ou permaneça retido nos autos do processo) e ficarão preclusas as questões nelas solucionadas caso o interessado não recorra" (ARAGÃO, E. M. *Reforma processual*: 10 anos, p. 210-211).

[31] Essa trajetória, como lembra Barbosa Moreira, foi, no curso das décadas, "complexa e sinuosa" (BARBOSA MOREIRA, José Carlos. Novas vicissitudes dos embargos infringentes. *Revista de Processo*. São Paulo, v. 28, n. 109, p. 113-123, jul-ago. 2004, p. 113).

[32] Nesse sentido, "A existência de um voto vencido não basta por si só para justificar a criação de tal recurso; porque, por tal razão, se devia admitir um segundo recurso de embargos toda vez que houvesse mais de um voto vencido; desta forma poderia arrastar-se a verificação por largo tempo, vindo o ideal de justiça a ser sacrificado pelo desejo de aperfeiçoar a decisão" (BUZAID, Alfredo. *Ensaio para uma revisão do sistema de recursos no Código de Processo Civil*. Estudos de direito. São Paulo: Saraiva, 1972, v. 1, p. 111).

b) remetem-se os autos para o Tribunal de segundo grau, para que decida as demais, ou, c) remetem-se os autos para o primeiro grau, caso haja necessidade de produção de provas, para a decisão das demais; e, pode-se também, d) remeter os autos ao STJ, caso as causas de pedir restantes constituam-se em questões de direito federal.

Com os mesmos objetivos, consistentes em simplificar o processo, dando-lhe, simultaneamente, o maior rendimento possível, criou-se a regra de que não há mais extinção do processo, por decisão de inadmissão de recurso, caso o tribunal destinatário entenda que a competência seria de outro tribunal. Há, isto sim, em todas as instâncias, inclusive no plano de STJ e STF, a remessa dos autos ao tribunal competente.

Há dispositivo expresso determinando que, se os embargos de declaração são interpostos com o objetivo de prequestionar a matéria objeto do recurso principal, e não são admitidos, considera-se o prequestionamento como havido, salvo, é claro, se se tratar de recurso que pretenda a inclusão, no acórdão, da descrição de fatos.

Vê-se, pois, que as alterações do sistema recursal a que se está, aqui, aludindo proporcionaram simplificação e levaram a efeito um outro objetivo, de que a seguir se tratará: obter-se o maior rendimento possível de cada processo.

4. O novo sistema permite que cada processo tenha maior rendimento possível. Assim, e por isso, estendeu-se a autoridade da coisa julgada às questões prejudiciais.

Com o objetivo de se dar maior rendimento a cada processo, individualmente considerado, e, atendendo a críticas tradicionais da doutrina,[33] deixou, a possibilidade jurídica do pedido, de ser condição da ação. A sentença, que à luz da lei revogada seria de carência da ação, à luz do Novo CPC é de improcedência e resolve definitivamente a controvérsia.

Criaram-se mecanismos para que, sendo a ação proposta com base em várias causas de pedir e sendo só uma levada em conta na decisão do 1º e do 2º grau, repetindo-se as decisões de procedência, caso o tribunal superior inverta a situação, retorne o processo ao

---

[33] Cândido Dinamarco lembra que o próprio Liebman, após formular tal condição da ação em aula inaugural em Turim, renunciou a ela depois que "a lei italiana passou a admitir o divórcio, sendo este o exemplo mais expressivo de impossibilidade jurídica que vinha sendo utilizado em seus escritos" (DINAMARCO, Cândido Rangel. *Instituições de direito processual civil*. v. II, 6. ed. São Paulo: Malheiros, 2009, p. 309).

2º grau, para que as demais sejam apreciadas, até que, afinal, sejam todas decididas e seja, efetivamente, posto fim à controvérsia.

O mesmo ocorre se se tratar de ação julgada improcedente em 1º e em 2º grau, como resultado de acolhimento de uma razão de defesa, quando haja mais de uma.

Também visando a essa finalidade, o novo Código de Processo Civil criou, inspirado no sistema italiano[34] e francês,[35] a estabilização de tutela, a que já se referiu no item anterior, que permite a manutenção da eficácia da medida de urgência, ou antecipatória de tutela, até que seja eventualmente impugnada pela parte contrária.

As partes podem, até a sentença, modificar pedido e causa de pedir, desde que não haja ofensa ao contraditório. De cada processo, por esse método, se obtém tudo o que seja possível.

Na mesma linha, tem o juiz o poder de adaptar o procedimento às peculiaridades da causa.[36]

Com a mesma finalidade, criou-se a regra, a que já se referiu, no sentido de que, entendendo o Superior Tribunal de Justiça que a questão veiculada no recurso especial seja constitucional, deve remeter o recurso do Supremo Tribunal Federal; do mesmo modo, deve o Supremo Tribunal Federal remeter o recurso ao Superior Tribunal de Justiça, se considerar que não se trata de ofensa direta à Constituição Federal, por decisão irrecorrível.

5. A Comissão trabalhou sempre tendo como pano de fundo um objetivo genérico, que foi de imprimir organicidade às regras do processo civil brasileiro, dando maior coesão ao sistema.

O Novo CPC conta, agora, com uma Parte Geral,[37] atendendo às críticas de parte ponderável da doutrina brasileira. Neste Livro I,

---

[34] Tratam da matéria, por exemplo, COMOGLIO, Luigi; FERRI, Corrado; TARUFFO, Michele. Lezioni sul processo civile. 4. ed. Bologna: Il Mulino, 2006. t. I e II; PICARDI, Nicola. Codice di procedura civile. 4. ed. Milão: Giuffrè, 2008. t. II; GIOLA, Valerio de; RASCHELLÀ, Anna Maria. I provvedimenti d'urgenza ex art. 700 Cod. Proc. Civ. 2. ed. Experta, 2006.

[35] É conhecida a figura do référré francês, que consiste numa forma sumária de prestação de tutela, que gera decisão provisória, não depende necessariamente de um processo principal, não transita em julgado, mas pode prolongar a sua eficácia no tempo. Vejam-se arts. 488 e 489 do Nouveau Code de Procédure Civile francês.

[36] No processo civil inglês, há regra expressa a respeito dos "case management powers". CPR 1.4. Na doutrina, v. NEIL ANDREWS, O moderno processo civil. São Paulo, RT, 2009, item 3.14, p. 74. Nestas regras de gestão de processos, inspirou-se a Comissão autora do Anteprojeto.

[37] Para Aragão, a ausência de uma parte geral, no Código de 1973, ao tempo em que promulgado, era compatível com a ausência de sistematização, no plano doutrinário, de

são mencionados princípios constitucionais de especial importância para todo o processo civil, bem como regras gerais, que dizem respeito a todos os demais Livros. A Parte Geral desempenha o papel de chamar para si a solução de questões difíceis relativas às demais partes do Código, já que contém regras e princípios gerais a respeito do funcionamento do sistema.

O conteúdo da Parte Geral (Livro I) consiste no seguinte: princípios e garantias fundamentais do processo civil; aplicabilidade das normas processuais; limites da jurisdição brasileira; competência interna; normas de cooperação internacional e nacional; partes; litisconsórcio; procuradores; juiz e auxiliares da justiça; Ministério Público; atos processuais; provas; tutela de urgência e tutela da evidência; formação, suspensão e extinção do processo. O Livro II diz respeito ao processo de conhecimento, incluindo cumprimento de sentença e procedimentos especiais, contenciosos ou não. O Livro III trata do processo de execução, e o Livro IV disciplina os processos nos Tribunais e os meios de impugnação das decisões judiciais. Por fim, há as disposições finais e transitórias.

O objetivo de organizar internamente as regras e harmonizá-las entre si foi o que inspirou, por exemplo, a reunião das hipóteses em que os Tribunais ou juízes podem voltar atrás, mesmo depois de terem proferido decisão de mérito: havendo embargos de declaração, erro material, sendo proferida decisão pelo STF ou pelo STJ com base nos artigos 543-B e 543-C do Código anterior.

Organizaram-se em dois dispositivos as causas que levam à extinção do processo, por indeferimento da inicial, sem ou com julgamento de mérito, incluindo-se neste grupo o que constava do art. 285-A do Código anterior.

Unificou-se o critério relativo ao fenômeno que gera a prevenção: o despacho que ordena a citação. A ação, por seu turno, considera-se proposta assim que protocolada a inicial.

Tendo desaparecido o Livro do Processo Cautelar e as cautelares em espécie, acabaram sobrando medidas que, em consonância com

---

uma teoria geral do processo. E advertiu o autor: "não se recomendaria que o legislador precedesse aos doutrinadores, aconselhando a prudência que se aguarde o desenvolvimento do assunto por estes para, colhendo-lhes os frutos, atuar aquele" (ARAGÃO, Egas Moniz de. *Comentários ao Código de Processo Civil*: v. II. 7. ed. Rio de Janeiro: Forense, 1991, p. 8). O profundo amadurecimento do tema que hoje se observa na doutrina processualista brasileira justifica, nessa oportunidade, a sistematização da teoria geral do processo, no Novo CPC.

parte expressiva da doutrina brasileira, embora estivessem formalmente inseridas no Livro III, de cautelares, nada tinham. Foram, então, realocadas, junto aos procedimentos especiais.

Criou-se um livro novo, a que já se fez menção, para os processos nos Tribunais, que abrange os meios de impugnação às decisões judiciais — recursos e ações impugnativas autônomas — e institutos como, por exemplo, a homologação de sentença estrangeira.

Também com o objetivo de desfazer "nós" do sistema, deixaram-se claras as hipóteses de cabimento de ação rescisória e de ação anulatória, eliminando-se dúvidas, com soluções como, por exemplo, a de deixar sentenças homologatórias como categoria de pronunciamento impugnável pela ação anulatória, ainda que se trate de decisão de mérito, isto é, que homologa transação, reconhecimento jurídico do pedido ou renúncia à pretensão.

Com clareza e com base em doutrina autorizada,[38] disciplinou-se o litisconsórcio, separando-se, com a nitidez possível, o necessário do unitário.

Inverteram-se os termos sucessão e substituição, acolhendo-se crítica antiga e correta da doutrina.[39]

Nos momentos adequados, utilizou-se a expressão "convenção de arbitragem", que abrange a cláusula arbitral e o compromisso arbitral, imprimindo-se, assim, o mesmo regime jurídico a ambos os fenômenos.[40]

Em conclusão, como se frisou no início desta exposição de motivos, elaborar-se um Código novo não significa "deitar abaixo as

---

[38] Cândido Dinamarco, por exemplo, sob a égide do Código de 1973, teceu críticas à redação do art. 47, por entender que "esse mal redigido dispositivo dá a impressão, absolutamente falsa, de que o litisconsórcio unitário seria modalidade do necessário" (DINAMARCO, Cândido Rangel. *Instituições de direito processual civil*. v. II, p. 359). No entanto, explica, com inequívoca clareza, o processualista: "Os dois conceitos não se confundem nem se colocam em relação de gênero e espécie. A unitariedade não é espécie da necessariedade. Diz respeito ao 'regime de tratamento' dos litisconsortes, enquanto esta é a exigência de 'formação' do litisconsórcio".

[39] "O Código de Processo Civil dá a falsa ideia de que a troca de um sujeito pelo outro na condição de parte seja um fenômeno de substituição processual: o vocábulo 'substituição' e a forma verbal 'substituindo' são empregadas na rubrica em que se situa o art. 48 e em seu §10. Essa impressão é falsa porque 'substituição processual' é a participação de um sujeito no processo, como autor ou réu, sem ser titular do interesse em conflito (art. 60). Essa locução não expressa um movimento de entrada e saída. Tal movimento é, em direito, 'sucessão' — no caso, sucessão processual" (DINAMARCO, C. *Instituições de direito processual civil*. v. II, p. 281).

[40] Sobre o tema da arbitragem, veja-se: CARMONA, Carlos Alberto. *Arbitragem e Processo um comentário à lei nº 9.307/96*. 3. ed. São Paulo: Atlas, 2009.

instituições do Código vigente, substituindo-as por outras, inteiramente novas".[41]

Nas alterações das leis, com exceção daquelas feitas imediatamente após períodos históricos que se pretendem deixar definitivamente para trás, não se deve fazer "taboa rasa" das conquistas alcançadas. Razão alguma há para que não se conserve ou aproveite o que há de bom no sistema que se pretende reformar.

Assim procedeu a Comissão de Juristas que reformou o sistema processual: criou saudável equilíbrio entre conservação e inovação, sem que tenha havido drástica ruptura com o presente ou com o passado.

Foram criados institutos inspirados no direito estrangeiro, como se mencionou ao longo desta Exposição de Motivos, já que, a época em que vivemos é de interpenetração das civilizações. O Novo CPC é fruto de reflexões da Comissão que o elaborou, que culminaram em escolhas racionais de caminhos considerados adequados, à luz dos cinco critérios acima referidos, à obtenção de uma sentença que resolva o conflito, com respeito aos direitos fundamentais e no menor tempo possível, realizando o interesse público da atuação da lei material.

Em suma, para a elaboração do Novo CPC, identificaram-se os avanços incorporados ao sistema processual preexistente, que deveriam ser conservados.

Estes foram organizados e se deram alguns passos à frente, para deixar expressa a adequação das novas regras à Constituição Federal da República, com um sistema mais coeso, mais ágil e capaz de gerar um processo civil mais célere e mais justo.

A Comissão do Anteprojeto.

---

[41] ALFREDO BUZAID, Exposição de motivos, Lei 5.869, de 11 de janeiro de 1973.

Lei nº 13.105, de 16 de março de 2015

Institui o Código de Processo Civil.

A Presidenta da República,
Faço saber que o Congresso Nacional decreta e eu sanciono a seguinte Lei:

PARTE GERAL

LIVRO I
DAS NORMAS PROCESSUAIS CIVIS

TÍTULO ÚNICO
DAS NORMAS FUNDAMENTAIS E DA APLICAÇÃO
DAS NORMAS PROCESSUAIS

CAPÍTULO I
DAS NORMAS FUNDAMENTAIS DO PROCESSO CIVIL

Art. 1º O processo civil será ordenado, disciplinado e interpretado conforme os valores e as normas fundamentais estabelecidos na Constituição da República Federativa do Brasil, observando-se as disposições deste Código.

Não há artigo correspondente no CPC/73

Enunciado nº 369 do FPPC: O rol de normas fundamentais previsto no Capítulo I do Título Único do Livro I da Parte Geral do CPC não é exaustivo. (Grupo: Normas fundamentais)

Enunciado nº 370 do FPPC: Norma processual fundamental pode ser regra ou princípio. (Grupo: Normas fundamentais)

Art. 2º O processo começa por iniciativa da parte e se desenvolve por impulso oficial, salvo as exceções previstas em lei.

Arts. 2º e 262 do CPC/73

Enunciado nº 369 do FPPC: O rol de normas fundamentais previsto no Capítulo I do Título Único do Livro I da Parte Geral do CPC não é exaustivo. (Grupo: Normas fundamentais)

Enunciado nº 370 do FPPC: Norma processual fundamental pode ser regra ou princípio. (Grupo: Normas fundamentais)

Art. 3º Não se excluirá da apreciação jurisdicional ameaça ou lesão a direito.
§1º É permitida a arbitragem, na forma da lei.
§2º O Estado promoverá, sempre que possível, a solução consensual dos conflitos.
§3º A conciliação, a mediação e outros métodos de solução consensual de conflitos deverão ser estimulados por juízes, advogados, defensores públicos e membros do Ministério Público, inclusive no curso do processo judicial.

Art. 125 do CPC/73

Enunciado nº 369 do FPPC: O rol de normas fundamentais previsto no Capítulo I do Título Único do Livro I da Parte Geral do CPC não é exaustivo. (Grupo: Normas fundamentais)

Enunciado nº 370 do FPPC: Norma processual fundamental pode ser regra ou princípio. (Grupo: Normas fundamentais)

Enunciado nº 371 do FPPC: Os métodos de solução consensual de conflitos devem ser estimulados também nas instâncias recursais. (Grupo: Normas fundamentais)

Enunciado nº 485 do FPPC: É cabível a audiência de conciliação e mediação no processo de execução, na qual é admissível, entre outras coisas, a apresentação de plano de cumprimento da prestação. (Grupo: Execução)

Ver art. 5º, XXXV, da CF/88
Ver Lei nº 9.307/1996 – Lei de arbitragem
Ver Lei nº 13.140/2015 – Lei de mediação
Ver Resolução nº 125/2010 do CNJ

Art. 4º As partes têm o direito de obter em prazo razoável a solução integral do mérito, incluída a atividade satisfativa.

Não há artigo correspondente no CPC/73

Enunciado nº 278 do FPPC: O CPC adota como princípio a sanabilidade dos atos processuais defeituosos. (Grupo: Competência e invalidades processuais)

Enunciado nº 292 do FPPC: Antes de indeferir a petição inicial, o juiz deve aplicar o disposto no art. 321. (Grupo Sentença, Coisa Julgada e Ação Rescisória)

Enunciado nº 369 do FPPC: O rol de normas fundamentais previsto no Capítulo I do Título Único do Livro I da Parte Geral do CPC não é exaustivo. (Grupo: Normas fundamentais)

Enunciado nº 370 do FPPC: Norma processual fundamental pode ser regra ou princípio. (Grupo: Normas fundamentais)

Enunciado nº 372 do FPPC: O art. 4º tem aplicação em todas as fases e em todos os tipos de procedimento, inclusive em incidentes processuais e na instância recursal, impondo ao órgão jurisdicional viabilizar o saneamento de vícios para examinar o mérito, sempre que seja possível a sua correção. (Grupo: Normas fundamentais)

Enunciado nº 373 do FPPC: As partes devem cooperar entre si; devem atuar com ética e lealdade, agindo de modo a evitar a ocorrência de vícios que extingam o processo sem resolução do mérito e cumprindo com deveres mútuos de esclarecimento e transparência. (Grupo: Normas fundamentais)

Enunciado nº 386 do FPPC: A limitação do litisconsórcio facultativo multitudinário acarreta o desmembramento do processo. (Grupo: Litisconsórcio e intervenção de terceiros)

Enunciado nº 387 do FPPC: A limitação do litisconsórcio multitudinário não é causa de extinção do processo. (Grupo: Litisconsórcio e intervenção de terceiros)

Ver art. 5º, LXXVIII, da CF/88

Art. 5º Aquele que de qualquer forma participa do processo deve comportar-se de acordo com a boa-fé.

Art. 14 do CPC/73

Enunciado nº 6 do FPPC: O negócio jurídico processual não pode afastar os deveres inerentes à boa-fé e à cooperação. (Grupo: Negócio Processual; redação revista no III FPPC-Rio)

Enunciado nº 286 do FPPC: Aplica-se o §2º do art. 322 à interpretação de todos os atos postulatórios, inclusive da contestação e do recurso. (Grupo: Petição inicial, resposta do réu e saneamento)

Enunciado nº 369 do FPPC: O rol de normas fundamentais previsto no Capítulo I do Título Único do Livro I da Parte Geral do CPC não é exaustivo. (Grupo: Normas fundamentais)

Enunciado nº 370 do FPPC: Norma processual fundamental pode ser regra ou princípio. (Grupo: Normas fundamentais)

Enunciado nº 374 do FPPC: O art. 5º prevê a boa-fé objetiva. (Grupo: Normas fundamentais)

Enunciado nº 375 do FPPC: O órgão jurisdicional também deve comportar-se de acordo com a boa-fé objetiva. (Grupo: Normas fundamentais)
Enunciado nº 376 do FPPC: A vedação do comportamento contraditório aplica-se ao órgão jurisdicional. (Grupo: Normas fundamentais)
Enunciado nº 377 do FPPC: A boa-fé objetiva impede que o julgador profira, sem motivar a alteração, decisões diferentes sobre uma mesma questão de direito aplicável às situações de fato análogas, ainda que em processos distintos. (Grupo: Normas fundamentais)
Enunciado nº 378 do FPPC: A boa fé processual orienta a interpretação da postulação e da sentença, permite a reprimenda do abuso de direito processual e das condutas dolosas de todos os sujeitos processuais e veda seus comportamentos contraditórios. (Grupo: Normas fundamentais)
Enunciado nº 407 do FPPC: Nos negócios processuais, as partes e o juiz são obrigados a guardar nas tratativas, na conclusão e na execução do negócio o princípio da boa-fé. (Grupo: Negócios processuais)

Art. 6º Todos os sujeitos do processo devem cooperar entre si para que se obtenha, em tempo razoável, decisão de mérito justa e efetiva.

Não há artigo correspondente no CPC/73

Enunciado nº 6 do FPPC: O negócio jurídico processual não pode afastar os deveres inerentes à boa-fé e à cooperação. (Grupo: Negócio Processual; redação revista no III FPPC-Rio)

Enunciado nº 106 do FPPC: Não se pode reconhecer a deserção do recurso, em processo trabalhista, quando houver recolhimento insuficiente das custas e do depósito recursal, ainda que ínfima a diferença, cabendo ao juiz determinar a sua complementação. (Grupo: Impacto do CPC no Processo do Trabalho)

Enunciado nº 369 do FPPC: O rol de normas fundamentais previsto no Capítulo I do Título Único do Livro I da Parte Geral do CPC não é exaustivo. (Grupo: Normas fundamentais)

Enunciado nº 370 do FPPC: Norma processual fundamental pode ser regra ou princípio. (Grupo: Normas fundamentais)

Enunciado nº 373 do FPPC: As partes devem cooperar entre si; devem atuar com ética e lealdade, agindo de modo a evitar a ocorrência de vícios que extingam o processo sem resolução do mérito e cumprindo com deveres mútuos de esclarecimento e transparência. (Grupo: Normas fundamentais)

Enunciado nº 378 do FPPC: A boa fé processual orienta a interpretação da postulação e da sentença, permite a reprimenda do abuso de direito processual e das condutas dolosas de todos os sujeitos processuais e veda seus comportamentos contraditórios. (Grupo: Normas fundamentais)

Enunciado nº 433 do FPPC: Cabe à Administração Pública dar publicidade às suas orientações vinculantes, preferencialmente pela rede mundial de computadores. (Grupo: Impacto do novo CPC e os processos da Fazenda Pública)

Enunciado nº 519 do FPPC: Em caso de impossibilidade de obtenção ou de desconhecimento das informações relativas à qualificação da testemunha, a parte poderá requerer ao juiz providências necessárias para a sua obtenção, salvo em casos de inadmissibilidade da prova ou de abuso de direito. (Grupo: Direito probatório)

Enunciado nº 550 do FPPC: A inexistência de repercussão geral da questão constitucional discutida no recurso extraordinário é vício insanável, não se aplicando o dever de prevenção de que trata o parágrafo único do art. 932, sem prejuízo do disposto no art. 1.033. (Grupo: Recursos (menos os repetitivos) e reclamação)

Enunciado nº 551 do FPPC: Cabe ao relator, antes de não conhecer do recurso por intempestividade, conceder o prazo de cinco dias úteis para que o recorrente prove qualquer causa de prorrogação, suspensão ou interrupção do prazo recursal a justificar a tempestividade do recurso. (Grupo: Recursos (menos os repetitivos) e reclamação)

Art. 7º É assegurada às partes paridade de tratamento em relação ao exercício de direitos e faculdades processuais, aos meios de defesa, aos ônus, aos deveres e à aplicação de sanções processuais, competindo ao juiz zelar pelo efetivo contraditório.

Art. 125, I, do CPC/73

Enunciado nº 107 do FPPC: O juiz pode, de ofício, dilatar o prazo para a parte se manifestar sobre a prova documental produzida. (Grupo: Negócios Processuais)

Enunciado nº 235 do FPPC: Aplicam-se ao procedimento do mandado de segurança os arts. 7º, 9º e 10 do CPC. (Grupo: Impactos do CPC nos Juizados e nos procedimentos especiais de legislação extravagante)

Enunciado nº 369 do FPPC: O rol de normas fundamentais previsto no Capítulo I do Título Único do Livro I da Parte Geral do CPC não é exaustivo. (Grupo: Normas fundamentais)

Enunciado nº 370 do FPPC: Norma processual fundamental pode ser regra ou princípio. (Grupo: Normas fundamentais)

Enunciado nº 379 do FPPC: O exercício dos poderes de direção do processo pelo juiz deve observar a paridade de armas das partes. (Grupo: Poderes do juiz)

Ver art. 5º, LV, da CF/88

Art. 8º Ao aplicar o ordenamento jurídico, o juiz atenderá aos fins sociais e às exigências do bem comum, resguardando e promovendo a dignidade da pessoa humana e observando a proporcionalidade, a razoabilidade, a legalidade, a publicidade e a eficiência.

Não há artigo correspondente no CPC/73

Enunciado nº 106 do FPPC: Não se pode reconhecer a deserção do recurso, em processo trabalhista, quando houver recolhimento insuficiente das custas e do depósito recursal, ainda que ínfima a diferença, cabendo ao juiz determinar a sua complementação. (Grupo: Impacto do CPC no Processo do Trabalho)

Enunciado nº 369 do FPPC: O rol de normas fundamentais previsto no Capítulo I do Título Único do Livro I da Parte Geral do CPC não é exaustivo. (Grupo: Normas fundamentais)

Enunciado nº 370 do FPPC: Norma processual fundamental pode ser regra ou princípio. (Grupo: Normas fundamentais)

Enunciado nº 380 do FPPC: A expressão "ordenamento jurídico", empregada pelo Código de Processo Civil, contempla os precedentes vinculantes. (Grupo: Precedentes, IRDR, Recursos Repetitivos e Assunção de competência)

Enunciado nº 396 do FPPC: As medidas do inciso IV do art. 139 podem ser determinadas de ofício, observado o art. 8º. (Grupo: Poderes do juiz)

Ver art. 1º, III, da CF/88
Ver art. 37, *caput*, da CF/88
Ver art. 5º da LINDB

Art. 9º Não se proferirá decisão contra uma das partes sem que ela seja previamente ouvida.

Enunciado nº 108 do FPPC: No processo do trabalho, não se proferirá decisão contra uma das partes, sem que esta seja previamente ouvida e oportunizada a produção de prova, bem como não se pode decidir com base em causa de pedir ou fundamento de fato ou de direito a respeito do qual não se tenha oportunizado manifestação das partes e a produção de prova, ainda que se trate de matéria apreciável de ofício. (Grupo: Impacto do CPC no Processo do Trabalho)

Enunciado nº 235 do FPPC: Aplicam-se ao procedimento do mandado de segurança os arts. 7º, 9º e 10 do CPC. (Grupo: Impactos do CPC nos Juizados e nos procedimentos especiais de legislação extravagante)

Parágrafo único. O disposto no *caput* não se aplica:
I – à tutela provisória de urgência;
II – às hipóteses de tutela da evidência previstas no art. 311, incisos II e III;
III – à decisão prevista no art. 701.

Não há artigo correspondente no CPC/73

Enunciado nº 369 do FPPC: O rol de normas fundamentais previsto no Capítulo I do Título Único do Livro I da Parte Geral do CPC não é exaustivo. (Grupo: Normas fundamentais)

Enunciado nº 370 do FPPC: Norma processual fundamental pode ser regra ou princípio. (Grupo: Normas fundamentais)

Enunciado nº 381 do FPPC: É cabível réplica no procedimento de tutela cautelar requerida em caráter antecedente. (Grupo: Tutela de urgência e tutela de evidência)

Art. 10. O juiz não pode decidir, em grau algum de jurisdição, com base em fundamento a respeito do qual não se tenha dado às partes oportunidade de se manifestar, ainda que se trate de matéria sobre a qual deva decidir de ofício.

Não há artigo correspondente no CPC/73

Enunciado nº 2 do FPPC: Para a formação do precedente, somente podem ser usados argumentos submetidos ao contraditório. (Grupo: Precedentes 2)

Enunciado nº 109 do FPPC: No processo do trabalho, quando juntadas novas provas ou alegado fato novo, deve o juiz conceder prazo, para a parte interessada se manifestar a respeito, sob pena de nulidade. (Grupo: Impacto do CPC no Processo do Trabalho)

Enunciado nº 235 do FPPC: Aplicam-se ao procedimento do mandado de segurança os arts. 7º, 9º e 10 do CPC. (Grupo: Impactos do CPC nos Juizados e nos procedimentos especiais de legislação extravagante)

Enunciado nº 259 do FPPC: A decisão referida no parágrafo único do art. 190 depende de contraditório prévio. (Grupo: Negócios Processuais)

Enunciado nº 369 do FPPC: O rol de normas fundamentais previsto no Capítulo I do Título Único do Livro I da Parte Geral do CPC não é exaustivo. (Grupo: Normas fundamentais)

Enunciado nº 370 do FPPC: Norma processual fundamental pode ser regra ou princípio. (Grupo: Normas fundamentais)

Enunciado nº 394 do FPPC: As partes podem opor embargos de declaração para corrigir vício da decisão relativo aos argumentos trazidos pelo *amicus curiae*. (Grupo: Litisconsórcio e intervenção de terceiros)

Enunciado nº 458 do FPPC: Para a aplicação, de ofício, de precedente vinculante, o órgão julgador deve intimar previamente as partes para que se manifestem sobre ele. (Grupo: Precedentes, IRDR, Recursos Repetitivos e Assunção de competência)

Enunciado nº 459 do FPPC: As normas sobre fundamentação adequada quanto à distinção e superação e sobre a observância somente dos argumentos submetidos ao contraditório são aplicáveis a todo o microssistema de formação dos precedentes. (Grupo: Precedentes, IRDR, Recursos Repetitivos e Assunção de competência)

Enunciado nº 550 do FPPC: A inexistência de repercussão geral da questão constitucional discutida no recurso extraordinário é vício insanável, não se aplicando o dever de prevenção de que trata o parágrafo único do art. 932, sem prejuízo do disposto no art. 1.033. (Grupo: Recursos (menos os repetitivos) e reclamação)

Enunciado nº 551 do FPPC: Cabe ao relator, antes de não conhecer do recurso por intempestividade, conceder o prazo de cinco dias úteis para que o recorrente prove qualquer causa de prorrogação, suspensão ou interrupção do prazo recursal a justificar a tempestividade do recurso. (Grupo: Recursos (menos os repetitivos) e reclamação)

Art. 11. Todos os julgamentos dos órgãos do Poder Judiciário serão públicos, e fundamentadas todas as decisões, sob pena de nulidade.

Parágrafo único. Nos casos de segredo de justiça, pode ser autorizada a presença somente das partes, de seus advogados, de defensores públicos ou do Ministério Público.

Arts. 131, 155 e 165 do CPC/73

Enunciado nº 369 do FPPC: O rol de normas fundamentais previsto no Capítulo I do Título Único do Livro I da Parte Geral do CPC não é exaustivo. (Grupo: Normas fundamentais)

Enunciado nº 370 do FPPC: Norma processual fundamental pode ser regra ou princípio. (Grupo: Normas fundamentais)
Ver art. 93, IX, da CF/88
Ver resolução nº 121/2010 do CNJ

Art. 12. Os juízes e os tribunais atenderão, preferencialmente, à ordem cronológica de conclusão para proferir sentença ou acórdão.

Redação original do dispositivo: "Art. 12. Os juízes e os tribunais deverão obedecer à ordem cronológica de conclusão para proferir sentença ou acórdão."

§1º A lista de processos aptos a julgamento deverá estar permanentemente à disposição para consulta pública em cartório e na rede mundial de computadores.

§2º Estão excluídos da regra do *caput*:

I – as sentenças proferidas em audiência, homologatórias de acordo ou de improcedência liminar do pedido;

II – o julgamento de processos em bloco para aplicação de tese jurídica firmada em julgamento de casos repetitivos;

III – o julgamento de recursos repetitivos ou de incidente de resolução de demandas repetitivas;

IV – as decisões proferidas com base nos arts. 485 e 932;

V – o julgamento de embargos de declaração;

VI – o julgamento de agravo interno;

VII – as preferências legais e as metas estabelecidas pelo Conselho Nacional de Justiça;

VIII – os processos criminais, nos órgãos jurisdicionais que tenham competência penal;

IX – a causa que exija urgência no julgamento, assim reconhecida por decisão fundamentada.

§3º Após elaboração de lista própria, respeitar-se-á a ordem cronológica das conclusões entre as preferências legais.

§4º Após a inclusão do processo na lista de que trata o §1º, o requerimento formulado pela parte não altera a ordem cronológica para a decisão, exceto quando implicar a reabertura da instrução ou a conversão do julgamento em diligência.

§5º Decidido o requerimento previsto no §4º, o processo retornará à mesma posição em que anteriormente se encontrava na lista.

§6º Ocupará o primeiro lugar na lista prevista no §1º ou, conforme o caso, no §3º, o processo que:

I – tiver sua sentença ou acórdão anulado, salvo quando houver necessidade de realização de diligência ou de complementação da instrução;
II – se enquadrar na hipótese do art. 1.040, inciso II. (NR)

Não há artigo correspondente no CPC/73
Enunciado nº 369 do FPPC: O rol de normas fundamentais previsto no Capítulo I do Título Único do Livro I da Parte Geral do CPC não é exaustivo. (Grupo: Normas fundamentais)
Enunciado nº 370 do FPPC: Norma processual fundamental pode ser regra ou princípio. (Grupo: Normas fundamentais)
Enunciado nº 382 do FPPC: No juízo onde houver cumulação de competência de processos dos juizados especiais com outros procedimentos diversos, o juiz poderá organizar duas listas cronológicas autônomas, uma para os processos dos juizados especiais e outra para os demais processos. (Grupo: Poderes do juiz)
Enunciado nº 486 do FPPC: A inobservância da ordem cronológica dos julgamentos não implica, por si, a invalidade do ato decisório. (Grupo: Sentença, coisa julgada e ação rescisória)

CAPÍTULO II
DA APLICAÇÃO DAS NORMAS PROCESSUAIS

Art. 13. A jurisdição civil será regida pelas normas processuais brasileiras, ressalvadas as disposições específicas previstas em tratados, convenções ou acordos internacionais de que o Brasil seja parte.

Não há artigo correspondente no CPC/73

Art. 14. A norma processual não retroagirá e será aplicável imediatamente aos processos em curso, respeitados os atos processuais praticados e as situações jurídicas consolidadas sob a vigência da norma revogada.

Art. 1.211 do CPC/73

Art. 15. Na ausência de normas que regulem processos eleitorais, trabalhistas ou administrativos, as disposições deste Código lhes serão aplicadas supletiva e subsidiariamente.

Não há artigo correspondente no CPC/73

Enunciado nº 108 do FPPC: No processo do trabalho, não se proferirá decisão contra uma das partes, sem que esta seja previamente ouvida e oportunizada a produção de prova, bem como não se pode decidir com base em causa de pedir ou fundamento de fato ou de direito a respeito do qual não se tenha oportunizado manifestação das partes e a produção de prova, ainda que se trate de matéria apreciável de ofício. (Grupo: Impacto do CPC no Processo do Trabalho)

Enunciado nº 109 do FPPC: No processo do trabalho, quando juntadas novas provas ou alegado fato novo, deve o juiz conceder prazo, para a parte interessada se manifestar a respeito, sob pena de nulidade. (Grupo: Impacto do CPC no Processo do Trabalho)

Enunciado nº 112 do FPPC: No processo do trabalho, se a transação ocorrer antes da sentença, as partes ficam dispensadas do pagamento das custas processuais, se houver. (Grupo: Impacto do CPC no Processo do Trabalho)

Enunciado nº 124 do FPPC: A desconsideração da personalidade jurídica no processo do trabalho deve ser processada na forma dos arts. 133 a 137, podendo o incidente ser resolvido em decisão interlocutória ou na sentença. (Grupo: Impacto do CPC no Processo do Trabalho)

Enunciado nº 126 do FPPC: No processo do trabalho, da decisão que resolve o incidente de desconsideração da personalidade jurídica na fase de execução cabe agravo de petição, dispensado o preparo. (Grupo: Impacto do CPC no Processo do Trabalho)

Enunciado nº 131 do FPPC: Aplica-se ao processo do trabalho o disposto no art. 190 no que se refere à flexibilidade do procedimento por proposta das partes, inclusive quanto aos prazos. (Grupo: Impacto do CPC no Processo do Trabalho)

Enunciado nº 139 do FPPC: No processo do trabalho, é requisito da petição inicial a indicação do endereço, eletrônico ou não, do advogado, cabendo-lhe atualizá-lo, sempre que houver mudança, sob pena de se considerar válida a intimação encaminhada para o endereço informado nos autos. (Grupo: Impacto do CPC no Processo do Trabalho)

Enunciado nº 145 do FPPC: No processo do trabalho, é requisito da inicial a indicação do número no cadastro de pessoas físicas ou no cadastro nacional de pessoas jurídicas, bem como os endereços eletrônicos do autor e do réu, aplicando-se as regras do novo Código de Processo Civil a respeito da falta de informações pertinentes ou quando elas tornarem impossível ou excessivamente oneroso o acesso à justiça. (Grupo: Impacto do CPC no Processo do Trabalho)

Enunciado nº 151 do FPPC: Na Justiça do Trabalho, as pautas devem ser preparadas com intervalo mínimo de uma hora entre as audiências designadas para instrução do feito. Para as audiências para simples tentativa de conciliação, deve ser respeitado o intervalo mínimo de vinte minutos. (Grupo: Impacto do CPC no Processo do Trabalho)

Enunciado nº 167 do FPPC: Os tribunais regionais do trabalho estão vinculados aos enunciados de suas próprias súmulas e aos seus precedentes em incidente de assunção de competência ou de resolução de demandas repetitivas. (Grupo: Impacto do CPC no Processo do Trabalho)

Enunciado nº 171 do FPPC: Os juízes e tribunais regionais do trabalho estão vinculados aos precedentes do TST em incidente de assunção de competência em matéria infraconstitucional relativa ao direito e ao processo do trabalho, bem como às suas súmulas. (Grupo: Impacto do CPC no Processo do Trabalho)

Enunciado nº 199 do FPPC: No processo do trabalho, constatada a ocorrência de vício sanável, inclusive aquele que possa ser conhecido de ofício pelo órgão jurisdicional, o relator determinará a realização ou a renovação do ato processual, no próprio tribunal ou em primeiro grau, intimadas as partes; cumprida a diligência, sempre que possível, prosseguirá no julgamento do recurso. (Grupo: Impacto do CPC no Processo do Trabalho)

Enunciado nº 200 do FPPC: Fica superado o Enunciado nº 320 da súmula do STJ ("A questão federal somente ventilada no voto vencido não atende ao requisito do prequestionamento"). (Grupo: Ordem dos Processos nos Tribunais e Recursos Ordinários)

Enunciado nº 214 do FPPC: Diante do §2º do art. 1.007, fica prejudicada a OJ nº 140 da SDI-I do TST ("Ocorre deserção do recurso pelo recolhimento insuficiente das custas e do depósito recursal, ainda que a diferença em relação ao "quantum" devido seja ínfima, referente a centavos"). (Grupo: Impacto do CPC no Processo do Trabalho)

Enunciado nº 245 do FPPC: O fato de a parte, pessoa natural ou jurídica, estar assistida por advogado particular não impede a concessão da justiça gratuita na Justiça do Trabalho. (Grupo: Impacto do CPC no processo do trabalho)

Enunciado nº 246 do FPPC: Dispensa-se o preparo do recurso quando houver pedido de justiça gratuita em sede recursal, consoante art. 99, §6º, aplicável ao processo do trabalho. Se o pedido for indeferido, deve ser fixado prazo para o recorrente realizar o recolhimento. (Grupo: Impacto do CPC no processo do trabalho)

Enunciado nº 250 do FPPC: Admite-se a intervenção do *amicus curiae* nas causas trabalhistas, na forma do art. 138, sempre que o juiz ou relator vislumbrar a relevância da matéria, a especificidade do tema objeto da demanda ou a repercussão geral da controvérsia, a fim de obter uma decisão respaldada na pluralidade do debate e, portanto, mais democrática. (Grupo: Impacto do CPC no processo do trabalho)

Enunciado nº 266 do FPPC: Aplica-se o art. 218, §4º, ao processo do trabalho, não se considerando extemporâneo ou intempestivo o ato realizado antes do termo inicial do prazo. (Grupo: Impacto do CPC no processo do trabalho)

Enunciado nº 270 do FPPC: Aplica-se ao processo do trabalho o art. 224, §1º. (Grupo: Impacto do CPC no processo do trabalho)

Enunciado nº 294 do FPPC: O julgamento liminar de improcedência, disciplinado no art. 332, salvo com relação ao §1º, se aplica ao processo do trabalho quando contrariar: a) enunciado de súmula ou de Orientação Jurisprudencial do TST; b) acórdão proferido pelo TST em julgamento de recursos de revista repetitivos; c) entendimento firmado em resolução de demandas repetitivas. (Grupo: Impacto do CPC no processo do trabalho)

Enunciado nº 302 do FPPC: Aplica-se o art. 373, §§1º e 2º, ao processo do trabalho, autorizando a distribuição dinâmica do ônus da prova diante de peculiaridades da causa relacionadas à impossibilidade ou à excessiva dificuldade da parte de cumprir o seu encargo probatório, ou, ainda, à maior facilidade de obtenção da prova do fato contrário. O juiz poderá, assim, atribuir o ônus da prova de modo diverso, desde que de forma fundamentada, preferencialmente antes da instrução e necessariamente antes da sentença, permitindo à parte se desincumbir do ônus que lhe foi atribuído. (Grupo: Impacto do CPC no processo do trabalho)

Enunciado nº 304 do FPPC: As decisões judiciais trabalhistas, sejam elas interlocutórias, sentenças ou acórdãos, devem observar integralmente o disposto no art. 499, sobretudo o seu §1º, sob pena de se reputarem não fundamentadas e, por conseguinte, nulas. (Grupo: Impacto do CPC no processo do trabalho)

Enunciado nº 325 do FPPC: A modificação de entendimento sedimentado pelos tribunais trabalhistas deve observar a sistemática prevista no art. 927, devendo se desincumbir do ônus argumentativo mediante fundamentação adequada e específica, modulando, quando necessário, os efeitos da decisão que supera o entendimento anterior. (Grupo: Impacto do CPC no processo do trabalho)

Enunciado nº 326 do FPPC: O órgão jurisdicional trabalhista pode afastar a aplicação do precedente vinculante quando houver distinção entre o caso sob julgamento e o paradigma, desde que demonstre, fundamentadamente, tratar-se de situação particularizada por hipótese fática distinta, a impor solução jurídica diversa. (Grupo: Impacto do CPC no processo do trabalho)

Enunciado nº 329 do FPPC: Na execução trabalhista deve ser preservada a quota parte de bem indivisível do coproprietário ou do cônjuge alheio à execução, sendo-lhe assegurado o direito de preferência na arrematação do bem em igualdade de condições. (Grupo: Impacto do CPC no processo do trabalho)

Enunciado nº 330 do FPPC: Na Justiça do trabalho, o juiz pode deferir a aquisição parcelada do bem penhorado em sede de execução, na forma do art. 895 e seus parágrafos. (Grupo: Impacto do CPC no processo do trabalho)

Enunciado nº 331 do FPPC: O pagamento da dívida objeto de execução trabalhista pode ser requerido pelo executado nos moldes do art. 916. (Grupo: Impacto do CPC no processo do trabalho)

Enunciado nº 332 do FPPC: Considera-se vício sanável, tipificado no art. 938, §1º, a apresentação da procuração e da guia de custas ou depósito recursal em cópia, cumprindo ao relator assinalar prazo para a parte renovar o ato processual com a juntada dos originais. (Grupo: Impacto do CPC no processo do trabalho)

Enunciado nº 333 do FPPC: Em se tratando de guia de custas e depósito recursal inseridos no sistema eletrônico, estando o arquivo corrompido, impedido de ser executado ou de ser lido, deverá o relator assegurar a possibilidade de sanar o vício, nos termos do art. 938, §1º. (Grupo: Impacto do CPC no processo do trabalho)

Enunciado nº 335 do FPPC: O incidente de assunção de competência aplica-se ao processo do trabalho. (Grupo: Impacto do CPC no processo do trabalho)

Enunciado nº 347 do FPPC: Aplica-se ao processo do trabalho o incidente de resolução de demandas repetitivas, devendo ser instaurado quando houver efetiva repetição de processos que contenham controvérsia sobre a mesma questão de direito. (Grupo: Impacto do CPC no processo do trabalho)

Enunciado nº 350 do FPPC: Cabe reclamação, na Justiça do Trabalho, da parte interessada ou do Ministério Público, nas hipóteses previstas no art. 988, visando a preservar a competência do tribunal e garantir a autoridade das suas decisões e do precedente firmado em julgamento de casos repetitivos. (Grupo: Impacto do CPC no processo do trabalho)

Enunciado nº 352 do FPPC: É permitida a desistência do recurso de revista repetitivo, mesmo quando eleito como representativo da controvérsia, sem necessidade de anuência da parte adversa ou dos litisconsortes; a desistência, contudo, não impede a análise da questão jurídica objeto de julgamento do recurso repetitivo. (Grupo: Impacto do CPC no processo do trabalho)

Enunciado nº 353 do FPPC: No processo do trabalho, o equívoco no preenchimento da guia de custas ou de depósito recursal não implicará a aplicação da pena de deserção, cabendo ao relator, na hipótese de dúvida quanto ao recolhimento, intimar o recorrente para sanar o vício no prazo de cinco dias. (Grupo: Impacto do CPC no processo do trabalho)

Ver art. 796 da CLT

LIVRO II
DA FUNÇÃO JURISDICIONAL

TÍTULO I
DA JURISDIÇÃO E DA AÇÃO

Art. 16. A jurisdição civil é exercida pelos juízes e pelos tribunais em todo o território nacional, conforme as disposições deste Código.

Art. 1º do CPC/73

Art. 17. Para postular em juízo é necessário ter interesse e legitimidade.

Art. 3º do CPC/73

Art. 18. Ninguém poderá pleitear direito alheio em nome próprio, salvo quando autorizado pelo ordenamento jurídico.

Parágrafo único. Havendo substituição processual, o substituído poderá intervir como assistente litisconsorcial.

Art. 6º do CPC/73

Enunciado nº 110 do FPPC: Havendo substituição processual, e sendo possível identificar o substituto, o juiz deve determinar a intimação deste último para, querendo, integrar o processo. (Grupo: Litisconsórcio e Intervenção de Terceiros).

Enunciado nº 487 do FPPC: No mandado de segurança, havendo substituição processual, o substituído poderá ser assistente litisconsorcial do impetrante que o substituiu. (Grupo: Impacto nos Juizados e nos procedimentos especiais da legislação extravagante)

Art. 19. O interesse do autor pode limitar-se à declaração:

Enunciado nº 111 do FPPC: Persiste o interesse no ajuizamento de ação declaratória quanto à questão prejudicial incidental. (Grupo: Coisa Julgada, Ação Rescisória e Sentença)

I – da existência, da inexistência ou do modo de ser de uma relação jurídica;
II – da autenticidade ou da falsidade de documento.

Art. 4º do CPC/73
Enunciado nº 437 do FPPC: A coisa julgada sobre a questão prejudicial incidental se limita à existência, inexistência ou modo de ser de situação jurídica, e à autenticidade ou falsidade de documento. (Grupo: Sentença, coisa julgada e ação rescisória)
Ver Súmulas nº 258 do STF e nºs 181 e 242 do STJ

Art. 20. É admissível a ação meramente declaratória, ainda que tenha ocorrido a violação do direito.

Arts.4º, parágrafo único, do CPC/73

TÍTULO II
DOS LIMITES DA JURISDIÇÃO NACIONAL E DA COOPERAÇÃO INTERNACIONAL

CAPÍTULO I
DOS LIMITES DA JURISDIÇÃO NACIONAL

Art. 21. Compete à autoridade judiciária brasileira processar e julgar as ações em que:
I – o réu, qualquer que seja a sua nacionalidade, estiver domiciliado no Brasil;
II – no Brasil tiver de ser cumprida a obrigação;
III – o fundamento seja fato ocorrido ou ato praticado no Brasil.

Parágrafo único. Para o fim do disposto no inciso I, considera-se domiciliada no Brasil a pessoa jurídica estrangeira que nele tiver agência, filial ou sucursal.

Art. 88 do CPC/73
Ver art. 12 da LINDB

Art. 22. Compete, ainda, à autoridade judiciária brasileira processar e julgar as ações:

I – de alimentos, quando:

a) o credor tiver domicílio ou residência no Brasil;

b) o réu mantiver vínculos no Brasil, tais como posse ou propriedade de bens, recebimento de renda ou obtenção de benefícios econômicos;

II – decorrentes de relações de consumo, quando o consumidor tiver domicílio ou residência no Brasil;

III – em que as partes, expressa ou tacitamente, se submeterem à jurisdição nacional.

Não há artigo correspondente no CPC/73

Art. 23. Compete à autoridade judiciária brasileira, com exclusão de qualquer outra:

I – conhecer de ações relativas a imóveis situados no Brasil;

II – em matéria de sucessão hereditária, proceder à confirmação de testamento particular e ao inventário e à partilha de bens situados no Brasil, ainda que o autor da herança seja de nacionalidade estrangeira ou tenha domicílio fora do território nacional;

III – em divórcio, separação judicial ou dissolução de união estável, proceder à partilha de bens situados no Brasil, ainda que o titular seja de nacionalidade estrangeira ou tenha domicílio fora do território nacional.

Art. 89 do CPC/73
Ver art. 10 da LINDB
Ver art. 12 da LINDB

Art. 24. A ação proposta perante tribunal estrangeiro não induz litispendência e não obsta a que a autoridade judiciária brasileira conheça da mesma causa e das que lhe são conexas, ressalvadas as disposições em contrário de tratados internacionais e acordos bilaterais em vigor no Brasil.

Parágrafo único. A pendência de causa perante a jurisdição brasileira não impede a homologação de sentença judicial estrangeira quando exigida para produzir efeitos no Brasil.

Art. 90 do CPC/73

Art. 25. Não compete à autoridade judiciária brasileira o processamento e o julgamento da ação quando houver cláusula de eleição de foro exclusivo estrangeiro em contrato internacional, arguida pelo réu na contestação.

§1º Não se aplica o disposto no *caput* às hipóteses de competência internacional exclusiva previstas neste Capítulo.

§2º Aplica-se à hipótese do *caput* o art. 63, §§1º a 4º.

Não há artigo correspondente no CPC/73

CAPÍTULO II
DA COOPERAÇÃO INTERNACIONAL

Seção I
Disposições Gerais

Art. 26. A cooperação jurídica internacional será regida por tratado de que o Brasil faz parte e observará:

I – o respeito às garantias do devido processo legal no Estado requerente;

II – a igualdade de tratamento entre nacionais e estrangeiros, residentes ou não no Brasil, em relação ao acesso à justiça e à tramitação dos processos, assegurando-se assistência judiciária aos necessitados;

III – a publicidade processual, exceto nas hipóteses de sigilo previstas na legislação brasileira ou na do Estado requerente;

IV – a existência de autoridade central para recepção e transmissão dos pedidos de cooperação;

V – a espontaneidade na transmissão de informações a autoridades estrangeiras.

§1º Na ausência de tratado, a cooperação jurídica internacional poderá realizar-se com base em reciprocidade, manifestada por via diplomática.

§2º Não se exigirá a reciprocidade referida no §1º para homologação de sentença estrangeira.

§3º Na cooperação jurídica internacional não será admitida a prática de atos que contrariem ou que produzam resultados incompatíveis com as normas fundamentais que regem o Estado brasileiro.

§4º O Ministério da Justiça exercerá as funções de autoridade central na ausência de designação específica.

Não há artigo correspondente no CPC/73
Ver Decretos 6.891/2009, 6.679/2008, 2.626/1998, 2.067/1996, 1.476/1995, 3.598/2000, 6.061/2007 e 166/1991

Art. 27. A cooperação jurídica internacional terá por objeto:
I – citação, intimação e notificação judicial e extrajudicial;
II – colheita de provas e obtenção de informações;
III – homologação e cumprimento de decisão;
IV – concessão de medida judicial de urgência;
V – assistência jurídica internacional;
VI – qualquer outra medida judicial ou extrajudicial não proibida pela lei brasileira.

Não há artigo correspondente no CPC/73

Seção II
Do Auxílio Direto

Art. 28. Cabe auxílio direto quando a medida não decorrer diretamente de decisão de autoridade jurisdicional estrangeira a ser submetida a juízo de delibação no Brasil.

Não há artigo correspondente no CPC/73
Ver Resolução nº 9/2005 do STJ

Art. 29. A solicitação de auxílio direto será encaminhada pelo órgão estrangeiro interessado à autoridade central, cabendo ao Estado requerente assegurar a autenticidade e a clareza do pedido.

Não há artigo correspondente no CPC/73

Art. 30. Além dos casos previstos em tratados de que o Brasil faz parte, o auxílio direto terá os seguintes objetos:
I – obtenção e prestação de informações sobre o ordenamento jurídico e sobre processos administrativos ou jurisdicionais findos ou em curso;

II – colheita de provas, salvo se a medida for adotada em processo, em curso no estrangeiro, de competência exclusiva de autoridade judiciária brasileira;

III – qualquer outra medida judicial ou extrajudicial não proibida pela lei brasileira.

Não há artigo correspondente no CPC/73

Art. 31. A autoridade central brasileira comunicar-se-á diretamente com suas congêneres e, se necessário, com outros órgãos estrangeiros responsáveis pela tramitação e pela execução de pedidos de cooperação enviados e recebidos pelo Estado brasileiro, respeitadas disposições específicas constantes de tratado.

Não há artigo correspondente no CPC/73

Art. 32. No caso de auxílio direto para a prática de atos que, segundo a lei brasileira, não necessitem de prestação jurisdicional, a autoridade central adotará as providências necessárias para seu cumprimento.

Não há artigo correspondente no CPC/73

Art. 33. Recebido o pedido de auxílio direto passivo, a autoridade central o encaminhará à Advocacia-Geral da União, que requererá em juízo a medida solicitada.

Parágrafo único. O Ministério Público requererá em juízo a medida solicitada quando for autoridade central.

Não há artigo correspondente no CPC/73

Art. 34. Compete ao juízo federal do lugar em que deva ser executada a medida apreciar pedido de auxílio direto passivo que demande prestação de atividade jurisdicional.

Não há artigo correspondente no CPC/73
Ver art. 109, X, da CF/88

Seção III
Da Carta Rogatória

Art. 35. (VETADO) Dar-se-á por meio de carta rogatória o pedido de cooperação entre órgão jurisdicional brasileiro e órgão jurisdicional estrangeiro para prática

~~de ato de citação, intimação, notificação judicial, colheita de provas, obtenção de informações e cumprimento de decisão interlocutória, sempre que o ato estrangeiro constituir decisão a ser executada no Brasil.~~

~~Art. 211 do CPC/73~~
~~Razões do veto: "Consultados o Ministério Público Federal e o Superior Tribunal de Justiça, entendeu-se que o dispositivo impõe que determinados atos sejam praticados exclusivamente por meio de carta rogatória, o que afetaria a celeridade e efetividade da cooperação jurídica internacional que, nesses casos, poderia ser processada pela via do auxílio direto."~~

Art. 36. O procedimento da carta rogatória perante o Superior Tribunal de Justiça é de jurisdição contenciosa e deve assegurar às partes as garantias do devido processo legal.

§1º A defesa restringir-se-á à discussão quanto ao atendimento dos requisitos para que o pronunciamento judicial estrangeiro produza efeitos no Brasil.

§2º Em qualquer hipótese, é vedada a revisão do mérito do pronunciamento judicial estrangeiro pela autoridade judiciária brasileira.

Art. 211 do CPC/73
Ver art. 105, I, "i", da CF/88

Seção IV
Disposições Comuns às Seções Anteriores

Art. 37. O pedido de cooperação jurídica internacional oriundo de autoridade brasileira competente será encaminhado à autoridade central para posterior envio ao Estado requerido para lhe dar andamento.

Não há artigo correspondente no CPC/73

Art. 38. O pedido de cooperação oriundo de autoridade brasileira competente e os documentos anexos que o instruem serão encaminhados à autoridade central, acompanhados de tradução para a língua oficial do Estado requerido.

Não há artigo correspondente no CPC/73

Art. 39. O pedido passivo de cooperação jurídica internacional será recusado se configurar manifesta ofensa à ordem pública.

Não há artigo correspondente no CPC/73

Art. 40. A cooperação jurídica internacional para execução de decisão estrangeira dar-se-á por meio de carta rogatória ou de ação de homologação de sentença estrangeira, de acordo com o art. 960.

Não há artigo correspondente no CPC/73

Art. 41. Considera-se autêntico o documento que instruir pedido de cooperação jurídica internacional, inclusive tradução para a língua portuguesa, quando encaminhado ao Estado brasileiro por meio de autoridade central ou por via diplomática, dispensando-se ajuramentação, autenticação ou qualquer procedimento de legalização.

Parágrafo único. O disposto no *caput* não impede, quando necessária, a aplicação pelo Estado brasileiro do princípio da reciprocidade de tratamento.

Não há artigo correspondente no CPC/73

TÍTULO III
DA COMPETÊNCIA INTERNA

CAPÍTULO I
DA COMPETÊNCIA

Seção I
Disposições Gerais

Art. 42. As causas cíveis serão processadas e decididas pelo juiz nos limites de sua competência, ressalvado às partes o direito de instituir juízo arbitral, na forma da lei.

Art. 86 do CPC/73

Art. 43. Determina-se a competência no momento do registro ou da distribuição da petição inicial, sendo irrelevantes as modificações do estado de fato ou de direito ocorridas posteriormente, salvo quando suprimirem órgão judiciário ou alterarem a competência absoluta.

Art. 87 do CPC/73

Enunciado nº 479 do FPPC: As novas regras de competência relativa previstas no CPC de 2015 não afetam os processos cujas petições iniciais foram protocoladas na vigência do CPC-73. (Grupo: Direito intertemporal)

Ver Súmulas nºs 58 e 367 do STJ

Art. 44. Obedecidos os limites estabelecidos pela Constituição Federal, a competência é determinada pelas normas previstas neste Código ou em legislação especial, pelas normas de organização judiciária e, ainda, no que couber, pelas constituições dos Estados.

Arts. 91 e 93 do CPC/73

Enunciado nº 236 do FPPC: O art. 44 não estabelece uma ordem de prevalência, mas apenas elenca as fontes normativas sobre competência, devendo ser observado o art. 125, §1º, da Constituição Federal. (Grupo: Competência e invalidades processuais)

Art. 45. Tramitando o processo perante outro juízo, os autos serão remetidos ao juízo federal competente se nele intervier a União, suas empresas públicas, entidades autárquicas e fundações, ou conselho de fiscalização de atividade profissional, na qualidade de parte ou de terceiro interveniente, exceto as ações:

I – de recuperação judicial, falência, insolvência civil e acidente de trabalho;

II – sujeitas à justiça eleitoral e à justiça do trabalho.

§1º Os autos não serão remetidos se houver pedido cuja apreciação seja de competência do juízo perante o qual foi proposta a ação.

§2º Na hipótese do §1º, o juiz, ao não admitir a cumulação de pedidos em razão da incompetência para apreciar qualquer deles, não examinará o mérito daquele em que exista interesse da União, de suas entidades autárquicas ou de suas empresas públicas.

§3º O juízo federal restituirá os autos ao juízo estadual sem suscitar conflito se o ente federal cuja presença ensejou a remessa for excluído do processo.

Art. 99 do CPC/73
Ver art. 109, I, da CF/88
Ver Súmulas nºs 150, 170, 224 e 254 do STJ

Art. 46. A ação fundada em direito pessoal ou em direito real sobre bens móveis será proposta, em regra, no foro de domicílio do réu.

§1º Tendo mais de um domicílio, o réu será demandado no foro de qualquer deles.

§2º Sendo incerto ou desconhecido o domicílio do réu, ele poderá ser demandado onde for encontrado ou no foro de domicílio do autor.

§3º Quando o réu não tiver domicílio ou residência no Brasil, a ação será proposta no foro de domicílio do autor, e, se este também residir fora do Brasil, a ação será proposta em qualquer foro.

§4º Havendo 2 (dois) ou mais réus com diferentes domicílios, serão demandados no foro de qualquer deles, à escolha do autor.

§5º A execução fiscal será proposta no foro de domicílio do réu, no de sua residência ou no do lugar onde for encontrado.

    Art. 94 do CPC/73
    Ver Súmula nº 58 do STJ
    Ver art. 114, IX, da Lei nº 13.043/2014
    Ver art. 12 da LINDB
    Ver Lei nº 6.830/1980

Art. 47. Para as ações fundadas em direito real sobre imóveis é competente o foro de situação da coisa.

§1º O autor pode optar pelo foro de domicílio do réu ou pelo foro de eleição se o litígio não recair sobre direito de propriedade, vizinhança, servidão, divisão e demarcação de terras e de nunciação de obra nova.

§2º A ação possessória imobiliária será proposta no foro de situação da coisa, cujo juízo tem competência absoluta.

    Art. 95 do CPC/73

Art. 48. O foro de domicílio do autor da herança, no Brasil, é o competente para o inventário, a partilha, a arrecadação, o cumprimento de disposições de última vontade, a impugnação ou anulação de partilha extrajudicial e para todas as ações em que o espólio for réu, ainda que o óbito tenha ocorrido no estrangeiro.

Parágrafo único. Se o autor da herança não possuía domicílio certo, é competente:

I – o foro de situação dos bens imóveis;

II – havendo bens imóveis em foros diferentes, qualquer destes;

III – não havendo bens imóveis, o foro do local de qualquer dos bens do espólio.

    Art. 96 do CPC/73
    Ver arts. 1.785 e 1.819 do Código Civil

Art. 49. A ação em que o ausente for réu será proposta no foro de seu último domicílio, também competente para a arrecadação, o inventário, a partilha e o cumprimento de disposições testamentárias.

    Art. 97 do CPC/73

Art. 50. A ação em que o incapaz for réu será proposta no foro de domicílio de seu representante ou assistente.

Art. 98 do CPC/73

Art. 51. É competente o foro de domicílio do réu para as causas em que seja autora a União.

Parágrafo único. Se a União for a demandada, a ação poderá ser proposta no foro de domicílio do autor, no de ocorrência do ato ou fato que originou a demanda, no de situação da coisa ou no Distrito Federal.

Art. 99 do CPC/73
Ver art. 109 da CF/88

Art. 52. É competente o foro de domicílio do réu para as causas em que seja autor Estado ou o Distrito Federal.

Parágrafo único. Se Estado ou o Distrito Federal for o demandado, a ação poderá ser proposta no foro de domicílio do autor, no de ocorrência do ato ou fato que originou a demanda, no de situação da coisa ou na capital do respectivo ente federado.

Não há artigo correspondente no CPC/73
Ver Súmula nº 206 do STJ

Art. 53. É competente o foro:

I – para a ação de divórcio, separação, anulação de casamento e reconhecimento ou dissolução de união estável:

a) de domicílio do guardião de filho incapaz;

b) do último domicílio do casal, caso não haja filho incapaz;

c) de domicílio do réu, se nenhuma das partes residir no antigo domicílio do casal;

II – de domicílio ou residência do alimentando, para a ação em que se pedem alimentos;

III – do lugar:

a) onde está a sede, para a ação em que for ré pessoa jurídica;

b) onde se acha agência ou sucursal, quanto às obrigações que a pessoa jurídica contraiu;

c) onde exerce suas atividades, para a ação em que for ré sociedade ou associação sem personalidade jurídica;

d) onde a obrigação deve ser satisfeita, para a ação em que se lhe exigir o cumprimento;

e) de residência do idoso, para a causa que verse sobre direito previsto no respectivo estatuto;

f) da sede da serventia notarial ou de registro, para a ação de reparação de dano por ato praticado em razão do ofício;

IV – do lugar do ato ou fato para a ação:

a) de reparação de dano;

b) em que for réu administrador ou gestor de negócios alheios;

V – de domicílio do autor ou do local do fato, para a ação de reparação de dano sofrido em razão de delito ou acidente de veículos, inclusive aeronaves.

Art. 100 do CPC/73
Ver Lei nº 13.058/2014
Ver art. 75 do Código Civil
Ver art. 80 da Lei nº 10.741/2003
Ver art. 101 do CDC
Ver Súmulas nº 363 do STF e nº 206 do STJ

Seção II
Da Modificação da Competência

Art. 54. A competência relativa poderá modificar-se pela conexão ou pela continência, observado o disposto nesta Seção.

Art. 102 do CPC/73

Art. 55. Reputam-se conexas 2 (duas) ou mais ações quando lhes for comum o pedido ou a causa de pedir.

§1º Os processos de ações conexas serão reunidos para decisão conjunta, salvo se um deles já houver sido sentenciado.

§2º Aplica-se o disposto no *caput*:

I – à execução de título extrajudicial e à ação de conhecimento relativa ao mesmo ato jurídico;

Enunciado nº 237 do FPPC: O rol do art. 55, §2º, I e II, é exemplificativo. (Grupo: Competência e invalidades processuais)

II – às execuções fundadas no mesmo título executivo.

Enunciado nº 237 do FPPC: O rol do art. 55, §2º, I e II, é exemplificativo. (Grupo: Competência e invalidades processuais)

§3º Serão reunidos para julgamento conjunto os processos que possam gerar risco de prolação de decisões conflitantes ou contraditórias caso decididos separadamente, mesmo sem conexão entre eles.

Art. 103 do CPC/73
Ver Súmulas nºs 235 e 383 do STJ

Art. 56. Dá-se a continência entre 2 (duas) ou mais ações quando houver identidade quanto às partes e à causa de pedir, mas o pedido de uma, por ser mais amplo, abrange o das demais.

Art. 104 do CPC/73

Art. 57. Quando houver continência e a ação continente tiver sido proposta anteriormente, no processo relativo à ação contida será proferida sentença sem resolução de mérito, caso contrário, as ações serão necessariamente reunidas.

Art. 105 do CPC/73
Ver Súmula nº 489 do STJ

Art. 58. A reunião das ações propostas em separado far-se-á no juízo prevento, onde serão decididas simultaneamente.

Arts. 105 e 106 do CPC/73

Art. 59. O registro ou a distribuição da petição inicial torna prevento o juízo.

Art. 106 e 219 do CPC/73

Art. 60. Se o imóvel se achar situado em mais de um Estado, comarca, seção ou subseção judiciária, a competência territorial do juízo prevento estender-se-á sobre a totalidade do imóvel.

Art. 107 do CPC/73

Art. 61. A ação acessória será proposta no juízo competente para a ação principal.

Art. 108 do CPC/73

Art. 62. A competência determinada em razão da matéria, da pessoa ou da função é inderrogável por convenção das partes.

Arts. 111 e 112, parágrafo único, do CPC/73
Ver art. 78 do Código Civil
Ver Súmula nº 335 do STF

Art. 63. As partes podem modificar a competência em razão do valor e do território, elegendo foro onde será proposta ação oriunda de direitos e obrigações.

§1º A eleição de foro só produz efeito quando constar de instrumento escrito e aludir expressamente a determinado negócio jurídico.

§2º O foro contratual obriga os herdeiros e sucessores das partes.

§3º Antes da citação, a cláusula de eleição de foro, se abusiva, pode ser reputada ineficaz de ofício pelo juiz, que determinará a remessa dos autos ao juízo do foro de domicílio do réu.

§4º Citado, incumbe ao réu alegar a abusividade da cláusula de eleição de foro na contestação, sob pena de preclusão.

Arts. 111 e 112, parágrafo único, do CPC/73
Ver Súmula nº 33 do STJ

Seção III
Da Incompetência

Art. 64. A incompetência, absoluta ou relativa, será alegada como questão preliminar de contestação.

Enunciado nº 238 do FPPC: O aproveitamento dos efeitos de decisão proferida por juízo incompetente aplica-se tanto à competência absoluta quanto à relativa. (Grupo: Competência e invalidades processuais)

§1º A incompetência absoluta pode ser alegada em qualquer tempo e grau de jurisdição e deve ser declarada de ofício.

§ 2º Após manifestação da parte contrária, o juiz decidirá imediatamente a alegação de incompetência.

§ 3º Caso a alegação de incompetência seja acolhida, os autos serão remetidos ao juízo competente.

§ 4º Salvo decisão judicial em sentido contrário, conservar-se-ão os efeitos de decisão proferida pelo juízo incompetente até que outra seja proferida, se for o caso, pelo juízo competente.

Arts. 112, 113 e 301, II, do CPC/73
Enunciado nº 238 do FPPC: O aproveitamento dos efeitos de decisão proferida por juízo incompetente aplica-se tanto à competência absoluta quanto à relativa. (Grupo: Competência e invalidades processuais)
Enunciado nº 488 do FPPC: No mandado de segurança, havendo equivocada indicação da autoridade coatora, o impetrante deve ser intimado para emendar a petição inicial e, caso haja alteração de competência, o juiz remeterá os autos ao juízo competente. (Grupo: Impacto do novo CPC e os processos da Fazenda Pública)
Ver Súmula nº 33 do STJ

Art. 65. Prorrogar-se-á a competência relativa se o réu não alegar a incompetência em preliminar de contestação.
Parágrafo único. A incompetência relativa pode ser alegada pelo Ministério Público nas causas em que atuar.

Art. 114 do CPC/73

Art. 66. Há conflito de competência quando:
I – 2 (dois) ou mais juízes se declaram competentes;
II – 2 (dois) ou mais juízes se consideram incompetentes, atribuindo um ao outro a competência;
III – entre 2 (dois) ou mais juízes surge controvérsia acerca da reunião ou separação de processos.
Parágrafo único. O juiz que não acolher a competência declinada deverá suscitar o conflito, salvo se a atribuir a outro juízo.

Art. 115 do CPC/73
Ver Súmulas nºs 59, 236 e 428 do STJ

CAPÍTULO II
DA COOPERAÇÃO NACIONAL

Art. 67. Aos órgãos do Poder Judiciário, estadual ou federal, especializado ou comum, em todas as instâncias e graus de jurisdição, inclusive aos tribunais superiores, incumbe o dever de recíproca cooperação, por meio de seus magistrados e servidores.

Não há artigo correspondente no CPC/73
Ver recomendação nº 38/2011 do CNJ

Art. 68. Os juízos poderão formular entre si pedido de cooperação para prática de qualquer ato processual.

Não há artigo correspondente no CPC/73

Art. 69. O pedido de cooperação jurisdicional deve ser prontamente atendido, prescinde de forma específica e pode ser executado como:
I – auxílio direto;
II – reunião ou apensamento de processos;
III – prestação de informações;
IV – atos concertados entre os juízes cooperantes.
§1º As cartas de ordem, precatória e arbitral seguirão o regime previsto neste Código.

Enunciado nº 4 do FPPC: A carta arbitral tramitará e será processada no Poder Judiciário de acordo com o regime previsto no Código de Processo Civil, respeitada a legislação aplicável. (Grupo: Arbitragem)

§2º Os atos concertados entre os juízes cooperantes poderão consistir, além de outros, no estabelecimento de procedimento para:
I – a prática de citação, intimação ou notificação de ato;
II – a obtenção e apresentação de provas e a coleta de depoimentos;
III – a efetivação de tutela provisória;
IV – a efetivação de medidas e providências para recuperação e preservação de empresas;
V – a facilitação de habilitação de créditos na falência e na recuperação judicial;
VI – a centralização de processos repetitivos;
VII – a execução de decisão jurisdicional.

§3º O pedido de cooperação judiciária pode ser realizado entre órgãos jurisdicionais de diferentes ramos do Poder Judiciário.

Não há artigo correspondente no CPC/73

Enunciado nº 5 do FPPC: A carta arbitral tramitará e será processada no Poder Judiciário de acordo com o regime previsto no Código de Processo Civil, respeitada a legislação aplicável. (Grupo: Arbitragem)

LIVRO III
DOS SUJEITOS DO PROCESSO

TÍTULO I
DAS PARTES E DOS PROCURADORES

CAPÍTULO I
DA CAPACIDADE PROCESSUAL

Art. 70. Toda pessoa que se encontre no exercício de seus direitos tem capacidade para estar em juízo.

Art. 7º do CPC/73

Art. 71. O incapaz será representado ou assistido por seus pais, por tutor ou por curador, na forma da lei.

Art. 8º do CPC/73
Ver arts. 3º e 4º do Código Civil

Art. 72. O juiz nomeará curador especial ao:
I – incapaz, se não tiver representante legal ou se os interesses deste colidirem com os daquele, enquanto durar a incapacidade;
II – réu preso revel, bem como ao réu revel citado por edital ou com hora certa, enquanto não for constituído advogado.
Parágrafo único. A curatela especial será exercida pela Defensoria Pública, nos termos da lei.

Art. 9º do CPC/73
Ver arts. 3º, 4º e 1.692 do Código Civil
Ver Súmula nº 196 do STJ

Art. 73. O cônjuge necessitará do consentimento do outro para propor ação que verse sobre direito real imobiliário, salvo quando casados sob o regime de separação absoluta de bens.

§1º Ambos os cônjuges serão necessariamente citados para a ação:

I – que verse sobre direito real imobiliário, salvo quando casados sob o regime de separação absoluta de bens;

II – resultante de fato que diga respeito a ambos os cônjuges ou de ato praticado por eles;

III – fundada em dívida contraída por um dos cônjuges a bem da família;

IV – que tenha por objeto o reconhecimento, a constituição ou a extinção de ônus sobre imóvel de um ou de ambos os cônjuges.

§2º Nas ações possessórias, a participação do cônjuge do autor ou do réu somente é indispensável nas hipóteses de composse ou de ato por ambos praticado.

§3º Aplica-se o disposto neste artigo à união estável comprovada nos autos.

Art. 10 do CPC/73
Ver arts. 1.225, 1.643, 1.644 e 1.647 do Código Civil
Ver Provimento nº 37 do CNJ

Art. 74. O consentimento previsto no art. 73 pode ser suprido judicialmente quando for negado por um dos cônjuges sem justo motivo, ou quando lhe seja impossível concedê-lo.

Parágrafo único. A falta de consentimento, quando necessário e não suprido pelo juiz, invalida o processo.

Art. 11 do CPC 73

Art. 75. Serão representados em juízo, ativa e passivamente:

I – a União, pela Advocacia-Geral da União, diretamente ou mediante órgão vinculado;

II – o Estado e o Distrito Federal, por seus procuradores;

III – o Município, por seu prefeito ou procurador;

IV – a autarquia e a fundação de direito público, por quem a lei do ente federado designar;

V – a massa falida, pelo administrador judicial;

VI – a herança jacente ou vacante, por seu curador;

VII – o espólio, pelo inventariante;

VIII – a pessoa jurídica, por quem os respectivos atos constitutivos designarem ou, não havendo essa designação, por seus diretores;

IX – a sociedade e a associação irregulares e outros entes organizados sem personalidade jurídica, pela pessoa a quem couber a administração de seus bens;

X – a pessoa jurídica estrangeira, pelo gerente, representante ou administrador de sua filial, agência ou sucursal aberta ou instalada no Brasil;

XI – o condomínio, pelo administrador ou síndico.

§1º Quando o inventariante for dativo, os sucessores do falecido serão intimados no processo no qual o espólio seja parte.

§2º A sociedade ou associação sem personalidade jurídica não poderá opor a irregularidade de sua constituição quando demandada.

§3º O gerente de filial ou agência presume-se autorizado pela pessoa jurídica estrangeira a receber citação para qualquer processo.

§4º Os Estados e o Distrito Federal poderão ajustar compromisso recíproco para prática de ato processual por seus procuradores em favor de outro ente federado, mediante convênio firmado pelas respectivas procuradorias.

Art. 12 do CPC/73

Enunciado nº 383 do FPPC: As autarquias e fundações de direito público estaduais e distritais também poderão ajustar compromisso recíproco para prática de ato processual por seus procuradores em favor de outro ente federado, mediante convênio firmado pelas respectivas procuradorias. (Grupos: Impacto do novo CPC e os processos da Fazenda Pública e Negócios Processuais)

Ver art. 1.991 do Código Civil

Ver art. 21 da Lei nº 11.101/2005

Art. 76. Verificada a incapacidade processual ou a irregularidade da representação da parte, o juiz suspenderá o processo e designará prazo razoável para que seja sanado o vício.

§1º Descumprida a determinação, caso o processo esteja na instância originária:

I – o processo será extinto, se a providência couber ao autor;

II – o réu será considerado revel, se a providência lhe couber;

III – o terceiro será considerado revel ou excluído do processo, dependendo do polo em que se encontre.

§2º Descumprida a determinação em fase recursal perante tribunal de justiça, tribunal regional federal ou tribunal superior, o relator:

Enunciado nº 83 do FPPC: Fica superado o Enunciado nº 115 da súmula do STJ após a entrada em vigor do CPC ("*Na instância especial é inexistente recurso interposto por advogado sem procuração nos autos*"). (Grupo: Ordem dos Processos no Tribunal, Teoria Geral dos Recursos, Apelação e Agravo)

I – não conhecerá do recurso, se a providência couber ao recorrente;
II – determinará o desentranhamento das contrarrazões, se a providência couber ao recorrido.

Art. 13 do CPC/73

CAPÍTULO II
DOS DEVERES DAS PARTES E DE SEUS PROCURADORES

Seção I
Dos Deveres

Art. 77. Além de outros previstos neste Código, são deveres das partes, de seus procuradores e de todos aqueles que de qualquer forma participem do processo:
I – expor os fatos em juízo conforme a verdade;
II – não formular pretensão ou de apresentar defesa quando cientes de que são destituídas de fundamento;
III – não produzir provas e não praticar atos inúteis ou desnecessários à declaração ou à defesa do direito;
IV – cumprir com exatidão as decisões jurisdicionais, de natureza provisória ou final, e não criar embaraços à sua efetivação;
V – declinar, no primeiro momento que lhes couber falar nos autos, o endereço residencial ou profissional onde receberão intimações, atualizando essa informação sempre que ocorrer qualquer modificação temporária ou definitiva;
VI – não praticar inovação ilegal no estado de fato de bem ou direito litigioso.
§1º Nas hipóteses dos incisos IV e VI, o juiz advertirá qualquer das pessoas mencionadas no *caput* de que sua conduta poderá ser punida como ato atentatório à dignidade da justiça.
§2º A violação ao disposto nos incisos IV e VI constitui ato atentatório à dignidade da justiça, devendo o juiz, sem prejuízo das sanções criminais, civis e processuais cabíveis, aplicar ao responsável multa de até vinte por cento do valor da causa, de acordo com a gravidade da conduta.
§3º Não sendo paga no prazo a ser fixado pelo juiz, a multa prevista no §2º será inscrita como dívida ativa da União ou do Estado após o trânsito em julgado da decisão que a fixou, e sua execução observará o procedimento da execução fiscal, revertendo-se aos fundos previstos no art. 97.
§4º A multa estabelecida no §2º poderá ser fixada independentemente da incidência das previstas nos arts. 523, §1º, e 536, §1º.
§5º Quando o valor da causa for irrisório ou inestimável, a multa prevista no §2º poderá ser fixada em até 10 (dez) vezes o valor do salário-mínimo.

§6º Aos advogados públicos ou privados e aos membros da Defensoria Pública e do Ministério Público não se aplica o disposto nos §§2º a 5º, devendo eventual responsabilidade disciplinar ser apurada pelo respectivo órgão de classe ou corregedoria, ao qual o juiz oficiará.

§7º Reconhecida violação ao disposto no inciso VI, o juiz determinará o restabelecimento do estado anterior, podendo, ainda, proibir a parte de falar nos autos até a purgação do atentado, sem prejuízo da aplicação do §2º.

§8º O representante judicial da parte não pode ser compelido a cumprir decisão em seu lugar.

Art. 14 do CPC/73

Art. 78. É vedado às partes, a seus procuradores, aos juízes, aos membros do Ministério Público e da Defensoria Pública e a qualquer pessoa que participe do processo empregar expressões ofensivas nos escritos apresentados.

§1º Quando expressões ou condutas ofensivas forem manifestadas oral ou presencialmente, o juiz advertirá o ofensor de que não as deve usar ou repetir, sob pena de lhe ser cassada a palavra.

§2º De ofício ou a requerimento do ofendido, o juiz determinará que as expressões ofensivas sejam riscadas e, a requerimento do ofendido, determinará a expedição de certidão com inteiro teor das expressões ofensivas e a colocará à disposição da parte interessada.

Art. 15 do CPC/73
Ver art. 7º, §2º, da Lei nº 8.906/1994

Seção II
Da Responsabilidade das Partes por Dano Processual

Art. 79. Responde por perdas e danos aquele que litigar de má-fé como autor, réu ou interveniente.

Art. 16 do CPC/73

Art. 80. Considera-se litigante de má-fé aquele que:
I – deduzir pretensão ou defesa contra texto expresso de lei ou fato incontroverso;
II – alterar a verdade dos fatos;
III – usar do processo para conseguir objetivo ilegal;
IV – opuser resistência injustificada ao andamento do processo;
V – proceder de modo temerário em qualquer incidente ou ato do processo;

VI – provocar incidente manifestamente infundado;
VII – interpuser recurso com intuito manifestamente protelatório.

Art. 17 do CPC/73

Art. 81. De ofício ou a requerimento, o juiz condenará o litigante de má-fé a pagar multa, que deverá ser superior a um por cento e inferior a dez por cento do valor corrigido da causa, a indenizar a parte contrária pelos prejuízos que esta sofreu e a arcar com os honorários advocatícios e com todas as despesas que efetuou.

§1º Quando forem 2 (dois) ou mais os litigantes de má-fé, o juiz condenará cada um na proporção de seu respectivo interesse na causa ou solidariamente aqueles que se coligaram para lesar a parte contrária.

§2º Quando o valor da causa for irrisório ou inestimável, a multa poderá ser fixada em até 10 (dez) vezes o valor do salário-mínimo.

§3º O valor da indenização será fixado pelo juiz ou, caso não seja possível mensurá-lo, liquidado por arbitramento ou pelo procedimento comum, nos próprios autos.

Art. 18 CPC/73

Enunciado nº 490 do FPPC: São admissíveis os seguintes negócios processuais, entre outros: pacto de inexecução parcial ou total de multa coercitiva; pacto de alteração de ordem de penhora; pré-indicação de bem penhorável preferencial (art. 848, II); pré-fixação de indenização por dano processual prevista nos arts. 81, §3º, 520, inc. I, 297, parágrafo único (cláusula penal processual); negócio de anuência prévia para aditamento ou alteração do pedido ou da causa de pedir até o saneamento (art. 329, inc. II). (Grupo: Negócios processuais)

Ver art. 32 da Lei nº 8.906/1994

Seção III
Das Despesas, dos Honorários Advocatícios e das Multas

Art. 82. Salvo as disposições concernentes à gratuidade da justiça, incumbe às partes prover as despesas dos atos que realizarem ou requererem no processo, antecipando-lhes o pagamento, desde o início até a sentença final ou, na execução, até a plena satisfação do direito reconhecido no título.

§1º Incumbe ao autor adiantar as despesas relativas a ato cuja realização o juiz determinar de ofício ou a requerimento do Ministério Público, quando sua intervenção ocorrer como fiscal da ordem jurídica.

§2º A sentença condenará o vencido a pagar ao vencedor as despesas que antecipou.

Arts. 19 e 20 do CPC/73
Ver art. 23 da Lei nº 8.906/1994
Ver Súmula nº 111 do STJ

Art. 83. O autor, brasileiro ou estrangeiro, que residir fora do Brasil ou deixar de residir no país ao longo da tramitação de processo prestará caução suficiente ao pagamento das custas e dos honorários de advogado da parte contrária nas ações que propuser, se não tiver no Brasil bens imóveis que lhes assegurem o pagamento.
§1º Não se exigirá a caução de que trata o *caput*:
I – quando houver dispensa prevista em acordo ou tratado internacional de que o Brasil faz parte;
II – na execução fundada em título extrajudicial e no cumprimento de sentença;
III – na reconvenção.
§2º Verificando-se no trâmite do processo que se desfalcou a garantia, poderá o interessado exigir reforço da caução, justificando seu pedido com a indicação da depreciação do bem dado em garantia e a importância do reforço que pretende obter.

Art. 835 do CPC/73

Art. 84. As despesas abrangem as custas dos atos do processo, a indenização de viagem, a remuneração do assistente técnico e a diária de testemunha.

Art. 20, §2º, do CPC/73

Art. 85. A sentença condenará o vencido a pagar honorários ao advogado do vencedor.

Enunciado nº 239 do FPPC: Fica superado o enunciado n. 472 da súmula do STF ("A condenação do autor em honorários de advogado, com fundamento no art. 64 do Código de Processo Civil, depende de reconvenção"), pela extinção da nomeação à autoria (Grupo: Advogado e Sociedade de Advogados. Prazos).

Enunciado nº 241 do FPPC: Os honorários de sucumbência recursal serão somados aos honorários pela sucumbência em primeiro grau, observados os limites legais. (Grupo: Advogado e Sociedade de Advogados. Prazos).

§1º São devidos honorários advocatícios na reconvenção, no cumprimento de sentença, provisório ou definitivo, na execução, resistida ou não, e nos recursos interpostos, cumulativamente.

Enunciado nº 451 do FPPC: A regra decorrente do *caput* e do §1º do art. 827 aplica-se às execuções fundadas em título executivo extrajudicial de obrigação de fazer, não fazer e entrega de coisa. (Grupo: Execução)

§2º Os honorários serão fixados entre o mínimo de dez e o máximo de vinte por cento sobre o valor da condenação, do proveito econômico obtido ou, não sendo possível mensurá-lo, sobre o valor atualizado da causa, atendidos:
I – o grau de zelo do profissional;
II – o lugar de prestação do serviço;
III – a natureza e a importância da causa;
IV – o trabalho realizado pelo advogado e o tempo exigido para o seu serviço.

§3º Nas causas em que a Fazenda Pública for parte, a fixação dos honorários observará os critérios estabelecidos nos incisos I a IV do §2º e os seguintes percentuais:

Enunciado nº 240 do FPPC: São devidos honorários nas execuções fundadas em título executivo extrajudicial contra a Fazenda Pública, a serem arbitrados na forma do §3º do art. 85. (Grupo: Advogado e Sociedade de Advogados. Prazos).

I – mínimo de dez e máximo de vinte por cento sobre o valor da condenação ou do proveito econômico obtido até 200 (duzentos) salários-mínimos;
II – mínimo de oito e máximo de dez por cento sobre o valor da condenação ou do proveito econômico obtido acima de 200 (duzentos) salários-mínimos até 2.000 (dois mil) salários-mínimos;
III – mínimo de cinco e máximo de oito por cento sobre o valor da condenação ou do proveito econômico obtido acima de 2.000 (dois mil) salários-mínimos até 20.000 (vinte mil) salários-mínimos;
IV – mínimo de três e máximo de cinco por cento sobre o valor da condenação ou do proveito econômico obtido acima de 20.000 (vinte mil) salários-mínimos até 100.000 (cem mil) salários-mínimos;
V – mínimo de um e máximo de três por cento sobre o valor da condenação ou do proveito econômico obtido acima de 100.000 (cem mil) salários-mínimos.
§4º Em qualquer das hipóteses do §3º:
I – os percentuais previstos nos incisos I a V devem ser aplicados desde logo, quando for líquida a sentença;
II – não sendo líquida a sentença, a definição do percentual, nos termos previstos nos incisos I a V, somente ocorrerá quando liquidado o julgado;

III – não havendo condenação principal ou não sendo possível mensurar o proveito econômico obtido, a condenação em honorários dar-se-á sobre o valor atualizado da causa;

IV – será considerado o salário-mínimo vigente quando prolatada sentença líquida ou o que estiver em vigor na data da decisão de liquidação.

§5º Quando, conforme o caso, a condenação contra a Fazenda Pública ou o benefício econômico obtido pelo vencedor ou o valor da causa for superior ao valor previsto no inciso I do §3º, a fixação do percentual de honorários deve observar a faixa inicial e, naquilo que a exceder, a faixa subsequente, e assim sucessivamente.

§6º Os limites e critérios previstos nos §§2º e 3º aplicam-se independentemente de qual seja o conteúdo da decisão, inclusive aos casos de improcedência ou de sentença sem resolução de mérito.

§7º Não serão devidos honorários no cumprimento de sentença contra a Fazenda Pública que enseje expedição de precatório, desde que não tenha sido impugnada.

§8º Nas causas em que for inestimável ou irrisório o proveito econômico ou, ainda, quando o valor da causa for muito baixo, o juiz fixará o valor dos honorários por apreciação equitativa, observando o disposto nos incisos do §2º.

§9º Na ação de indenização por ato ilícito contra pessoa, o percentual de honorários incidirá sobre a soma das prestações vencidas acrescida de 12 (doze) prestações vincendas.

§10. Nos casos de perda do objeto, os honorários serão devidos por quem deu causa ao processo.

§11. O tribunal, ao julgar recurso, majorará os honorários fixados anteriormente levando em conta o trabalho adicional realizado em grau recursal, observando, conforme o caso, o disposto nos §§2º a 6º, sendo vedado ao tribunal, no cômputo geral da fixação de honorários devidos ao advogado do vencedor, ultrapassar os respectivos limites estabelecidos nos §§2º e 3º para a fase de conhecimento.

Enunciado nº 241 do FPPC: Os honorários de sucumbência recursal serão somados aos honorários pela sucumbência em primeiro grau, observados os limites legais. (Grupo: Advogado e Sociedade de Advogados. Prazos).

Enunciado nº 242 do FPPC: Os honorários de sucumbência recursal são devidos em decisão unipessoal ou colegiada. (Grupo: Advogado e Sociedade de Advogados. Prazos).

Enunciado nº 243 do FPPC: No caso de provimento do recurso de apelação, o tribunal redistribuirá os honorários fixados em primeiro grau e arbitrará os honorários de sucumbência recursal. (Grupo: Advogado e Sociedade de Advogados. Prazos).

§12. Os honorários referidos no §11 são cumuláveis com multas e outras sanções processuais, inclusive as previstas no art. 77.

§13. As verbas de sucumbência arbitradas em embargos à execução rejeitados ou julgados improcedentes e em fase de cumprimento de sentença serão acrescidas no valor do débito principal, para todos os efeitos legais.

§14. Os honorários constituem direito do advogado e têm natureza alimentar, com os mesmos privilégios dos créditos oriundos da legislação do trabalho, sendo vedada a compensação em caso de sucumbência parcial.

Enunciado nº 244 do FPPC: Ficam superados o Enunciado nº 306 da súmula do STJ ("Os honorários advocatícios devem ser compensados quando houver sucumbência recíproca, assegurado o direito autônomo do advogado à execução do saldo sem excluir a legitimidade da própria parte") e a tese firmada no REsp Repetitivo n. 963.528/PR, após a entrada em vigor do CPC, pela expressa impossibilidade de compensação (Grupo: Advogado e Sociedade de Advogados. Prazos).

§15. O advogado pode requerer que o pagamento dos honorários que lhe caibam seja efetuado em favor da sociedade de advogados que integra na qualidade de sócio, aplicando-se à hipótese o disposto no §14.

§16. Quando os honorários forem fixados em quantia certa, os juros moratórios incidirão a partir da data do trânsito em julgado da decisão.

§17. Os honorários serão devidos quando o advogado atuar em causa própria.

§18. Caso a decisão transitada em julgado seja omissa quanto ao direito aos honorários ou ao seu valor, é cabível ação autônoma para sua definição e cobrança.

Enunciado nº 7 do FPPC: O pedido, quando omitido em decisão judicial transitada em julgado, pode ser objeto de ação autônoma. (Grupo: Ordem dos Processos no Tribunal, Teoria Geral dos Recursos, Apelação e Agravo)

Enunciado nº 8 do FPPC: Fica superado o Enunciado nº 453 da súmula do STJ após a entrada em vigor do CPC ("Os honorários sucumbenciais, quando omitidos em decisão transitada em julgado, não podem ser cobrados em execução ou em ação própria"). (Grupo: Ordem dos Processos no Tribunal, Teoria Geral dos Recursos, Apelação e Agravo)

§19. Os advogados públicos perceberão honorários de sucumbência, nos termos da lei.

Art. 20, §§3º e 4º, do CPC/73

Enunciado nº 384 do FPPC: A lei regulamentadora não poderá suprimir a titularidade e o direito à percepção dos honorários de sucumbência dos advogados públicos. (Grupo: Impacto do novo CPC e os processos da Fazenda Pública)

Ver Súmulas nºs 306, 543, 517 e 519 do STJ

Art. 86. Se cada litigante for, em parte, vencedor e vencido, serão proporcionalmente distribuídas entre eles as despesas.

Parágrafo único. Se um litigante sucumbir em parte mínima do pedido, o outro responderá, por inteiro, pelas despesas e pelos honorários.

Art. 21 do CPC/73

Art. 87. Concorrendo diversos autores ou diversos réus, os vencidos respondem proporcionalmente pelas despesas e pelos honorários.

§1º A sentença deverá distribuir entre os litisconsortes, de forma expressa, a responsabilidade proporcional pelo pagamento das verbas previstas no *caput*.

§2º Se a distribuição de que trata o §1º não for feita, os vencidos responderão solidariamente pelas despesas e pelos honorários.

Art. 23 CPC/73

Art. 88. Nos procedimentos de jurisdição voluntária, as despesas serão adiantadas pelo requerente e rateadas entre os interessados.

Art. 24 do CPC/73

Art. 89. Nos juízos divisórios, não havendo litígio, os interessados pagarão as despesas proporcionalmente a seus quinhões.

Art. 24 do CPC/73

Art. 90. Proferida sentença com fundamento em desistência, em renúncia ou em reconhecimento do pedido, as despesas e os honorários serão pagos pela parte que desistiu, renunciou ou reconheceu.

§1º Sendo parcial a desistência, a renúncia ou o reconhecimento, a responsabilidade pelas despesas e pelos honorários será proporcional à parcela reconhecida, à qual se renunciou ou da qual se desistiu.

§2º Havendo transação e nada tendo as partes disposto quanto às despesas, estas serão divididas igualmente.

§3º Se a transação ocorrer antes da sentença, as partes ficam dispensadas do pagamento das custas processuais remanescentes, se houver.

Enunciado nº 112 do FPPC: No processo do trabalho, se a transação ocorrer antes da sentença, as partes ficam dispensadas do pagamento das custas processuais, se houver. (Grupo: Impacto do CPC no Processo do Trabalho)

§4º Se o réu reconhecer a procedência do pedido e, simultaneamente, cumprir integralmente a prestação reconhecida, os honorários serão reduzidos pela metade.

Art. 26 do CPC/73

Art. 91. As despesas dos atos processuais praticados a requerimento da Fazenda Pública, do Ministério Público ou da Defensoria Pública serão pagas ao final pelo vencido.

§1º As perícias requeridas pela Fazenda Pública, pelo Ministério Público ou pela Defensoria Pública poderão ser realizadas por entidade pública ou, havendo previsão orçamentária, ter os valores adiantados por aquele que requerer a prova.

§2º Não havendo previsão orçamentária no exercício financeiro para adiantamento dos honorários periciais, eles serão pagos no exercício seguinte ou ao final, pelo vencido, caso o processo se encerre antes do adiantamento a ser feito pelo ente público.

Art. 27 do CPC/73
Ver Súmula nº 232 do STJ

Art. 92. Quando, a requerimento do réu, o juiz proferir sentença sem resolver o mérito, o autor não poderá propor novamente a ação sem pagar ou depositar em cartório as despesas e os honorários a que foi condenado.

Art. 28 do CPC/73

Art. 93. As despesas de atos adiados ou cuja repetição for necessária ficarão a cargo da parte, do auxiliar da justiça, do órgão do Ministério Público ou da Defensoria Pública ou do juiz que, sem justo motivo, houver dado causa ao adiamento ou à repetição.

Art. 29 do CPC/73

Art. 94. Se o assistido for vencido, o assistente será condenado ao pagamento das custas em proporção à atividade que houver exercido no processo.

Art. 32 do CPC/73

Art. 95. Cada parte adiantará a remuneração do assistente técnico que houver indicado, sendo a do perito adiantada pela parte que houver requerido a perícia ou rateada quando a perícia for determinada de ofício ou requerida por ambas as partes.

§1º O juiz poderá determinar que a parte responsável pelo pagamento dos honorários do perito deposite em juízo o valor correspondente.

§2º A quantia recolhida em depósito bancário à ordem do juízo será corrigida monetariamente e paga de acordo com o art. 465, §4º.

§3º Quando o pagamento da perícia for de responsabilidade de beneficiário de gratuidade da justiça, ela poderá ser:

I – custeada com recursos alocados no orçamento do ente público e realizada por servidor do Poder Judiciário ou por órgão público conveniado;

II – paga com recursos alocados no orçamento da União, do Estado ou do Distrito Federal, no caso de ser realizada por particular, hipótese em que o valor será fixado conforme tabela do tribunal respectivo ou, em caso de sua omissão, do Conselho Nacional de Justiça.

§4º Na hipótese do §3º, o juiz, após o trânsito em julgado da decisão final, oficiará a Fazenda Pública para que promova, contra quem tiver sido condenado ao pagamento das despesas processuais, a execução dos valores gastos com a perícia particular ou com a utilização de servidor público ou da estrutura de órgão público, observando-se, caso o responsável pelo pagamento das despesas seja beneficiário de gratuidade da justiça, o disposto no art. 98, §2º.

§5º Para fins de aplicação do §3º, é vedada a utilização de recursos do fundo de custeio da Defensoria Pública.

Art. 33 do CPC/73
Ver Súmula nº 232 do STJ

Art. 96. O valor das sanções impostas ao litigante de má-fé reverterá em benefício da parte contrária, e o valor das sanções impostas aos serventuários pertencerá ao Estado ou à União.

Art. 35 do CPC/73

Art. 97. A União e os Estados podem criar fundos de modernização do Poder Judiciário, aos quais serão revertidos os valores das sanções pecuniárias processuais destinadas à União e aos Estados, e outras verbas previstas em lei.

Não há artigo correspondente no CPC/73

Seção IV
Da Gratuidade da Justiça

Art. 98. A pessoa natural ou jurídica, brasileira ou estrangeira, com insuficiência de recursos para pagar as custas, as despesas processuais e os honorários advocatícios tem direito à gratuidade da justiça, na forma da lei.

Enunciado nº 113 do FPPC: Na Justiça do Trabalho, o empregador pode ser beneficiário da gratuidade da justiça, na forma do art. 98. (Grupo: Impacto do CPC no Processo do Trabalho)

§1º A gratuidade da justiça compreende:
I – as taxas ou as custas judiciais;
II – os selos postais;
III – as despesas com publicação na imprensa oficial, dispensando-se a publicação em outros meios;
IV – a indenização devida à testemunha que, quando empregada, receberá do empregador salário integral, como se em serviço estivesse;
V – as despesas com a realização de exame de código genético – DNA e de outros exames considerados essenciais;
VI – os honorários do advogado e do perito e a remuneração do intérprete ou do tradutor nomeado para apresentação de versão em português de documento redigido em língua estrangeira;
VII – o custo com a elaboração de memória de cálculo, quando exigida para instauração da execução;
VIII – os depósitos previstos em lei para interposição de recurso, para propositura de ação e para a prática de outros atos processuais inerentes ao exercício da ampla defesa e do contraditório;
IX – os emolumentos devidos a notários ou registradores em decorrência da prática de registro, averbação ou qualquer outro ato notarial necessário à efetivação de decisão judicial ou à continuidade de processo judicial no qual o benefício tenha sido concedido.
§2º A concessão de gratuidade não afasta a responsabilidade do beneficiário pelas despesas processuais e pelos honorários advocatícios decorrentes de sua sucumbência.
§3º Vencido o beneficiário, as obrigações decorrentes de sua sucumbência ficarão sob condição suspensiva de exigibilidade e somente poderão ser executadas se, nos 5 (cinco) anos subsequentes ao trânsito em julgado da decisão que as certificou, o credor demonstrar que deixou de existir a situação de insuficiência de recursos que justificou a concessão de gratuidade, extinguindo-se, passado esse prazo, tais obrigações do beneficiário.

§4º A concessão de gratuidade não afasta o dever de o beneficiário pagar, ao final, as multas processuais que lhe sejam impostas.

§5º A gratuidade poderá ser concedida em relação a algum ou a todos os atos processuais, ou consistir na redução percentual de despesas processuais que o beneficiário tiver de adiantar no curso do procedimento.

§6º Conforme o caso, o juiz poderá conceder direito ao parcelamento de despesas processuais que o beneficiário tiver de adiantar no curso do procedimento.

§7º Aplica-se o disposto no art. 95, §§3º a 5º, ao custeio dos emolumentos previstos no §1º, inciso IX, do presente artigo, observada a tabela e as condições da lei estadual ou distrital respectiva.

§8º Na hipótese do §1º, inciso IX, havendo dúvida fundada quanto ao preenchimento atual dos pressupostos para a concessão de gratuidade, o notário ou registrador, após praticar o ato, pode requerer, ao juízo competente para decidir questões notariais ou registrais, a revogação total ou parcial do benefício ou a sua substituição pelo parcelamento de que trata o §6º deste artigo, caso em que o beneficiário será citado para, em 15 (quinze) dias, manifestar-se sobre esse requerimento.

Não há artigo correspondente no CPC/73
Ver art. 1.072, III, do CPC 2015

Art. 99. O pedido de gratuidade da justiça pode ser formulado na petição inicial, na contestação, na petição para ingresso de terceiro no processo ou em recurso.

§1º Se superveniente à primeira manifestação da parte na instância, o pedido poderá ser formulado por petição simples, nos autos do próprio processo, e não suspenderá seu curso.

§2º O juiz somente poderá indeferir o pedido se houver nos autos elementos que evidenciem a falta dos pressupostos legais para a concessão de gratuidade, devendo, antes de indeferir o pedido, determinar à parte a comprovação do preenchimento dos referidos pressupostos.

Enunciado nº 385 do FPPC: Havendo risco de perecimento do direito, o poder do juiz de exigir do autor a comprovação dos pressupostos legais para a concessão da gratuidade não o desincumbe do dever de apreciar, desde logo, o pedido liminar de tutela de urgência. (Grupo: Poderes do juiz)

§3º Presume-se verdadeira a alegação de insuficiência deduzida exclusivamente por pessoa natural.

§4º A assistência do requerente por advogado particular não impede a concessão de gratuidade da justiça.

Enunciado nº 245 do FPPC: O fato de a parte, pessoa natural ou jurídica, estar assistida por advogado particular não impede a concessão da justiça gratuita na Justiça do Trabalho. (Grupo: Impacto do CPC no processo do trabalho)

§5º Na hipótese do §4º, o recurso que verse exclusivamente sobre valor de honorários de sucumbência fixados em favor do advogado de beneficiário estará sujeito a preparo, salvo se o próprio advogado demonstrar que tem direito à gratuidade.

§6º O direito à gratuidade da justiça é pessoal, não se estendendo a litisconsorte ou a sucessor do beneficiário, salvo requerimento e deferimento expressos.

§7º Requerida a concessão de gratuidade da justiça em recurso, o recorrente estará dispensado de comprovar o recolhimento do preparo, incumbindo ao relator, neste caso, apreciar o requerimento e, se indeferi-lo, fixar prazo para realização do recolhimento.

Não há artigo correspondente no CPC/73

Enunciado nº 246 do FPPC: Dispensa-se o preparo do recurso quando houver pedido de justiça gratuita em sede recursal, consoante art. 99, §6º, aplicável ao processo do trabalho. Se o pedido for indeferido, deve ser fixado prazo para o recorrente realizar o recolhimento. (Grupo: Impacto do CPC no processo do trabalho)

Art. 100. Deferido o pedido, a parte contrária poderá oferecer impugnação na contestação, na réplica, nas contrarrazões de recurso ou, nos casos de pedido superveniente ou formulado por terceiro, por meio de petição simples, a ser apresentada no prazo de 15 (quinze) dias, nos autos do próprio processo, sem suspensão de seu curso.

Parágrafo único. Revogado o benefício, a parte arcará com as despesas processuais que tiver deixado de adiantar e pagará, em caso de má-fé, até o décuplo de seu valor a título de multa, que será revertida em benefício da Fazenda Pública estadual ou federal e poderá ser inscrita em dívida ativa.

Não há artigo correspondente no CPC/73

Art. 101. Contra a decisão que indeferir a gratuidade ou a que acolher pedido de sua revogação caberá agravo de instrumento, exceto quando a questão for resolvida na sentença, contra a qual caberá apelação.

§1º O recorrente estará dispensado do recolhimento de custas até decisão do relator sobre a questão, preliminarmente ao julgamento do recurso.

§2º Confirmada a denegação ou a revogação da gratuidade, o relator ou o órgão colegiado determinará ao recorrente o recolhimento das custas processuais, no prazo de 5 (cinco) dias, sob pena de não conhecimento do recurso.

Não há artigo correspondente no CPC/73

Art. 102. Sobrevindo o trânsito em julgado de decisão que revoga a gratuidade, a parte deverá efetuar o recolhimento de todas as despesas de cujo adiantamento foi dispensada, inclusive as relativas ao recurso interposto, se houver, no prazo fixado pelo juiz, sem prejuízo de aplicação das sanções previstas em lei.

Parágrafo único. Não efetuado o recolhimento, o processo será extinto sem resolução de mérito, tratando-se do autor, e, nos demais casos, não poderá ser deferida a realização de nenhum ato ou diligência requerida pela parte enquanto não efetuado o depósito.

Não há artigo correspondente no CPC/73

CAPÍTULO III
DOS PROCURADORES

Art. 103. A parte será representada em juízo por advogado regularmente inscrito na Ordem dos Advogados do Brasil.

Parágrafo único. É lícito à parte postular em causa própria quando tiver habilitação legal.

Art. 36 do CPC/73
Ver art. 133 da CF/88
Ver art. 692 do Código Civil
Ver art. 1º da Lei nº 8.906/1994
Ver art. 9º da Lei nº 9.099/95

Art. 104. O advogado não será admitido a postular em juízo sem procuração, salvo para evitar preclusão, decadência ou prescrição, ou para praticar ato considerado urgente.

§1º Nas hipóteses previstas no *caput*, o advogado deverá, independentemente de caução, exibir a procuração no prazo de 15 (quinze) dias, prorrogável por igual período por despacho do juiz.

§2º O ato não ratificado será considerado ineficaz relativamente àquele em cujo nome foi praticado, respondendo o advogado pelas despesas e por perdas e danos.

Art. 37 do CPC/73

Enunciado nº 83 do FPPC: Fica superado o Enunciado nº 115 da súmula do STJ após a entrada em vigor do CPC ("Na instância especial é inexistente recurso interposto por advogado sem procuração nos autos"). (Grupo: Ordem dos Processos no Tribunal, Teoria Geral dos Recursos, Apelação e Agravo)
Ver Súmula nº 115 do STJ
Ver art. 662 do Código Civil

Art. 105. A procuração geral para o foro, outorgada por instrumento público ou particular assinado pela parte, habilita o advogado a praticar todos os atos do processo, exceto receber citação, confessar, reconhecer a procedência do pedido, transigir, desistir, renunciar ao direito sobre o qual se funda a ação, receber, dar quitação, firmar compromisso e assinar declaração de hipossuficiência econômica, que devem constar de cláusula específica.

§1º A procuração pode ser assinada digitalmente, na forma da lei.

§2º A procuração deverá conter o nome do advogado, seu número de inscrição na Ordem dos Advogados do Brasil e endereço completo.

§3º Se o outorgado integrar sociedade de advogados, a procuração também deverá conter o nome dessa, seu número de registro na Ordem dos Advogados do Brasil e endereço completo.

§4º Salvo disposição expressa em sentido contrário constante do próprio instrumento, a procuração outorgada na fase de conhecimento é eficaz para todas as fases do processo, inclusive para o cumprimento de sentença.

Art. 38 do CPC/73
Ver art. 654 do Código Civil

Art. 106. Quando postular em causa própria, incumbe ao advogado:

I – declarar, na petição inicial ou na contestação, o endereço, seu número de inscrição na Ordem dos Advogados do Brasil e o nome da sociedade de advogados da qual participa, para o recebimento de intimações;

II – comunicar ao juízo qualquer mudança de endereço.

§1º Se o advogado descumprir o disposto no inciso I, o juiz ordenará que se supra a omissão, no prazo de 5 (cinco) dias, antes de determinar a citação do réu, sob pena de indeferimento da petição.

Enunciado nº 425 do FPPC: Ocorrendo simultaneamente as hipóteses dos art. 106, §1º, e art. 321, *caput*, o prazo de emenda será único e de quinze dias. (Grupo: Petição inicial, resposta do réu e saneamento)

§2º Se o advogado infringir o previsto no inciso II, serão consideradas válidas as intimações enviadas por carta registrada ou meio eletrônico ao endereço constante dos autos.

Art. 39 do CPC/73

Art. 107. O advogado tem direito a:
I – examinar, em cartório de fórum e secretaria de tribunal, mesmo sem procuração, autos de qualquer processo, independentemente da fase de tramitação, assegurados a obtenção de cópias e o registro de anotações, salvo na hipótese de segredo de justiça, nas quais apenas o advogado constituído terá acesso aos autos;
II – requerer, como procurador, vista dos autos de qualquer processo, pelo prazo de 5 (cinco) dias;
III – retirar os autos do cartório ou da secretaria, pelo prazo legal, sempre que neles lhe couber falar por determinação do juiz, nos casos previstos em lei.
§1º Ao receber os autos, o advogado assinará carga em livro ou documento próprio.
§2º Sendo o prazo comum às partes, os procuradores poderão retirar os autos somente em conjunto ou mediante prévio ajuste, por petição nos autos.
§3º Na hipótese do §2º, é lícito ao procurador retirar os autos para obtenção de cópias, pelo prazo de 2 (duas) a 6 (seis) horas, independentemente de ajuste e sem prejuízo da continuidade do prazo.
§4º O procurador perderá no mesmo processo o direito a que se refere o §3º se não devolver os autos tempestivamente, salvo se o prazo for prorrogado pelo juiz.

Art. 40 do CPC/73
Ver art. 7º da Lei nº 8.906/1994

CAPÍTULO IV
DA SUCESSÃO DAS PARTES E DOS PROCURADORES

Art. 108. No curso do processo, somente é lícita a sucessão voluntária das partes nos casos expressos em lei.

Art. 41 do CPC/73

Art. 109. A alienação da coisa ou do direito litigioso por ato entre vivos, a título particular, não altera a legitimidade das partes.

Enunciado nº 115 do FPPC: O negócio jurídico celebrado nos termos do art. 190 obriga herdeiros e sucessores. (Grupo: Negócios Processuais)

§1º O adquirente ou cessionário não poderá ingressar em juízo, sucedendo o alienante ou cedente, sem que o consinta a parte contrária.

§2º O adquirente ou cessionário poderá intervir no processo como assistente litisconsorcial do alienante ou cedente.

§3º Estendem-se os efeitos da sentença proferida entre as partes originárias ao adquirente ou cessionário.

Art. 42 do CPC/73

Art. 110. Ocorrendo a morte de qualquer das partes, dar-se-á a sucessão pelo seu espólio ou pelos seus sucessores, observado o disposto no art. 313, §§1º e 2º.

Art. 43 do CPC/73
Enunciado nº 115 do FPPC: O negócio jurídico celebrado nos termos do art. 190 obriga herdeiros e sucessores. (Grupo: Negócios Processuais)

Art. 111. A parte que revogar o mandato outorgado a seu advogado constituirá, no mesmo ato, outro que assuma o patrocínio da causa.

Parágrafo único. Não sendo constituído novo procurador no prazo de 15 (quinze) dias, observar-se-á o disposto no art. 76.

Art. 44 do CPC/73

Art. 112. O advogado poderá renunciar ao mandato a qualquer tempo, provando, na forma prevista neste Código, que comunicou a renúncia ao mandante, a fim de que este nomeie sucessor.

§1º Durante os 10 (dez) dias seguintes, o advogado continuará a representar o mandante, desde que necessário para lhe evitar prejuízo.

§2º Dispensa-se a comunicação referida no *caput* quando a procuração tiver sido outorgada a vários advogados e a parte continuar representada por outro, apesar da renúncia.

Art. 45 do CPC/73
Ver art. 688 do Código Civil

TÍTULO II
DO LITISCONSÓRCIO

Art. 113. Duas ou mais pessoas podem litigar, no mesmo processo, em conjunto, ativa ou passivamente, quando:

Enunciado nº 117 do FPPC: Em caso de desmembramento do litisconsórcio multitudinário ativo, os efeitos mencionados no art. 240 são considerados produzidos desde o protocolo originário da petição inicial. (Grupo: Litisconsórcio e Intervenção de Terceiros)

I – entre elas houver comunhão de direitos ou de obrigações relativamente à lide;
II – entre as causas houver conexão pelo pedido ou pela causa de pedir;
III – ocorrer afinidade de questões por ponto comum de fato ou de direito.

§1º O juiz poderá limitar o litisconsórcio facultativo quanto ao número de litigantes na fase de conhecimento, na liquidação de sentença ou na execução, quando este comprometer a rápida solução do litígio ou dificultar a defesa ou o cumprimento da sentença.

Enunciado nº 10 do FPPC: Em caso de desmembramento do litisconsórcio multitudinário, a interrupção da prescrição retroagirá à data de propositura da demanda original. (Grupo: Litisconsórcio, Intervenção de Terceiros e Resposta do Réu; redação revista no III FPPC-Rio)

Enunciado nº 116 do FPPC: Quando a formação do litisconsórcio multitudinário for prejudicial à defesa, o juiz poderá substituir a sua limitação pela ampliação de prazos, sem prejuízo da possibilidade de desmembramento na fase de cumprimento de sentença. (Grupo: Negócios Processuais)

Enunciado nº 386 do FPPC: A limitação do litisconsórcio facultativo multitudinário acarreta o desmembramento do processo. (Grupo: Litisconsórcio e intervenção de terceiros)

Enunciado nº 387 do FPPC: A limitação do litisconsórcio multitudinário não é causa de extinção do processo. (Grupo: Litisconsórcio e intervenção de terceiros)

§2º O requerimento de limitação interrompe o prazo para manifestação ou resposta, que recomeçará da intimação da decisão que o solucionar.

Art. 46 do CPC/73

Enunciado nº 10 do FPPC: Em caso de desmembramento do litisconsórcio multitudinário, a interrupção da prescrição retroagirá à data de propositura da demanda original. (Grupo: Litisconsórcio, Intervenção de Terceiros e Resposta do Réu; redação revista no III FPPC-Rio)

Art. 114. O litisconsórcio será necessário por disposição de lei ou quando, pela natureza da relação jurídica controvertida, a eficácia da sentença depender da citação de todos que devam ser litisconsortes.

Art. 47, *caput*, do CPC/73

Art. 115. A sentença de mérito, quando proferida sem a integração do contraditório, será:
I – nula, se a decisão deveria ser uniforme em relação a todos que deveriam ter integrado o processo;
II – ineficaz, nos outros casos, apenas para os que não foram citados.
Parágrafo único. Nos casos de litisconsórcio passivo necessário, o juiz determinará ao autor que requeira a citação de todos que devam ser litisconsortes, dentro do prazo que assinar, sob pena de extinção do processo.

Art. 47, parágrafo único, do CPC/73
Ver Súmula nº 631 do STF

Art. 116. O litisconsórcio será unitário quando, pela natureza da relação jurídica, o juiz tiver de decidir o mérito de modo uniforme para todos os litisconsortes.

Art. 47, *caput*, do CPC/73

Enunciado nº 11 do FPPC: O litisconsorte unitário, integrado ao processo a partir da fase instrutória, tem direito de especificar, pedir e produzir provas, sem prejuízo daquelas já produzidas, sobre as quais o interveniente tem o ônus de se manifestar na primeira oportunidade em que falar no processo. (Grupo: Litisconsórcio, Intervenção de Terceiros e Resposta do Réu; redação revista no III FPPC-Rio)

Enunciado nº 118 do FPPC: O litisconsorte unitário ativo, uma vez convocado, pode optar por ingressar no processo na condição de litisconsorte do autor ou de assistente do réu. (Grupo: Litisconsórcio e Intervenção de Terceiros)

Enunciado nº 119 do FPPC: Em caso de relação jurídica plurilateral que envolva diversos titulares do mesmo direito, o juiz deve convocar, por edital, os litisconsortes unitários ativos incertos e indeterminados (art. 259, III), cabendo-lhe, na hipótese de dificuldade de formação do litisconsórcio, oficiar o Ministério Público, a Defensoria Pública ou outro legitimado para que possa requerer a conversão da ação individual em coletiva (art. 333). (Grupo: Litisconsórcio e Intervenção de Terceiros)

Art. 117. Os litisconsortes serão considerados, em suas relações com a parte adversa, como litigantes distintos, exceto no litisconsórcio unitário, caso em que os atos e as omissões de um não prejudicarão os outros, mas os poderão beneficiar.

Art. 48 do CPC/73

Art. 118. Cada litisconsorte tem o direito de promover o andamento do processo, e todos devem ser intimados dos respectivos atos.

Art. 49 do CPC/73

TÍTULO III
DA INTERVENÇÃO DE TERCEIROS

CAPÍTULO I
DA ASSISTÊNCIA

Seção I
Disposições Comuns

Art. 119. Pendendo causa entre 2 (duas) ou mais pessoas, o terceiro juridicamente interessado em que a sentença seja favorável a uma delas poderá intervir no processo para assisti-la.

Parágrafo único. A assistência será admitida em qualquer procedimento e em todos os graus de jurisdição, recebendo o assistente o processo no estado em que se encontre.

Art. 50 do CPC/73

Enunciado nº 388 do FPPC: O assistente simples pode requerer a intervenção de *amicus curiae*. (Grupo: Litisconsórcio e intervenção de terceiros)

Enunciado nº 487 do FPPC: No mandado de segurança, havendo substituição processual, o substituído poderá ser assistente litisconsorcial do impetrante que o substituiu. (Grupo: Impacto nos Juizados e nos procedimentos especiais da legislação extravagante)

Art. 120. Não havendo impugnação no prazo de 15 (quinze) dias, o pedido do assistente será deferido, salvo se for caso de rejeição liminar.
Parágrafo único. Se qualquer parte alegar que falta ao requerente interesse jurídico para intervir, o juiz decidirá o incidente, sem suspensão do processo.

Art. 51 do CPC/73

Seção II
Da Assistência Simples

Art. 121. O assistente simples atuará como auxiliar da parte principal, exercerá os mesmos poderes e sujeitar-se-á aos mesmos ônus processuais que o assistido.
Parágrafo único. Sendo revel ou, de qualquer outro modo, omisso o assistido, o assistente será considerado seu substituto processual.

Art. 52 do CPC/73
Enunciado nº 501 do FPPC: A tutela antecipada concedida em caráter antecedente não se estabilizará quando for interposto recurso pelo assistente simples, salvo se houver manifestação expressa do réu em sentido contrário. (Grupo: Tutela de urgência e tutela de evidência)

Art. 122. A assistência simples não obsta a que a parte principal reconheça a procedência do pedido, desista da ação, renuncie ao direito sobre o que se funda a ação ou transija sobre direitos controvertidos.

Art. 53 do CPC/73
Enunciado nº 389 do FPPC: As hipóteses previstas no art. 122 são meramente exemplificativas. (Grupo: Litisconsórcio e intervenção de terceiros)

Art. 123. Transitada em julgado a sentença no processo em que interveio o assistente, este não poderá, em processo posterior, discutir a justiça da decisão, salvo se alegar e provar que:
I – pelo estado em que recebeu o processo ou pelas declarações e pelos atos do assistido, foi impedido de produzir provas suscetíveis de influir na sentença;
II – desconhecia a existência de alegações ou de provas das quais o assistido, por dolo ou culpa, não se valeu.
Art. 55 do CPC/73

Seção III
Da Assistência Litisconsorcial

Art. 124. Considera-se litisconsorte da parte principal o assistente sempre que a sentença influir na relação jurídica entre ele e o adversário do assistido.

Art. 54 do CPC/73

Enunciado nº 11 do FPPC: O litisconsorte unitário, integrado ao processo a partir da fase instrutória, tem direito de especificar, pedir e produzir provas, sem prejuízo daquelas já produzidas, sobre as quais o interveniente tem o ônus de se manifestar na primeira oportunidade em que falar no processo. (Grupo: Litisconsórcio, Intervenção de Terceiros e Resposta do Réu; redação revista no III FPPC-Rio)

CAPÍTULO II
DA DENUNCIAÇÃO DA LIDE

Art. 125. É admissível a denunciação da lide, promovida por qualquer das partes:

I – ao alienante imediato, no processo relativo à coisa cujo domínio foi transferido ao denunciante, a fim de que possa exercer os direitos que da evicção lhe resultam;

II – àquele que estiver obrigado, por lei ou pelo contrato, a indenizar, em ação regressiva, o prejuízo de quem for vencido no processo.

Enunciado nº 121 do FPPC: O cumprimento da sentença diretamente contra o denunciado é admissível em qualquer hipótese de denunciação da lide fundada no inciso II do art. 125. (Grupo: Litisconsórcio e Intervenção de Terceiros)

§1º O direito regressivo será exercido por ação autônoma quando a denunciação da lide for indeferida, deixar de ser promovida ou não for permitida.

Enunciado nº 120 do FPPC: A ausência de denunciação da lide gera apenas a preclusão do direito de a parte promovê-la, sendo possível ação autônoma de regresso. (Grupo: Litisconsórcio e Intervenção de Terceiros)

§2º Admite-se uma única denunciação sucessiva, promovida pelo denunciado, contra seu antecessor imediato na cadeia dominial ou quem seja responsável por indenizá-lo, não podendo o denunciado sucessivo promover nova denunciação, hipótese em que eventual direito de regresso será exercido por ação autônoma.

Art. 70 do CPC/73
Ver arts. 13 e 88 do CDC

Art. 126. A citação do denunciado será requerida na petição inicial, se o denunciante for autor, ou na contestação, se o denunciante for réu, devendo ser realizada na forma e nos prazos previstos no art. 131.

Arts. 71 e 72 do CPC/73

Art. 127. Feita a denunciação pelo autor, o denunciado poderá assumir a posição de litisconsorte do denunciante e acrescentar novos argumentos à petição inicial, procedendo-se em seguida à citação do réu.

Art. 74 do CPC/73

Art. 128. Feita a denunciação pelo réu:
I – se o denunciado contestar o pedido formulado pelo autor, o processo prosseguirá tendo, na ação principal, em litisconsórcio, denunciante e denunciado;
II – se o denunciado for revel, o denunciante pode deixar de prosseguir com sua defesa, eventualmente oferecida, e abster-se de recorrer, restringindo sua atuação à ação regressiva;
III – se o denunciado confessar os fatos alegados pelo autor na ação principal, o denunciante poderá prosseguir com sua defesa ou, aderindo a tal reconhecimento, pedir apenas a procedência da ação de regresso.
Parágrafo único. Procedente o pedido da ação principal, pode o autor, se for o caso, requerer o cumprimento da sentença também contra o denunciado, nos limites da condenação deste na ação regressiva.

Art. 75 do CPC/73
Enunciado nº 121 do FPPC: O cumprimento da sentença diretamente contra o denunciado é admissível em qualquer hipótese de denunciação da lide fundada no inciso II do art. 125. (Grupo: Litisconsórcio e Intervenção de Terceiros)

Art. 129. Se o denunciante for vencido na ação principal, o juiz passará ao julgamento da denunciação da lide.

Enunciado nº 122 do FPPC: Vencido o denunciante na ação principal e não tendo havido resistência à denunciação da lide, não cabe a condenação do denunciado nas verbas de sucumbência. (Grupo: Litisconsórcio e Intervenção de Terceiros)

Parágrafo único. Se o denunciante for vencedor, a ação de denunciação não terá o seu pedido examinado, sem prejuízo da condenação do denunciante ao pagamento das verbas de sucumbência em favor do denunciado.

Art. 76 do CPC/73

CAPÍTULO III
DO CHAMAMENTO AO PROCESSO

Art. 130. É admissível o chamamento ao processo, requerido pelo réu:
I – do afiançado, na ação em que o fiador for réu;
II – dos demais fiadores, na ação proposta contra um ou alguns deles;
III – dos demais devedores solidários, quando o credor exigir de um ou de alguns o pagamento da dívida comum.

Art. 77 do CPC/73
Ver arts. 827, 829 e 831 do Código Civil
Ver art. 101 do CDC

Art. 131. A citação daqueles que devam figurar em litisconsórcio passivo será requerida pelo réu na contestação e deve ser promovida no prazo de 30 (trinta) dias, sob pena de ficar sem efeito o chamamento.
Parágrafo único. Se o chamado residir em outra comarca, seção ou subseção judiciárias, ou em lugar incerto, o prazo será de 2 (dois) meses.

Arts. 78 e 79 do CPC/73

Art. 132. A sentença de procedência valerá como título executivo em favor do réu que satisfizer a dívida, a fim de que possa exigi-la, por inteiro, do devedor principal, ou, de cada um dos codevedores, a sua quota, na proporção que lhes tocar.

Art. 80 do CPC/73
Ver arts. 283, 284, 285 e 831 do Código Civil

CAPÍTULO IV
DO INCIDENTE DE DESCONSIDERAÇÃO DA PERSONALIDADE JURÍDICA

Art. 133. O incidente de desconsideração da personalidade jurídica será instaurado a pedido da parte ou do Ministério Público, quando lhe couber intervir no processo.

Enunciado nº 123 do FPPC: É desnecessária a intervenção do Ministério Público, como fiscal da ordem jurídica, no incidente de desconsideração da personalidade jurídica, salvo nos casos em que deva intervir obrigatoriamente, previstos no art. 178. (Grupo: Litisconsórcio e Intervenção de Terceiros)

Enunciado nº 124 do FPPC: A desconsideração da personalidade jurídica no processo do trabalho deve ser processada na forma dos arts. 133 a 137, podendo o incidente ser resolvido em decisão interlocutória ou na sentença. (Grupo: Impacto do CPC no Processo do Trabalho)

Enunciado nº 247 do FPPC: Aplica-se o incidente de desconsideração da personalidade jurídica no processo falimentar. (Grupo: Impactos do CPC nos Juizados e nos procedimentos especiais de legislação extravagante)

§1º O pedido de desconsideração da personalidade jurídica observará os pressupostos previstos em lei.

§2º Aplica-se o disposto neste Capítulo à hipótese de desconsideração inversa da personalidade jurídica.

Não há artigo correspondente no CPC/73

Enunciado nº 529 do FPPC: As averbações previstas nos arts. 799, IX e 828 são aplicáveis ao cumprimento de sentença. (Grupo: Cumprimento de sentença)

Ver art. 50 do Código Civil
Ver art. 28 do CDC
Ver art. 4º da Lei nº 9.608/1998
Ver art. 34 da Lei nº 12.529/2011

Art. 134. O incidente de desconsideração é cabível em todas as fases do processo de conhecimento, no cumprimento de sentença e na execução fundada em título executivo extrajudicial.

Enunciado nº 125 do FPPC: Há litisconsórcio passivo facultativo quando requerida a desconsideração da personalidade jurídica, juntamente com outro pedido formulado na petição inicial ou incidentemente no processo em curso. (Grupo: Litisconsórcio e Intervenção de Terceiros)

Enunciado nº 126 do FPPC: No processo do trabalho, da decisão que resolve o incidente de desconsideração da personalidade jurídica na fase de execução cabe agravo de petição, dispensado o preparo. (Grupo: Impacto do CPC no Processo do Trabalho)

§1º A instauração do incidente será imediatamente comunicada ao distribuidor para as anotações devidas.

§2º Dispensa-se a instauração do incidente se a desconsideração da personalidade jurídica for requerida na petição inicial, hipótese em que será citado o sócio ou a pessoa jurídica.

Enunciado nº 248 do FPPC: Quando a desconsideração da personalidade jurídica for requerida na petição inicial, incumbe ao sócio ou a pessoa jurídica, na contestação, impugnar não somente a própria desconsideração, mas também os demais pontos da causa. (Grupo: Petição inicial, resposta do réu e saneamento)

§3º A instauração do incidente suspenderá o processo, salvo na hipótese do §2º.

§4º O requerimento deve demonstrar o preenchimento dos pressupostos legais específicos para desconsideração da personalidade jurídica.

Não há artigo correspondente no CPC/73

Enunciado nº 529 do FPPC: As averbações previstas nos arts. 799, IX e 828 são aplicáveis ao cumprimento de sentença. (Grupo: Cumprimento de sentença)

Art. 135. Instaurado o incidente, o sócio ou a pessoa jurídica será citado para manifestar-se e requerer as provas cabíveis no prazo de 15 (quinze) dias.

Não há artigo correspondente no CPC/73

Art. 136. Concluída a instrução, se necessária, o incidente será resolvido por decisão interlocutória.

Enunciado nº 390 do FPPC: Resolvida a desconsideração da personalidade jurídica na sentença, caberá apelação. (Grupo: Litisconsórcio e intervenção de terceiros)

Parágrafo único. Se a decisão for proferida pelo relator, cabe agravo interno.

Não há artigo correspondente no CPC/73

Art. 137. Acolhido o pedido de desconsideração, a alienação ou a oneração de bens, havida em fraude de execução, será ineficaz em relação ao requerente.

Não há artigo correspondente no CPC/73

CAPÍTULO V
DO *AMICUS CURIAE*

Art. 138. O juiz ou o relator, considerando a relevância da matéria, a especificidade do tema objeto da demanda ou a repercussão social da controvérsia, poderá, por decisão irrecorrível, de ofício ou a requerimento das partes ou de quem pretenda manifestar-se, solicitar ou admitir a participação de pessoa natural ou jurídica, órgão ou entidade especializada, com representatividade adequada, no prazo de 15 (quinze) dias de sua intimação.

Enunciado nº 127 do FPPC: A representatividade adequada exigida do *amicus curiae* não pressupõe a concordância unânime daqueles a quem representa. (Grupo: Litisconsórcio e Intervenção de Terceiros)

Enunciado nº 128 do FPPC: No processo em que há intervenção do *amicus curiae*, a decisão deve enfrentar as alegações por ele apresentadas, nos termos do inciso IV do §1º do art. 489. (Grupo: Litisconsórcio e Intervenção de Terceiros)

Enunciado nº 249 do FPPC: A intervenção do *amicus curiae* é cabível no mandado de segurança. (Grupo: Impactos do CPC nos Juizados e nos procedimentos especiais de legislação extravagante)

Enunciado nº 250 do FPPC: Admite-se a intervenção do *amicus curiae* nas causas trabalhistas, na forma do art. 138, sempre que o juiz ou relator vislumbrar a relevância da matéria, a especificidade do tema objeto da demanda ou a repercussão geral da controvérsia, a fim de obter uma decisão respaldada na pluralidade do debate e, portanto, mais democrática. (Grupo: Impacto do CPC no processo do trabalho)

Enunciado nº 395 do FPPC: Os requisitos objetivos exigidos para a intervenção do *amicus curiae* são alternativos. (Grupo: Litisconsórcio e intervenção de terceiros)

§1º A intervenção de que trata o *caput* não implica alteração de competência nem autoriza a interposição de recursos, ressalvadas a oposição de embargos de declaração e a hipótese do §3º.

Enunciado nº 394 do FPPC: As partes podem opor embargos de declaração para corrigir vício da decisão relativo aos argumentos trazidos pelo *amicus curiae*. (Grupo: Litisconsórcio e intervenção de terceiros)

§2º Caberá ao juiz ou ao relator, na decisão que solicitar ou admitir a intervenção, definir os poderes do *amicus curiae*.

§3º O *amicus curiae* pode recorrer da decisão que julgar o incidente de resolução de demandas repetitivas.

Não há artigo correspondente no CPC/73

Enunciado nº 388 do FPPC: O assistente simples pode requerer a intervenção de *amicus curiae*. (Grupo: Litisconsórcio e intervenção de terceiros)

Enunciado nº 391 do FPPC: O *amicus curiae* pode recorrer da decisão que julgar recursos repetitivos. (Grupos: Litisconsórcio e intervenção de terceiros; Precedentes, IRDR, Recursos Repetitivos e Assunção de competência)

Enunciado nº 392 do FPPC: As partes não podem estabelecer, em convenção processual, a vedação da participação do *amicus curiae*". (Grupo: Litisconsórcio e intervenção de terceiros)

Enunciado nº 393 do FPPC: É cabível a intervenção de *amicus curiae* no procedimento de edição, revisão e cancelamento de enunciados de súmula pelos tribunais. (Grupo: Litisconsórcio e intervenção de terceiros)

Enunciado nº 460 do FPPC: O microssistema de aplicação e formação dos precedentes deverá respeitar as técnicas de ampliação do contraditório para amadurecimento da tese, como a realização de audiências públicas prévias e participação de *amicus curiae*. (Grupo: Precedentes, IRDR, Recursos Repetitivos e Assunção de competência)

Ver art. 7º, §2º, da Lei nº 9.868/1999

TÍTULO IV
DO JUIZ E DOS AUXILIARES DA JUSTIÇA

CAPÍTULO I
DOS PODERES, DOS DEVERES E DA RESPONSABILIDADE DO JUIZ

Art. 139. O juiz dirigirá o processo conforme as disposições deste Código, incumbindo-lhe:

I – assegurar às partes igualdade de tratamento;

Enunciado nº 107 do FPPC: O juiz pode, de ofício, dilatar o prazo para a parte se manifestar sobre a prova documental produzida. (Grupo: Negócios Processuais)

Enunciado nº 150 do FPPC: O prazo do art. 333, §5º, poderá ser dilatado, nos termos do art. 139, I e VI, para assegurar direito ao contraditório e à ampla defesa. (Grupo: Conversão da Ação Individual em Coletiva)

II – velar pela duração razoável do processo;
III – prevenir ou reprimir qualquer ato contrário à dignidade da justiça e indeferir postulações meramente protelatórias;
IV – determinar todas as medidas indutivas, coercitivas, mandamentais ou sub-rogatórias necessárias para assegurar o cumprimento de ordem judicial, inclusive nas ações que tenham por objeto prestação pecuniária;

Enunciado nº 12 do FPPC: A aplicação das medidas atípicas sub-rogatórias e coercitivas é cabível em qualquer obrigação no cumprimento de sentença ou execução de título executivo extrajudicial. Essas medidas, contudo, serão aplicadas de forma subsidiária às medidas tipificadas, com observação do contraditório, ainda que diferido, e por meio de decisão à luz do art. 489, §1º, I e II. (Grupo: Execução)

Enunciado nº 150 do FPPC: O prazo do art. 333, §5º, poderá ser dilatado, nos termos do art. 139, I e VI, para assegurar direito ao contraditório e à ampla defesa. (Grupo: Conversão da Ação Individual em Coletiva)

Enunciado nº 396 do FPPC: As medidas do inciso IV do art. 139 podem ser determinadas de ofício, observado o art. 8º. (Grupo: Poderes do juiz)

Enunciado nº 444 do FPPC: Para o processo de execução de título extrajudicial de obrigação de não fazer, não é necessário propor a ação de conhecimento para que o juiz possa aplicar as normas decorrentes dos arts. 536 e 537. (Grupo: Execução)

Enunciado nº 525 do FPPC: A produção do resultado prático equivalente pode ser determinada por decisão proferida na fase de conhecimento. (Grupo: Sentença, coisa julgada e ação rescisória)

V – promover, a qualquer tempo, a autocomposição, preferencialmente com auxílio de conciliadores e mediadores judiciais;

Enunciado nº 485 do FPPC: É cabível a audiência de conciliação e mediação no processo de execução, na qual é admissível, entre outras coisas, a apresentação de plano de cumprimento da prestação. (Grupo: Execução)

VI – dilatar os prazos processuais e alterar a ordem de produção dos meios de prova, adequando-os às necessidades do conflito de modo a conferir maior efetividade à tutela do direito;

Enunciado nº 116 do FPPC: Quando a formação do litisconsórcio multitudinário for prejudicial à defesa, o juiz poderá substituir a sua limitação pela ampliação de prazos, sem prejuízo da possibilidade de desmembramento na fase de cumprimento de sentença. (Grupo: Negócios Processuais)

Enunciado nº 129 do FPPC: A autorização legal para ampliação de prazos pelo juiz não se presta a afastar preclusão temporal já consumada. (Grupo: Negócios Processuais)

Enunciado nº 179 do FPPC: O prazo de cinco dias para prestar caução pode ser dilatado, nos termos do art. 139, inciso VI. (Grupo: Procedimentos Especiais)

Enunciado nº 251 do FPPC: O inciso VI do art. 139 do CPC aplica-se ao processo de improbidade administrativa. (Grupo: Impactos do CPC nos Juizados e nos procedimentos especiais de legislação extravagante)

VII – exercer o poder de polícia, requisitando, quando necessário, força policial, além da segurança interna dos fóruns e tribunais;

VIII – determinar, a qualquer tempo, o comparecimento pessoal das partes, para inquiri-las sobre os fatos da causa, hipótese em que não incidirá a pena de confesso;

IX – determinar o suprimento de pressupostos processuais e o saneamento de outros vícios processuais;

X – quando se deparar com diversas demandas individuais repetitivas, oficiar o Ministério Público, a Defensoria Pública e, na medida do possível, outros legitimados a que se referem o art. 5º da Lei nº 7.347, de 24 de julho de 1985, e o art. 82 da Lei nº 8.078, de 11 de setembro de 1990, para, se for o caso, promover a propositura da ação coletiva respectiva.

Enunciado nº 119 do FPPC: Em caso de relação jurídica plurilateral que envolva diversos titulares do mesmo direito, o juiz deve convocar, por edital, os litisconsortes unitários ativos incertos e indeterminados (art. 259, III), cabendo-lhe, na hipótese de dificuldade de formação do litisconsórcio, oficiar o Ministério Público, a Defensoria Pública ou outro legitimado para que possa requerer a conversão da ação individual em coletiva (art. 333). (Grupo: Litisconsórcio e Intervenção de Terceiros)

Parágrafo único. A dilação de prazos prevista no inciso VI somente pode ser determinada antes de encerrado o prazo regular.

Art. 125 do CPC/73

Enunciado nº 129 do FPPC: A autorização legal para ampliação de prazos pelo juiz não se presta a afastar preclusão temporal já consumada. (Grupo: Negócios Processuais)

Ver arts. 5º e 7º da Lei nº 7.347/1985

Ver art. 2º da Lei nº 8.078/1990

Art. 140. O juiz não se exime de decidir sob a alegação de lacuna ou obscuridade do ordenamento jurídico.

Parágrafo único. O juiz só decidirá por equidade nos casos previstos em lei.

Art. 126 do CPC/73

Ver arts. 4º e 5º da LINDB

Art. 141. O juiz decidirá o mérito nos limites propostos pelas partes, sendo-lhe vedado conhecer de questões não suscitadas a cujo respeito a lei exige iniciativa da parte.

Art. 128 do CPC/73

Art. 142. Convencendo-se, pelas circunstâncias, de que autor e réu se serviram do processo para praticar ato simulado ou conseguir fim vedado por lei, o juiz proferirá decisão que impeça os objetivos das partes, aplicando, de ofício, as penalidades da litigância de má-fé.

Art. 129 do CPC/73

Enunciado nº 410 do FPPC: Aplica-se o Art. 142 do CPC ao controle de validade dos negócios jurídicos processuais. (Grupo: Negócios processuais)

**Art. 143. O juiz responderá, civil e regressivamente, por perdas e danos quando:
I – no exercício de suas funções, proceder com dolo ou fraude;**

II – recusar, omitir ou retardar, sem justo motivo, providência que deva ordenar de ofício ou a requerimento da parte.

Parágrafo único. As hipóteses previstas no inciso II somente serão verificadas depois que a parte requerer ao juiz que determine a providência e o requerimento não for apreciado no prazo de 10 (dez) dias.

Art. 133 do CPC/73

CAPÍTULO II
DOS IMPEDIMENTOS E DA SUSPEIÇÃO

Art. 144. Há impedimento do juiz, sendo-lhe vedado exercer suas funções no processo:

I – em que interveio como mandatário da parte, oficiou como perito, funcionou como membro do Ministério Público ou prestou depoimento como testemunha;

II – de que conheceu em outro grau de jurisdição, tendo proferido decisão;

III – quando nele estiver postulando, como defensor público, advogado ou membro do Ministério Público, seu cônjuge ou companheiro, ou qualquer parente, consanguíneo ou afim, em linha reta ou colateral, até o terceiro grau, inclusive;

IV – quando for parte no processo ele próprio, seu cônjuge ou companheiro, ou parente, consanguíneo ou afim, em linha reta ou colateral, até o terceiro grau, inclusive;

V – quando for sócio ou membro de direção ou de administração de pessoa jurídica parte no processo;

VI – quando for herdeiro presuntivo, donatário ou empregador de qualquer das partes;

VII – em que figure como parte instituição de ensino com a qual tenha relação de emprego ou decorrente de contrato de prestação de serviços;

VIII – em que figure como parte cliente do escritório de advocacia de seu cônjuge, companheiro ou parente, consanguíneo ou afim, em linha reta ou colateral, até o terceiro grau, inclusive, mesmo que patrocinado por advogado de outro escritório;

IX – quando promover ação contra a parte ou seu advogado.

§1º Na hipótese do inciso III, o impedimento só se verifica quando o defensor público, o advogado ou o membro do Ministério Público já integrava o processo antes do início da atividade judicante do juiz.

§2º É vedada a criação de fato superveniente a fim de caracterizar impedimento do juiz.

§3º O impedimento previsto no inciso III também se verifica no caso de mandato conferido a membro de escritório de advocacia que tenha em seus quadros advogado que individualmente ostente a condição nele prevista, mesmo que não intervenha diretamente no processo.

Art. 134 do CPC/73
Enunciado nº 489 do FPPC: Observado o dever de revelação, as partes celebrantes de convenção de arbitragem podem afastar, de comum acordo, de forma expressa e por escrito, hipótese de impedimento ou suspeição do árbitro. (Grupo: Arbitragem)
Ver Súmula nº 252 do STF
Ver Resolução nº 200/2015 do CNJ

Art. 145. Há suspeição do juiz:
I – amigo íntimo ou inimigo de qualquer das partes ou de seus advogados;
II – que receber presentes de pessoas que tiverem interesse na causa antes ou depois de iniciado o processo, que aconselhar alguma das partes acerca do objeto da causa ou que subministrar meios para atender às despesas do litígio;
III – quando qualquer das partes for sua credora ou devedora, de seu cônjuge ou companheiro ou de parentes destes, em linha reta até o terceiro grau, inclusive;
IV – interessado no julgamento do processo em favor de qualquer das partes.
§1º Poderá o juiz declarar-se suspeito por motivo de foro íntimo, sem necessidade de declarar suas razões.
§2º Será ilegítima a alegação de suspeição quando:
I – houver sido provocada por quem a alega;
II – a parte que a alega houver praticado ato que signifique manifesta aceitação do arguido.

Art. 135 do CPC/73
Enunciado nº 489 do FPPC: Observado o dever de revelação, as partes celebrantes de convenção de arbitragem podem afastar, de comum acordo, de forma expressa e por escrito, hipótese de impedimento ou suspeição do árbitro. (Grupo: Arbitragem)
Ver art. 20, parágrafo único, do Código Eleitoral
Ver Resolução nº 82/2009 do CNJ

Art. 146. No prazo de 15 (quinze) dias, a contar do conhecimento do fato, a parte alegará o impedimento ou a suspeição, em petição específica dirigida ao juiz do processo, na qual indicará o fundamento da recusa, podendo instruí-la com documentos em que se fundar a alegação e com rol de testemunhas.
§1º Se reconhecer o impedimento ou a suspeição ao receber a petição, o juiz ordenará imediatamente a remessa dos autos a seu substituto legal, caso contrário, determinará a autuação em apartado da petição e, no prazo de 15 (quinze) dias, apresentará suas razões, acompanhadas de documentos e de rol de testemunhas, se houver, ordenando a remessa do incidente ao tribunal.

§ 2º Distribuído o incidente, o relator deverá declarar os seus efeitos, sendo que, se o incidente for recebido:
I – sem efeito suspensivo, o processo voltará a correr;
II – com efeito suspensivo, o processo permanecerá suspenso até o julgamento do incidente.

§ 3º Enquanto não for declarado o efeito em que é recebido o incidente ou quando este for recebido com efeito suspensivo, a tutela de urgência será requerida ao substituto legal.

§ 4º Verificando que a alegação de impedimento ou de suspeição é improcedente, o tribunal rejeitá-la-á.

§ 5º Acolhida a alegação, tratando-se de impedimento ou de manifesta suspeição, o tribunal condenará o juiz nas custas e remeterá os autos ao seu substituto legal, podendo o juiz recorrer da decisão.

§ 6º Reconhecido o impedimento ou a suspeição, o tribunal fixará o momento a partir do qual o juiz não poderia ter atuado.

§ 7º O tribunal decretará a nulidade dos atos do juiz, se praticados quando já presente o motivo de impedimento ou de suspeição.

Arts. 304, 306, 312, 313 e 314 do CPC/73

Art. 147. Quando 2 (dois) ou mais juízes forem parentes, consanguíneos ou afins, em linha reta ou colateral, até o terceiro grau, inclusive, o primeiro que conhecer do processo impede que o outro nele atue, caso em que o segundo se escusará, remetendo os autos ao seu substituto legal.

Art. 136 do CPC/73

Art. 148. Aplicam-se os motivos de impedimento e de suspeição:
I – ao membro do Ministério Público;
II – aos auxiliares da justiça;
III – aos demais sujeitos imparciais do processo.

§ 1º A parte interessada deverá arguir o impedimento ou a suspeição, em petição fundamentada e devidamente instruída, na primeira oportunidade em que lhe couber falar nos autos.

§ 2º O juiz mandará processar o incidente em separado e sem suspensão do processo, ouvindo o arguido no prazo de 15 (quinze) dias e facultando a produção de prova, quando necessária.

§ 3º Nos tribunais, a arguição a que se refere o § 1º será disciplinada pelo regimento interno.

§ 4º O disposto nos §§ 1º e 2º não se aplica à arguição de impedimento ou de suspeição de testemunha.

Art. 138 do CPC/73

CAPÍTULO III
DOS AUXILIARES DA JUSTIÇA

Art. 149. São auxiliares da Justiça, além de outros cujas atribuições sejam determinadas pelas normas de organização judiciária, o escrivão, o chefe de secretaria, o oficial de justiça, o perito, o depositário, o administrador, o intérprete, o tradutor, o mediador, o conciliador judicial, o partidor, o distribuidor, o contabilista e o regulador de avarias.

Art. 139 do CPC/73

Seção I
Do Escrivão, do Chefe de Secretaria e do Oficial de Justiça

Art. 150. Em cada juízo haverá um ou mais ofícios de justiça, cujas atribuições serão determinadas pelas normas de organização judiciária.

Art. 140 do CPC/73

Art. 151. Em cada comarca, seção ou subseção judiciária haverá, no mínimo, tantos oficiais de justiça quantos sejam os juízos.

Não há artigo correspondente no CPC/73

Art. 152. Incumbe ao escrivão ou ao chefe de secretaria:
I – redigir, na forma legal, os ofícios, os mandados, as cartas precatórias e os demais atos que pertençam ao seu ofício;
II – efetivar as ordens judiciais, realizar citações e intimações, bem como praticar todos os demais atos que lhe forem atribuídos pelas normas de organização judiciária;
III – comparecer às audiências ou, não podendo fazê-lo, designar servidor para substituí-lo;
IV – manter sob sua guarda e responsabilidade os autos, não permitindo que saiam do cartório, exceto:
a) quando tenham de seguir à conclusão do juiz;
b) com vista a procurador, à Defensoria Pública, ao Ministério Público ou à Fazenda Pública;
c) quando devam ser remetidos ao contabilista ou ao partidor;
d) quando forem remetidos a outro juízo em razão da modificação da competência;

V – fornecer certidão de qualquer ato ou termo do processo, independentemente de despacho, observadas as disposições referentes ao segredo de justiça;

Enunciado nº 130 do FPPC: A obtenção da certidão prevista no art. 844 independe de decisão judicial. (Grupo: Execução)

VI – praticar, de ofício, os atos meramente ordinatórios.
§1º O juiz titular editará ato a fim de regulamentar a atribuição prevista no inciso VI.
§2º No impedimento do escrivão ou chefe de secretaria, o juiz convocará substituto e, não o havendo, nomeará pessoa idônea para o ato.

Arts. 141 e 142 do CPC/73

Art. 153. O escrivão ou chefe de secretaria atenderá, preferencialmente, à ordem cronológica de recebimento para publicação e efetivação dos pronunciamentos judiciais.

Redação original do dispositivo: "Art. 153. O escrivão ou chefe de secretaria deverá obedecer à ordem cronológica de recebimento para publicação e efetivação dos pronunciamentos judiciais."

§1º A lista de processos recebidos deverá ser disponibilizada, de forma permanente, para consulta pública.
§2º Estão excluídos da regra do *caput*:
I – os atos urgentes, assim reconhecidos pelo juiz no pronunciamento judicial a ser efetivado;
II – as preferências legais.
§3º Após elaboração de lista própria, respeitar-se-ão a ordem cronológica de recebimento entre os atos urgentes e as preferências legais.
§4º A parte que se considerar preterida na ordem cronológica poderá reclamar, nos próprios autos, ao juiz do processo, que requisitará informações ao servidor, a serem prestadas no prazo de 2 (dois) dias.
§5º Constatada a preterição, o juiz determinará o imediato cumprimento do ato e a instauração de processo administrativo disciplinar contra o servidor. (NR)

Não há artigo correspondente no CPC/73

Art. 154. Incumbe ao oficial de justiça:
I – fazer pessoalmente citações, prisões, penhoras, arrestos e demais diligências próprias do seu ofício, sempre que possível na presença de 2 (duas)

testemunhas, certificando no mandado o ocorrido, com menção ao lugar, ao dia e à hora;
II – executar as ordens do juiz a que estiver subordinado;
III – entregar o mandado em cartório após seu cumprimento;
IV – auxiliar o juiz na manutenção da ordem;
V – efetuar avaliações, quando for o caso;
VI – certificar, em mandado, proposta de autocomposição apresentada por qualquer das partes, na ocasião de realização de ato de comunicação que lhe couber.
Parágrafo único. Certificada a proposta de autocomposição prevista no inciso VI, o juiz ordenará a intimação da parte contrária para manifestar-se, no prazo de 5 (cinco) dias, sem prejuízo do andamento regular do processo, entendendo-se o silêncio como recusa.

Art. 143 do CPC/73

Art. 155. O escrivão, o chefe de secretaria e o oficial de justiça são responsáveis, civil e regressivamente, quando:
I – sem justo motivo, se recusarem a cumprir no prazo os atos impostos pela lei ou pelo juiz a que estão subordinados;
II – praticarem ato nulo com dolo ou culpa.

Art. 144 do CPC/73

Seção II
Do Perito

Art. 156. O juiz será assistido por perito quando a prova do fato depender de conhecimento técnico ou científico.
§1º Os peritos serão nomeados entre os profissionais legalmente habilitados e os órgãos técnicos ou científicos devidamente inscritos em cadastro mantido pelo tribunal ao qual o juiz está vinculado.
§2º Para formação do cadastro, os tribunais devem realizar consulta pública, por meio de divulgação na rede mundial de computadores ou em jornais de grande circulação, além de consulta direta a universidades, a conselhos de classe, ao Ministério Público, à Defensoria Pública e à Ordem dos Advogados do Brasil, para a indicação de profissionais ou de órgãos técnicos interessados.
§3º Os tribunais realizarão avaliações e reavaliações periódicas para manutenção do cadastro, considerando a formação profissional, a atualização do conhecimento e a experiência dos peritos interessados.

§4º Para verificação de eventual impedimento ou motivo de suspeição, nos termos dos arts. 148 e 467, o órgão técnico ou científico nomeado para realização da perícia informará ao juiz os nomes e os dados de qualificação dos profissionais que participarão da atividade.

§5º Na localidade onde não houver inscrito no cadastro disponibilizado pelo tribunal, a nomeação do perito é de livre escolha pelo juiz e deverá recair sobre profissional ou órgão técnico ou científico comprovadamente detentor do conhecimento necessário à realização da perícia.

Art. 145 do CPC/73
Ver Súmula nº 232 do STJ

Art. 157. O perito tem o dever de cumprir o ofício no prazo que lhe designar o juiz, empregando toda sua diligência, podendo escusar-se do encargo alegando motivo legítimo.

§1º A escusa será apresentada no prazo de 15 (quinze) dias, contado da intimação, da suspeição ou do impedimento supervenientes, sob pena de renúncia ao direito a alegá-la.

§2º Será organizada lista de peritos na vara ou na secretaria, com disponibilização dos documentos exigidos para habilitação à consulta de interessados, para que a nomeação seja distribuída de modo equitativo, observadas a capacidade técnica e a área de conhecimento.

Art. 146 do CPC/73

Art. 158. O perito que, por dolo ou culpa, prestar informações inverídicas responderá pelos prejuízos que causar à parte e ficará inabilitado para atuar em outras perícias no prazo de 2 (dois) a 5 (cinco) anos, independentemente das demais sanções previstas em lei, devendo o juiz comunicar o fato ao respectivo órgão de classe para adoção das medidas que entender cabíveis.

Art. 147 do CPC/73
Ver art. 342 do Código Penal

Seção III
Do Depositário e do Administrador

Art. 159. A guarda e a conservação de bens penhorados, arrestados, sequestrados ou arrecadados serão confiadas a depositário ou a administrador, não dispondo a lei de outro modo.

Art. 148 do CPC/73

Art. 160. Por seu trabalho o depositário ou o administrador perceberá remuneração que o juiz fixará levando em conta a situação dos bens, ao tempo do serviço e às dificuldades de sua execução.
Parágrafo único. O juiz poderá nomear um ou mais prepostos por indicação do depositário ou do administrador.

Art. 149 do CPC/73

Art. 161. O depositário ou o administrador responde pelos prejuízos que, por dolo ou culpa, causar à parte, perdendo a remuneração que lhe foi arbitrada, mas tem o direito a haver o que legitimamente despendeu no exercício do encargo.
Parágrafo único. O depositário infiel responde civilmente pelos prejuízos causados, sem prejuízo de sua responsabilidade penal e da imposição de sanção por ato atentatório à dignidade da justiça.

Art. 150 do CPC/73

Seção IV
Do Intérprete e do Tradutor

Art. 162. O juiz nomeará intérprete ou tradutor quando necessário para:
I – traduzir documento redigido em língua estrangeira;
II – verter para o português as declarações das partes e das testemunhas que não conhecerem o idioma nacional;
III – realizar a interpretação simultânea dos depoimentos das partes e testemunhas com deficiência auditiva que se comuniquem por meio da Língua Brasileira de Sinais, ou equivalente, quando assim for solicitado.

Art. 151 do CPC/73
Ver arts. 224, 1.871 e 1.880 do Código Civil

Art. 163. Não pode ser intérprete ou tradutor quem:
I – não tiver a livre administração de seus bens;
II – for arrolado como testemunha ou atuar como perito no processo;
III – estiver inabilitado para o exercício da profissão por sentença penal condenatória, enquanto durarem seus efeitos.

Art. 152 do CPC/73

Art. 164. O intérprete ou tradutor, oficial ou não, é obrigado a desempenhar seu ofício, aplicando-se-lhe o disposto nos arts. 157 e 158.

Art. 153 do CPC/73

Seção V
Dos Conciliadores e Mediadores Judiciais

Art. 165. Os tribunais criarão centros judiciários de solução consensual de conflitos, responsáveis pela realização de sessões e audiências de conciliação e mediação e pelo desenvolvimento de programas destinados a auxiliar, orientar e estimular a autocomposição.

§1º A composição e a organização dos centros serão definidas pelo respectivo tribunal, observadas as normas do Conselho Nacional de Justiça.

§2º O conciliador, que atuará preferencialmente nos casos em que não houver vínculo anterior entre as partes, poderá sugerir soluções para o litígio, sendo vedada a utilização de qualquer tipo de constrangimento ou intimidação para que as partes conciliem.

Enunciado nº 187 do FPPC: No emprego de esforços para a solução consensual do litígio familiar, são vedadas iniciativas de constrangimento ou intimidação para que as partes conciliem, assim como as de aconselhamento sobre o objeto da causa. (Grupo: Procedimentos Especiais)

§3º O mediador, que atuará preferencialmente nos casos em que houver vínculo anterior entre as partes, auxiliará aos interessados a compreender as questões e os interesses em conflito, de modo que eles possam, pelo restabelecimento da comunicação, identificar, por si próprios, soluções consensuais que gerem benefícios mútuos.

Não há artigo correspondente no CPC/73

Enunciado nº 371 do FPPC: Os métodos de solução consensual de conflitos devem ser estimulados também nas instâncias recursais. (Grupo: Normas fundamentais)

Enunciado nº 397 do FPPC: A estrutura para autocomposição, nos Juizados Especiais, deverá contar com a conciliação e a mediação. (Grupo: Impacto nos Juizados e nos procedimentos especiais da legislação extravagante)

Ver Resolução nº 125/2010 do CNJ

Art. 166. A conciliação e a mediação são informadas pelos princípios da independência, da imparcialidade, da autonomia da vontade, da confidencialidade, da oralidade, da informalidade e da decisão informada.

Enunciado nº 187 do FPPC: No emprego de esforços para a solução consensual do litígio familiar, são vedadas iniciativas de constrangimento ou intimidação para que as partes conciliem, assim como as de aconselhamento sobre o objeto da causa. (Grupo: Procedimentos Especiais)

§1º A confidencialidade estende-se a todas as informações produzidas no curso do procedimento, cujo teor não poderá ser utilizado para fim diverso daquele previsto por expressa deliberação das partes.

§2º Em razão do dever de sigilo, inerente às suas funções, o conciliador e o mediador, assim como os membros de suas equipes, não poderão divulgar ou depor acerca de fatos ou elementos oriundos da conciliação ou da mediação.

§3º Admite-se a aplicação de técnicas negociais, com o objetivo de proporcionar ambiente favorável à autocomposição.

§4º A mediação e a conciliação serão regidas conforme a livre autonomia dos interessados, inclusive no que diz respeito à definição das regras procedimentais.

Não há artigo correspondente no CPC/73

Enunciado nº 397 do FPPC: A estrutura para autocomposição, nos Juizados Especiais, deverá contar com a conciliação e a mediação. (Grupo: Impacto nos Juizados e nos procedimentos especiais da legislação extravagante)

Ver Lei nº 13.140/2015 – Lei de mediação

Art. 167. Os conciliadores, os mediadores e as câmaras privadas de conciliação e mediação serão inscritos em cadastro nacional e em cadastro de tribunal de justiça ou de tribunal regional federal, que manterá registro de profissionais habilitados, com indicação de sua área profissional.

§1º Preenchendo o requisito da capacitação mínima, por meio de curso realizado por entidade credenciada, conforme parâmetro curricular definido pelo Conselho Nacional de Justiça em conjunto com o Ministério da Justiça, o conciliador ou o mediador, com o respectivo certificado, poderá requerer sua inscrição no cadastro nacional e no cadastro de tribunal de justiça ou de tribunal regional federal.

§2º Efetivado o registro, que poderá ser precedido de concurso público, o tribunal remeterá ao diretor do foro da comarca, seção ou subseção judiciária onde atuará o conciliador ou o mediador os dados necessários para que seu

nome passe a constar da respectiva lista, a ser observada na distribuição alternada e aleatória, respeitado o princípio da igualdade dentro da mesma área de atuação profissional.

§3º Do credenciamento das câmaras e do cadastro de conciliadores e mediadores constarão todos os dados relevantes para a sua atuação, tais como o número de processos de que participou, o sucesso ou insucesso da atividade, a matéria sobre a qual versou a controvérsia, bem como outros dados que o tribunal julgar relevantes.

§4º Os dados colhidos na forma do §3º serão classificados sistematicamente pelo tribunal, que os publicará, ao menos anualmente, para conhecimento da população e para fins estatísticos e de avaliação da conciliação, da mediação, das câmaras privadas de conciliação e de mediação, dos conciliadores e dos mediadores.

§5º Os conciliadores e mediadores judiciais cadastrados na forma do *caput*, se advogados, estarão impedidos de exercer a advocacia nos juízos em que desempenhem suas funções.

§6º O tribunal poderá optar pela criação de quadro próprio de conciliadores e mediadores, a ser preenchido por concurso público de provas e títulos, observadas as disposições deste Capítulo.

Não há artigo correspondente no CPC/73

Enunciado nº 397 do FPPC: A estrutura para autocomposição, nos Juizados Especiais, deverá contar com a conciliação e a mediação. (Grupo: Impacto nos Juizados e nos procedimentos especiais da legislação extravagante)

Art. 168. As partes podem escolher, de comum acordo, o conciliador, o mediador ou a câmara privada de conciliação e de mediação.

§1º O conciliador ou mediador escolhido pelas partes poderá ou não estar cadastrado no tribunal.

§2º Inexistindo acordo quanto à escolha do mediador ou conciliador, haverá distribuição entre aqueles cadastrados no registro do tribunal, observada a respectiva formação.

§3º Sempre que recomendável, haverá a designação de mais de um mediador ou conciliador.

Não há artigo correspondente no CPC/73

Enunciado nº 397 do FPPC: A estrutura para autocomposição, nos Juizados Especiais, deverá contar com a conciliação e a mediação. (Grupo: Impacto nos Juizados e nos procedimentos especiais da legislação extravagante)

Art. 169. Ressalvada a hipótese do art. 167, §6º, o conciliador e o mediador receberão pelo seu trabalho remuneração prevista em tabela fixada pelo tribunal, conforme parâmetros estabelecidos pelo Conselho Nacional de Justiça.

§1º A mediação e a conciliação podem ser realizadas como trabalho voluntário, observada a legislação pertinente e a regulamentação do tribunal.

§2º Os tribunais determinarão o percentual de audiências não remuneradas que deverão ser suportadas pelas câmaras privadas de conciliação e mediação, com o fim de atender aos processos em que deferida gratuidade da justiça, como contrapartida de seu credenciamento.

Não há artigo correspondente no CPC/73

Enunciado nº 397 do FPPC: A estrutura para autocomposição, nos Juizados Especiais, deverá contar com a conciliação e a mediação. (Grupo: Impacto nos Juizados e nos procedimentos especiais da legislação extravagante)

Art. 170. No caso de impedimento, o conciliador ou mediador o comunicará imediatamente, de preferência por meio eletrônico, e devolverá os autos ao juiz do processo ou ao coordenador do centro judiciário de solução de conflitos, devendo este realizar nova distribuição.

Parágrafo único. Se a causa de impedimento for apurada quando já iniciado o procedimento, a atividade será interrompida, lavrando-se ata com relatório do ocorrido e solicitação de distribuição para novo conciliador ou mediador.

Não há artigo correspondente no CPC/73

Enunciado nº 397 do FPPC: A estrutura para autocomposição, nos Juizados Especiais, deverá contar com a conciliação e a mediação. (Grupo: Impacto nos Juizados e nos procedimentos especiais da legislação extravagante)

Art. 171. No caso de impossibilidade temporária do exercício da função, o conciliador ou mediador informará o fato ao centro, preferencialmente por meio eletrônico, para que, durante o período em que perdurar a impossibilidade, não haja novas distribuições.

Não há artigo correspondente no CPC/73

Enunciado nº 397 do FPPC: A estrutura para autocomposição, nos Juizados Especiais, deverá contar com a conciliação e a mediação. (Grupo: Impacto nos Juizados e nos procedimentos especiais da legislação extravagante)

Art. 172. O conciliador e o mediador ficam impedidos, pelo prazo de 1 (um) ano, contado do término da última audiência em que atuaram, de assessorar, representar ou patrocinar qualquer das partes.

Não há artigo correspondente no CPC/73
Enunciado nº 397 do FPPC: A estrutura para autocomposição, nos Juizados Especiais, deverá contar com a conciliação e a mediação. (Grupo: Impacto nos Juizados e nos procedimentos especiais da legislação extravagante)

Art. 173. Será excluído do cadastro de conciliadores e mediadores aquele que:

I – agir com dolo ou culpa na condução da conciliação ou da mediação sob sua responsabilidade ou violar qualquer dos deveres decorrentes do art. 166, §§1º e 2º;

II – atuar em procedimento de mediação ou conciliação, apesar de impedido ou suspeito.

§1º Os casos previstos neste artigo serão apurados em processo administrativo.

§2º O juiz do processo ou o juiz coordenador do centro de conciliação e mediação, se houver, verificando atuação inadequada do mediador ou conciliador, poderá afastá-lo de suas atividades por até 180 (cento e oitenta) dias, por decisão fundamentada, informando o fato imediatamente ao tribunal para instauração do respectivo processo administrativo.

Não há artigo correspondente no CPC/73
Enunciado nº 397 do FPPC: A estrutura para autocomposição, nos Juizados Especiais, deverá contar com a conciliação e a mediação. (Grupo: Impacto nos Juizados e nos procedimentos especiais da legislação extravagante)

Art. 174. A União, os Estados, o Distrito Federal e os Municípios criarão câmaras de mediação e conciliação, com atribuições relacionadas à solução consensual de conflitos no âmbito administrativo, tais como:

I – dirimir conflitos envolvendo órgãos e entidades da administração pública;

II – avaliar a admissibilidade dos pedidos de resolução de conflitos, por meio de conciliação, no âmbito da administração pública;

III – promover, quando couber, a celebração de termo de ajustamento de conduta.

Não há artigo correspondente no CPC/73
Enunciado nº 397 do FPPC: A estrutura para autocomposição, nos Juizados Especiais, deverá contar com a conciliação e a mediação. (Grupo:

Impacto nos Juizados e nos procedimentos especiais da legislação extravagante)
Enunciado nº 398 do FPPC: As câmaras de mediação e conciliação têm competência para realização da conciliação, no âmbito administrativo, de conflitos judiciais e extrajudiciais. (Grupo: Impacto do novo CPC e os processos da Fazenda Pública e Impacto nos Juizados e nos procedimentos especiais da legislação extravagante)
Ver art. 18 do Decreto nº 7.392/2010

Art. 175. As disposições desta Seção não excluem outras formas de conciliação e mediação extrajudiciais vinculadas a órgãos institucionais ou realizadas por intermédio de profissionais independentes, que poderão ser regulamentadas por lei específica.
Parágrafo único. Os dispositivos desta Seção aplicam-se, no que couber, às câmaras privadas de conciliação e mediação.

Não há artigo correspondente no CPC/73
Enunciado nº 397 do FPPC: A estrutura para autocomposição, nos Juizados Especiais, deverá contar com a conciliação e a mediação. (Grupo: Impacto nos Juizados e nos procedimentos especiais da legislação extravagante)

TÍTULO V
DO MINISTÉRIO PÚBLICO

Art. 176. O Ministério Público atuará na defesa da ordem jurídica, do regime democrático e dos interesses e direitos sociais e individuais indisponíveis.

Não há artigo correspondente no CPC/73

Art. 177. O Ministério Público exercerá o direito de ação em conformidade com suas atribuições constitucionais.

Art. 81 do CPC/73
Ver arts. 127, *caput*, e 129 da CF/88
Ver Lei Complementar 75/1993

Art. 178. O Ministério Público será intimado para, no prazo de 30 (trinta) dias, intervir como fiscal da ordem jurídica nas hipóteses previstas em lei ou na Constituição Federal e nos processos que envolvam:

I – interesse público ou social;
II – interesse de incapaz;
III – litígios coletivos pela posse de terra rural ou urbana.
Parágrafo único. A participação da Fazenda Pública não configura, por si só, hipótese de intervenção do Ministério Público.

> Arts. 82 e 84 do CPC/73
> Ver Súmula nº 226 do STJ

Art. 179. Nos casos de intervenção como fiscal da ordem jurídica, o Ministério Público:
I – terá vista dos autos depois das partes, sendo intimado de todos os atos do processo;
II – poderá produzir provas, requerer as medidas processuais pertinentes e recorrer.

> Art. 83 do CPC/73
> Enunciado nº 467 do FPPC: O Ministério Público deve ser obrigatoriamente intimado no incidente de assunção de competência. (Grupo: Precedentes, IRDR, Recursos Repetitivos e Assunção de competência)

Art. 180. O Ministério Público gozará de prazo em dobro para manifestar-se nos autos, que terá início a partir de sua intimação pessoal, nos termos do art. 183, §1º.
§1º Findo o prazo para manifestação do Ministério Público sem o oferecimento de parecer, o juiz requisitará os autos e dará andamento ao processo.
§2º Não se aplica o benefício da contagem em dobro quando a lei estabelecer, de forma expressa, prazo próprio para o Ministério Público.

> Arts. 188 e 236, §1º, do CPC/73
> Enunciado nº 399 do FPPC: Os arts. 180 e 183 somente se aplicam aos prazos que se iniciarem na vigência do CPC de 2015, aplicando-se a regulamentação anterior aos prazos iniciados sob a vigência do CPC de 1973. (Grupo: Direito intertemporal)

Art. 181. O membro do Ministério Público será civil e regressivamente responsável quando agir com dolo ou fraude no exercício de suas funções.

> Art. 85 do CPC/73

TÍTULO VI
DA ADVOCACIA PÚBLICA

Art. 182. Incumbe à Advocacia Pública, na forma da lei, defender e promover os interesses públicos da União, dos Estados, do Distrito Federal e dos Municípios, por meio da representação judicial, em todos os âmbitos federativos, das pessoas jurídicas de direito público que integram a administração direta e indireta.

Não há artigo correspondente no CPC/73
Ver arts. 131 e 132 da CF/88
Ver Lei Complementar 73/1993

Art. 183. A União, os Estados, o Distrito Federal, os Municípios e suas respectivas autarquias e fundações de direito público gozarão de prazo em dobro para todas as suas manifestações processuais, cuja contagem terá início a partir da intimação pessoal.

§1º A intimação pessoal far-se-á por carga, remessa ou meio eletrônico.

Enunciado nº 401 do FPPC: Para fins de contagem de prazo da Fazenda Pública nos processos que tramitam em autos eletrônicos, não se considera como intimação pessoal a publicação pelo Diário da Justiça Eletrônico. (Grupo: Impacto do novo CPC e os processos da Fazenda Pública)

§2º Não se aplica o benefício da contagem em dobro quando a lei estabelecer, de forma expressa, prazo próprio para o ente público.

Art. 188 do CPC/73
Enunciado nº 399 do FPPC: Os arts. 180 e 183 somente se aplicam aos prazos que se iniciarem na vigência do CPC de 2015, aplicando-se a regulamentação anterior aos prazos iniciados sob a vigência do CPC de 1973. (Grupo: Direito intertemporal)
Enunciado nº 400 do FPPC: O art. 183 se aplica aos processos que tramitam em autos eletrônicos. (Grupo: Impacto do novo CPC e os processos da Fazenda Pública)
Ver art. 7º, I, da Lei nº 12.016/2009
Ver art. 17 da Lei nº 6.830/1980
Ver art. 9º da Lei nº 10.259/2001

Art. 184. O membro da Advocacia Pública será civil e regressivamente responsável quando agir com dolo ou fraude no exercício de suas funções.

Não há artigo correspondente no CPC/73

TÍTULO VII
DA DEFENSORIA PÚBLICA

Art. 185. A Defensoria Pública exercerá a orientação jurídica, a promoção dos direitos humanos e a defesa dos direitos individuais e coletivos dos necessitados, em todos os graus, de forma integral e gratuita.

Não há artigo correspondente no CPC/73
Ver Lei Complementar nº 80/1994

Art. 186. A Defensoria Pública gozará de prazo em dobro para todas as suas manifestações processuais.

§1º O prazo tem início com a intimação pessoal do defensor público, nos termos do art. 183, §1º.

§2º A requerimento da Defensoria Pública, o juiz determinará a intimação pessoal da parte patrocinada quando o ato processual depender de providência ou informação que somente por ela possa ser realizada ou prestada.

§3º O disposto no *caput* aplica-se aos escritórios de prática jurídica das faculdades de Direito reconhecidas na forma da lei e às entidades que prestam assistência jurídica gratuita em razão de convênios firmados com a Defensoria Pública.

§4º Não se aplica o benefício da contagem em dobro quando a lei estabelecer, de forma expressa, prazo próprio para a Defensoria Pública.

Não há artigo correspondente no CPC/73
Ver art. 44, I, da Lei Complementar 80/1994

Art. 187. O membro da Defensoria Pública será civil e regressivamente responsável quando agir com dolo ou fraude no exercício de suas funções.

Não há artigo correspondente no CPC/73

LIVRO IV
DOS ATOS PROCESSUAIS

TÍTULO I
DA FORMA, DO TEMPO E DO LUGAR DOS ATOS PROCESSUAIS

CAPÍTULO I
DA FORMA DOS ATOS PROCESSUAIS

Seção I
Dos Atos em Geral

Art. 188. Os atos e os termos processuais independem de forma determinada, salvo quando a lei expressamente a exigir, considerando-se válidos os que, realizados de outro modo, lhe preencham a finalidade essencial.

Art. 154 do CPC/73

Art. 189. Os atos processuais são públicos, todavia tramitam em segredo de justiça os processos:

Enunciado nº 15 do FPPC: As arbitragens que envolvem a Administração Pública respeitarão o princípio da publicidade, observadas as exceções legais (vide art. 2º, §3º, do Projeto nº 406/2013). (Grupo: Arbitragem; aprovado por aclamação)

I – em que o exija o interesse público ou social;
II – que versem sobre casamento, separação de corpos, divórcio, separação, união estável, filiação, alimentos e guarda de crianças e adolescentes;
III – em que constem dados protegidos pelo direito constitucional à intimidade;
IV – que versem sobre arbitragem, inclusive sobre cumprimento de carta arbitral, desde que a confidencialidade estipulada na arbitragem seja comprovada perante o juízo.

Enunciado nº 13 do FPPC: O disposto no inciso IV do art. 189 abrange todo e qualquer ato judicial relacionado à arbitragem, desde que a confidencialidade seja comprovada perante o Poder Judiciário, ressalvada em qualquer caso a divulgação das decisões, preservada a identidade das partes e os fatos da causa que as identifiquem. (Grupo: Arbitragem; redação revista no III FPPC-Rio)

§1º O direito de consultar os autos de processo que tramite em segredo de justiça e de pedir certidões de seus atos é restrito às partes e aos seus procuradores.

§2º O terceiro que demonstrar interesse jurídico pode requerer ao juiz certidão do dispositivo da sentença, bem como de inventário e de partilha resultantes de divórcio ou separação.

Art. 155 do CPC/73
Ver art. 5º, LX, da CF/88
Ver art. 1.705 do Código Civil

Art. 190. Versando o processo sobre direitos que admitam autocomposição, é lícito às partes plenamente capazes estipular mudanças no procedimento para ajustá-lo às especificidades da causa e convencionar sobre os seus ônus, poderes, faculdades e deveres processuais, antes ou durante o processo.

Enunciado nº 17 do FPPC: As partes podem, no negócio processual, estabelecer outros deveres e sanções para o caso do descumprimento da convenção. (Grupo: Negócio Processual; redação revista no III FPPC-Rio)

Enunciado nº 19 do FPPC: São admissíveis os seguintes negócios processuais, dentre outros: pacto de impenhorabilidade, acordo de ampliação de prazos das partes de qualquer natureza, acordo de rateio de despesas processuais, dispensa consensual de assistente técnico, acordo para retirar o efeito suspensivo da apelação, acordo para não promover execução provisória. (Grupo: Negócio Processual; redação revista no III FPPC-Rio)

Enunciado nº 20 do FPPC: Não são admissíveis os seguintes negócios bilaterais, dentre outros: acordo para modificação da competência absoluta, acordo para supressão da primeira instância. (Grupo: Negócio Processual)

Enunciado nº 21 do FPPC: São admissíveis os seguintes negócios, dentre outros: acordo para realização de sustentação oral, acordo para ampliação do tempo de sustentação oral, julgamento antecipado do mérito convencional, convenção sobre prova, redução de prazos processuais. (Grupo: Negócio Processual; redação revista no III FPPC-Rio)

Enunciado nº 115 do FPPC: O negócio jurídico celebrado nos termos do art. 190 obriga herdeiros e sucessores. (Grupo: Negócios Processuais)

Enunciado nº 131 do FPPC: Aplica-se ao processo do trabalho o disposto no art. 190 no que se refere à flexibilidade do procedimento por proposta das partes, inclusive quanto aos prazos. (Grupo: Impacto do CPC no Processo do Trabalho)

Enunciado nº 132 do FPPC: Além dos defeitos processuais, os vícios da vontade e os vícios sociais podem dar ensejo à invalidação dos negócios jurídicos atípicos do art. 190. (Grupo: Negócios Processuais)

Enunciado nº 133 do FPPC: Salvo nos casos expressamente previstos em lei, os negócios processuais do art. 190 não dependem de homologação judicial. (Grupo: Negócios Processuais)

Enunciado nº 135 do FPPC: A indisponibilidade do direito material não impede, por si só, a celebração de negócio jurídico processual. (Grupo: Negócios Processuais)

Enunciado nº 252 do FPPC: O descumprimento de uma convenção processual válida é matéria cujo conhecimento depende de requerimento. (Grupo: Negócios Processuais)

Enunciado nº 253 do FPPC: O Ministério Público pode celebrar negócio processual quando atua como parte. (Grupo: Negócios Processuais)

Enunciado nº 254 do FPPC: É inválida a convenção para excluir a intervenção do Ministério Público como fiscal da ordem jurídica. (Grupo: Negócios Processuais)

Enunciado nº 255 do FPPC: É admissível a celebração de convenção processual coletiva. (Grupo: Negócios Processuais)

Enunciado nº 256 do FPPC: A Fazenda Pública pode celebrar negócio jurídico processual. (Grupo: Negócios Processuais)

Enunciado nº 257 do FPPC: O art. 190 autoriza que as partes tanto estipulem mudanças do procedimento quanto convencionem sobre os seus ônus, poderes, faculdades e deveres processuais. (Grupo: Negócios Processuais)

Enunciado nº 258 do FPPC: As partes podem convencionar sobre seus ônus, poderes, faculdades e deveres processuais, ainda que essa convenção não importe ajustes às especificidades da causa. (Grupo: Negócios Processuais)

Enunciado nº 259 do FPPC: A decisão referida no parágrafo único do art. 190 depende de contraditório prévio. (Grupo: Negócios Processuais)

Enunciado nº 260 do FPPC: A homologação, pelo juiz, da convenção processual, quando prevista em lei, corresponde a uma condição de eficácia do negócio. (Grupo: Negócios Processuais)

Enunciado nº 261 do FPPC: O art. 200 aplica-se tanto aos negócios unilaterais quanto aos bilaterais, incluindo as convenções processuais do art.190. (Grupo: Negócios Processuais)

Enunciado nº 262 do FPPC: É admissível negócio processual para dispensar caução no cumprimento provisório de sentença. (Grupo: Negócios Processuais)

Parágrafo único. De ofício ou a requerimento, o juiz controlará a validade das convenções previstas neste artigo, recusando-lhes aplicação somente nos casos de nulidade ou de inserção abusiva em contrato de adesão ou em que alguma parte se encontre em manifesta situação de vulnerabilidade.

Art. 181 do CPC/73

Enunciado nº 6 do FPPC: O negócio jurídico processual não pode afastar os deveres inerentes à boa-fé e à cooperação. (Grupo: Negócio Processual; redação revista no III FPPC-Rio)

Enunciado nº 16 do FPPC: O controle dos requisitos objetivos e subjetivos de validade da convenção de procedimento deve ser conjugado com a regra segundo a qual não há invalidade do ato sem prejuízo. (Grupo: Negócio Processual)

Enunciado nº 18 do FPPC: Há indício de vulnerabilidade quando a parte celebra acordo de procedimento sem assistência técnico-jurídica. (Grupo: Negócio Processual)

Enunciado nº 134 do FPPC: Negócio jurídico processual pode ser invalidado parcialmente. (Grupo: Negócios Processuais)

Enunciado nº 392 do FPPC: As partes não podem estabelecer, em convenção processual, a vedação da participação do *amicus curiae*". (Grupo: Litisconsórcio e intervenção de terceiros)

Enunciado nº 402 do FPPC: A eficácia dos negócios processuais para quem deles não fez parte depende de sua anuência, quando lhe puder causar prejuízo. (Grupo: Negócios processuais)

Enunciado nº 403 do FPPC: A validade do negócio jurídico processual, requer agente capaz, objeto lícito, possível, determinado ou determinável e forma prescrita ou não defesa em lei. (Grupo: Negócios processuais)

Enunciado nº 404 do FPPC: Nos negócios processuais, atender-se-á mais à intenção consubstanciada na manifestação de vontade do que ao sentido literal da linguagem. (Grupo: Negócios processuais)

Enunciado nº 405 do FPPC: Os negócios jurídicos processuais devem ser interpretados conforme a boa-fé e os usos do lugar de sua celebração. (Grupo: Negócios processuais)

Enunciado nº 406 do FPPC: Os negócios jurídicos processuais benéficos e a renúncia a direitos processuais interpretam-se estritamente. (Grupo: Negócios processuais)

Enunciado nº 407 do FPPC: Nos negócios processuais, as partes e o juiz são obrigados a guardar nas tratativas, na conclusão e na execução do negócio o princípio da boa-fé. (Grupo: Negócios processuais)

Enunciado nº 408 do FPPC: Quando houver no contrato de adesão negócio jurídico processual com previsões ambíguas ou contraditórias, dever-se-á adotar a interpretação mais favorável ao aderente. (Grupo: Negócios processuais)

Enunciado nº 409 do FPPC: A convenção processual é autônoma em relação ao negócio em que estiver inserta, de tal sorte que a invalidade deste não implica necessariamente a invalidade da convenção processual. (Grupo: Negócios processuais)

Enunciado nº 410 do FPPC: Aplica-se o Art. 142 do CPC ao controle de validade dos negócios jurídicos processuais. (Grupo: Negócios processuais)

Enunciado nº 411 do FPPC: O negócio processual pode ser distratado. (Grupo: Negócios processuais)

Enunciado nº 412 do FPPC: A aplicação de negócio processual em determinado processo judicial não impede, necessariamente, que da decisão do caso possa vir a ser formado precedente. (Grupo: Negócios processuais)

Enunciado nº 413 do FPPC: O negócio jurídico processual pode ser celebrado no sistema dos juizados especiais, desde que observado o conjunto dos princípios que o orienta, ficando sujeito a controle judicial na forma do parágrafo único do art. 190 do CPC. (Grupo: Impacto nos Juizados e nos procedimentos especiais da legislação extravagante)

Enunciado nº 490 do FPPC: São admissíveis os seguintes negócios processuais, entre outros: pacto de inexecução parcial ou total de multa coercitiva; pacto de alteração de ordem de penhora; pré-indicação de bem penhorável preferencial (art. 848, II); pré-fixação de indenização por dano processual prevista nos arts. 81, §3º, 520, inc. I, 297, parágrafo único (cláusula penal processual); negócio de anuência prévia para aditamento ou alteração do pedido ou da causa de pedir até o saneamento (art. 329, inc. II). (Grupo: Negócios processuais)

Enunciado nº 491 do FPPC: É possível negócio jurídico processual que estipule mudanças no procedimento das intervenções de terceiros, observada a necessidade de anuência do terceiro quando lhe puder causar prejuízo. (Grupo: Negócios processuais)

Enunciado nº 492 do FPPC: O pacto antenupcial e o contrato de convivência podem conter negócios processuais. (Grupo: Negócios processuais)

Enunciado nº 493 do FPPC: O negócio processual celebrado ao tempo do CPC-1973 é aplicável após o início da vigência do CPC-2015. (Grupo: Direito Intertemporal)

Enunciado nº 569 do FPPC: O art. 1.047 não impede convenções processuais em matéria probatória, ainda que relativas a provas requeridas ou determinadas sob vigência do CPC-1973. (Grupo: Direito Intertemporal)

Ver Resolução nº 118/2014 do CNJ

Art. 191. De comum acordo, o juiz e as partes podem fixar calendário para a prática dos atos processuais, quando for o caso.

Enunciado nº 299 do FPPC: O juiz pode designar audiência também (ou só) com objetivo de ajustar com as partes a fixação de calendário para fase de instrução e decisão. (Grupo: Petição inicial, resposta do réu e saneamento),

Enunciado nº 494 do FPPC: A admissibilidade de autocomposição não é requisito para o calendário processual. (Grupo: Negócios processuais)

§1º O calendário vincula as partes e o juiz, e os prazos nele previstos somente serão modificados em casos excepcionais, devidamente justificados.

Enunciado nº 414 do FPPC: O disposto no §1º do artigo 191 refere-se ao juízo. (Grupo: Negócios processuais)

§2º Dispensa-se a intimação das partes para a prática de ato processual ou a realização de audiência cujas datas tiverem sido designadas no calendário.

Art. 181, §1º, do CPC/73

Enunciado nº 413 do FPPC: O negócio jurídico processual pode ser celebrado no sistema dos juizados especiais, desde que observado o conjunto dos princípios que o orienta, ficando sujeito a controle judicial na forma do parágrafo único do art. 190 do CPC. (Grupo: Impacto nos Juizados e nos procedimentos especiais da legislação extravagante)

Art. 192. Em todos os atos e termos do processo é obrigatório o uso da língua portuguesa.
Parágrafo único. O documento redigido em língua estrangeira somente poderá ser juntado aos autos quando acompanhado de versão para a língua portuguesa tramitada por via diplomática ou pela autoridade central, ou firmada por tradutor juramentado.

Arts. 156 e 157 do CPC/73
Ver art. 224 do Código Civil

Seção II
Da Prática Eletrônica de Atos Processuais

Art. 193. Os atos processuais podem ser total ou parcialmente digitais, de forma a permitir que sejam produzidos, comunicados, armazenados e validados por meio eletrônico, na forma da lei.

Parágrafo único. O disposto nesta Seção aplica-se, no que for cabível, à prática de atos notariais e de registro.

Art. 169, §2º do CPC/73
Ver Lei nº 11.419/2006

Art. 194. Os sistemas de automação processual respeitarão a publicidade dos atos, o acesso e a participação das partes e de seus procuradores, inclusive nas audiências e sessões de julgamento, observadas as garantias da disponibilidade, independência da plataforma computacional, acessibilidade e interoperabilidade dos sistemas, serviços, dados e informações que o Poder Judiciário administre no exercício de suas funções.

Art. 154 do CPC/73

Enunciado nº 263 do FPPC: A mera juntada de decisão aos autos eletrônicos não necessariamente lhe confere publicidade em relação a terceiros. (Grupo: Advogado e Sociedade de Advogados. Prazos).

Enunciado nº 264 do FPPC: Salvo hipóteses de segredo de justiça, nos processos em que se realizam intimações exclusivamente por portal eletrônico, deve ser garantida ampla publicidade aos autos eletrônicos, assegurado o acesso a qualquer um. (Grupo: Advogado e Sociedade de Advogados. Prazos).

Enunciado nº 265 do FPPC: É possível haver documentos transitoriamente confidenciais no processo eletrônico. (Grupo: Advogado e Sociedade de Advogados. Prazos).
Ver Lei nº 11.419/2006

Art. 195. O registro de ato processual eletrônico deverá ser feito em padrões abertos, que atenderão aos requisitos de autenticidade, integridade, temporalidade, não repúdio, conservação e, nos casos que tramitem em segredo de justiça, confidencialidade, observada a infraestrutura de chaves públicas unificada nacionalmente, nos termos da lei.

Art. 154 do CPC/73
Ver Lei nº 11.419/2006

Art. 196. Compete ao Conselho Nacional de Justiça e, supletivamente, aos tribunais, regulamentar a prática e a comunicação oficial de atos processuais por meio eletrônico e velar pela compatibilidade dos sistemas, disciplinando a incorporação progressiva de novos avanços tecnológicos e editando, para esse fim, os atos que forem necessários, respeitadas as normas fundamentais deste Código.

Art. 154 do CPC/73
Ver Lei nº 11.419/2006
Ver Resolução nº 185/2013 do CNJ
Ver Resolução nº 91/2009 do CNJ

Art. 197. Os tribunais divulgarão as informações constantes de seu sistema de automação em página própria na rede mundial de computadores, gozando a divulgação de presunção de veracidade e confiabilidade.

Parágrafo único. Nos casos de problema técnico do sistema e de erro ou omissão do auxiliar da justiça responsável pelo registro dos andamentos, poderá ser configurada a justa causa prevista no art. 223, *caput* e §1º.

Art. 154 do CPC/73
Ver Lei nº 11.419/2006

Art. 198. As unidades do Poder Judiciário deverão manter gratuitamente, à disposição dos interessados, equipamentos necessários à prática de atos processuais e à consulta e ao acesso ao sistema e aos documentos dele constantes.

Parágrafo único. Será admitida a prática de atos por meio não eletrônico no local onde não estiverem disponibilizados os equipamentos previstos no *caput*.

Art. 154 do CPC/73
Ver Lei nº 11.419/2006

Art. 199. As unidades do Poder Judiciário assegurarão às pessoas com deficiência acessibilidade aos seus sítios na rede mundial de computadores, ao meio eletrônico de prática de atos judiciais, à comunicação eletrônica dos atos processuais e à assinatura eletrônica.

Art. 154 do CPC/73

Seção III
Dos Atos das Partes

Art. 200. Os atos das partes consistentes em declarações unilaterais ou bilaterais de vontade produzem imediatamente a constituição, modificação ou extinção de direitos processuais.

Enunciado nº 260 do FPPC: A homologação, pelo juiz, da convenção processual, quando prevista em lei, corresponde a uma condição de eficácia do negócio. (Grupo: Negócios Processuais)

Enunciado nº 261 do FPPC: O art. 200 aplica-se tanto aos negócios unilaterais quanto aos bilaterais, incluindo as convenções processuais do art.190. (Grupo: Negócios Processuais)

Parágrafo único. A desistência da ação só produzirá efeitos após homologação judicial.

Art. 158 do CPC/73

Enunciado nº 133 do FPPC: Salvo nos casos expressamente previstos em lei, os negócios processuais do art. 190 não dependem de homologação judicial. (Grupo: Negócios Processuais)

Enunciado nº 495 do FPPC: O distrato do negócio processual homologado por exigência legal depende de homologação. (Grupo: Negócios processuais)

Art. 201. As partes poderão exigir recibo de petições, arrazoados, papéis e documentos que entregarem em cartório.

Art. 160 do CPC/73

Art. 202. É vedado lançar nos autos cotas marginais ou interlineares, as quais o juiz mandará riscar, impondo a quem as escrever multa correspondente à metade do salário-mínimo.

Art. 161 do CPC/73

Seção IV
Dos Pronunciamentos do Juiz

Art. 203. Os pronunciamentos do juiz consistirão em sentenças, decisões interlocutórias e despachos.

§1º Ressalvadas as disposições expressas dos procedimentos especiais, sentença é o pronunciamento por meio do qual o juiz, com fundamento nos arts. 485 e 487, põe fim à fase cognitiva do procedimento comum, bem como extingue a execução.

§2º Decisão interlocutória é todo pronunciamento judicial de natureza decisória que não se enquadre no §1º.

Enunciado nº 103 do FPPC: A decisão parcial proferida no curso do processo com fundamento no art. 487, I, sujeita-se a recurso de agravo de instrumento. (Grupo: Sentença, Coisa Julgada e Ação Rescisória; redação revista no III FPPC-Rio)

§3º São despachos todos os demais pronunciamentos do juiz praticados no processo, de ofício ou a requerimento da parte.

§4º Os atos meramente ordinatórios, como a juntada e a vista obrigatória, independem de despacho, devendo ser praticados de ofício pelo servidor e revistos pelo juiz quando necessário.

Art. 162 do CPC/73

Art. 204. Acórdão é o julgamento colegiado proferido pelos tribunais.

Art. 163 do CPC/73

Art. 205. Os despachos, as decisões, as sentenças e os acórdãos serão redigidos, datados e assinados pelos juízes.

§1º Quando os pronunciamentos previstos no *caput* forem proferidos oralmente, o servidor os documentará, submetendo-os aos juízes para revisão e assinatura.

§2º A assinatura dos juízes, em todos os graus de jurisdição, pode ser feita eletronicamente, na forma da lei.

§3º Os despachos, as decisões interlocutórias, o dispositivo das sentenças e a ementa dos acórdãos serão publicados no Diário de Justiça Eletrônico.

Art. 164 do CPC/73

Seção V
Dos Atos do Escrivão ou do Chefe de Secretaria

Art. 206. Ao receber a petição inicial de processo, o escrivão ou o chefe de secretaria a autuará, mencionando o juízo, a natureza do processo, o número de seu registro, os nomes das partes e a data de seu início, e procederá do mesmo modo em relação aos volumes em formação.

Art. 166 do CPC/73

Art. 207. O escrivão ou o chefe de secretaria numerará e rubricará todas as folhas dos autos.

Parágrafo único. À parte, ao procurador, ao membro do Ministério Público, ao defensor público e aos auxiliares da justiça é facultado rubricar as folhas correspondentes aos atos em que intervierem.

Art. 167 do CPC/73

Art. 208. Os termos de juntada, vista, conclusão e outros semelhantes constarão de notas datadas e rubricadas pelo escrivão ou pelo chefe de secretaria.

Art. 168 do CPC/73

Art. 209. Os atos e os termos do processo serão assinados pelas pessoas que neles intervierem, todavia, quando essas não puderem ou não quiserem firmá-los, o escrivão ou o chefe de secretaria certificará a ocorrência.

§1º Quando se tratar de processo total ou parcialmente documentado em autos eletrônicos, os atos processuais praticados na presença do juiz poderão ser produzidos e armazenados de modo integralmente digital em arquivo eletrônico inviolável, na forma da lei, mediante registro em termo, que será assinado digitalmente pelo juiz e pelo escrivão ou chefe de secretaria, bem como pelos advogados das partes.

§2º Na hipótese do §1º, eventuais contradições na transcrição deverão ser suscitadas oralmente no momento de realização do ato, sob pena de preclusão, devendo o juiz decidir de plano e ordenar o registro, no termo, da alegação e da decisão.

Art. 169 do CPC/73

Art. 210. É lícito o uso da taquigrafia, da estenotipia ou de outro método idôneo em qualquer juízo ou tribunal.

Art. 170 do CPC/73

Art. 211. Não se admitem nos atos e termos processuais espaços em branco, salvo os que forem inutilizados, assim como entrelinhas, emendas ou rasuras, exceto quando expressamente ressalvadas.

Art. 171 do CPC/73

CAPÍTULO II
DO TEMPO E DO LUGAR DOS ATOS PROCESSUAIS

Seção I
Do Tempo

Art. 212. Os atos processuais serão realizados em dias úteis, das 6 (seis) às 20 (vinte) horas.
§1º Serão concluídos após as 20 (vinte) horas os atos iniciados antes, quando o adiamento prejudicar a diligência ou causar grave dano.
§2º Independentemente de autorização judicial, as citações, intimações e penhoras poderão realizar-se no período de férias forenses, onde as houver, e nos feriados ou dias úteis fora do horário estabelecido neste artigo, observado o disposto no art. 5º, inciso XI, da Constituição Federal.
§3º Quando o ato tiver de ser praticado por meio de petição em autos não eletrônicos, essa deverá ser protocolada no horário de funcionamento do fórum ou tribunal, conforme o disposto na lei de organização judiciária local.

Art. 172 do CPC/73
Enunciado nº 415 do FPPC: Os prazos processuais no sistema dos Juizados Especiais são contados em dias úteis. (Grupo: Impacto nos Juizados e nos procedimentos especiais da legislação extravagante)

Art. 213. A prática eletrônica de ato processual pode ocorrer em qualquer horário até as 24 (vinte e quatro) horas do último dia do prazo.
Parágrafo único. O horário vigente no juízo perante o qual o ato deve ser praticado será considerado para fins de atendimento do prazo.

Não há artigo correspondente no CPC/73
Ver art. 3º, parágrafo único, da Lei nº 11.419/2006

Art. 214. Durante as férias forenses e nos feriados, não se praticarão atos processuais, excetuando-se:
I – os atos previstos no art. 212, §2º;
II – a tutela de urgência.

Art. 173 do CPC/73

Art. 215. Processam-se durante as férias forenses, onde as houver, e não se suspendem pela superveniência delas:

I – os procedimentos de jurisdição voluntária e os necessários à conservação de direitos, quando puderem ser prejudicados pelo adiamento;
II – a ação de alimentos e os processos de nomeação ou remoção de tutor e curador;
III – os processos que a lei determinar.

Art. 174 do CPC/73

Art. 216. Além dos declarados em lei, são feriados, para efeito forense, os sábados, os domingos e os dias em que não haja expediente forense.

Art. 175 do CPC/73

Seção II
Do Lugar

Art. 217. Os atos processuais realizar-se-ão ordinariamente na sede do juízo, ou, excepcionalmente, em outro lugar em razão de deferência, de interesse da justiça, da natureza do ato ou de obstáculo arguido pelo interessado e acolhido pelo juiz.

Art. 176 do CPC/73

CAPÍTULO III
DOS PRAZOS

Seção I
Disposições Gerais

Art. 218. Os atos processuais serão realizados nos prazos prescritos em lei.

Enunciado nº 107 do FPPC: O juiz pode, de ofício, dilatar o prazo para a parte se manifestar sobre a prova documental produzida. (Grupo: Negócios Processuais)

Enunciado nº 267 do FPPC: Os prazos processuais iniciados antes da vigência do CPC serão integralmente regulados pelo regime revogado. (Grupo: Direito intertemporal e disposições finais e transitórias)

§1º Quando a lei for omissa, o juiz determinará os prazos em consideração à complexidade do ato.

§2º Quando a lei ou o juiz não determinar prazo, as intimações somente obrigarão a comparecimento após decorridas 48 (quarenta e oito) horas.

§3º Inexistindo preceito legal ou prazo determinado pelo juiz, será de 5 (cinco) dias o prazo para a prática de ato processual a cargo da parte.

§4º Será considerado tempestivo o ato praticado antes do termo inicial do prazo.

Arts. 177, 185 e 192 do CPC/73

Enunciado nº 22 do FPPC: O Tribunal não poderá julgar extemporâneo ou intempestivo recurso, na instância ordinária ou na extraordinária, interposto antes da abertura do prazo. (Grupo: Ordem dos Processos no Tribunal, Teoria Geral dos Recursos, Apelação e Agravo)

Enunciado nº 23 do FPPC: Fica superado o Enunciado nº 418 da súmula do STJ após a entrada em vigor do CPC ("É inadmissível o recurso especial interposto antes da publicação do acórdão dos embargos de declaração, sem posterior ratificação"). (Grupo: Ordem dos Processos no Tribunal, Teoria Geral dos Recursos, Apelação e Agravo)

Enunciado nº 266 do FPPC: Aplica-se o art. 218, §4º, ao processo do trabalho, não se considerando extemporâneo ou intempestivo o ato realizado antes do termo inicial do prazo. (Grupo: Impacto do CPC no processo do trabalho)

Art. 219. Na contagem de prazo em dias, estabelecido por lei ou pelo juiz, computar-se-ão somente os dias úteis.

Enunciado nº 268 do FPPC: A regra de contagem de prazos em dias úteis só se aplica aos prazos iniciados após a vigência do Novo Código. (Grupo: Direito intertemporal e disposições finais e transitórias)

Parágrafo único. O disposto neste artigo aplica-se somente aos prazos processuais.

Art. 178 do CPC/73

Enunciado nº 415 do FPPC: Os prazos processuais no sistema dos Juizados Especiais são contados em dias úteis. (Grupo: Impacto nos Juizados e nos procedimentos especiais da legislação extravagante)

Enunciado nº 416 do FPPC: A contagem do prazo processual em dias úteis prevista no art. 219 aplicase aos Juizados Especiais Cíveis, Federais e da Fazenda Pública. (Grupo: Impacto do novo CPC e os processos da Fazenda Pública)

Enunciado nº 477 do FPPC: Publicada em cartório ou inserida nos autos eletrônicos a decisão que julga embargos de declaração sob a vigência do CPC de 2015, computar-se-ão apenas os dias úteis no prazo para o recurso subsequente, ainda que a decisão embargada tenha sido proferida ao tempo do CPC de 1973, tendo em vista a interrupção do prazo prevista no art. 1.026. (Grupo: Direito intertemporal)

Art. 220. Suspende-se o curso do prazo processual nos dias compreendidos entre 20 de dezembro e 20 de janeiro, inclusive.

Enunciado nº 269 do FPPC: A suspensão de prazos de 20 de dezembro a 20 de janeiro é aplicável aos Juizados Especiais. (Grupo: Impactos do CPC nos Juizados e nos procedimentos especiais de legislação extravagante)

§1º Ressalvadas as férias individuais e os feriados instituídos por lei, os juízes, os membros do Ministério Público, da Defensoria Pública e da Advocacia Pública e os auxiliares da Justiça exercerão suas atribuições durante o período previsto no *caput*.

§2º Durante a suspensão do prazo, não se realizarão audiências nem sessões de julgamento.

Art. 179 do CPC/73
Ver art. 62 da Lei nº 5.010/1966

Art. 221. Suspende-se o curso do prazo por obstáculo criado em detrimento da parte ou ocorrendo qualquer das hipóteses do art. 313, devendo o prazo ser restituído por tempo igual ao que faltava para sua complementação.
Parágrafo único. Suspendem-se os prazos durante a execução de programa instituído pelo Poder Judiciário para promover a autocomposição, incumbindo aos tribunais especificar, com antecedência, a duração dos trabalhos.

Art. 180 do CPC/73

Art. 222. Na comarca, seção ou subseção judiciária onde for difícil o transporte, o juiz poderá prorrogar os prazos por até 2 (dois) meses.
§1º Ao juiz é vedado reduzir prazos peremptórios sem anuência das partes.
§2º Havendo calamidade pública, o limite previsto no *caput* para prorrogação de prazos poderá ser excedido.

Art. 182 do CPC/73

Art. 223. Decorrido o prazo, extingue-se o direito de praticar ou de emendar o ato processual, independentemente de declaração judicial, ficando assegurado, porém, à parte provar que não o realizou por justa causa.

§1º Considera-se justa causa o evento alheio à vontade da parte e que a impediu de praticar o ato por si ou por mandatário.

§2º Verificada a justa causa, o juiz permitirá à parte a prática do ato no prazo que lhe assinar.

Art. 183 do CPC/73

Art. 224. Salvo disposição em contrário, os prazos serão contados excluindo o dia do começo e incluindo o dia do vencimento.

§1º Os dias do começo e do vencimento do prazo serão protraídos para o primeiro dia útil seguinte, se coincidirem com dia em que o expediente forense for encerrado antes ou iniciado depois da hora normal ou houver indisponibilidade da comunicação eletrônica.

Enunciado nº 270 do FPPC: Aplica-se ao processo do trabalho o art. 224, §1º. (Grupo: Impacto do CPC no processo do trabalho)

§2º Considera-se como data de publicação o primeiro dia útil seguinte ao da disponibilização da informação no Diário da Justiça eletrônico.

§3º A contagem do prazo terá início no primeiro dia útil que seguir ao da publicação.

Art. 184 do CPC/73
Ver art. 32 do Código Civil
Ver Súmula nº 310 do STF

Art. 225. A parte poderá renunciar ao prazo estabelecido exclusivamente em seu favor, desde que o faça de maneira expressa.

Art. 186 do CPC/73

Art. 226. O juiz proferirá:
I – os despachos no prazo de 5 (cinco) dias;
II – as decisões interlocutórias no prazo de 10 (dez) dias;
III – as sentenças no prazo de 30 (trinta) dias.

Art. 189 do CPC/73

Art. 227. Em qualquer grau de jurisdição, havendo motivo justificado, pode o juiz exceder, por igual tempo, os prazos a que está submetido.

Art. 187 do CPC/73

Art. 228. Incumbirá ao serventuário remeter os autos conclusos no prazo de 1 (um) dia e executar os atos processuais no prazo de 5 (cinco) dias, contado da data em que:
I – houver concluído o ato processual anterior, se lhe foi imposto pela lei;
II – tiver ciência da ordem, quando determinada pelo juiz.
§1º Ao receber os autos, o serventuário certificará o dia e a hora em que teve ciência da ordem referida no inciso II.
§2º Nos processos em autos eletrônicos, a juntada de petições ou de manifestações em geral ocorrerá de forma automática, independentemente de ato de serventuário da justiça.

Art. 190 do CPC/73

Art. 229. Os litisconsortes que tiverem diferentes procuradores, de escritórios de advocacia distintos, terão prazos contados em dobro para todas as suas manifestações, em qualquer juízo ou tribunal, independentemente de requerimento.
§1º Cessa a contagem do prazo em dobro se, havendo apenas 2 (dois) réus, é oferecida defesa por apenas um deles.

Art. 191 do CPC/73
Enunciado nº 275 do FPPC: Nos processos que tramitam eletronicamente, a regra do art. 229, §1º, não se aplica aos prazos já iniciados no regime anterior. (Grupo: Direito intertemporal e disposições finais e transitórias)

§2º Não se aplica o disposto no *caput* aos processos em autos eletrônicos.

Art. 230. O prazo para a parte, o procurador, a Advocacia Pública, a Defensoria Pública e o Ministério Público será contado da citação, da intimação ou da notificação.

Art. 240 do CPC/73

Art. 231. Salvo disposição em sentido diverso, considera-se dia do começo do prazo:

ART. 231

Enunciado nº 271 do FPPC: Quando for deferida tutela provisória a ser cumprida diretamente pela parte, o prazo recursal conta a partir da juntada do mandado de intimação, do aviso de recebimento ou da carta precatória; o prazo para o cumprimento da decisão inicia-se a partir da intimação da parte. (Grupo: Advogado e Sociedade de Advogados. Prazos).

I – a data de juntada aos autos do aviso de recebimento, quando a citação ou a intimação for pelo correio;

II – a data de juntada aos autos do mandado cumprido, quando a citação ou a intimação for por oficial de justiça;

III – a data de ocorrência da citação ou da intimação, quando ela se der por ato do escrivão ou do chefe de secretaria;

IV – o dia útil seguinte ao fim da dilação assinada pelo juiz, quando a citação ou a intimação for por edital;

V – o dia útil seguinte à consulta ao teor da citação ou da intimação ou ao término do prazo para que a consulta se dê, quando a citação ou a intimação for eletrônica;

VI – a data de juntada do comunicado de que trata o art. 232 ou, não havendo esse, a data de juntada da carta aos autos de origem devidamente cumprida, quando a citação ou a intimação se realizar em cumprimento de carta;

VII – a data de publicação, quando a intimação se der pelo Diário da Justiça impresso ou eletrônico;

VIII – o dia da carga, quando a intimação se der por meio da retirada dos autos, em carga, do cartório ou da secretaria.

§1º Quando houver mais de um réu, o dia do começo do prazo para contestar corresponderá à última das datas a que se referem os incisos I a VI do *caput*.

§2º Havendo mais de um intimado, o prazo para cada um é contado individualmente.

Enunciado nº 272 do FPPC: Não se aplica o §2º do art. 231 ao prazo para contestar, em vista da previsão do §1º do mesmo artigo. (Grupo: Advogado e Sociedade de Advogados. Prazos).

§3º Quando o ato tiver de ser praticado diretamente pela parte ou por quem, de qualquer forma, participe do processo, sem a intermediação de representante judicial, o dia do começo do prazo para cumprimento da determinação judicial corresponderá à data em que se der a comunicação.

§4º Aplica-se o disposto no inciso II do *caput* à citação com hora certa.

Art. 241 do CPC/73

Art. 232. Nos atos de comunicação por carta precatória, rogatória ou de ordem, a realização da citação ou da intimação será imediatamente informada, por meio eletrônico, pelo juiz deprecado ao juiz deprecante.

Art. 738 do CPC/73

Seção II
Da Verificação dos Prazos e das Penalidades

Art. 233. Incumbe ao juiz verificar se o serventuário excedeu, sem motivo legítimo, os prazos estabelecidos em lei.

§1º Constatada a falta, o juiz ordenará a instauração de processo administrativo, na forma da lei.

§2º Qualquer das partes, o Ministério Público ou a Defensoria Pública poderá representar ao juiz contra o serventuário que injustificadamente exceder os prazos previstos em lei.

Art. 198 do CPC/73

Art. 234. Os advogados públicos ou privados, o defensor público e o membro do Ministério Público devem restituir os autos no prazo do ato a ser praticado.

§1º É lícito a qualquer interessado exigir os autos do advogado que exceder prazo legal.

§2º Se, intimado, o advogado não devolver os autos no prazo de 3 (três) dias, perderá o direito à vista fora de cartório e incorrerá em multa correspondente à metade do salário-mínimo.

§3º Verificada a falta, o juiz comunicará o fato à seção local da Ordem dos Advogados do Brasil para procedimento disciplinar e imposição de multa.

§4º Se a situação envolver membro do Ministério Público, da Defensoria Pública ou da Advocacia Pública, a multa, se for o caso, será aplicada ao agente público responsável pelo ato.

§5º Verificada a falta, o juiz comunicará o fato ao órgão competente responsável pela instauração de procedimento disciplinar contra o membro que atuou no feito.

Arts. 195, 196 e 197 do CPC/73

Art. 235. Qualquer parte, o Ministério Público ou a Defensoria Pública poderá representar ao corregedor do tribunal ou ao Conselho Nacional de Justiça contra juiz ou relator que injustificadamente exceder os prazos previstos em lei, regulamento ou regimento interno.

§1º Distribuída a representação ao órgão competente e ouvido previamente o juiz, não sendo caso de arquivamento liminar, será instaurado procedimento para apuração da responsabilidade, com intimação do representado por meio eletrônico para, querendo, apresentar justificativa no prazo de 15 (quinze) dias.

§2º Sem prejuízo das sanções administrativas cabíveis, em até 48 (quarenta e oito) horas após a apresentação ou não da justificativa de que trata o §1º, se for o caso, o corregedor do tribunal ou o relator no Conselho Nacional de Justiça determinará a intimação do representado por meio eletrônico para que, em 10 (dez) dias, pratique o ato.

§3º Mantida a inércia, os autos serão remetidos ao substituto legal do juiz ou do relator contra o qual se representou para decisão em 10 (dez) dias.

Art. 198 do CPC/73

TÍTULO II
DA COMUNICAÇÃO DOS ATOS PROCESSUAIS

CAPÍTULO I
DISPOSIÇÕES GERAIS

Art. 236. Os atos processuais serão cumpridos por ordem judicial.

§1º Será expedida carta para a prática de atos fora dos limites territoriais do tribunal, da comarca, da seção ou da subseção judiciárias, ressalvadas as hipóteses previstas em lei.

§2º O tribunal poderá expedir carta para juízo a ele vinculado, se o ato houver de se realizar fora dos limites territoriais do local de sua sede.

§3º Admite-se a prática de atos processuais por meio de videoconferência ou outro recurso tecnológico de transmissão de sons e imagens em tempo real.

Art. 200 do CPC/73

Art. 237. Será expedida carta:

I – de ordem, pelo tribunal, na hipótese do §2º do art. 236;

II – rogatória, para que órgão jurisdicional estrangeiro pratique ato de cooperação jurídica internacional, relativo a processo em curso perante órgão jurisdicional brasileiro;

III – precatória, para que órgão jurisdicional brasileiro pratique ou determine o cumprimento, na área de sua competência territorial, de ato relativo a pedido de cooperação judiciária formulado por órgão jurisdicional de competência territorial diversa;

IV – arbitral, para que órgão do Poder Judiciário pratique ou determine o cumprimento, na área de sua competência territorial, de ato objeto de pedido de cooperação judiciária formulado por juízo arbitral, inclusive os que importem efetivação de tutela provisória.

Enunciado nº 24 do FPPC: Independentemente dos locais em que se realizem os atos da arbitragem, a carta arbitral poderá ser expedida diretamente ao órgão do Poder Judiciário do local da efetivação da medida ou decisão. (Grupo: Arbitragem; redação revista no III FPPC-Rio)

Parágrafo único. Se o ato relativo a processo em curso na justiça federal ou em tribunal superior houver de ser praticado em local onde não haja vara federal, a carta poderá ser dirigida ao juízo estadual da respectiva comarca.

Art. 201 do CPC/73

CAPÍTULO II
DA CITAÇÃO

Art. 238. Citação é o ato pelo qual são convocados o réu, o executado ou o interessado para integrar a relação processual.

Art. 213 do CPC/73

Art. 239. Para a validade do processo é indispensável a citação do réu ou do executado, ressalvadas as hipóteses de indeferimento da petição inicial ou de improcedência liminar do pedido.

§1º O comparecimento espontâneo do réu ou do executado supre a falta ou a nulidade da citação, fluindo a partir desta data o prazo para apresentação de contestação ou de embargos à execução.

§2º Rejeitada a alegação de nulidade, tratando-se de processo de:

I – conhecimento, o réu será considerado revel;

II – execução, o feito terá seguimento.

Art. 214 do CPC/73

Art. 240. A citação válida, ainda quando ordenada por juízo incompetente, induz litispendência, torna litigiosa a coisa e constitui em mora o devedor, ressalvado o disposto nos arts. 397 e 398 da Lei nº 10.406, de 10 de janeiro de 2002 (Código Civil).

§1º A interrupção da prescrição, operada pelo despacho que ordena a citação, ainda que proferido por juízo incompetente, retroagirá à data de propositura da ação.

Enunciado nº 10 do FPPC: Em caso de desmembramento do litisconsórcio multitudinário, a interrupção da prescrição retroagirá à data de propositura da demanda original. (Grupo: Litisconsórcio, Intervenção de Terceiros e Resposta do Réu; redação revista no III FPPC-Rio)

Enunciado nº 136 do FPPC: A citação válida no processo judicial interrompe a prescrição, ainda que o processo seja extinto em decorrência do acolhimento da alegação de convenção de arbitragem. (Grupo: Arbitragem)

§2º Incumbe ao autor adotar, no prazo de 10 (dez) dias, as providências necessárias para viabilizar a citação, sob pena de não se aplicar o disposto no §1º.

§3º A parte não será prejudicada pela demora imputável exclusivamente ao serviço judiciário.

§4º O efeito retroativo a que se refere o §1º aplica-se à decadência e aos demais prazos extintivos previstos em lei.

Arts. 219 e 220 do CPC/73
Ver art. 202, I, do Código Civil
Ver art. 8º, §2º, da Lei nº 6.830/1980
Ver Súmulas nºs 106 e 204 do STJ

Art. 241. Transitada em julgado a sentença de mérito proferida em favor do réu antes da citação, incumbe ao escrivão ou ao chefe de secretaria comunicar-lhe o resultado do julgamento.

Art. 219, §6º, do CPC/73

Art. 242. A citação será pessoal, podendo, no entanto, ser feita na pessoa do representante legal ou do procurador do réu, do executado ou do interessado.

§1º Na ausência do citando, a citação será feita na pessoa de seu mandatário, administrador, preposto ou gerente, quando a ação se originar de atos por eles praticados.

§2º O locador que se ausentar do Brasil sem cientificar o locatário de que deixou, na localidade onde estiver situado o imóvel, procurador com poderes para receber citação será citado na pessoa do administrador do imóvel encarregado do recebimento dos aluguéis, que será considerado habilitado para representar o locador em juízo.

§3º A citação da União, dos Estados, do Distrito Federal, dos Municípios e de suas respectivas autarquias e fundações de direito público será realizada perante o órgão de Advocacia Pública responsável por sua representação judicial.

Art. 215 do CPC/73
Ver Súmula nº 429 do STJ

Art. 243. A citação poderá ser feita em qualquer lugar em que se encontre o réu, o executado ou o interessado.
Parágrafo único. O militar em serviço ativo será citado na unidade em que estiver servindo, se não for conhecida sua residência ou nela não for encontrado.

Art. 216 do CPC/73

Art. 244. Não se fará a citação, salvo para evitar o perecimento do direito:
I – de quem estiver participando de ato de culto religioso;
II – de cônjuge, de companheiro ou de qualquer parente do morto, consanguíneo ou afim, em linha reta ou na linha colateral em segundo grau, no dia do falecimento e nos 7 (sete) dias seguintes;
III – de noivos, nos 3 (três) primeiros dias seguintes ao casamento;
IV – de doente, enquanto grave o seu estado.

Art. 217 do CPC/73

Art. 245. Não se fará citação quando se verificar que o citando é mentalmente incapaz ou está impossibilitado de recebê-la.
§1º O oficial de justiça descreverá e certificará minuciosamente a ocorrência.
§2º Para examinar o citando, o juiz nomeará médico, que apresentará laudo no prazo de 5 (cinco) dias.
§3º Dispensa-se a nomeação de que trata o §2º se pessoa da família apresentar declaração do médico do citando que ateste a incapacidade deste.
§4º Reconhecida a impossibilidade, o juiz nomeará curador ao citando, observando, quanto à sua escolha, a preferência estabelecida em lei e restringindo a nomeação à causa.
§5º A citação será feita na pessoa do curador, a quem incumbirá a defesa dos interesses do citando.

Art. 218 do CPC/73

Art. 246. A citação será feita:
I – pelo correio;
II – por oficial de justiça;
III – pelo escrivão ou chefe de secretaria, se o citando comparecer em cartório;
IV – por edital;

V – por meio eletrônico, conforme regulado em lei.

§1º Com exceção das microempresas e das empresas de pequeno porte, as empresas públicas e privadas são obrigadas a manter cadastro nos sistemas de processo em autos eletrônicos, para efeito de recebimento de citações e intimações, as quais serão efetuadas preferencialmente por esse meio.

§2º O disposto no §1º aplica-se à União, aos Estados, ao Distrito Federal, aos Municípios e às entidades da administração indireta.

§3º Na ação de usucapião de imóvel, os confinantes serão citados pessoalmente, exceto quando tiver por objeto unidade autônoma de prédio em condomínio, caso em que tal citação é dispensada.

Art. 221 do CPC/73

Enunciado nº 25 do FPPC: A inexistência de procedimento judicial especial para a ação de usucapião e de regulamentação da usucapião extrajudicial não implica vedação da ação, que remanesce no sistema legal, para qual devem ser observadas as peculiaridades que lhe são próprias, especialmente a necessidade de citação dos confinantes e a ciência da União, do Estado, do Distrito Federal e do Município. (Grupo: Procedimentos Especiais; redação revista no III FPPC-Rio)

Ver art. 5º, §2º, da Lei nº 6.969/1981

Art. 247. A citação será feita pelo correio para qualquer comarca do país, exceto:

I – nas ações de estado, observado o disposto no art. 695, §3º;
II – quando o citando for incapaz;
III – quando o citando for pessoa de direito público;
IV – quando o citando residir em local não atendido pela entrega domiciliar de correspondência;
V – quando o autor, justificadamente, a requerer de outra forma.

Art. 222 do CPC/73
Ver Súmula nº 429 do STJ

Art. 248. Deferida a citação pelo correio, o escrivão ou o chefe de secretaria remeterá ao citando cópias da petição inicial e do despacho do juiz e comunicará o prazo para resposta, o endereço do juízo e o respectivo cartório.

§1º A carta será registrada para entrega ao citando, exigindo-lhe o carteiro, ao fazer a entrega, que assine o recibo.

§2º Sendo o citando pessoa jurídica, será válida a entrega do mandado a pessoa com poderes de gerência geral ou de administração ou, ainda, a funcionário responsável pelo recebimento de correspondências.

§ 3º Da carta de citação no processo de conhecimento constarão os requisitos do art. 250.

§ 4º Nos condomínios edilícios ou nos loteamentos com controle de acesso, será válida a entrega do mandado a funcionário da portaria responsável pelo recebimento de correspondência, que, entretanto, poderá recusar o recebimento, se declarar, por escrito, sob as penas da lei, que o destinatário da correspondência está ausente.

Art. 223 do CPC/73
Ver Súmula nº 429 do STJ

Art. 249. A citação será feita por meio de oficial de justiça nas hipóteses previstas neste Código ou em lei, ou quando frustrada a citação pelo correio.

Art. 224 do CPC/73

Art. 250. O mandado que o oficial de justiça tiver de cumprir conterá:
I – os nomes do autor e do citando e seus respectivos domicílios ou residências;
II – a finalidade da citação, com todas as especificações constantes da petição inicial, bem como a menção do prazo para contestar, sob pena de revelia, ou para embargar a execução;
III – a aplicação de sanção para o caso de descumprimento da ordem, se houver;
IV – se for o caso, a intimação do citando para comparecer, acompanhado de advogado ou de defensor público, à audiência de conciliação ou de mediação, com a menção do dia, da hora e do lugar do comparecimento;

Enunciado nº 273 do FPPC: Ao ser citado, o réu deverá ser advertido de que sua ausência injustificada à audiência de conciliação ou mediação configura ato atentatório à dignidade da justiça, punível com a multa do art. 335, § 8º, sob pena de sua inaplicabilidade. (Grupo: Petição inicial, resposta do réu e saneamento)

V – a cópia da petição inicial, do despacho ou da decisão que deferir tutela provisória;
VI – a assinatura do escrivão ou do chefe de secretaria e a declaração de que o subscreve por ordem do juiz.

Art. 225 do CPC/73

Art. 251. Incumbe ao oficial de justiça procurar o citando e, onde o encontrar, citá-lo:

I – lendo-lhe o mandado e entregando-lhe a contrafé;
II – portando por fé se recebeu ou recusou a contrafé;
III – obtendo a nota de ciente ou certificando que o citando não a apôs no mandado.

Art. 226 do CPC/73

Art. 252. Quando, por 2 (duas) vezes, o oficial de justiça houver procurado o citando em seu domicílio ou residência sem o encontrar, deverá, havendo suspeita de ocultação, intimar qualquer pessoa da família ou, em sua falta, qualquer vizinho de que, no dia útil imediato, voltará a fim de efetuar a citação, na hora que designar.

Parágrafo único. Nos condomínios edilícios ou nos loteamentos com controle de acesso, será válida a intimação a que se refere o *caput* feita a funcionário da portaria responsável pelo recebimento de correspondência.

Art. 227 do CPC/73

Art. 253. No dia e na hora designados, o oficial de justiça, independentemente de novo despacho, comparecerá ao domicílio ou à residência do citando a fim de realizar a diligência.

§1º Se o citando não estiver presente, o oficial de justiça procurará informar-se das razões da ausência, dando por feita a citação, ainda que o citando se tenha ocultado em outra comarca, seção ou subseção judiciárias.

§2º A citação com hora certa será efetivada mesmo que a pessoa da família ou o vizinho que houver sido intimado esteja ausente, ou se, embora presente, a pessoa da família ou o vizinho se recusar a receber o mandado.

§3º Da certidão da ocorrência, o oficial de justiça deixará contrafé com qualquer pessoa da família ou vizinho, conforme o caso, declarando-lhe o nome.

§4º O oficial de justiça fará constar do mandado a advertência de que será nomeado curador especial se houver revelia.

Art. 228 do CPC/73

Art. 254. Feita a citação com hora certa, o escrivão ou chefe de secretaria enviará ao réu, executado ou interessado, no prazo de 10 (dez) dias, contado da data da juntada do mandado aos autos, carta, telegrama ou correspondência eletrônica, dando-lhe de tudo ciência.

Art. 229 do CPC/73

Art. 255. Nas comarcas contíguas de fácil comunicação e nas que se situem na mesma região metropolitana, o oficial de justiça poderá efetuar, em qualquer delas, citações, intimações, notificações, penhoras e quaisquer outros atos executivos.

Art. 230 do CPC/73

Art. 256. A citação por edital será feita:
I – quando desconhecido ou incerto o citando;
II – quando ignorado, incerto ou inacessível o lugar em que se encontrar o citando;
III – nos casos expressos em lei.

§1º Considera-se inacessível, para efeito de citação por edital, o país que recusar o cumprimento de carta rogatória.

§2º No caso de ser inacessível o lugar em que se encontrar o réu, a notícia de sua citação será divulgada também pelo rádio, se na comarca houver emissora de radiodifusão.

§3º O réu será considerado em local ignorado ou incerto se infrutíferas as tentativas de sua localização, inclusive mediante requisição pelo juízo de informações sobre seu endereço nos cadastros de órgãos públicos ou de concessionárias de serviços públicos.

Art. 231 do CPC/73

Art. 257. São requisitos da citação por edital:
I – a afirmação do autor ou a certidão do oficial informando a presença das circunstâncias autorizadoras;
II – a publicação do edital na rede mundial de computadores, no sítio do respectivo tribunal e na plataforma de editais do Conselho Nacional de Justiça, que deve ser certificada nos autos;
III – a determinação, pelo juiz, do prazo, que variará entre 20 (vinte) e 60 (sessenta) dias, fluindo da data da publicação única ou, havendo mais de uma, da primeira;
IV – a advertência de que será nomeado curador especial em caso de revelia.

Parágrafo único. O juiz poderá determinar que a publicação do edital seja feita também em jornal local de ampla circulação ou por outros meios, considerando as peculiaridades da comarca, da seção ou da subseção judiciárias.

Art. 232 do CPC/73

Art. 258. A parte que requerer a citação por edital, alegando dolosamente a ocorrência das circunstâncias autorizadoras para sua realização, incorrerá em multa de 5 (cinco) vezes o salário-mínimo.

Parágrafo único. A multa reverterá em benefício do citando.
Art. 233 do CPC/73

Art. 259. Serão publicados editais:
I – na ação de usucapião de imóvel;
II – na ação de recuperação ou substituição de título ao portador;
III – em qualquer ação em que seja necessária, por determinação legal, a provocação, para participação no processo, de interessados incertos ou desconhecidos.

Arts. 908, I, e 942 do CPC/73

Enunciado nº 119 do FPPC: Em caso de relação jurídica plurilateral que envolva diversos titulares do mesmo direito, o juiz deve convocar, por edital, os litisconsortes unitários ativos incertos e indeterminados (art. 259, III), cabendo-lhe, na hipótese de dificuldade de formação do litisconsórcio, oficiar o Ministério Público, a Defensoria Pública ou outro legitimado para que possa requerer a conversão da ação individual em coletiva (art. 333). (Grupo: Litisconsórcio e Intervenção de Terceiros)

Ver art. 5º, §2º, da Lei nº 6.969/1981

CAPÍTULO III
DAS CARTAS

Art. 260. São requisitos das cartas de ordem, precatória e rogatória:

Enunciado nº 26 do FPPC: Os requisitos legais mencionados no inciso I do art. 267 são os previstos no art. 260. (Grupo: Arbitragem – Enunciado aprovado por aclamação)

I – a indicação dos juízes de origem e de cumprimento do ato;
II – o inteiro teor da petição, do despacho judicial e do instrumento do mandato conferido ao advogado;
III – a menção do ato processual que lhe constitui o objeto;
IV – o encerramento com a assinatura do juiz.
§1º O juiz mandará trasladar para a carta quaisquer outras peças, bem como instruí-la com mapa, desenho ou gráfico, sempre que esses documentos devam ser examinados, na diligência, pelas partes, pelos peritos ou pelas testemunhas.

§2º Quando o objeto da carta for exame pericial sobre documento, este será remetido em original, ficando nos autos reprodução fotográfica.

§3º A carta arbitral atenderá, no que couber, aos requisitos a que se refere o *caput* e será instruída com a convenção de arbitragem e com as provas da nomeação do árbitro e de sua aceitação da função.

Art. 202 do CPC/73

Enunciado nº 417 do FPPC: São requisitos para o cumprimento da carta arbitral: i) indicação do árbitro ou do tribunal arbitral de origem e do órgão do Poder Judiciário de destino; ii) inteiro teor do requerimento da parte, do pronunciamento do árbitro ou do Tribunal arbitral e da procuração conferida ao representante da parte, se houver; iii) especificação do ato processual que deverá ser praticado pelo juízo de destino; iv) encerramento com a assinatura do árbitro ou do presidente do tribunal arbitral conforme o caso. (Grupo: Arbitragem)

Art. 261. Em todas as cartas o juiz fixará o prazo para cumprimento, atendendo à facilidade das comunicações e à natureza da diligência.

§1º As partes deverão ser intimadas pelo juiz do ato de expedição da carta.

§2º Expedida a carta, as partes acompanharão o cumprimento da diligência perante o juízo destinatário, ao qual compete a prática dos atos de comunicação.

§3º A parte a quem interessar o cumprimento da diligência cooperará para que o prazo a que se refere o *caput* seja cumprido.

Art. 203 do CPC/73

Art. 262. A carta tem caráter itinerante, podendo, antes ou depois de lhe ser ordenado o cumprimento, ser encaminhada a juízo diverso do que dela consta, a fim de se praticar o ato.

Parágrafo único. O encaminhamento da carta a outro juízo será imediatamente comunicado ao órgão expedidor, que intimará as partes.

Art. 204 do CPC/73

Art. 263. As cartas deverão, preferencialmente, ser expedidas por meio eletrônico, caso em que a assinatura do juiz deverá ser eletrônica, na forma da lei.

Art. 202, §3º do CPC/73

Art. 264. A carta de ordem e a carta precatória por meio eletrônico, por telefone ou por telegrama conterão, em resumo substancial, os requisitos mencionados no art. 250, especialmente no que se refere à aferição da autenticidade.

Art. 205 do CPC/73

Art. 265. O secretário do tribunal, o escrivão ou o chefe de secretaria do juízo deprecante transmitirá, por telefone, a carta de ordem ou a carta precatória ao juízo em que houver de se cumprir o ato, por intermédio do escrivão do primeiro ofício da primeira vara, se houver na comarca mais de um ofício ou de uma vara, observando-se, quanto aos requisitos, o disposto no art. 264.

§1º O escrivão ou o chefe de secretaria, no mesmo dia ou no dia útil imediato, telefonará ou enviará mensagem eletrônica ao secretário do tribunal, ao escrivão ou ao chefe de secretaria do juízo deprecante, lendo-lhe os termos da carta e solicitando-lhe que os confirme.

§2º Sendo confirmada, o escrivão ou o chefe de secretaria submeterá a carta a despacho.

Art. 207 do CPC/73

Art. 266. Serão praticados de ofício os atos requisitados por meio eletrônico e de telegrama, devendo a parte depositar, contudo, na secretaria do tribunal ou no cartório do juízo deprecante, a importância correspondente às despesas que serão feitas no juízo em que houver de praticar-se o ato.

Art. 208 do CPC/73

Art. 267. O juiz recusará cumprimento a carta precatória ou arbitral, devolvendo-a com decisão motivada quando:

Enunciado nº 27 do FPPC: Não compete ao juízo estatal revisar o mérito da medida ou decisão arbitral cuja efetivação se requer por meio da carta arbitral. (Grupo: Arbitragem – Enunciado aprovado por aclamação)

I – a carta não estiver revestida dos requisitos legais;

Enunciado nº 26 do FPPC: Os requisitos legais mencionados no inciso I do art. 267 são os previstos no art. 260. (Grupo: Arbitragem – Enunciado aprovado por aclamação)

Enunciado nº 417 do FPPC: São requisitos para o cumprimento da carta arbitral: i) indicação do árbitro ou do tribunal arbitral de origem e do órgão do Poder Judiciário de destino; ii) inteiro teor do requerimento da parte, do pronunciamento do árbitro ou do Tribunal arbitral e da procuração conferida ao representante da parte, se houver; iii) especificação do ato processual que deverá ser praticado pelo juízo de destino; iv) encerramento com a assinatura do árbitro ou do presidente do tribunal arbitral conforme o caso. (Grupo: Arbitragem)

II – faltar ao juiz competência em razão da matéria ou da hierarquia;
III – o juiz tiver dúvida acerca de sua autenticidade.
Parágrafo único. No caso de incompetência em razão da matéria ou da hierarquia, o juiz deprecado, conforme o ato a ser praticado, poderá remeter a carta ao juiz ou ao tribunal competente.

Art. 209 do CPC/73

Art. 268. Cumprida a carta, será devolvida ao juízo de origem no prazo de 10 (dez) dias, independentemente de traslado, pagas as custas pela parte.

Art. 212 do CPC/73

CAPÍTULO IV
DAS INTIMAÇÕES

Art. 269. Intimação é o ato pelo qual se dá ciência a alguém dos atos e dos termos do processo.
§1º É facultado aos advogados promover a intimação do advogado da outra parte por meio do correio, juntando aos autos, a seguir, cópia do ofício de intimação e do aviso de recebimento.
§2º O ofício de intimação deverá ser instruído com cópia do despacho, da decisão ou da sentença.
§3º A intimação da União, dos Estados, do Distrito Federal, dos Municípios e de suas respectivas autarquias e fundações de direito público será realizada perante o órgão de Advocacia Pública responsável por sua representação judicial.

Art. 234 do CPC/73

Art. 270. As intimações realizam-se, sempre que possível, por meio eletrônico, na forma da lei.

Parágrafo único. Aplica-se ao Ministério Público, à Defensoria Pública e à Advocacia Pública o disposto no §1º do art. 246.

Art. 237 do CPC/73

Art. 271. O juiz determinará de ofício as intimações em processos pendentes, salvo disposição em contrário.

Art. 235 do CPC/73

Art. 272. Quando não realizadas por meio eletrônico, consideram-se feitas as intimações pela publicação dos atos no órgão oficial.

§1º Os advogados poderão requerer que, na intimação a eles dirigida, figure apenas o nome da sociedade a que pertençam, desde que devidamente registrada na Ordem dos Advogados do Brasil.

§2º Sob pena de nulidade, é indispensável que da publicação constem os nomes das partes e de seus advogados, com o respectivo número de inscrição na Ordem dos Advogados do Brasil, ou, se assim requerido, da sociedade de advogados.

§3º A grafia dos nomes das partes não deve conter abreviaturas.

§4º A grafia dos nomes dos advogados deve corresponder ao nome completo e ser a mesma que constar da procuração ou que estiver registrada na Ordem dos Advogados do Brasil.

§5º Constando dos autos pedido expresso para que as comunicações dos atos processuais sejam feitas em nome dos advogados indicados, o seu desatendimento implicará nulidade.

§6º A retirada dos autos do cartório ou da secretaria em carga pelo advogado, por pessoa credenciada a pedido do advogado ou da sociedade de advogados, pela Advocacia Pública, pela Defensoria Pública ou pelo Ministério Público implicará intimação de qualquer decisão contida no processo retirado, ainda que pendente de publicação.

Enunciado nº 274 do FPPC: Aplica-se a regra do §6º do art. 272 ao prazo para contestar, quando for dispensável a audiência de conciliação e houver poderes para receber citação. (Grupo: Advogado e Sociedade de Advogados. Prazos).

§7º O advogado e a sociedade de advogados deverão requerer o respectivo credenciamento para a retirada de autos por preposto.

§8º A parte arguirá a nulidade da intimação em capítulo preliminar do próprio ato que lhe caiba praticar, o qual será tido por tempestivo se o vício for reconhecido.

§9º Não sendo possível a prática imediata do ato diante da necessidade de acesso prévio aos autos, a parte limitar-se-á a arguir a nulidade da intimação, caso em que o prazo será contado da intimação da decisão que a reconheça.

Art. 236 do CPC/73

Art. 273. Se inviável a intimação por meio eletrônico e não houver na localidade publicação em órgão oficial, incumbirá ao escrivão ou chefe de secretaria intimar de todos os atos do processo os advogados das partes:
I – pessoalmente, se tiverem domicílio na sede do juízo;
II – por carta registrada, com aviso de recebimento, quando forem domiciliados fora do juízo.

Art. 237 do CPC/73

Art. 274. Não dispondo a lei de outro modo, as intimações serão feitas às partes, aos seus representantes legais, aos advogados e aos demais sujeitos do processo pelo correio ou, se presentes em cartório, diretamente pelo escrivão ou chefe de secretaria.
Parágrafo único. Presumem-se válidas as intimações dirigidas ao endereço constante dos autos, ainda que não recebidas pessoalmente pelo interessado, se a modificação temporária ou definitiva não tiver sido devidamente comunicada ao juízo, fluindo os prazos a partir da juntada aos autos do comprovante de entrega da correspondência no primitivo endereço.

Art. 238 do CPC/73

Art. 275. A intimação será feita por oficial de justiça quando frustrada a realização por meio eletrônico ou pelo correio.
§1º A certidão de intimação deve conter:
I – a indicação do lugar e a descrição da pessoa intimada, mencionando, quando possível, o número de seu documento de identidade e o órgão que o expediu;
II – a declaração de entrega da contrafé;
III – a nota de ciente ou a certidão de que o interessado não a apôs no mandado.
§2º Caso necessário, a intimação poderá ser efetuada com hora certa ou por edital.

Art. 239 do CPC/73

TÍTULO III
DAS NULIDADES

Art. 276. Quando a lei prescrever determinada forma sob pena de nulidade, a decretação desta não pode ser requerida pela parte que lhe deu causa.

Art. 243 do CPC/73

Art. 277. Quando a lei prescrever determinada forma, o juiz considerará válido o ato se, realizado de outro modo, lhe alcançar a finalidade.

Art. 244 do CPC/73

Art. 278. A nulidade dos atos deve ser alegada na primeira oportunidade em que couber à parte falar nos autos, sob pena de preclusão.
Parágrafo único. Não se aplica o disposto no *caput* às nulidades que o juiz deva decretar de ofício, nem prevalece a preclusão provando a parte legítimo impedimento.

Art. 245 do CPC/73

Art. 279. É nulo o processo quando o membro do Ministério Público não for intimado a acompanhar o feito em que deva intervir.
§1º Se o processo tiver tramitado sem conhecimento do membro do Ministério Público, o juiz invalidará os atos praticados a partir do momento em que ele deveria ter sido intimado.
§2º A nulidade só pode ser decretada após a intimação do Ministério Público, que se manifestará sobre a existência ou a inexistência de prejuízo.

Art. 246 do CPC/73

Art. 280. As citações e as intimações serão nulas quando feitas sem observância das prescrições legais.

Art. 247 do CPC/73

Art. 281. Anulado o ato, consideram-se de nenhum efeito todos os subsequentes que dele dependam, todavia, a nulidade de uma parte do ato não prejudicará as outras que dela sejam independentes.

Art. 248 do CPC/73

Enunciado nº 276 do FPPC: Os atos anteriores ao ato defeituoso não são atingidos pela pronúncia de invalidade. (Grupo: Competência e invalidades processuais)

Enunciado nº 277 do FPPC: Para fins de invalidação, o reconhecimento de que um ato subsequente é dependente de um ato defeituoso deve ser objeto de fundamentação específica à luz de circunstâncias concretas. (Grupo: Competência e invalidades processuais)

Art. 282. Ao pronunciar a nulidade, o juiz declarará que atos são atingidos e ordenará as providências necessárias a fim de que sejam repetidos ou retificados.

Enunciado nº 276 do FPPC: Os atos anteriores ao ato defeituoso não são atingidos pela pronúncia de invalidade. (Grupo: Competência e invalidades processuais)

Enunciado nº 277 do FPPC: Para fins de invalidação, o reconhecimento de que um ato subsequente é dependente de um ato defeituoso deve ser objeto de fundamentação específica à luz de circunstâncias concretas. (Grupo: Competência e invalidades processuais)

Enunciado nº 279 do FPPC: Para os fins de alegar e demonstrar prejuízo, não basta a afirmação de tratar-se de violação a norma constitucional. (Grupo: Competência e invalidades processuais)

§1º O ato não será repetido nem sua falta será suprida quando não prejudicar a parte.

§2º Quando puder decidir o mérito a favor da parte a quem aproveite a decretação da nulidade, o juiz não a pronunciará nem mandará repetir o ato ou suprir-lhe a falta.

Art. 249 do CPC/73

Enunciado nº 278 do FPPC: O CPC adota como princípio a sanabilidade dos atos processuais defeituosos. (Grupo: Competência e invalidades processuais)

Art. 283. O erro de forma do processo acarreta unicamente a anulação dos atos que não possam ser aproveitados, devendo ser praticados os que forem necessários a fim de se observarem as prescrições legais.

Enunciado nº 279 do FPPC: Para os fins de alegar e demonstrar prejuízo, não basta a afirmação de tratar-se de violação a norma constitucional. (Grupo: Competência e invalidades processuais)

Parágrafo único. Dar-se-á o aproveitamento dos atos praticados desde que não resulte prejuízo à defesa de qualquer parte.

Art. 250 do CPC/73

TÍTULO IV
DA DISTRIBUIÇÃO E DO REGISTRO

Art. 284. Todos os processos estão sujeitos a registro, devendo ser distribuídos onde houver mais de um juiz.

Art. 251 do CPC/73

Art. 285. A distribuição, que poderá ser eletrônica, será alternada e aleatória, obedecendo-se rigorosa igualdade.
Parágrafo único. A lista de distribuição deverá ser publicada no Diário de Justiça.

Art. 252 do CPC/73

Art. 286. Serão distribuídas por dependência as causas de qualquer natureza:
I – quando se relacionarem, por conexão ou continência, com outra já ajuizada;
II – quando, tendo sido extinto o processo sem resolução de mérito, for reiterado o pedido, ainda que em litisconsórcio com outros autores ou que sejam parcialmente alterados os réus da demanda;
III – quando houver ajuizamento de ações nos termos do art. 55, §3º, ao juízo prevento.
Parágrafo único. Havendo intervenção de terceiro, reconvenção ou outra hipótese de ampliação objetiva do processo, o juiz, de ofício, mandará proceder à respectiva anotação pelo distribuidor.

Art. 253 do CPC/73
Ver Súmula nº 253 do STJ

Art. 287. A petição inicial deve vir acompanhada de procuração, que conterá os endereços do advogado, eletrônico e não eletrônico.

Enunciado nº 139 do FPPC: No processo do trabalho, é requisito da petição inicial a indicação do endereço, eletrônico ou não, do advogado, cabendo-lhe atualizá-lo, sempre que houver mudança, sob pena de se considerar válida a intimação encaminhada para o endereço informado nos autos. (Grupo: Impacto do CPC no Processo do Trabalho)

Parágrafo único. Dispensa-se a juntada da procuração:
I – no caso previsto no art. 104;
II – se a parte estiver representada pela Defensoria Pública;
III – se a representação decorrer diretamente de norma prevista na Constituição Federal ou em lei.

Art. 254 do CPC/73

Art. 288. O juiz, de ofício ou a requerimento do interessado, corrigirá o erro ou compensará a falta de distribuição.

Art. 255 do CPC/73

Art. 289. A distribuição poderá ser fiscalizada pela parte, por seu procurador, pelo Ministério Público e pela Defensoria Pública.

Art. 256 do CPC/73

Art. 290. Será cancelada a distribuição do feito se a parte, intimada na pessoa de seu advogado, não realizar o pagamento das custas e despesas de ingresso em 15 (quinze) dias.

Enunciado nº 280 do FPPC: O prazo de quinze dias a que se refere o art. 290 conta-se da data da intimação do advogado. (Grupo: Advogado e Sociedade de Advogados. Prazos).

Art. 257 do CPC/73

TÍTULO V
DO VALOR DA CAUSA

Art. 291. A toda causa será atribuído valor certo, ainda que não tenha conteúdo econômico imediatamente aferível.

Art. 258 do CPC/73

Art. 292. O valor da causa constará da petição inicial ou da reconvenção e será:

I – na ação de cobrança de dívida, a soma monetariamente corrigida do principal, dos juros de mora vencidos e de outras penalidades, se houver, até a data de propositura da ação;

II – na ação que tiver por objeto a existência, a validade, o cumprimento, a modificação, a resolução, a resilição ou a rescisão de ato jurídico, o valor do ato ou o de sua parte controvertida;

III – na ação de alimentos, a soma de 12 (doze) prestações mensais pedidas pelo autor;

IV – na ação de divisão, de demarcação e de reivindicação, o valor de avaliação da área ou do bem objeto do pedido;

V – na ação indenizatória, inclusive a fundada em dano moral, o valor pretendido;

VI – na ação em que há cumulação de pedidos, a quantia correspondente à soma dos valores de todos eles;

VII – na ação em que os pedidos são alternativos, o de maior valor;

VIII – na ação em que houver pedido subsidiário, o valor do pedido principal.

§1º Quando se pedirem prestações vencidas e vincendas, considerar-se-á o valor de umas e outras.

§2º O valor das prestações vincendas será igual a uma prestação anual, se a obrigação for por tempo indeterminado ou por tempo superior a 1 (um) ano, e, se por tempo inferior, será igual à soma das prestações.

§3º O juiz corrigirá, de ofício e por arbitramento, o valor da causa quando verificar que não corresponde ao conteúdo patrimonial em discussão ou ao proveito econômico perseguido pelo autor, caso em que se procederá ao recolhimento das custas correspondentes.

Arts. 259 e 260 do CPC/73

Art. 293. O réu poderá impugnar, em preliminar da contestação, o valor atribuído à causa pelo autor, sob pena de preclusão, e o juiz decidirá a respeito, impondo, se for o caso, a complementação das custas.

Art. 261 do CPC/73

LIVRO V
DA TUTELA PROVISÓRIA

TÍTULO I
DISPOSIÇÕES GERAIS

Art. 294. A tutela provisória pode fundamentar-se em urgência ou evidência.

Enunciado nº 28 do FPPC: Tutela antecipada é uma técnica de julgamento que serve para adiantar efeitos de qualquer tipo de provimento, de natureza cautelar ou satisfativa, de conhecimento ou executiva. (Grupo: Tutela Antecipada)

Parágrafo único. A tutela provisória de urgência, cautelar ou antecipada, pode ser concedida em caráter antecedente ou incidental.

Art. 796 do CPC/73

Enunciado nº 418 do FPPC: As tutelas provisórias de urgência e de evidência são admissíveis no sistema dos Juizados Especiais. (Grupo: Impacto nos Juizados e nos procedimentos especiais da legislação extravagante)

Enunciado nº 496 do FPPC: Preenchidos os pressupostos de lei, o requerimento de tutela provisória incidental pode ser formulado a qualquer tempo, não se submetendo à preclusão temporal. (Grupo: Tutela de urgência e tutela de evidência)

Art. 295. A tutela provisória requerida em caráter incidental independe do pagamento de custas.

Não há artigo correspondente no CPC/73

Enunciado nº 418 do FPPC: As tutelas provisórias de urgência e de evidência são admissíveis no sistema dos Juizados Especiais. (Grupo: Impacto nos Juizados e nos procedimentos especiais da legislação extravagante)

Art. 296. A tutela provisória conserva sua eficácia na pendência do processo, mas pode, a qualquer tempo, ser revogada ou modificada.

Enunciado nº 140 do FPPC: A decisão que julga improcedente o pedido final gera a perda de eficácia da tutela antecipada. (Grupo: Tutela Antecipada)

Parágrafo único. Salvo decisão judicial em contrário, a tutela provisória conservará a eficácia durante o período de suspensão do processo.

Art. 807 do CPC/73

Enunciado nº 418 do FPPC: As tutelas provisórias de urgência e de evidência são admissíveis no sistema dos Juizados Especiais. (Grupo: Impacto nos Juizados e nos procedimentos especiais da legislação extravagante)

Art. 297. O juiz poderá determinar as medidas que considerar adequadas para efetivação da tutela provisória.

Parágrafo único. A efetivação da tutela provisória observará as normas referentes ao cumprimento provisório da sentença, no que couber.

Arts. 798, 805 e 273, §3º, do CPC/73

Enunciado nº 418 do FPPC: As tutelas provisórias de urgência e de evidência são admissíveis no sistema dos Juizados Especiais. (Grupo: Impacto nos Juizados e nos procedimentos especiais da legislação extravagante)

Enunciado nº 490 do FPPC: São admissíveis os seguintes negócios processuais, entre outros: pacto de inexecução parcial ou total de multa coercitiva; pacto de alteração de ordem de penhora; pré-indicação de bem penhorável preferencial (art. 848, II); pré-fixação de indenização por dano processual prevista nos arts. 81, §3º, 520, inc. I, 297, parágrafo único (cláusula penal processual); negócio de anuência prévia para aditamento ou alteração do pedido ou da causa de pedir até o saneamento (art. 329, inc. II). (Grupo: Negócios processuais)

Enunciado nº 497 do FPPC: As hipóteses de exigência de caução para a concessão de tutela provisória de urgência devem ser definidas à luz do art. 520, IV, CPC. (Grupo: Tutela de urgência e tutela de evidência)

Enunciado nº 498 do FPPC: A possibilidade de dispensa de caução para a concessão de tutela provisória de urgência, prevista no art. 300, §1º, deve ser avaliada à luz das hipóteses do art. 521. (Grupo: Tutela de urgência e tutela de evidência)

Art. 298. Na decisão que conceder, negar, modificar ou revogar a tutela provisória, o juiz motivará seu convencimento de modo claro e preciso.

Art. 273, §1º, do CPC/73

Enunciado nº 29 do FPPC: A decisão que condicionar a apreciação da tutela antecipada incidental ao recolhimento de custas ou a outra exigência não prevista em lei equivale a negá-la, sendo impugnável por agravo de instrumento. (Grupo: Tutela Antecipada)

Enunciado nº 30 do FPPC: O juiz deve justificar a postergação da análise liminar da tutela antecipada de urgência sempre que estabelecer a necessidade de contraditório prévio. (Grupo: Tutela Antecipada)

Enunciado nº 141 do FPPC: O disposto no art. 298, CPC, aplica-se igualmente à decisão monocrática ou colegiada do Tribunal. (Grupo: Tutela Antecipada)

Enunciado nº 142 do FPPC: Da decisão monocrática do relator que concede ou nega o efeito suspensivo ao agravo de instrumento ou que concede, nega, modifica ou revoga, no todo ou em parte, a tutela jurisdicional nos casos de competência originária ou recursal, cabe o recurso de agravo interno nos termos do art. 1.021 do CPC. (Grupo: Tutela Antecipada)

Enunciado nº 418 do FPPC: As tutelas provisórias de urgência e de evidência são admissíveis no sistema dos Juizados Especiais. (Grupo: Impacto nos Juizados e nos procedimentos especiais da legislação extravagante)

Art. 299. A tutela provisória será requerida ao juízo da causa e, quando antecedente, ao juízo competente para conhecer do pedido principal.

Parágrafo único. Ressalvada disposição especial, na ação de competência originária de tribunal e nos recursos a tutela provisória será requerida ao órgão jurisdicional competente para apreciar o mérito.

Art. 800 do CPC/73

Enunciado nº 418 do FPPC: As tutelas provisórias de urgência e de evidência são admissíveis no sistema dos Juizados Especiais. (Grupo: Impacto nos Juizados e nos procedimentos especiais da legislação extravagante)

TÍTULO II
DA TUTELA DE URGÊNCIA

CAPÍTULO I
DISPOSIÇÕES GERAIS

Art. 300. A tutela de urgência será concedida quando houver elementos que evidenciem a probabilidade do direito e o perigo de dano ou o risco ao resultado útil do processo.

Enunciado nº 143 do FPPC: A redação do art. 300, *caput*, superou a distinção entre os requisitos da concessão para a tutela cautelar e para a tutela satisfativa de urgência, erigindo a probabilidade e o perigo na demora a requisitos comuns para a prestação de ambas as tutelas de forma antecipada. (Grupo: Tutela Antecipada)

Enunciado nº 496 do FPPC: Preenchidos os pressupostos de lei, o requerimento de tutela provisória incidental pode ser formulado a qualquer tempo, não se submetendo à preclusão temporal. (Grupo: Tutela de urgência e tutela de evidência)

§1º Para a concessão da tutela de urgência, o juiz pode, conforme o caso, exigir caução real ou fidejussória idônea para ressarcir os danos que a outra parte possa vir a sofrer, podendo a caução ser dispensada se a parte economicamente hipossuficiente não puder oferecê-la.

Enunciado nº 71 do FPPC: Poderá ser dispensada a garantia mencionada no parágrafo único do art. 654, para efeito de julgamento da partilha, se a parte hipossuficiente não puder oferecê-la, aplicando-se por analogia o disposto no art. 300, §1º. (Grupo: Procedimentos Especiais; redação revista no III FPPC-Rio)

Enunciado nº 497 do FPPC: As hipóteses de exigência de caução para a concessão de tutela provisória de urgência devem ser definidas à luz do art. 520, IV, CPC. (Grupo: Tutela de urgência e tutela de evidência)

Enunciado nº 498 do FPPC: A possibilidade de dispensa de caução para a concessão de tutela provisória de urgência, prevista no art. 300, §1º, deve ser avaliada à luz das hipóteses do art. 521. (Grupo: Tutela de urgência e tutela de evidência)

§2º A tutela de urgência pode ser concedida liminarmente ou após justificação prévia.

Enunciado nº 496 do FPPC: Preenchidos os pressupostos de lei, o requerimento de tutela provisória incidental pode ser formulado a qualquer tempo, não se submetendo à preclusão temporal. (Grupo: Tutela de urgência e tutela de evidência)

§3º A tutela de urgência de natureza antecipada não será concedida quando houver perigo de irreversibilidade dos efeitos da decisão.

Arts. 273, I e §2º, e 804 do CPC/73

Enunciado nº 418 do FPPC: As tutelas provisórias de urgência e de evidência são admissíveis no sistema dos Juizados Especiais. (Grupo: Impacto nos Juizados e nos procedimentos especiais da legislação extravagante)

Enunciado nº 419 do FPPC: Não é absoluta a regra que proíbe tutela provisória com efeitos irreversíveis. (Grupo: Tutela de urgência e tutela de evidência)

Art. 301. A tutela de urgência de natureza cautelar pode ser efetivada mediante arresto, sequestro, arrolamento de bens, registro de protesto contra alienação de bem e qualquer outra medida idônea para asseguração do direito.

Arts. 273, I, e 804 do CPC/73

Enunciado nº 31 do FPPC: O poder geral de cautela está mantido no CPC. (Grupo: Tutela Antecipada)

Enunciado nº 418 do FPPC: As tutelas provisórias de urgência e de evidência são admissíveis no sistema dos Juizados Especiais. (Grupo: Impacto nos Juizados e nos procedimentos especiais da legislação extravagante)

Art. 302. Independentemente da reparação por dano processual, a parte responde pelo prejuízo que a efetivação da tutela de urgência causar à parte adversa, se:

I – a sentença lhe for desfavorável;

II – obtida liminarmente a tutela em caráter antecedente, não fornecer os meios necessários para a citação do requerido no prazo de 5 (cinco) dias;

III – ocorrer a cessação da eficácia da medida em qualquer hipótese legal;

IV – o juiz acolher a alegação de decadência ou prescrição da pretensão do autor.

Parágrafo único. A indenização será liquidada nos autos em que a medida tiver sido concedida, sempre que possível.

Art. 811 do CPC/73

Enunciado nº 418 do FPPC: As tutelas provisórias de urgência e de evidência são admissíveis no sistema dos Juizados Especiais. (Grupo: Impacto nos Juizados e nos procedimentos especiais da legislação extravagante)

Enunciado nº 499 do FPPC: Efetivada a tutela de urgência e, posteriormente, sendo o processo extinto sem resolução do mérito e sem estabilização da tutela, será possível fase de liquidação para fins de responsabilização civil do requerente da medida e apuração de danos. (Grupo: Tutela de urgência e tutela de evidência)

CAPÍTULO II
DO PROCEDIMENTO DA TUTELA ANTECIPADA REQUERIDA EM CARÁTER ANTECEDENTE

Art. 303. Nos casos em que a urgência for contemporânea à propositura da ação, a petição inicial pode limitar-se ao requerimento da tutela antecipada e à indicação do pedido de tutela final, com a exposição da lide, do direito que se busca realizar e do perigo de dano ou do risco ao resultado útil do processo.

§1º Concedida a tutela antecipada a que se refere o *caput* deste artigo:

I – o autor deverá aditar a petição inicial, com a complementação de sua argumentação, a juntada de novos documentos e a confirmação do pedido de tutela final, em 15 (quinze) dias ou em outro prazo maior que o juiz fixar;

II – o réu será citado e intimado para a audiência de conciliação ou de mediação na forma do art. 334;

Enunciado nº 144 do FPPC: Ocorrendo a hipótese do art. 303, §1º, II, será designada audiência de conciliação ou mediação e o prazo para a defesa começará a correr na forma do art. 335, I ou II. (Grupo: Tutela Antecipada)

III – não havendo autocomposição, o prazo para contestação será contado na forma do art. 335.

§2º Não realizado o aditamento a que se refere o inciso I do §1º deste artigo, o processo será extinto sem resolução do mérito.

§3º O aditamento a que se refere o inciso I do §1º deste artigo dar-se-á nos mesmos autos, sem incidência de novas custas processuais.

§4º Na petição inicial a que se refere o *caput* deste artigo, o autor terá de indicar o valor da causa, que deve levar em consideração o pedido de tutela final.

§5º O autor indicará na petição inicial, ainda, que pretende valer-se do benefício previsto no *caput* deste artigo.

§6º Caso entenda que não há elementos para a concessão de tutela antecipada, o órgão jurisdicional determinará a emenda da petição inicial em até 5 (cinco) dias, sob pena de ser indeferida e de o processo ser extinto sem resolução de mérito.

Não há artigo correspondente no CPC/73

Enunciado nº 418 do FPPC: As tutelas provisórias de urgência e de evidência são admissíveis no sistema dos Juizados Especiais. (Grupo: Impacto nos Juizados e nos procedimentos especiais da legislação extravagante)

Art. 304. A tutela antecipada, concedida nos termos do art. 303, torna-se estável se da decisão que a conceder não for interposto o respectivo recurso.

Enunciado nº 32 do FPPC: Além da hipótese prevista no art. 304, é possível a estabilização expressamente negociada da tutela antecipada de urgência satisfativa antecedente. (Grupo: Tutela Antecipada)

§1º No caso previsto no *caput*, o processo será extinto.

§2º Qualquer das partes poderá demandar a outra com o intuito de rever, reformar ou invalidar a tutela antecipada estabilizada nos termos do *caput*.

§3º A tutela antecipada conservará seus efeitos enquanto não revista, reformada ou invalidada por decisão de mérito proferida na ação de que trata o §2º.

§4º Qualquer das partes poderá requerer o desarquivamento dos autos em que foi concedida a medida, para instruir a petição inicial da ação a que se refere o §2º, prevento o juízo em que a tutela antecipada foi concedida.

§5º O direito de rever, reformar ou invalidar a tutela antecipada, previsto no §2º deste artigo, extingue-se após 2 (dois) anos, contados da ciência da decisão que extinguiu o processo, nos termos do §1º.

§6º A decisão que concede a tutela não fará coisa julgada, mas a estabilidade dos respectivos efeitos só será afastada por decisão que a revir, reformar ou invalidar, proferida em ação ajuizada por uma das partes, nos termos do §2º deste artigo.

Não há artigo correspondente no CPC/73

Enunciado nº 33 do FPPC: Não cabe ação rescisória nos casos estabilização da tutela antecipada de urgência. (Grupo: Tutela Antecipada)

Enunciado nº 418 do FPPC: As tutelas provisórias de urgência e de evidência são admissíveis no sistema dos Juizados Especiais. (Grupo: Impacto nos Juizados e nos procedimentos especiais da legislação extravagante)

Enunciado nº 420 do FPPC: Não cabe estabilização de tutela cautelar. (Grupo: Tutela de urgência e tutela de evidência)

Enunciado nº 421 do FPPC: Não cabe estabilização de tutela antecipada em ação rescisória. (Grupo: Tutela de urgência e tutela de evidência)

Enunciado nº 500 do FPPC: O regime da estabilização da tutela antecipada antecedente aplica-se aos alimentos provisórios previstos no art. 4º da Lei 5.478/1968, observado o §1º do art. 13 da mesma lei. (Grupo: Impacto nos Juizados e nos procedimentos especiais da legislação extravagante)

Enunciado nº 501 do FPPC: A tutela antecipada concedida em caráter antecedente não se estabilizará quando for interposto recurso pelo assistente simples, salvo se houver manifestação expressa do réu em sentido contrário. (Grupo: Tutela de urgência e tutela de evidência)

CAPÍTULO III
DO PROCEDIMENTO DA TUTELA CAUTELAR REQUERIDA
EM CARÁTER ANTECEDENTE

Art. 305. A petição inicial da ação que visa à prestação de tutela cautelar em caráter antecedente indicará a lide e seu fundamento, a exposição sumária do direito que se objetiva assegurar e o perigo de dano ou o risco ao resultado útil do processo.

Parágrafo único. Caso entenda que o pedido a que se refere o *caput* tem natureza antecipada, o juiz observará o disposto no art. 303.

Art. 801 do CPC/73

Enunciado nº 418 do FPPC: As tutelas provisórias de urgência e de evidência são admissíveis no sistema dos Juizados Especiais. (Grupo: Impacto nos Juizados e nos procedimentos especiais da legislação extravagante)

Enunciado nº 502 do FPPC: Caso o juiz entenda que o pedido de tutela antecipada em caráter antecedente tenha natureza cautelar, observará o disposto no art. 305 e seguintes. (Grupo: Tutela de urgência e tutela de evidência)

Enunciado nº 503 do FPPC: O procedimento da tutela cautelar, requerida em caráter antecedente ou incidente, previsto no Código de Processo Civil é compatível com o microssistema do processo coletivo. (Grupo: Impacto nos Juizados e nos procedimentos especiais da legislação extravagante)

Art. 306. O réu será citado para, no prazo de 5 (cinco) dias, contestar o pedido e indicar as provas que pretende produzir.

Art. 802 do CPC/73

Enunciado nº 418 do FPPC: As tutelas provisórias de urgência e de evidência são admissíveis no sistema dos Juizados Especiais. (Grupo: Impacto nos Juizados e nos procedimentos especiais da legislação extravagante)

Enunciado nº 503 do FPPC: O procedimento da tutela cautelar, requerida em caráter antecedente ou incidente, previsto no Código de Processo Civil é compatível com o microssistema do processo coletivo. (Grupo: Impacto nos Juizados e nos procedimentos especiais da legislação extravagante)

Art. 307. Não sendo contestado o pedido, os fatos alegados pelo autor presumir-se-ão aceitos pelo réu como ocorridos, caso em que o juiz decidirá dentro de 5 (cinco) dias.
Parágrafo único. Contestado o pedido no prazo legal, observar-se-á o procedimento comum.

Art. 803 do CPC/73

Enunciado nº 381 do FPPC: É cabível réplica no procedimento de tutela cautelar requerida em caráter antecedente. (Grupo: Tutela de urgência e tutela de evidência)

Enunciado nº 418 do FPPC: As tutelas provisórias de urgência e de evidência são admissíveis no sistema dos Juizados Especiais. (Grupo: Impacto nos Juizados e nos procedimentos especiais da legislação extravagante)

Enunciado nº 503 do FPPC: O procedimento da tutela cautelar, requerida em caráter antecedente ou incidente, previsto no Código de Processo Civil é compatível com o microssistema do processo coletivo. (Grupo: Impacto nos Juizados e nos procedimentos especiais da legislação extravagante)

Art. 308. Efetivada a tutela cautelar, o pedido principal terá de ser formulado pelo autor no prazo de 30 (trinta) dias, caso em que será apresentado nos mesmos autos em que deduzido o pedido de tutela cautelar, não dependendo do adiantamento de novas custas processuais.

§1º O pedido principal pode ser formulado conjuntamente com o pedido de tutela cautelar.

§2º A causa de pedir poderá ser aditada no momento de formulação do pedido principal.

§3º Apresentado o pedido principal, as partes serão intimadas para a audiência de conciliação ou de mediação, na forma do art. 334, por seus advogados ou pessoalmente, sem necessidade de nova citação do réu.

§4º Não havendo autocomposição, o prazo para contestação será contado na forma do art. 335.

Art. 806 do CPC/73

Enunciado nº 418 do FPPC: As tutelas provisórias de urgência e de evidência são admissíveis no sistema dos Juizados Especiais. (Grupo: Impacto nos Juizados e nos procedimentos especiais da legislação extravagante)

Enunciado nº 503 do FPPC: O procedimento da tutela cautelar, requerida em caráter antecedente ou incidente, previsto no Código de Processo Civil é compatível com o microssistema do processo coletivo. (Grupo: Impacto nos Juizados e nos procedimentos especiais da legislação extravagante)

Art. 309. Cessa a eficácia da tutela concedida em caráter antecedente, se:
I – o autor não deduzir o pedido principal no prazo legal;
II – não for efetivada dentro de 30 (trinta) dias;
III – o juiz julgar improcedente o pedido principal formulado pelo autor ou extinguir o processo sem resolução de mérito.

Enunciado nº 504 do FPPC: Cessa a eficácia da tutela cautelar concedida em caráter antecedente, se a sentença for de procedência do pedido principal, e o direito objeto do pedido foi definitivamente efetivado e satisfeito. (Grupo: Tutela de urgência e tutela de evidência)

Parágrafo único. Se por qualquer motivo cessar a eficácia da tutela cautelar, é vedado à parte renovar o pedido, salvo sob novo fundamento.

Art. 808 do CPC/73

Enunciado nº 418 do FPPC: As tutelas provisórias de urgência e de evidência são admissíveis no sistema dos Juizados Especiais. (Grupo: Impacto nos Juizados e nos procedimentos especiais da legislação extravagante)

Enunciado nº 499 do FPPC: Efetivada a tutela de urgência e, posteriormente, sendo o processo extinto sem resolução do mérito e sem estabilização da tutela, será possível fase de liquidação para fins de responsabilização civil do requerente da medida e apuração de danos. (Grupo: Tutela de urgência e tutela de evidência)

Enunciado nº 503 do FPPC: O procedimento da tutela cautelar, requerida em caráter antecedente ou incidente, previsto no Código de Processo Civil é compatível com o microssistema do processo coletivo. (Grupo: Impacto nos Juizados e nos procedimentos especiais da legislação extravagante)

Art. 310. O indeferimento da tutela cautelar não obsta a que a parte formule o pedido principal, nem influi no julgamento desse, salvo se o motivo do indeferimento for o reconhecimento de decadência ou de prescrição.

Art. 810 do CPC/73

Enunciado nº 418 do FPPC: As tutelas provisórias de urgência e de evidência são admissíveis no sistema dos Juizados Especiais. (Grupo: Impacto nos Juizados e nos procedimentos especiais da legislação extravagante)

Enunciado nº 503 do FPPC: O procedimento da tutela cautelar, requerida em caráter antecedente ou incidente, previsto no Código de Processo Civil é compatível com o microssistema do processo coletivo. (Grupo: Impacto nos Juizados e nos procedimentos especiais da legislação extravagante)

TÍTULO III
DA TUTELA DA EVIDÊNCIA

Art. 311. A tutela da evidência será concedida, independentemente da demonstração de perigo de dano ou de risco ao resultado útil do processo, quando:

Enunciado nº 35 do FPPC: As vedações à concessão de tutela antecipada contra a Fazenda Pública não se aplicam aos casos de tutela de evidência. (Grupo: Tutela Antecipada)

Enunciado nº 217 do FPPC: A apelação contra o capítulo da sentença que concede, confirma ou revoga a tutela antecipada da evidência ou de urgência não terá efeito suspensivo automático. (Grupo: Ordem dos Processos nos Tribunais e Recursos Ordinários)

I – ficar caracterizado o abuso do direito de defesa ou o manifesto propósito protelatório da parte;

Enunciado nº 34 do FPPC: Considera-se abusiva a defesa da Administração Pública, sempre que contrariar entendimento coincidente com orientação vinculante firmada no âmbito administrativo do próprio ente público, consolidada em manifestação, parecer ou súmula administrativa, salvo se demonstrar a existência de distinção ou da necessidade de superação do entendimento. (Grupo: Tutela Antecipada)

II – as alegações de fato puderem ser comprovadas apenas documentalmente e houver tese firmada em julgamento de casos repetitivos ou em súmula vinculante;
III – se tratar de pedido reipersecutório fundado em prova documental adequada do contrato de depósito, caso em que será decretada a ordem de entrega do objeto custodiado, sob cominação de multa;
IV – a petição inicial for instruída com prova documental suficiente dos fatos constitutivos do direito do autor, a que o réu não oponha prova capaz de gerar dúvida razoável.
Parágrafo único. Nas hipóteses dos incisos II e III, o juiz poderá decidir liminarmente.

Art. 273, II, e §6º, do CPC/73

Enunciado nº 418 do FPPC: As tutelas provisórias de urgência e de evidência são admissíveis no sistema dos Juizados Especiais. (Grupo: Impacto nos Juizados e nos procedimentos especiais da legislação extravagante)

Enunciado nº 422 do FPPC: A tutela de evidência é compatível com os procedimentos especiais. (Grupo: Tutela de urgência e tutela de evidência)

Enunciado nº 423 do FPPC: Cabe tutela de evidência recursal. (Grupo: Tutela de urgência e tutela de evidência)

Enunciado nº 496 do FPPC: Preenchidos os pressupostos de lei, o requerimento de tutela provisória incidental pode ser formulado a qualquer tempo, não se submetendo à preclusão temporal. (Grupo: Tutela de urgência e tutela de evidência)

LIVRO VI
DA FORMAÇÃO, DA SUSPENSÃO E DA EXTINÇÃO DO PROCESSO

TÍTULO I
DA FORMAÇÃO DO PROCESSO

Art. 312. Considera-se proposta a ação quando a petição inicial for protocolada, todavia, a propositura da ação só produz quanto ao réu os efeitos mencionados no art. 240 depois que for validamente citado.

Art. 263 do CPC/73

Enunciado nº 117 do FPPC: Em caso de desmembramento do litisconsórcio multitudinário ativo, os efeitos mencionados no art. 240 são considerados produzidos desde o protocolo originário da petição inicial. (Grupo: Litisconsórcio e Intervenção de Terceiros)

Enunciado nº 367 do FPPC: Para fins de interpretação do art. 1.054, entende-se como início do processo a data do protocolo da petição inicial. (Grupo: Direito intertemporal e disposições finais e transitórias)

Enunciado nº 539 do FPPC: A certidão a que se refere o art. 828 não impede a obtenção e a averbação de certidão da propositura da execução (art. 799). (Grupo: Execução)

TÍTULO II
DA SUSPENSÃO DO PROCESSO

Art. 313. Suspende-se o processo:
I – pela morte ou pela perda da capacidade processual de qualquer das partes, de seu representante legal ou de seu procurador;
II – pela convenção das partes;
III – pela arguição de impedimento ou de suspeição;
IV– pela admissão de incidente de resolução de demandas repetitivas;

Enunciado nº 92 do FPPC: A suspensão de processos prevista neste dispositivo é consequência da admissão do incidente de resolução de demandas repetitivas e não depende da demonstração dos requisitos para a tutela de urgência. (Grupo: Recursos Extraordinários e Incidente de Resolução de Demandas Repetitivas; redação revista no III FPPC-Rio)

V – quando a sentença de mérito:
a) depender do julgamento de outra causa ou da declaração de existência ou de inexistência de relação jurídica que constitua o objeto principal de outro processo pendente;
b) tiver de ser proferida somente após a verificação de determinado fato ou a produção de certa prova, requisitada a outro juízo;
VI – por motivo de força maior;
VII – quando se discutir em juízo questão decorrente de acidentes e fatos da navegação de competência do Tribunal Marítimo;
VIII – nos demais casos que este Código regula.

§1º Na hipótese do inciso I, o juiz suspenderá o processo, nos termos do art. 689.

§2º Não ajuizada ação de habilitação, ao tomar conhecimento da morte, o juiz determinará a suspensão do processo e observará o seguinte:
I – falecido o réu, ordenará a intimação do autor para que promova a citação do respectivo espólio, de quem for o sucessor ou, se for o caso, dos herdeiros, no prazo que designar, de no mínimo 2 (dois) e no máximo 6 (seis) meses;
II – falecido o autor e sendo transmissível o direito em litígio, determinará a intimação de seu espólio, de quem for o sucessor ou, se for o caso, dos herdeiros, pelos meios de divulgação que reputar mais adequados, para que manifestem interesse na sucessão processual e promovam a respectiva habilitação no prazo designado, sob pena de extinção do processo sem resolução de mérito.

§3º No caso de morte do procurador de qualquer das partes, ainda que iniciada a audiência de instrução e julgamento, o juiz determinará que a parte constitua novo mandatário, no prazo de 15 (quinze) dias, ao final do qual extinguirá o processo sem resolução de mérito, se o autor não nomear novo mandatário, ou ordenará o prosseguimento do processo à revelia do réu, se falecido o procurador deste.

§4º O prazo de suspensão do processo nunca poderá exceder 1 (um) ano nas hipóteses do inciso V e 6 (seis) meses naquela prevista no inciso II.

§5º O juiz determinará o prosseguimento do processo assim que esgotados os prazos previstos no §4º.

Art. 265 do CPC/73

Art. 314. Durante a suspensão é vedado praticar qualquer ato processual, podendo o juiz, todavia, determinar a realização de atos urgentes a fim de evitar dano irreparável, salvo no caso de arguição de impedimento e de suspeição.

Art. 266 do CPC/73
Ver Lei nº 2.180/1954

Art. 315. Se o conhecimento do mérito depender de verificação da existência de fato delituoso, o juiz pode determinar a suspensão do processo até que se pronuncie a justiça criminal.

§1º Se a ação penal não for proposta no prazo de 3 (três) meses, contado da intimação do ato de suspensão, cessará o efeito desse, incumbindo ao juiz cível examinar incidentemente a questão prévia.

§2º Proposta a ação penal, o processo ficará suspenso pelo prazo máximo de 1 (um) ano, ao final do qual aplicar-se-á o disposto na parte final do §1º.

Art. 110 do CPC/73
Ver arts. 92 e 93 do Código de Processo Penal

TÍTULO III
DA EXTINÇÃO DO PROCESSO

Art. 316. A extinção do processo dar-se-á por sentença.

Não há artigo correspondente no CPC/73

Art. 317. Antes de proferir decisão sem resolução de mérito, o juiz deverá conceder à parte oportunidade para, se possível, corrigir o vício.

Não há artigo correspondente no CPC/73

PARTE ESPECIAL

LIVRO I
DO PROCESSO DE CONHECIMENTO E DO CUMPRIMENTO DE SENTENÇA

TÍTULO I
DO PROCEDIMENTO COMUM

CAPÍTULO I
DISPOSIÇÕES GERAIS

Art. 318. Aplica-se a todas as causas o procedimento comum, salvo disposição em contrário deste Código ou de lei.

Parágrafo único. O procedimento comum aplica-se subsidiariamente aos demais procedimentos especiais e ao processo de execução.

Arts. 271, 272 e 598 do CPC/73

CAPÍTULO II
DA PETIÇÃO INICIAL

Seção I
Dos Requisitos da Petição Inicial

Art. 319. A petição inicial indicará:

Enunciado nº 145 do FPPC: No processo do trabalho, é requisito da inicial a indicação do número no cadastro de pessoas físicas ou no cadastro nacional de pessoas jurídicas, bem como os endereços eletrônicos do autor e do réu, aplicando-se as regras do novo Código de Processo Civil a respeito da falta de informações pertinentes ou quando elas tornarem impossível ou excessivamente oneroso o acesso à justiça. (Grupo: Impacto do CPC no Processo do Trabalho)

I – o juízo a que é dirigida;
II – os nomes, os prenomes, o estado civil, a existência de união estável, a profissão, o número de inscrição no Cadastro de Pessoas Físicas ou no Cadastro Nacional da Pessoa Jurídica, o endereço eletrônico, o domicílio e a residência do autor e do réu;
III – o fato e os fundamentos jurídicos do pedido;

Enunciado nº 281 do FPPC: O enquadramento normativo dos fatos não é requisito da petição inicial e, uma vez existente, não vincula o órgão julgador. (Grupo: Petição inicial, resposta do réu e saneamento)

Enunciado nº 282 do FPPC: Para julgar com base em enquadramento normativo diverso daquele invocado pelas partes, ao juiz cabe observar o dever de consulta, previsto no art. 10. (Grupo: Petição inicial, resposta do réu e saneamento)

IV – o pedido com as suas especificações;
V – o valor da causa;
VI – as provas com que o autor pretende demonstrar a verdade dos fatos alegados;
VII – a opção do autor pela realização ou não de audiência de conciliação ou de mediação.
§1º Caso não disponha das informações previstas no inciso II, poderá o autor, na petição inicial, requerer ao juiz diligências necessárias a sua obtenção.

Enunciado nº 283 do FPPC: Aplicam-se os arts. 319, §1º, 396 a 404 também quando o autor não dispuser de documentos indispensáveis à propositura da ação. (Grupo: Petição inicial, resposta do réu e saneamento)

Enunciado nº 519 do FPPC: Em caso de impossibilidade de obtenção ou de desconhecimento das informações relativas à qualificação da testemunha, a parte poderá requerer ao juiz providências necessárias para a sua obtenção, salvo em casos de inadmissibilidade da prova ou de abuso de direito. (Grupo: Direito probatório)

§2º A petição inicial não será indeferida se, a despeito da falta de informações a que se refere o inciso II, for possível a citação do réu.

§3º A petição inicial não será indeferida pelo não atendimento ao disposto no inciso II deste artigo se a obtenção de tais informações tornar impossível ou excessivamente oneroso o acesso à justiça.

Art. 282 do CPC/73

Enunciado nº 424 do FPPC: Os parágrafos do art. 319 devem ser aplicados imediatamente, inclusive para as petições iniciais apresentadas na vigência do CPC-1973. (Grupo: Direito intertemporal)

Art. 320. A petição inicial será instruída com os documentos indispensáveis à propositura da ação.

Art. 283 do CPC/73

Enunciado nº 283 do FPPC: Aplicam-se os arts. 319, §1º, 396 a 404 também quando o autor não dispuser de documentos indispensáveis à propositura da ação. (Grupo: Petição inicial, resposta do réu e saneamento)

Art. 321. O juiz, ao verificar que a petição inicial não preenche os requisitos dos arts. 319 e 320 ou que apresenta defeitos e irregularidades capazes de dificultar o julgamento de mérito, determinará que o autor, no prazo de 15 (quinze) dias, a emende ou a complete, indicando com precisão o que deve ser corrigido ou completado.

Enunciado nº 284 do FPPC: Aplica-se à ação rescisória o disposto no art. 321. (Grupo Sentença, Coisa Julgada e Ação Rescisória)

Enunciado nº 292 do FPPC: Antes de indeferir a petição inicial, o juiz deve aplicar o disposto no art. 321. (Grupo Sentença, Coisa Julgada e Ação Rescisória)

Parágrafo único. Se o autor não cumprir a diligência, o juiz indeferirá a petição inicial.

Art. 284 do CPC/73

Enunciado nº 425 do FPPC: Ocorrendo simultaneamente as hipóteses dos art. 106, §1º, e art. 321, *caput*, o prazo de emenda será único e de quinze dias. (Grupo: Petição inicial, resposta do réu e saneamento)

Seção II
Do Pedido

Art. 322. O pedido deve ser certo.

§1º Compreendem-se no principal os juros legais, a correção monetária e as verbas de sucumbência, inclusive os honorários advocatícios.

§2º A interpretação do pedido considerará o conjunto da postulação e observará o princípio da boa-fé.

Arts. 286 e 293 do CPC/73

Enunciado nº 285 do FPPC: A interpretação do pedido e dos atos postulatórios em geral deve levar em consideração a vontade da parte, aplicando-se o art. 112 do Código Civil. (Grupo: Petição inicial, resposta do réu e saneamento)

Enunciado nº 286 do FPPC: Aplica-se o §2º do art. 322 à interpretação de todos os atos postulatórios, inclusive da contestação e do recurso. (Grupo: Petição inicial, resposta do réu e saneamento)

Enunciado nº 378 do FPPC: A boa fé processual orienta a interpretação da postulação e da sentença, permite a reprimenda do abuso de direito processual e das condutas dolosas de todos os sujeitos processuais e veda seus comportamentos contraditórios. (Grupo: Normas fundamentais)

Art. 323. Na ação que tiver por objeto cumprimento de obrigação em prestações sucessivas, essas serão consideradas incluídas no pedido, independentemente de declaração expressa do autor, e serão incluídas na condenação, enquanto durar a obrigação, se o devedor, no curso do processo, deixar de pagá-las ou de consigná-las.

Art. 290 do CPC/73

Enunciado nº 505 do FPPC: Na ação de despejo cumulada com cobrança, julgados procedentes ambos os pedidos, são passíveis de execução, além das parcelas vencidas indicadas na petição inicial, as que se tornaram exigíveis entre a data de propositura da ação e a efetiva desocupação do imóvel locado. (Grupo: Impacto nos Juizados e nos procedimentos especiais da legislação extravagante)

Art. 324. O pedido deve ser determinado.
§1º É lícito, porém, formular pedido genérico:
I – nas ações universais, se o autor não puder individuar os bens demandados;
II – quando não for possível determinar, desde logo, as consequências do ato ou do fato;
III – quando a determinação do objeto ou do valor da condenação depender de ato que deva ser praticado pelo réu.
§2º O disposto neste artigo aplica-se à reconvenção.

Art. 286 do CPC/73

Art. 325. O pedido será alternativo quando, pela natureza da obrigação, o devedor puder cumprir a prestação de mais de um modo.
Parágrafo único. Quando, pela lei ou pelo contrato, a escolha couber ao devedor, o juiz lhe assegurará o direito de cumprir a prestação de um ou de outro modo, ainda que o autor não tenha formulado pedido alternativo.

Art. 288 do CPC/73
Ver arts. 252 a 256 do Código Civil

Art. 326. É lícito formular mais de um pedido em ordem subsidiária, a fim de que o juiz conheça do posterior, quando não acolher o anterior.

Enunciado nº 102 do FPPC: O pedido subsidiário (art. 326) não apreciado pelo juiz – que acolheu o pedido principal – é devolvido ao tribunal com a apelação interposta pelo réu. (Grupo: Ordem dos Processos no Tribunal, Teoria Geral dos Recursos, Apelação e Agravo)

Enunciado nº 287 do FPPC: O pedido subsidiário somente pode ser apreciado se o juiz não puder examinar ou expressamente rejeitar o principal. (Grupo: Petição inicial, resposta do réu e saneamento)

Enunciado nº 288 do FPPC: Quando acolhido o pedido subsidiário, o autor tem interesse de recorrer em relação ao principal. (Grupo: Petição inicial, resposta do réu e saneamento)

Parágrafo único. É lícito formular mais de um pedido, alternativamente, para que o juiz acolha um deles.

Art. 289 do CPC/73

Art. 327. É lícita a cumulação, em um único processo, contra o mesmo réu, de vários pedidos, ainda que entre eles não haja conexão.

§1º São requisitos de admissibilidade da cumulação que:
I – os pedidos sejam compatíveis entre si;
II – seja competente para conhecer deles o mesmo juízo;

Enunciado nº 289 do FPPC: Se houver conexão entre pedidos cumulados, a incompetência relativa não impedirá a cumulação, em razão da modificação legal da competência. (Grupo: Petição inicial, resposta do réu e saneamento)

III – seja adequado para todos os pedidos o tipo de procedimento.

§2º Quando, para cada pedido, corresponder tipo diverso de procedimento, será admitida a cumulação se o autor empregar o procedimento comum, sem prejuízo do emprego das técnicas processuais diferenciadas previstas nos procedimentos especiais a que se sujeitam um ou mais pedidos cumulados, que não forem incompatíveis com as disposições sobre o procedimento comum.

Enunciado nº 506 do FPPC: A expressão "procedimentos especiais" a que alude o §2º do art. 327 engloba aqueles previstos na legislação especial. (Grupo: Impacto nos Juizados e nos procedimentos especiais da legislação extravagante)

§3º O inciso I do §1º não se aplica às cumulações de pedidos de que trata o art. 326.

Art. 292 do CPC/73

Art. 328. Na obrigação indivisível com pluralidade de credores, aquele que não participou do processo receberá sua parte, deduzidas as despesas na proporção de seu crédito.

Art. 291 do CPC/73
Ver arts. 260 e 261 do Código Civil

Art. 329. O autor poderá:
I – até a citação, aditar ou alterar o pedido ou a causa de pedir, independentemente de consentimento do réu;
II – até o saneamento do processo, aditar ou alterar o pedido e a causa de pedir, com consentimento do réu, assegurado o contraditório mediante a possibilidade de manifestação deste no prazo mínimo de 15 (quinze) dias, facultado o requerimento de prova suplementar.

Enunciado nº 111 do FPPC: Persiste o interesse no ajuizamento de ação declaratória quanto à questão prejudicial incidental. (Grupo: Coisa Julgada, Ação Rescisória e Sentença)

Enunciado nº 490 do FPPC: São admissíveis os seguintes negócios processuais, entre outros: pacto de inexecução parcial ou total de multa coercitiva; pacto de alteração de ordem de penhora; pré-indicação de bem penhorável preferencial (art. 848, II); pré-fixação de indenização por dano processual prevista nos arts. 81, §3º, 520, inc. I, 297, parágrafo único (cláusula penal processual); negócio de anuência prévia para aditamento ou alteração do pedido ou da causa de pedir até o saneamento (art. 329, inc. II). (Grupo: Negócios processuais)

Parágrafo único. Aplica-se o disposto neste artigo à reconvenção e à respectiva causa de pedir.

Arts. 264 e 294 do CPC/73

Enunciado nº 428 do FPPC: A integração e o esclarecimento das alegações nos termos do art. 357, §3º, não se confundem com o aditamento do ato postulatório previsto no art. 329. (Grupo: Petição inicial, resposta do réu e saneamento)

Seção III
Do Indeferimento da Petição Inicial

Art. 330. A petição inicial será indeferida quando:

Enunciado nº 292 do FPPC: Antes de indeferir a petição inicial, o juiz deve aplicar o disposto no art. 321. (Grupo Sentença, Coisa Julgada e Ação Rescisória)

I – for inepta;
II – a parte for manifestamente ilegítima;
III – o autor carecer de interesse processual;
IV – não atendidas as prescrições dos arts. 106 e 321.
§1º Considera-se inepta a petição inicial quando:
I – lhe faltar pedido ou causa de pedir;
II – o pedido for indeterminado, ressalvadas as hipóteses legais em que se permite o pedido genérico;
III – da narração dos fatos não decorrer logicamente a conclusão;

IV – contiver pedidos incompatíveis entre si.

§2º Nas ações que tenham por objeto a revisão de obrigação decorrente de empréstimo, de financiamento ou de alienação de bens, o autor terá de, sob pena de inépcia, discriminar na petição inicial, dentre as obrigações contratuais, aquelas que pretende controverter, além de quantificar o valor incontroverso do débito.

Enunciado nº 290 do FPPC: A enumeração das espécies de contrato previstas no §2º do art. 330 é exemplificativa. (Grupo: Petição inicial, resposta do réu e saneamento)

§3º Na hipótese do §2º, o valor incontroverso deverá continuar a ser pago no tempo e modo contratados.

Arts. 295 e 285-B do CPC/73

Enunciado nº 290 do FPPC: A enumeração das espécies de contrato previstas no §2º do art. 330 é exemplificativa. (Grupo: Petição inicial, resposta do réu e saneamento)

Art. 331. Indeferida a petição inicial, o autor poderá apelar, facultado ao juiz, no prazo de 5 (cinco) dias, retratar-se.

Enunciado nº 291 do FPPC: Aplicam-se ao procedimento do mandado de segurança os arts. 331 e parágrafos e 332, §3º do CPC. (Grupo: Impactos do CPC nos Juizados e nos procedimentos especiais de legislação extravagante)

Enunciado nº 293 do FPPC: Se considerar intempestiva a apelação contra sentença que indefere a petição inicial ou julga liminarmente improcedente o pedido, não pode o juízo a quo retratar-se. (Grupo: Petição inicial, resposta do réu e saneamento)

§1º Se não houver retratação, o juiz mandará citar o réu para responder ao recurso.

§2º Sendo a sentença reformada pelo tribunal, o prazo para a contestação começará a correr da intimação do retorno dos autos, observado o disposto no art. 334.

§3º Não interposta a apelação, o réu será intimado do trânsito em julgado da sentença.

Art. 296 do CPC/73

CAPÍTULO III
DA IMPROCEDÊNCIA LIMINAR DO PEDIDO

Art. 332. Nas causas que dispensem a fase instrutória, o juiz, independentemente da citação do réu, julgará liminarmente improcedente o pedido que contrariar:

Enunciado nº 36 do FPPC: As hipóteses de impossibilidade jurídica do pedido ensejam a improcedência liminar do pedido. (Grupo: Sentença, Coisa Julgada e Ação Rescisória)

Enunciado nº 294 do FPPC: O julgamento liminar de improcedência, disciplinado no art. 332, salvo com relação ao §1º, se aplica ao processo do trabalho quando contrariar: a) enunciado de súmula ou de Orientação Jurisprudencial do TST; b) acórdão proferido pelo TST em julgamento de recursos de revista repetitivos; c) entendimento firmado em resolução de demandas repetitivas. (Grupo: Impacto do CPC no processo do trabalho)

I – enunciado de súmula do Supremo Tribunal Federal ou do Superior Tribunal de Justiça;

II – acórdão proferido pelo Supremo Tribunal Federal ou pelo Superior Tribunal de Justiça em julgamento de recursos repetitivos;

III – entendimento firmado em incidente de resolução de demandas repetitivas ou de assunção de competência;

IV – enunciado de súmula de tribunal de justiça sobre direito local.

§1º O juiz também poderá julgar liminarmente improcedente o pedido se verificar, desde logo, a ocorrência de decadência ou de prescrição.

Enunciado nº 294 do FPPC: O julgamento liminar de improcedência, disciplinado no art. 332, salvo com relação ao §1º, se aplica ao processo do trabalho quando contrariar: a) enunciado de súmula ou de Orientação Jurisprudencial do TST; b) acórdão proferido pelo TST em julgamento de recursos de revista repetitivos; c) entendimento firmado em resolução de demandas repetitivas. (Grupo: Impacto do CPC no processo do trabalho)

§2º Não interposta a apelação, o réu será intimado do trânsito em julgado da sentença, nos termos do art. 241.

§3º Interposta a apelação, o juiz poderá retratar-se em 5 (cinco) dias.

Enunciado nº 293 do FPPC: Se considerar intempestiva a apelação contra sentença que indefere a petição inicial ou julga liminarmente improcedente o pedido, não pode o juízo a quo retratar-se. (Grupo: Petição inicial, resposta do réu e saneamento)

Enunciado nº 508 do FPPC: Interposto recurso inominado contra sentença que julga liminarmente improcedente o pedido, o juiz pode retratar-se em cinco dias. (Grupo: Impacto nos Juizados e nos procedimentos especiais da legislação extravagante)

§4º Se houver retratação, o juiz determinará o prosseguimento do processo, com a citação do réu, e, se não houver retratação, determinará a citação do réu para apresentar contrarrazões, no prazo de 15 (quinze) dias.

Art. 285-A do CPC/73

Enunciado nº 507 do FPPC: O art. 332 aplica-se ao sistema de Juizados Especiais. (Grupo: Impacto nos Juizados e nos procedimentos especiais da legislação extravagante)

CAPÍTULO IV
DA CONVERSÃO DA AÇÃO INDIVIDUAL EM AÇÃO COLETIVA

Art. 333. (VETADO) Atendidos os pressupostos da relevância social e da dificuldade de formação do litisconsórcio, o juiz, a requerimento do Ministério Público ou da Defensoria Pública, ouvido o autor, poderá converter em coletiva a ação individual que veicule pedido que:

Enunciado nº 39 do FPPC: É dever do juiz intimar os legitimados do art. 333 do CPC para, se for o caso, requerer a conversão, aplicando-se, por analogia, o art. 139, X, do CPC. (Grupo: Conversão de Ação Individual em Coletiva)

Enunciado nº 40 do FPPC: Havendo requerimento de conversão, o juiz, antes de decidir, ouvirá o autor e, caso já tenha sido citado, o réu. (Grupo: Conversão de Ação Individual em Coletiva)

Enunciado nº 41 do FPPC: A oposição das partes à conversão da ação individual em coletiva limita-se à alegação do não preenchimento dos seus pressupostos. (Grupo: Conversão de Ação Individual em Coletiva)

Enunciado nº 119 do FPPC: Em caso de relação jurídica plurilateral que envolva diversos titulares do mesmo direito, o juiz deve convocar, por edital, os litisconsortes unitários ativos incertos e indeterminados (art. 259, III), cabendo-lhe, na hipótese de dificuldade de formação do litisconsórcio, oficiar o Ministério Público, a Defensoria Pública ou outro legitimado para

~~que possa requerer a conversão da ação individual em coletiva (art. 333).
(Grupo: Litisconsórcio e Intervenção de Terceiros)
Enunciado nº 147 do FPPC: O autor poderá requerer a intimação, prevista no *caput* do art. 334, para a conversão da ação individual em coletiva. (Grupo: Conversão da Ação Individual em Coletiva)
Enunciado nº 148 do FPPC: Nos casos em que o juiz reconhecer a ilegitimidade do autor individual para requerer a tutela de interesse de alcance coletivo, será possível a conversão, como forma de saneamento do vício, no prazo de noventa dias. (Grupo: Conversão da Ação Individual em Coletiva)~~

~~I – tenha alcance coletivo, em razão da tutela de bem jurídico difuso ou coletivo, assim entendidos aqueles definidos pelo art. 81, parágrafo único, incisos I e II, da Lei nº 8.078, de 11 de setembro de 1990 (Código de Defesa do Consumidor), e cuja ofensa afete, a um só tempo, as esferas jurídicas do indivíduo e da coletividade;
Enunciado nº 37 do FPPC: É presumida a relevância social na hipótese do inciso I do art. 333, sendo dispensável a verificação da "dificuldade de formação do litisconsórcio". (Grupo: Conversão de Ação Individual em Coletiva)
Enunciado nº 146 do FPPC: Na aplicação do inciso I do art. 333, o juiz observará o inciso IV do *caput* do art. 927. (Grupo: Precedentes)~~

~~II – tenha por objetivo a solução de conflito de interesse relativo a uma mesma relação jurídica plurilateral, cuja solução, por sua natureza ou por disposição de lei, deva ser necessariamente uniforme, assegurando-se tratamento isonômico para todos os membros do grupo.
Enunciado nº 38 do FPPC: Os requisitos de relevância social e de dificuldade de formação do litisconsórcio são alternativos. (Grupo: Conversão de Ação Individual em Coletiva; redação revista no III FPPC-Rio)~~

~~§1º Além do Ministério Público e da Defensoria Pública, podem requerer a conversão os legitimados referidos no art. 5º da Lei nº 7.347, de 24 de julho de 1985, e no art. 82 da Lei nº 8.078, de 11 de setembro de 1990 (Código de Defesa do Consumidor).
§2º A conversão não pode implicar a formação de processo coletivo para a tutela de direitos individuais homogêneos.
§3º Não se admite a conversão, ainda, se:~~

~~I – já iniciada, no processo individual, a audiência de instrução e julgamento; ou~~
~~II – houver processo coletivo pendente com o mesmo objeto; ou~~
~~III – o juízo não tiver competência para o processo coletivo que seria formado.~~
~~§4º Determinada a conversão, o juiz intimará o autor do requerimento para que, no prazo fixado, adite ou emende a petição inicial, para adaptá-la à tutela coletiva.~~

~~Enunciado nº 149 do FPPC: Caso o aditamento ou emenda da petição inicial para a ação coletiva não seja realizado no prazo fixado pelo juiz ou não seja recebido, o processo seguirá como individual. (Grupo: Conversão da Ação Individual em Coletiva)~~

~~§5º Havendo aditamento ou emenda da petição inicial, o juiz determinará a intimação do réu para, querendo, manifestar-se no prazo de 15 (quinze) dias.~~
~~Enunciado nº 150 do FPPC: O prazo do art. 333, §5º, poderá ser dilatado, nos termos do art. 139, I e VI, para assegurar direito ao contraditório e à ampla defesa. (Grupo: Conversão da Ação Individual em Coletiva)~~

~~§6º O autor originário da ação individual atuará na condição de litisconsorte unitário do legitimado para condução do processo coletivo.~~
~~§7º O autor originário não é responsável por nenhuma despesa processual decorrente da conversão do processo individual em coletivo.~~
~~§8º Após a conversão, observar-se-ão as regras do processo coletivo.~~
~~§9º A conversão poderá ocorrer mesmo que o autor tenha cumulado pedido de natureza estritamente individual, hipótese em que o processamento desse pedido dar-se-á em autos apartados.~~
~~§10. O Ministério Público deverá ser ouvido sobre o requerimento previsto no caput, salvo quando ele próprio o houver formulado.~~

~~Não há artigo correspondente no CPC/73~~
Razões do veto: "Da forma como foi redigido, o dispositivo poderia levar à conversão de ação individual em ação coletiva de maneira pouco criteriosa, inclusive em detrimento do interesse das partes. O tema exige disciplina própria para garantir a plena eficácia do instituto. Além disso, o novo Código já contempla mecanismos para tratar demandas repetitivas. No sentido do veto manifestou-se também a Ordem dos Advogados do Brasil – OAB."

CAPÍTULO V
DA AUDIÊNCIA DE CONCILIAÇÃO OU DE MEDIAÇÃO

Art. 334. Se a petição inicial preencher os requisitos essenciais e não for o caso de improcedência liminar do pedido, o juiz designará audiência de conciliação ou de mediação com antecedência mínima de 30 (trinta) dias, devendo ser citado o réu com pelo menos 20 (vinte) dias de antecedência.

Enunciado nº 239 do FPPC: Fica superado o enunciado n. 472 da súmula do STF ("A condenação do autor em honorários de advogado, com fundamento no art. 64 do Código de Processo Civil, depende de reconvenção"), pela extinção da nomeação à autoria (Grupo: Advogado e Sociedade de Advogados. Prazos).

§1º O conciliador ou mediador, onde houver, atuará necessariamente na audiência de conciliação ou de mediação, observando o disposto neste Código, bem como as disposições da lei de organização judiciária.

§2º Poderá haver mais de uma sessão destinada à conciliação e à mediação, não podendo exceder a 2 (dois) meses da data de realização da primeira sessão, desde que necessárias à composição das partes.

§3º A intimação do autor para a audiência será feita na pessoa de seu advogado.

§4º A audiência não será realizada:

I – se ambas as partes manifestarem, expressamente, desinteresse na composição consensual;

II – quando não se admitir a autocomposição.

§5º O autor deverá indicar, na petição inicial, seu desinteresse na autocomposição, e o réu deverá fazê-lo, por petição, apresentada com 10 (dez) dias de antecedência, contados da data da audiência.

§6º Havendo litisconsórcio, o desinteresse na realização da audiência deve ser manifestado por todos os litisconsortes.

§7º A audiência de conciliação ou de mediação pode realizar-se por meio eletrônico, nos termos da lei.

§8º O não comparecimento injustificado do autor ou do réu à audiência de conciliação é considerado ato atentatório à dignidade da justiça e será sancionado com multa de até dois por cento da vantagem econômica pretendida ou do valor da causa, revertida em favor da União ou do Estado.

Enunciado nº 273 do FPPC: Ao ser citado, o réu deverá ser advertido de que sua ausência injustificada à audiência de conciliação ou mediação configura ato atentatório à dignidade da justiça, punível com a multa do art. 335, §8º, sob pena de sua inaplicabilidade. (Grupo: Petição inicial, resposta do réu e saneamento)

§9º As partes devem estar acompanhadas por seus advogados ou defensores públicos.
§10. A parte poderá constituir representante, por meio de procuração específica, com poderes para negociar e transigir.
§11. A autocomposição obtida será reduzida a termo e homologada por sentença.
§12. A pauta das audiências de conciliação ou de mediação será organizada de modo a respeitar o intervalo mínimo de 20 (vinte) minutos entre o início de uma e o início da seguinte.

Art. 331 do CPC/73
Ver Lei nº 13.140/2015 – Lei de mediação
Enunciado nº 151 do FPPC: Na Justiça do Trabalho, as pautas devem ser preparadas com intervalo mínimo de uma hora entre as audiências designadas para instrução do feito. Para as audiências para simples tentativa de conciliação, deve ser respeitado o intervalo mínimo de vinte minutos. (Grupo: Impacto do CPC no Processo do Trabalho)
Enunciado nº 295 do FPPC: As regras sobre intervalo mínimo entre as audiências do CPC só se aplicam aos processos em que o ato for designado após sua vigência. (Grupo: Direito intertemporal e disposições finais e transitórias)
Enunciado nº 509 do FPPC: Sem prejuízo da adoção das técnicas de conciliação e mediação, não se aplicam no âmbito dos juizados especiais os prazos previstos no art. 334. (Grupo: Impacto nos Juizados e nos procedimentos especiais da legislação extravagante)

CAPÍTULO VI
DA CONTESTAÇÃO

Art. 335. O réu poderá oferecer contestação, por petição, no prazo de 15 (quinze) dias, cujo termo inicial será a data:

Enunciado nº 144 do FPPC: Ocorrendo a hipótese do art. 303, §1º, II, será designada audiência de conciliação ou mediação e o prazo para a defesa começará a correr na forma do art. 335, I ou II. (Grupo: Tutela Antecipada)

Enunciado nº 239 do FPPC: Fica superado o enunciado n. 472 da súmula do STF ("A condenação do autor em honorários de advogado, com fundamento no art. 64 do Código de Processo Civil, depende de reconvenção"), pela extinção da nomeação à autoria (Grupo: Advogado e Sociedade de Advogados. Prazos).

I – da audiência de conciliação ou de mediação, ou da última sessão de conciliação, quando qualquer parte não comparecer ou, comparecendo, não houver autocomposição;

II – do protocolo do pedido de cancelamento da audiência de conciliação ou de mediação apresentado pelo réu, quando ocorrer a hipótese do art. 334, §4º, inciso I;

III – prevista no art. 231, de acordo com o modo como foi feita a citação, nos demais casos.

§1º No caso de litisconsórcio passivo, ocorrendo a hipótese do art. 334, §6º, o termo inicial previsto no inciso II será, para cada um dos réus, a data de apresentação de seu respectivo pedido de cancelamento da audiência.

§2º Quando ocorrer a hipótese do art. 334, §4º, inciso II, havendo litisconsórcio passivo e o autor desistir da ação em relação a réu ainda não citado, o prazo para resposta correrá da data de intimação da decisão que homologar a desistência.

Arts. 297 e 298 do CPC/73

Enunciado nº 510 do FPPC: Frustrada a tentativa de autocomposição na audiência referida no art. 21 da Lei 9.099/1995, configura prejuízo para a defesa a realização imediata da instrução quando a citação não tenha ocorrido com a antecedência mínima de quinze dias. (Grupo: Impacto nos Juizados e nos procedimentos especiais da legislação extravagante)

Art. 336. Incumbe ao réu alegar, na contestação, toda a matéria de defesa, expondo as razões de fato e de direito com que impugna o pedido do autor e especificando as provas que pretende produzir.

Art. 300 do CPC/73

Enunciado nº 248 do FPPC: Quando a desconsideração da personalidade jurídica for requerida na petição inicial, incumbe ao sócio ou a pessoa jurídica, na contestação, impugnar não somente a própria desconsideração, mas também os demais pontos da causa. (Grupo: Petição inicial, resposta do réu e saneamento)

Art. 337. Incumbe ao réu, antes de discutir o mérito, alegar:
I – inexistência ou nulidade da citação;
II – incompetência absoluta e relativa;
III – incorreção do valor da causa;
IV – inépcia da petição inicial;
V – perempção;
VI – litispendência;
VII – coisa julgada;
VIII – conexão;
IX – incapacidade da parte, defeito de representação ou falta de autorização;
X – convenção de arbitragem;
XI – ausência de legitimidade ou de interesse processual;
XII – falta de caução ou de outra prestação que a lei exige como preliminar;
XIII – indevida concessão do benefício de gratuidade de justiça.

§1º Verifica-se a litispendência ou a coisa julgada quando se reproduz ação anteriormente ajuizada.

§2º Uma ação é idêntica a outra quando possui as mesmas partes, a mesma causa de pedir e o mesmo pedido.

§3º Há litispendência quando se repete ação que está em curso.

§4º Há coisa julgada quando se repete ação que já foi decidida por decisão transitada em julgado.

§5º Excetuadas a convenção de arbitragem e a incompetência relativa, o juiz conhecerá de ofício das matérias enumeradas neste artigo.

§6º A ausência de alegação da existência de convenção de arbitragem, na forma prevista neste Capítulo, implica aceitação da jurisdição estatal e renúncia ao juízo arbitral.

Art. 301 do CPC/73
Ver Súmula nº 237 do STF
Ver arts. 3º, 4º, *caput*, e 9º, *caput*, da Lei nº 9.307/1996
Ver art. II, 2, da Convenção de Nova Iorque

Art. 338. Alegando o réu, na contestação, ser parte ilegítima ou não ser o responsável pelo prejuízo invocado, o juiz facultará ao autor, em 15 (quinze) dias, a alteração da petição inicial para substituição do réu.

Enunciado nº 296 do FPPC: Quando conhecer liminarmente e de ofício a ilegitimidade passiva, o juiz facultará ao autor a alteração da petição inicial, para substituição do réu, nos termos dos arts. 339 e 340, sem ônus sucumbenciais. (Grupo: Petição inicial, resposta do réu e saneamento)

Enunciado nº 511 do FPPC: A técnica processual prevista nos arts. 338 e 339 pode ser usada, no que couber, para possibilitar a correção da autoridade coatora, bem como da pessoa jurídica, no processo de mandado de segurança. (Grupo: Impacto do novo CPC e os processos da Fazenda Pública)

Parágrafo único. Realizada a substituição, o autor reembolsará as despesas e pagará os honorários ao procurador do réu excluído, que serão fixados entre três e cinco por cento do valor da causa ou, sendo este irrisório, nos termos do art. 85, §8º.

Arts. 62 a 68 do CPC/73

Art. 339. Quando alegar sua ilegitimidade, incumbe ao réu indicar o sujeito passivo da relação jurídica discutida sempre que tiver conhecimento, sob pena de arcar com as despesas processuais e de indenizar o autor pelos prejuízos decorrentes da falta de indicação.

Enunciado nº 42 do FPPC: O dispositivo aplica-se mesmo a procedimentos especiais que não admitem intervenção de terceiros, bem como aos juizados especiais cíveis, pois se trata de mecanismo saneador, que excepciona a estabilização do processo. (Grupo: Litisconsórcio, Intervenção de Terceiros e Resposta do Réu)

Enunciado nº 44 do FPPC: A responsabilidade a que se refere o art. 339 é subjetiva. (Grupo: Litisconsórcio, Intervenção de Terceiros e Resposta do Réu)

Enunciado nº 296 do FPPC: Quando conhecer liminarmente e de ofício a ilegitimidade passiva, o juiz facultará ao autor a alteração da petição inicial, para substituição do réu, nos termos dos arts. 339 e 340, sem ônus sucumbenciais. (Grupo: Petição inicial, resposta do réu e saneamento)

§1º O autor, ao aceitar a indicação, procederá, no prazo de 15 (quinze) dias, à alteração da petição inicial para a substituição do réu, observando-se, ainda, o parágrafo único do art. 338.

Enunciado nº 152 do FPPC: Nas hipóteses dos §§1º e 2º do art. 339, a aceitação do autor deve ser feita no prazo de quinze dias destinado à sua manifestação sobre a contestação ou sobre essa alegação de ilegitimidade do réu. (Grupo: Litisconsórcio e Intervenção de Terceiros)

§2º No prazo de 15 (quinze) dias, o autor pode optar por alterar a petição inicial para incluir, como litisconsorte passivo, o sujeito indicado pelo réu.

Art. 69 do CPC/73

Enunciado nº 152 do FPPC: Nas hipóteses dos §§1º e 2º do art. 339, a aceitação do autor deve ser feita no prazo de quinze dias destinado à sua manifestação sobre a contestação ou sobre essa alegação de ilegitimidade do réu. (Grupo: Litisconsórcio e Intervenção de Terceiros)

Enunciado nº 511 do FPPC: A técnica processual prevista nos arts. 338 e 339 pode ser usada, no que couber, para possibilitar a correção da autoridade coatora, bem como da pessoa jurídica, no processo de mandado de segurança. (Grupo: Impacto do novo CPC e os processos da Fazenda Pública)

Art. 340. Havendo alegação de incompetência relativa ou absoluta, a contestação poderá ser protocolada no foro de domicílio do réu, fato que será imediatamente comunicado ao juiz da causa, preferencialmente por meio eletrônico.

§1º A contestação será submetida a livre distribuição ou, se o réu houver sido citado por meio de carta precatória, juntada aos autos dessa carta, seguindo-se a sua imediata remessa para o juízo da causa.

§2º Reconhecida a competência do foro indicado pelo réu, o juízo para o qual for distribuída a contestação ou a carta precatória será considerado prevento.

Enunciado nº 426 do FPPC: O juízo para o qual foi distribuída a contestação ou a carta precatória só será considerado prevento se o foro competente for o local onde foi citado. (Grupo: Petição inicial, resposta do réu e saneamento)

§3º Alegada a incompetência nos termos do *caput*, será suspensa a realização da audiência de conciliação ou de mediação, se tiver sido designada.

§4º Definida a competência, o juízo competente designará nova data para a audiência de conciliação ou de mediação.

Art. 305, parágrafo único, do CPC/73

Art. 341. Incumbe também ao réu manifestar-se precisamente sobre as alegações de fato constantes da petição inicial, presumindo-se verdadeiras as não impugnadas, salvo se:

I – não for admissível, a seu respeito, a confissão;

II – a petição inicial não estiver acompanhada de instrumento que a lei considerar da substância do ato;
III – estiverem em contradição com a defesa, considerada em seu conjunto.
Parágrafo único. O ônus da impugnação especificada dos fatos não se aplica ao defensor público, ao advogado dativo e ao curador especial.

Art. 302 do CPC/73

Art. 342. Depois da contestação, só é lícito ao réu deduzir novas alegações quando:
I – relativas a direito ou a fato superveniente;
II – competir ao juiz conhecer delas de ofício;
III – por expressa autorização legal, puderem ser formuladas em qualquer tempo e grau de jurisdição.

Art. 303 do CPC/73

CAPÍTULO VII
DA RECONVENÇÃO

Art. 343. Na contestação, é lícito ao réu propor reconvenção para manifestar pretensão própria, conexa com a ação principal ou com o fundamento da defesa.

Enunciado nº 45 do FPPC: Para que se considere proposta a reconvenção, não há necessidade de uso desse nomen iuris, ou dedução de um capítulo próprio. Contudo, o réu deve manifestar inequivocamente o pedido de tutela jurisdicional qualitativa ou quantitativamente maior que a simples improcedência da demanda inicial. (Grupo: Litisconsórcio, Intervenção de Terceiros e Resposta do Réu)

Enunciado nº 282 do FPPC: Para julgar com base em enquadramento normativo diverso daquele invocado pelas partes, ao juiz cabe observar o dever de consulta, previsto no art. 10. (Grupo: Petição inicial, resposta do réu e saneamento)

§1º Proposta a reconvenção, o autor será intimado, na pessoa de seu advogado, para apresentar resposta no prazo de 15 (quinze) dias.
§2º A desistência da ação ou a ocorrência de causa extintiva que impeça o exame de seu mérito não obsta ao prosseguimento do processo quanto à reconvenção.
§3º A reconvenção pode ser proposta contra o autor e terceiro.

Enunciado nº 46 do FPPC: A reconvenção pode veicular pedido de declaração de usucapião, ampliando subjetivamente o processo, desde que se observem os arts. 259, I, e 328, §1º, II. Ampliação do Enunciado nº 237 da Súmula do STF (Grupo: Petição inicial, resposta do réu e saneamento; redação revista no IV FPPC-BH)

§4º A reconvenção pode ser proposta pelo réu em litisconsórcio com terceiro.
§5º Se o autor for substituto processual, o reconvinte deverá afirmar ser titular de direito em face do substituído, e a reconvenção deverá ser proposta em face do autor, também na qualidade de substituto processual.
§6º O réu pode propor reconvenção independentemente de oferecer contestação.

Arts. 299 e 315 a 318 do CPC/73
Ver Súmulas nº 258 do STF e nº 292 do STJ
Ver art. 7º da Lei nº 9.289/1996
Ver art. 31 da Lei nº 9.099/1995

CAPÍTULO VIII
DA REVELIA

Art. 344. Se o réu não contestar a ação, será considerado revel e presumir-se-ão verdadeiras as alegações de fato formuladas pelo autor.

Art. 319 do CPC/73

Art. 345. A revelia não produz o efeito mencionado no art. 344 se:
I – havendo pluralidade de réus, algum deles contestar a ação;
II – o litígio versar sobre direitos indisponíveis;
III – a petição inicial não estiver acompanhada de instrumento que a lei considere indispensável à prova do ato;
IV – as alegações de fato formuladas pelo autor forem inverossímeis ou estiverem em contradição com prova constante dos autos.

Art. 320 do CPC/73

Art. 346. Os prazos contra o revel que não tenha patrono nos autos fluirão da data de publicação do ato decisório no órgão oficial.

Parágrafo único. O revel poderá intervir no processo em qualquer fase, recebendo-o no estado em que se encontrar.

Art. 322 do CPC/73

CAPÍTULO IX
DAS PROVIDÊNCIAS PRELIMINARES E DO SANEAMENTO

Art. 347. Findo o prazo para a contestação, o juiz tomará, conforme o caso, as providências preliminares constantes das seções deste Capítulo.

Art. 323 do CPC/73

Seção I
Da Não Incidência dos Efeitos da Revelia

Art. 348. Se o réu não contestar a ação, o juiz, verificando a inocorrência do efeito da revelia previsto no art. 344, ordenará que o autor especifique as provas que pretenda produzir, se ainda não as tiver indicado.

Art. 324 do CPC/73

Art. 349. Ao réu revel será lícita a produção de provas, contrapostas às alegações do autor, desde que se faça representar nos autos a tempo de praticar os atos processuais indispensáveis a essa produção.

Não há artigo correspondente no CPC/73
Ver Súmula nº 231 do STF

Seção II
Do Fato Impeditivo, Modificativo ou Extintivo do Direito do Autor

Art. 350. Se o réu alegar fato impeditivo, modificativo ou extintivo do direito do autor, este será ouvido no prazo de 15 (quinze) dias, permitindo-lhe o juiz a produção de prova.

Art. 326 do CPC/73
Enunciado nº 381 do FPPC: É cabível réplica no procedimento de tutela cautelar requerida em caráter antecedente. (Grupo: Tutela de urgência e tutela de evidência)

Seção III
Das Alegações do Réu

Art. 351. Se o réu alegar qualquer das matérias enumeradas no art. 337, o juiz determinará a oitiva do autor no prazo de 15 (quinze) dias, permitindo-lhe a produção de prova.

Art. 327 do CPC/73

Enunciado nº 381 do FPPC: É cabível réplica no procedimento de tutela cautelar requerida em caráter antecedente. (Grupo: Tutela de urgência e tutela de evidência)

Art. 352. Verificando a existência de irregularidades ou de vícios sanáveis, o juiz determinará sua correção em prazo nunca superior a 30 (trinta) dias.

Art. 327 do CPC/73

Art. 353. Cumpridas as providências preliminares ou não havendo necessidade delas, o juiz proferirá julgamento conforme o estado do processo, observando o que dispõe o Capítulo X.

Art. 328 do CPC/73

CAPÍTULO X
DO JULGAMENTO CONFORME O ESTADO DO PROCESSO

Seção I
Da Extinção do Processo

Art. 354. Ocorrendo qualquer das hipóteses previstas nos arts. 485 e 487, incisos II e III, o juiz proferirá sentença.
Parágrafo único. A decisão a que se refere o *caput* pode dizer respeito a apenas parcela do processo, caso em que será impugnável por agravo de instrumento.

Art. 329 do CPC/73

Enunciado nº 103 do FPPC: A decisão parcial proferida no curso do processo com fundamento no art. 487, I, sujeita-se a recurso de agravo de instrumento. (Grupo: Sentença, Coisa Julgada e Ação Rescisória; redação revista no III FPPC-Rio)

Enunciado nº 154 do FPPC: É cabível agravo de instrumento contra ato decisório que indefere parcialmente a petição inicial ou a reconvenção. (Grupo: Coisa Julgada, Ação Rescisória e Sentença)

Seção II
Do Julgamento Antecipado do Mérito

Art. 355. O juiz julgará antecipadamente o pedido, proferindo sentença com resolução de mérito, quando:

Enunciado nº 297 do FPPC: O juiz que promove julgamento antecipado do mérito por desnecessidade de outras provas não pode proferir sentença de improcedência por insuficiência de provas. (Grupo: Petição inicial, resposta do réu e saneamento)

I – não houver necessidade de produção de outras provas;
II – o réu for revel, ocorrer o efeito previsto no art. 344 e não houver requerimento de prova, na forma do art. 349.

Art. 330 do CPC/73

Seção III
Do Julgamento Antecipado Parcial do Mérito

Art. 356. O juiz decidirá parcialmente o mérito quando um ou mais dos pedidos formulados ou parcela deles:
I – mostrar-se incontroverso;
II – estiver em condições de imediato julgamento, nos termos do art. 355.
§1º A decisão que julgar parcialmente o mérito poderá reconhecer a existência de obrigação líquida ou ilíquida.
§2º A parte poderá liquidar ou executar, desde logo, a obrigação reconhecida na decisão que julgar parcialmente o mérito, independentemente de caução, ainda que haja recurso contra essa interposto.
§3º Na hipótese do §2º, se houver trânsito em julgado da decisão, a execução será definitiva.
§4º A liquidação e o cumprimento da decisão que julgar parcialmente o mérito poderão ser processados em autos suplementares, a requerimento da parte ou a critério do juiz.
§5º A decisão proferida com base neste artigo é impugnável por agravo de instrumento.

Não há artigo correspondente no CPC/73

Enunciado nº 103 do FPPC: A decisão parcial proferida no curso do processo com fundamento no art. 487, I, sujeita-se a recurso de agravo de

instrumento. (Grupo: Sentença, Coisa Julgada e Ação Rescisória; redação revista no III FPPC-Rio)
Enunciado nº 512 do FPPC: A decisão ilíquida referida no §1º do art. 356 somente é permitida nos casos em que a sentença também puder sê-la. (Grupo: Sentença, coisa julgada e ação rescisória)
Enunciado nº 513 do FPPC: Postulado o despejo em cumulação com outro(s) pedido(s), e estando presentes os requisitos exigidos pelo art. 356, o juiz deve julgar parcialmente o mérito de forma antecipada, para determinar a desocupação do imóvel locado. (Grupo: Impacto nos Juizados e nos procedimentos especiais da legislação extravagante)

Seção IV
Do Saneamento e da Organização do Processo

Art. 357. Não ocorrendo nenhuma das hipóteses deste Capítulo, deverá o juiz, em decisão de saneamento e de organização do processo:
I – resolver as questões processuais pendentes, se houver;
II – delimitar as questões de fato sobre as quais recairá a atividade probatória, especificando os meios de prova admitidos;
III – definir a distribuição do ônus da prova, observado o art. 373;
IV – delimitar as questões de direito relevantes para a decisão do mérito;
V – designar, se necessário, audiência de instrução e julgamento.
§1º Realizado o saneamento, as partes têm o direito de pedir esclarecimentos ou solicitar ajustes, no prazo comum de 5 (cinco) dias, findo o qual a decisão se torna estável.
§2º As partes podem apresentar ao juiz, para homologação, delimitação consensual das questões de fato e de direito a que se referem os incisos II e IV, a qual, se homologada, vincula as partes e o juiz.

Enunciado nº 427 do FPPC: A proposta de saneamento consensual feita pelas partes pode agregar questões de fato até então não deduzidas. (Grupo: Negócios processuais)

§3º Se a causa apresentar complexidade em matéria de fato ou de direito, deverá o juiz designar audiência para que o saneamento seja feito em cooperação com as partes, oportunidade em que o juiz, se for o caso, convidará as partes a integrar ou esclarecer suas alegações.

Enunciado nº 298 do FPPC: A audiência de saneamento e organização do processo em cooperação com as partes poderá ocorrer independentemente de a causa ser complexa. (Grupo: Petição inicial, resposta do réu e saneamento)

Enunciado nº 299 do FPPC: O juiz pode designar audiência também (ou só) com objetivo de ajustar com as partes a fixação de calendário para fase de instrução e decisão. (Grupo: Petição inicial, resposta do réu e saneamento)

Enunciado nº 428 do FPPC: A integração e o esclarecimento das alegações nos termos do art. 357, §3º, não se confundem com o aditamento do ato postulatório previsto no art. 329. (Grupo: Petição inicial, resposta do réu e saneamento)

§4º Caso tenha sido determinada a produção de prova testemunhal, o juiz fixará prazo comum não superior a 15 (quinze) dias para que as partes apresentem rol de testemunhas.

§5º Na hipótese do §3º, as partes devem levar, para a audiência prevista, o respectivo rol de testemunhas.

§6º O número de testemunhas arroladas não pode ser superior a 10 (dez), sendo 3 (três), no máximo, para a prova de cada fato.

§7º O juiz poderá limitar o número de testemunhas levando em conta a complexidade da causa e dos fatos individualmente considerados.

Enunciado nº 300 do FPPC: O juiz poderá ampliar ou restringir o número de testemunhas a depender da complexidade da causa e dos fatos individualmente considerados. (Grupo: Petição inicial, resposta do réu e saneamento)

§8º Caso tenha sido determinada a produção de prova pericial, o juiz deve observar o disposto no art. 465 e, se possível, estabelecer, desde logo, calendário para sua realização.

§9º As pautas deverão ser preparadas com intervalo mínimo de 1 (uma) hora entre as audiências.

Art. 331 do CPC/73

Enunciado nº 295 do FPPC: As regras sobre intervalo mínimo entre as audiências do CPC só se aplicam aos processos em que o ato for designado após sua vigência. (Grupo: Direito intertemporal e disposições finais e transitórias)

CAPÍTULO XI
DA AUDIÊNCIA DE INSTRUÇÃO E JULGAMENTO

Art. 358. No dia e na hora designados, o juiz declarará aberta a audiência de instrução e julgamento e mandará apregoar as partes e os respectivos advogados, bem como outras pessoas que dela devam participar.

Arts. 448 e 450 do CPC/73

Art. 359. Instalada a audiência, o juiz tentará conciliar as partes, independentemente do emprego anterior de outros métodos de solução consensual de conflitos, como a mediação e a arbitragem.

Arts. 448 e 450 do CPC/73

Enunciado nº 429 do FPPC: A arbitragem a que se refere o art. 359 é aquela regida pela Lei nº 9.307/1996. (Grupo: Arbitragem)

Art. 360. O juiz exerce o poder de polícia, incumbindo-lhe:

I – manter a ordem e o decoro na audiência;

II – ordenar que se retirem da sala de audiência os que se comportarem inconvenientemente;

III – requisitar, quando necessário, força policial;

IV – tratar com urbanidade as partes, os advogados, os membros do Ministério Público e da Defensoria Pública e qualquer pessoa que participe do processo;

V – registrar em ata, com exatidão, todos os requerimentos apresentados em audiência.

Art. 445 do CPC/73

Art. 361. As provas orais serão produzidas em audiência, ouvindo-se nesta ordem, preferencialmente:

I – o perito e os assistentes técnicos, que responderão aos quesitos de esclarecimentos requeridos no prazo e na forma do art. 477, caso não respondidos anteriormente por escrito;

II – o autor e, em seguida, o réu, que prestarão depoimentos pessoais;

III – as testemunhas arroladas pelo autor e pelo réu, que serão inquiridas.

Parágrafo único. Enquanto depuserem o perito, os assistentes técnicos, as partes e as testemunhas, não poderão os advogados e o Ministério Público intervir ou apartear, sem licença do juiz.

Art. 452 do CPC/73

Enunciado nº 430 do FPPC: A necessidade de licença concedida pelo juiz, prevista no parágrafo único do art. 361, é aplicável também aos Defensores Públicos. (Grupo: Poderes do juiz)

Art. 362. A audiência poderá ser adiada:
I – por convenção das partes;
II – se não puder comparecer, por motivo justificado, qualquer pessoa que dela deva necessariamente participar;
III – por atraso injustificado de seu início em tempo superior a 30 (trinta) minutos do horário marcado.
§1º O impedimento deverá ser comprovado até a abertura da audiência, e, não o sendo, o juiz procederá à instrução.
§2º O juiz poderá dispensar a produção das provas requeridas pela parte cujo advogado ou defensor público não tenha comparecido à audiência, aplicando-se a mesma regra ao Ministério Público.
§3º Quem der causa ao adiamento responderá pelas despesas acrescidas.

Art. 453 do CPC/73
Ver art. 7º, XX, do Estatuto da Ordem dos Advogados do Brasil

Art. 363. Havendo antecipação ou adiamento da audiência, o juiz, de ofício ou a requerimento da parte, determinará a intimação dos advogados ou da sociedade de advogados para ciência da nova designação.

Não há artigo correspondente no CPC/73

Art. 364. Finda a instrução, o juiz dará a palavra ao advogado do autor e do réu, bem como ao membro do Ministério Público, se for o caso de sua intervenção, sucessivamente, pelo prazo de 20 (vinte) minutos para cada um, prorrogável por 10 (dez) minutos, a critério do juiz.
§1º Havendo litisconsorte ou terceiro interveniente, o prazo, que formará com o da prorrogação um só todo, dividir-se-á entre os do mesmo grupo, se não convencionarem de modo diverso.
§2º Quando a causa apresentar questões complexas de fato ou de direito, o debate oral poderá ser substituído por razões finais escritas, que serão apresentadas pelo autor e pelo réu, bem como pelo Ministério Público, se for o caso de sua intervenção, em prazos sucessivos de 15 (quinze) dias, assegurada vista dos autos.

Art. 454 do CPC/73

Art. 365. A audiência é una e contínua, podendo ser excepcional e justificadamente cindida na ausência de perito ou de testemunha, desde que haja concordância das partes.

Parágrafo único. Diante da impossibilidade de realização da instrução, do debate e do julgamento no mesmo dia, o juiz marcará seu prosseguimento para a data mais próxima possível, em pauta preferencial.

Art. 455 do CPC/73

Art. 366. Encerrado o debate ou oferecidas as razões finais, o juiz proferirá sentença em audiência ou no prazo de 30 (trinta) dias.

Art. 456 do CPC/73

Art. 367. O servidor lavrará, sob ditado do juiz, termo que conterá, em resumo, o ocorrido na audiência, bem como, por extenso, os despachos, as decisões e a sentença, se proferida no ato.

§1º Quando o termo não for registrado em meio eletrônico, o juiz rubricar-lhe-á as folhas, que serão encadernadas em volume próprio.

§2º Subscreverão o termo o juiz, os advogados, o membro do Ministério Público e o escrivão ou chefe de secretaria, dispensadas as partes, exceto quando houver ato de disposição para cuja prática os advogados não tenham poderes.

§3º O escrivão ou chefe de secretaria trasladará para os autos cópia autêntica do termo de audiência.

§4º Tratando-se de autos eletrônicos, observar-se-á o disposto neste Código, em legislação específica e nas normas internas dos tribunais.

§5º A audiência poderá ser integralmente gravada em imagem e em áudio, em meio digital ou analógico, desde que assegure o rápido acesso das partes e dos órgãos julgadores, observada a legislação específica.

§6º A gravação a que se refere o §5º também pode ser realizada diretamente por qualquer das partes, independentemente de autorização judicial.

Art. 457 do CPC/73

Art. 368. A audiência será pública, ressalvadas as exceções legais.

Art. 444 do CPC/73

CAPÍTULO XII
DAS PROVAS

Seção I
Disposições Gerais

Art. 369. As partes têm o direito de empregar todos os meios legais, bem como os moralmente legítimos, ainda que não especificados neste Código, para provar a verdade dos fatos em que se funda o pedido ou a defesa e influir eficazmente na convicção do juiz.

Art. 332 do CPC/73

Enunciado nº 50 do FPPC: Os destinatários da prova são aqueles que dela poderão fazer uso, sejam juízes, partes ou demais interessados, não sendo a única função influir eficazmente na convicção do juiz. (Grupo: Direito Probatório)

Enunciado nº 301 do FPPC: Aplicam-se ao processo civil, por analogia, as exceções previstas nos §§1º e 2º do art. 157 do Código de Processo Penal, afastando a ilicitude da prova. (Grupo: Competência e invalidades processuais)

Enunciado nº 516 do FPPC: Para que se considere fundamentada a decisão sobre os fatos, o juiz deverá analisar todas as provas capazes, em tese, de infirmar a conclusão adotada. (Grupo: Direito probatório)

Art. 370. Caberá ao juiz, de ofício ou a requerimento da parte, determinar as provas necessárias ao julgamento do mérito.

Enunciado nº 50 do FPPC: Os destinatários da prova são aqueles que dela poderão fazer uso, sejam juízes, partes ou demais interessados, não sendo a única função influir eficazmente na convicção do juiz. (Grupo: Direito Probatório)

Parágrafo único. O juiz indeferirá, em decisão fundamentada, as diligências inúteis ou meramente protelatórias.

Art. 130 do CPC/73

Enunciado nº 514 do FPPC: O juiz não poderá revogar a decisão que determinou a produção de prova de ofício sem que consulte as partes a respeito. (Grupo: Direito probatório)

Art. 371. O juiz apreciará a prova constante dos autos, independentemente do sujeito que a tiver promovido, e indicará na decisão as razões da formação de seu convencimento.

Art. 131 do CPC/73
Enunciado nº 515 do FPPC: Aplica-se o disposto no art. 489, §1º, também em relação às questões fáticas da demanda. (Grupo: Direito probatório)
Enunciado nº 516 do FPPC: Para que se considere fundamentada a decisão sobre os fatos, o juiz deverá analisar todas as provas capazes, em tese, de infirmar a conclusão adotada. (Grupo: Direito probatório)

Art. 372. O juiz poderá admitir a utilização de prova produzida em outro processo, atribuindo-lhe o valor que considerar adequado, observado o contraditório.

Não há artigo correspondente no CPC/73
Enunciado nº 52 do FPPC: Para a utilização da prova emprestada, faz-se necessária a observância do contraditório no processo de origem, assim como no processo de destino, considerando-se que, neste último, a prova mantenha a sua natureza originária. (Grupo: Direito Probatório)

Art. 373. O ônus da prova incumbe:
I – ao autor, quanto ao fato constitutivo de seu direito;
II – ao réu, quanto à existência de fato impeditivo, modificativo ou extintivo do direito do autor.
§1º Nos casos previstos em lei ou diante de peculiaridades da causa relacionadas à impossibilidade ou à excessiva dificuldade de cumprir o encargo nos termos do *caput* ou à maior facilidade de obtenção da prova do fato contrário, poderá o juiz atribuir o ônus da prova de modo diverso, desde que o faça por decisão fundamentada, caso em que deverá dar à parte a oportunidade de se desincumbir do ônus que lhe foi atribuído.

Enunciado nº 302 do FPPC: Aplica-se o art. 373, §§1º e 2º, ao processo do trabalho, autorizando a distribuição dinâmica do ônus da prova diante de peculiaridades da causa relacionadas à impossibilidade ou à excessiva dificuldade da parte de cumprir o seu encargo probatório, ou, ainda, à maior facilidade de obtenção da prova do fato contrário. O juiz poderá, assim, atribuir o ônus da prova de modo diverso, desde que de forma fundamentada, preferencialmente antes da instrução e necessariamente antes da sentença, permitindo à parte se desincumbir do ônus que lhe foi atribuído. (Grupo: Impacto do CPC no processo do trabalho)

§2º A decisão prevista no §1º deste artigo não pode gerar situação em que a desincumbência do encargo pela parte seja impossível ou excessivamente difícil.

Enunciado nº 302 do FPPC: Aplica-se o art. 373, §§1º e 2º, ao processo do trabalho, autorizando a distribuição dinâmica do ônus da prova diante de peculiaridades da causa relacionadas à impossibilidade ou à excessiva dificuldade da parte de cumprir o seu encargo probatório, ou, ainda, à maior facilidade de obtenção da prova do fato contrário. O juiz poderá, assim, atribuir o ônus da prova de modo diverso, desde que de forma fundamentada, preferencialmente antes da instrução e necessariamente antes da sentença, permitindo à parte se desincumbir do ônus que lhe foi atribuído. (Grupo: Impacto do CPC no processo do trabalho)

§3º A distribuição diversa do ônus da prova também pode ocorrer por convenção das partes, salvo quando:
I – recair sobre direito indisponível da parte;
II – tornar excessivamente difícil a uma parte o exercício do direito.

§4º A convenção de que trata o §3º pode ser celebrada antes ou durante o processo.

Art. 333 do CPC/73
Ver arts. 6º, VIII e 38 do CDC

Art. 374. Não dependem de prova os fatos:
I – notórios;
II – afirmados por uma parte e confessados pela parte contrária;
III – admitidos no processo como incontroversos;
IV – em cujo favor milita presunção legal de existência ou de veracidade.

Art. 334 do CPC/73

Art. 375. O juiz aplicará as regras de experiência comum subministradas pela observação do que ordinariamente acontece e, ainda, as regras de experiência técnica, ressalvado, quanto a estas, o exame pericial.

Art. 335 do CPC/73
Enunciado nº 517 do FPPC: A decisão judicial que empregar regras de experiência comum, sem indicar os motivos pelos quais a conclusão adotada decorre daquilo que ordinariamente acontece, considera-se não fundamentada. (Grupo: Direito probatório)

Art. 376. A parte que alegar direito municipal, estadual, estrangeiro ou consuetudinário provar-lhe-á o teor e a vigência, se assim o juiz determinar.

Art. 337 do CPC/73
Ver art. 8º, VI, da Lei nº 8.934/1994

Art. 377. A carta precatória, a carta rogatória e o auxílio direto suspenderão o julgamento da causa no caso previsto no art. 313, inciso V, alínea "b", quando, tendo sido requeridos antes da decisão de saneamento, a prova neles solicitada for imprescindível.

Parágrafo único. A carta precatória e a carta rogatória não devolvidas no prazo ou concedidas sem efeito suspensivo poderão ser juntadas aos autos a qualquer momento.

Art. 338 do CPC/73

Art. 378. Ninguém se exime do dever de colaborar com o Poder Judiciário para o descobrimento da verdade.

Art. 339 do CPC/73

Enunciado nº 51 do FPPC: A compatibilização do disposto nestes dispositivos c/c o art. 5º, LXIII, da CF/1988, assegura à parte, exclusivamente, o direito de não produzir prova contra si em razão de reflexos no ambiente penal. (Grupo: Direito Probatório)

Art. 379. Preservado o direito de não produzir prova contra si própria, incumbe à parte:

Enunciado nº 51 do FPPC: A compatibilização do disposto nestes dispositivos c/c o art. 5º, LXIII, da CF/1988, assegura à parte, exclusivamente, o direito de não produzir prova contra si em razão de reflexos no ambiente penal. (Grupo: Direito Probatório)

I – comparecer em juízo, respondendo ao que lhe for interrogado;
II – colaborar com o juízo na realização de inspeção judicial que for considerada necessária;
III – praticar o ato que lhe for determinado.

Art. 340 do CPC/73

Art. 380. Incumbe ao terceiro, em relação a qualquer causa:
I – informar ao juiz os fatos e as circunstâncias de que tenha conhecimento;
II – exibir coisa ou documento que esteja em seu poder.
Parágrafo único. Poderá o juiz, em caso de descumprimento, determinar, além da imposição de multa, outras medidas indutivas, coercitivas, mandamentais ou sub-rogatórias.

Art. 341 do CPC/73
Ver art. 5º, XIV, da CF/88

Seção II
Da Produção Antecipada da Prova

Art. 381. A produção antecipada da prova será admitida nos casos em que:
I – haja fundado receio de que venha a tornar-se impossível ou muito difícil a verificação de certos fatos na pendência da ação;
II – a prova a ser produzida seja suscetível de viabilizar a autocomposição ou outro meio adequado de solução de conflito;
III – o prévio conhecimento dos fatos possa justificar ou evitar o ajuizamento de ação.
§1º O arrolamento de bens observará o disposto nesta Seção quando tiver por finalidade apenas a realização de documentação e não a prática de atos de apreensão.
§2º A produção antecipada da prova é da competência do juízo do foro onde esta deva ser produzida ou do foro de domicílio do réu.
§3º A produção antecipada da prova não previne a competência do juízo para a ação que venha a ser proposta.
§4º O juízo estadual tem competência para produção antecipada de prova requerida em face da União, de entidade autárquica ou de empresa pública federal se, na localidade, não houver vara federal.
§5º Aplica-se o disposto nesta Seção àquele que pretender justificar a existência de algum fato ou relação jurídica para simples documento e sem caráter contencioso, que exporá, em petição circunstanciada, a sua intenção.

Arts. 846, 847, 849, 855, 856, 857, 858, 859 e 860 do CPC/73

Art. 382. Na petição, o requerente apresentará as razões que justificam a necessidade de antecipação da prova e mencionará com precisão os fatos sobre os quais a prova há de recair.
§1º O juiz determinará, de ofício ou a requerimento da parte, a citação de interessados na produção da prova ou no fato a ser provado, salvo se inexistente caráter contencioso.

§ 2º O juiz não se pronunciará sobre a ocorrência ou a inocorrência do fato, nem sobre as respectivas consequências jurídicas.

§ 3º Os interessados poderão requerer a produção de qualquer prova no mesmo procedimento, desde que relacionada ao mesmo fato, salvo se a sua produção conjunta acarretar excessiva demora.

§ 4º Neste procedimento, não se admitirá defesa ou recurso, salvo contra decisão que indeferir totalmente a produção da prova pleiteada pelo requerente originário.

Art. 848 do CPC/73

Art. 383. Os autos permanecerão em cartório durante 1 (um) mês para extração de cópias e certidões pelos interessados.

Parágrafo único. Findo o prazo, os autos serão entregues ao promovente da medida.

Art. 851 do CPC/73

Seção III
Da Ata Notarial

Art. 384. A existência e o modo de existir de algum fato podem ser atestados ou documentados, a requerimento do interessado, mediante ata lavrada por tabelião.

Parágrafo único. Dados representados por imagem ou som gravados em arquivos eletrônicos poderão constar da ata notarial.

Não há artigo correspondente no CPC/73
Ver art. 6º, II e III, c/c art. 7º, III, da Lei nº 8.935/1994

Seção IV
Do Depoimento Pessoal

Art. 385. Cabe à parte requerer o depoimento pessoal da outra parte, a fim de que esta seja interrogada na audiência de instrução e julgamento, sem prejuízo do poder do juiz de ordená-lo de ofício.

§ 1º Se a parte, pessoalmente intimada para prestar depoimento pessoal e advertida da pena de confesso, não comparecer ou, comparecendo, se recusar a depor, o juiz aplicar-lhe-á a pena.

§ 2º É vedado a quem ainda não depôs assistir ao interrogatório da outra parte.

§3º O depoimento pessoal da parte que residir em comarca, seção ou subseção judiciária diversa daquela onde tramita o processo poderá ser colhido por meio de videoconferência ou outro recurso tecnológico de transmissão de sons e imagens em tempo real, o que poderá ocorrer, inclusive, durante a realização da audiência de instrução e julgamento.

Arts. 342, 343 e 344, parágrafo único, do CPC/73

Art. 386. Quando a parte, sem motivo justificado, deixar de responder ao que lhe for perguntado ou empregar evasivas, o juiz, apreciando as demais circunstâncias e os elementos de prova, declarará, na sentença, se houve recusa de depor.

Art. 345 do CPC/73

Art. 387. A parte responderá pessoalmente sobre os fatos articulados, não podendo servir-se de escritos anteriormente preparados, permitindo-lhe o juiz, todavia, a consulta a notas breves, desde que objetivem completar esclarecimentos.

Art. 346 do CPC/73

Art. 388. A parte não é obrigada a depor sobre fatos:
I – criminosos ou torpes que lhe forem imputados;
II – a cujo respeito, por estado ou profissão, deva guardar sigilo;
III – acerca dos quais não possa responder sem desonra própria, de seu cônjuge, de seu companheiro ou de parente em grau sucessível;
IV – que coloquem em perigo a vida do depoente ou das pessoas referidas no inciso III.
Parágrafo único. Esta disposição não se aplica às ações de estado e de família.

Art. 347 do CPC/73
Ver art. 1.072 do CPC/2015

Seção V
Da Confissão

Art. 389. Há confissão, judicial ou extrajudicial, quando a parte admite a verdade de fato contrário ao seu interesse e favorável ao do adversário.

Art. 348 do CPC/73

Art. 390. A confissão judicial pode ser espontânea ou provocada.

§1º A confissão espontânea pode ser feita pela própria parte ou por representante com poder especial.

§2º A confissão provocada constará do termo de depoimento pessoal.

Art. 349 do CPC/73

Art. 391. A confissão judicial faz prova contra o confitente, não prejudicando, todavia, os litisconsortes.

Parágrafo único. Nas ações que versarem sobre bens imóveis ou direitos reais sobre imóveis alheios, a confissão de um cônjuge ou companheiro não valerá sem a do outro, salvo se o regime de casamento for o de separação absoluta de bens.

Art. 350 do CPC/73
Ver art. 1.647, II, do Código Civil

Art. 392. Não vale como confissão a admissão, em juízo, de fatos relativos a direitos indisponíveis.

§1º A confissão será ineficaz se feita por quem não for capaz de dispor do direito a que se referem os fatos confessados.

§2º A confissão feita por um representante somente é eficaz nos limites em que este pode vincular o representado.

Art. 351 do CPC/73
Ver art. 213 do Código Civil

Art. 393. A confissão é irrevogável, mas pode ser anulada se decorreu de erro de fato ou de coação.

Parágrafo único. A legitimidade para a ação prevista no *caput* é exclusiva do confitente e pode ser transferida a seus herdeiros se ele falecer após a propositura.

Art. 352 do CPC/73
Ver art. 214 do Código Civil

Art. 394. A confissão extrajudicial, quando feita oralmente, só terá eficácia nos casos em que a lei não exija prova literal.

Art. 353 do CPC/73

Art. 395. A confissão é, em regra, indivisível, não podendo a parte que a quiser invocar como prova aceitá-la no tópico que a beneficiar e rejeitá-la no que lhe for desfavorável, porém cindir-se-á quando o confitente a ela aduzir fatos novos, capazes de constituir fundamento de defesa de direito material ou de reconvenção.

Art. 354 do CPC/73

Seção VI
Da Exibição de Documento ou Coisa

Art. 396. O juiz pode ordenar que a parte exiba documento ou coisa que se encontre em seu poder.

Art. 355 do CPC/73

Enunciado nº 53 do FPPC: Na ação de exibição não cabe a fixação, nem a manutenção de multa quando a exibição for reconhecida como impossível. (Grupo: Direito Probatório)

Enunciado nº 283 do FPPC: Aplicam-se os arts. 319, §1º, 396 a 404 também quando o autor não dispuser de documentos indispensáveis à propositura da ação. (Grupo: Petição inicial, resposta do réu e saneamento)

Enunciado nº 518 do FPPC: Em caso de exibição de documento ou coisa em caráter antecedente, a fim de que seja autorizada a produção, tem a parte autora o ônus de adiantar os gastos necessários, salvo hipóteses em que o custeio incumbir ao réu. (Grupo: Direito probatório)

Ver Súmula nº 372 do STJ

Art. 397. O pedido formulado pela parte conterá:

I – a individuação, tão completa quanto possível, do documento ou da coisa;

II – a finalidade da prova, indicando os fatos que se relacionam com o documento ou com a coisa;

III – as circunstâncias em que se funda o requerente para afirmar que o documento ou a coisa existe e se acha em poder da parte contrária.

Art. 356 do CPC/73

Art. 398. O requerido dará sua resposta nos 5 (cinco) dias subsequentes à sua intimação.

Parágrafo único. Se o requerido afirmar que não possui o documento ou a coisa, o juiz permitirá que o requerente prove, por qualquer meio, que a declaração não corresponde à verdade.

Art. 357 do CPC/73

Art. 399. O juiz não admitirá a recusa se:
I – o requerido tiver obrigação legal de exibir;
II – o requerido tiver aludido ao documento ou à coisa, no processo, com o intuito de constituir prova;
III – o documento, por seu conteúdo, for comum às partes.

Art. 358 do CPC/73

Art. 400. Ao decidir o pedido, o juiz admitirá como verdadeiros os fatos que, por meio do documento ou da coisa, a parte pretendia provar se:

I – o requerido não efetuar a exibição nem fizer nenhuma declaração no prazo do art. 398;
II – a recusa for havida por ilegítima.
Parágrafo único. Sendo necessário, o juiz pode adotar medidas indutivas, coercitivas, mandamentais ou sub-rogatórias para que o documento seja exibido.

Art. 359 do CPC/73
Enunciado nº 54 do FPPC: Fica superado o Enunciado nº 372 da súmula do STJ ("Na ação de exibição de documentos, não cabe a aplicação de multa cominatória") após a entrada em vigor do CPC, pela expressa possibilidade de fixação de multa de natureza coercitiva na ação de exibição de documento. (Grupo: Direito Probatório)
Ver Súmula nº 372 do STJ

Art. 401. Quando o documento ou a coisa estiver em poder de terceiro, o juiz ordenará sua citação para responder no prazo de 15 (quinze) dias.

Art. 360 do CPC/73

Art. 402. Se o terceiro negar a obrigação de exibir ou a posse do documento ou da coisa, o juiz designará audiência especial, tomando-lhe o depoimento, bem como o das partes e, se necessário, o de testemunhas, e em seguida proferirá decisão.

Art. 361 do CPC/73

Art. 403. Se o terceiro, sem justo motivo, se recusar a efetuar a exibição, o juiz ordenar-lhe-á que proceda ao respectivo depósito em cartório ou em outro lugar designado, no prazo de 5 (cinco) dias, impondo ao requerente que o ressarça pelas despesas que tiver.

Parágrafo único. Se o terceiro descumprir a ordem, o juiz expedirá mandado de apreensão, requisitando, se necessário, força policial, sem prejuízo da responsabilidade por crime de desobediência, pagamento de multa e outras medidas indutivas, coercitivas, mandamentais ou sub-rogatórias necessárias para assegurar a efetivação da decisão.

Art. 362 do CPC/73

Enunciado nº 54 do FPPC: Fica superado o Enunciado nº 372 da súmula do STJ ("Na ação de exibição de documentos, não cabe a aplicação de multa cominatória") após a entrada em vigor do CPC, pela expressa possibilidade de fixação de multa de natureza coercitiva na ação de exibição de documento. (Grupo: Direito Probatório)

Ver art. 330 do Código Penal

Ver arts. 61 e 69, parágrafo único, da Lei nº 9.099/1995

Art. 404. A parte e o terceiro se escusam de exibir, em juízo, o documento ou a coisa se:

I – concernente a negócios da própria vida da família;

II – sua apresentação puder violar dever de honra;

III – sua publicidade redundar em desonra à parte ou ao terceiro, bem como a seus parentes consanguíneos ou afins até o terceiro grau, ou lhes representar perigo de ação penal;

IV – sua exibição acarretar a divulgação de fatos a cujo respeito, por estado ou profissão, devam guardar segredo;

V – subsistirem outros motivos graves que, segundo o prudente arbítrio do juiz, justifiquem a recusa da exibição;

VI – houver disposição legal que justifique a recusa da exibição.

Parágrafo único. Se os motivos de que tratam os incisos I a VI do *caput* disserem respeito a apenas uma parcela do documento, a parte ou o terceiro exibirá a outra em cartório, para dela ser extraída cópia reprográfica, de tudo sendo lavrado auto circunstanciado.

Art. 363 do CPC/73

Seção VII
Da Prova Documental

Subseção I
Da Força Probante dos Documentos

Art. 405. O documento público faz prova não só da sua formação, mas também dos fatos que o escrivão, o chefe de secretaria, o tabelião ou o servidor declarar que ocorreram em sua presença.

Art. 364 do CPC/73
Ver art. 215 do Código Civil

Art. 406. Quando a lei exigir instrumento público como da substância do ato, nenhuma outra prova, por mais especial que seja, pode suprir-lhe a falta.

Art. 366 do CPC/73

Art. 407. O documento feito por oficial público incompetente ou sem a observância das formalidades legais, sendo subscrito pelas partes, tem a mesma eficácia probatória do documento particular.

Art. 367 do CPC/73

Art. 408. As declarações constantes do documento particular escrito e assinado ou somente assinado presumem-se verdadeiras em relação ao signatário.
Parágrafo único. Quando, todavia, contiver declaração de ciência de determinado fato, o documento particular prova a ciência, mas não o fato em si, incumbindo o ônus de prová-lo ao interessado em sua veracidade.

Art. 368 do CPC/73
Ver arts. 219 e 220 do Código Civil

Art. 409. A data do documento particular, quando a seu respeito surgir dúvida ou impugnação entre os litigantes, provar-se-á por todos os meios de direito.
Parágrafo único. Em relação a terceiros, considerar-se-á datado o documento particular:
I – no dia em que foi registrado;
II – desde a morte de algum dos signatários;

III – a partir da impossibilidade física que sobreveio a qualquer dos signatários;
IV – da sua apresentação em repartição pública ou em juízo;
V – do ato ou do fato que estabeleça, de modo certo, a anterioridade da formação do documento.

Art. 370 do CPC/73

Art. 410. Considera-se autor do documento particular:
I – aquele que o fez e o assinou;
II – aquele por conta de quem ele foi feito, estando assinado;
III – aquele que, mandando compô-lo, não o firmou porque, conforme a experiência comum, não se costuma assinar, como livros empresariais e assentos domésticos.

Art. 371 do CPC/73

Art. 411. Considera-se autêntico o documento quando:
I – o tabelião reconhecer a firma do signatário;
II – a autoria estiver identificada por qualquer outro meio legal de certificação, inclusive eletrônico, nos termos da lei;
III – não houver impugnação da parte contra quem foi produzido o documento.

Art. 369 do CPC/73

Art. 412. O documento particular de cuja autenticidade não se duvida prova que o seu autor fez a declaração que lhe é atribuída.
Parágrafo único. O documento particular admitido expressa ou tacitamente é indivisível, sendo vedado à parte que pretende utilizar-se dele aceitar os fatos que lhe são favoráveis e recusar os que são contrários ao seu interesse, salvo se provar que estes não ocorreram.

Art. 373 do CPC/73

Art. 413. O telegrama, o radiograma ou qualquer outro meio de transmissão tem a mesma força probatória do documento particular se o original constante da estação expedidora tiver sido assinado pelo remetente.
Parágrafo único. A firma do remetente poderá ser reconhecida pelo tabelião, declarando-se essa circunstância no original depositado na estação expedidora.

Art. 374 do CPC/73

Art. 414. O telegrama ou o radiograma presume-se conforme com o original, provando as datas de sua expedição e de seu recebimento pelo destinatário.

Art. 375 do CPC/73

Art. 415. As cartas e os registros domésticos provam contra quem os escreveu quando:

I – enunciam o recebimento de um crédito;

II – contêm anotação que visa a suprir a falta de título em favor de quem é apontado como credor;

III – expressam conhecimento de fatos para os quais não se exija determinada prova.

Art. 376 do CPC/73

Art. 416. A nota escrita pelo credor em qualquer parte de documento representativo de obrigação, ainda que não assinada, faz prova em benefício do devedor.

Parágrafo único. Aplica-se essa regra tanto para o documento que o credor conservar em seu poder quanto para aquele que se achar em poder do devedor ou de terceiro.

Art. 377 do CPC/73

Art. 417. Os livros empresariais provam contra seu autor, sendo lícito ao empresário, todavia, demonstrar, por todos os meios permitidos em direito, que os lançamentos não correspondem à verdade dos fatos.

Art. 378 do CPC/73
Ver arts. 1.179 a 1.195 do Código Civil

Art. 418. Os livros empresariais que preencham os requisitos exigidos por lei provam a favor de seu autor no litígio entre empresários.

Art; 379 do CPC/73
Ver arts. 1.179 a 1.195 do Código Civil

Art. 419. A escrituração contábil é indivisível, e, se dos fatos que resultam dos lançamentos, uns são favoráveis ao interesse de seu autor e outros lhe são contrários, ambos serão considerados em conjunto, como unidade.

Art. 380 do CPC/73
Ver arts. 1.179 a 1.195 do Código Civil

Art. 420. O juiz pode ordenar, a requerimento da parte, a exibição integral dos livros empresariais e dos documentos do arquivo:
I – na liquidação de sociedade;
II – na sucessão por morte de sócio;
III – quando e como determinar a lei.

Art. 381 do CPC/73
Ver arts. 1.179 a 1.195 do Código Civil
Ver art. 7º, *caput*, da Lei nº 11.101/2005

Art. 421. O juiz pode, de ofício, ordenar à parte a exibição parcial dos livros e dos documentos, extraindo-se deles a suma que interessar ao litígio, bem como reproduções autenticadas.

Art. 382 do CPC/73
Ver Súmula nº 260 do STF

Art. 422. Qualquer reprodução mecânica, como a fotográfica, a cinematográfica, a fonográfica ou de outra espécie, tem aptidão para fazer prova dos fatos ou das coisas representadas, se a sua conformidade com o documento original não for impugnada por aquele contra quem foi produzida.

§1º As fotografias digitais e as extraídas da rede mundial de computadores fazem prova das imagens que reproduzem, devendo, se impugnadas, ser apresentada a respectiva autenticação eletrônica ou, não sendo possível, realizada perícia.

§2º Se se tratar de fotografia publicada em jornal ou revista, será exigido um exemplar original do periódico, caso impugnada a veracidade pela outra parte.

§3º Aplica-se o disposto neste artigo à forma impressa de mensagem eletrônica.

Art. 383 do CPC/73

Art. 423. As reproduções dos documentos particulares, fotográficas ou obtidas por outros processos de repetição, valem como certidões sempre que o escrivão ou o chefe de secretaria certificar sua conformidade com o original.

Art. 384 do CPC/73

Art. 424. A cópia de documento particular tem o mesmo valor probante que o original, cabendo ao escrivão, intimadas as partes, proceder à conferência e certificar a conformidade entre a cópia e o original.

Art. 385 do CPC/73

Art. 425. Fazem a mesma prova que os originais:
I – as certidões textuais de qualquer peça dos autos, do protocolo das audiências ou de outro livro a cargo do escrivão ou do chefe de secretaria, se extraídas por ele ou sob sua vigilância e por ele subscritas;
II – os traslados e as certidões extraídas por oficial público de instrumentos ou documentos lançados em suas notas;
III – as reproduções dos documentos públicos, desde que autenticadas por oficial público ou conferidas em cartório com os respectivos originais;
IV – as cópias reprográficas de peças do próprio processo judicial declaradas autênticas pelo advogado, sob sua responsabilidade pessoal, se não lhes for impugnada a autenticidade;
V – os extratos digitais de bancos de dados públicos e privados, desde que atestado pelo seu emitente, sob as penas da lei, que as informações conferem com o que consta na origem;
VI – as reproduções digitalizadas de qualquer documento público ou particular, quando juntadas aos autos pelos órgãos da justiça e seus auxiliares, pelo Ministério Público e seus auxiliares, pela Defensoria Pública e seus auxiliares, pelas procuradorias, pelas repartições públicas em geral e por advogados, ressalvada a alegação motivada e fundamentada de adulteração.
§1º Os originais dos documentos digitalizados mencionados no inciso VI deverão ser preservados pelo seu detentor até o final do prazo para propositura de ação rescisória.
§2º Tratando-se de cópia digital de título executivo extrajudicial ou de documento relevante à instrução do processo, o juiz poderá determinar seu depósito em cartório ou secretaria.

Art. 365 do CPC/73
Ver arts. 216 e 217 do Código Civil

Art. 426. O juiz apreciará fundamentadamente a fé que deva merecer o documento, quando em ponto substancial e sem ressalva contiver entrelinha, emenda, borrão ou cancelamento.

Art. 386 do CPC/73

Art. 427. Cessa a fé do documento público ou particular sendo-lhe declarada judicialmente a falsidade.

Parágrafo único. A falsidade consiste em:
I – formar documento não verdadeiro;
II – alterar documento verdadeiro.

Art. 387 do CPC/73

Art. 428. Cessa a fé do documento particular quando:
I – for impugnada sua autenticidade e enquanto não se comprovar sua veracidade;
II – assinado em branco, for impugnado seu conteúdo, por preenchimento abusivo.
Parágrafo único. Dar-se-á abuso quando aquele que recebeu documento assinado com texto não escrito no todo ou em parte formá-lo ou completá-lo por si ou por meio de outrem, violando o pacto feito com o signatário.

Art. 388 do CPC/73

Art. 429. Incumbe o ônus da prova quando:
I – se tratar de falsidade de documento ou de preenchimento abusivo, à parte que a arguir;
II – se tratar de impugnação da autenticidade, à parte que produziu o documento.

Art. 389 do CPC/73

Subseção II
Da Arguição de Falsidade

Art. 430. A falsidade deve ser suscitada na contestação, na réplica ou no prazo de 15 (quinze) dias, contado a partir da intimação da juntada do documento aos autos.
Parágrafo único. Uma vez arguida, a falsidade será resolvida como questão incidental, salvo se a parte requerer que o juiz a decida como questão principal, nos termos do inciso II do art. 19.

Art. 390 do CPC/73

Art. 431. A parte arguirá a falsidade expondo os motivos em que funda a sua pretensão e os meios com que provará o alegado.

Art. 391 do CPC/73

Art. 432. Depois de ouvida a outra parte no prazo de 15 (quinze) dias, será realizado o exame pericial.
Parágrafo único. Não se procederá ao exame pericial se a parte que produziu o documento concordar em retirá-lo.

Art. 392 do CPC/73

Art. 433. A declaração sobre a falsidade do documento, quando suscitada como questão principal, constará da parte dispositiva da sentença e sobre ela incidirá também a autoridade da coisa julgada.

Art. 395 do CPC/73

Subseção III
Da Produção da Prova Documental

Art. 434. Incumbe à parte instruir a petição inicial ou a contestação com os documentos destinados a provar suas alegações.
Parágrafo único. Quando o documento consistir em reprodução cinematográfica ou fonográfica, a parte deverá trazê-lo nos termos do *caput*, mas sua exposição será realizada em audiência, intimando-se previamente as partes.

Art. 396 do CPC/73

Art. 435. É lícito às partes, em qualquer tempo, juntar aos autos documentos novos, quando destinados a fazer prova de fatos ocorridos depois dos articulados ou para contrapô-los aos que foram produzidos nos autos.
Parágrafo único. Admite-se também a juntada posterior de documentos formados após a petição inicial ou a contestação, bem como dos que se tornaram conhecidos, acessíveis ou disponíveis após esses atos, cabendo à parte que os produzir comprovar o motivo que a impediu de juntá-los anteriormente e incumbindo ao juiz, em qualquer caso, avaliar a conduta da parte de acordo com o art. 5º.

Art. 397 do CPC/73

Art. 436. A parte, intimada a falar sobre documento constante dos autos, poderá:
I – impugnar a admissibilidade da prova documental;
II – impugnar sua autenticidade;

III – suscitar sua falsidade, com ou sem deflagração do incidente de arguição de falsidade;
IV – manifestar-se sobre seu conteúdo.
Parágrafo único. Nas hipóteses dos incisos II e III, a impugnação deverá basear-se em argumentação específica, não se admitindo alegação genérica de falsidade.

Art. 372 e 390 e 398 do CPC/73

Art. 437. O réu manifestar-se-á na contestação sobre os documentos anexados à inicial, e o autor manifestar-se-á na réplica sobre os documentos anexados à contestação.

§1º Sempre que uma das partes requerer a juntada de documento aos autos, o juiz ouvirá, a seu respeito, a outra parte, que disporá do prazo de 15 (quinze) dias para adotar qualquer das posturas indicadas no art. 436.

§2º Poderá o juiz, a requerimento da parte, dilatar o prazo para manifestação sobre a prova documental produzida, levando em consideração a quantidade e a complexidade da documentação.

Art. 398 do CPC/73
Enunciado nº 107 do FPPC: O juiz pode, de ofício, dilatar o prazo para a parte se manifestar sobre a prova documental produzida. (Grupo: Negócios Processuais)

Art. 438. O juiz requisitará às repartições públicas, em qualquer tempo ou grau de jurisdição:
I – as certidões necessárias à prova das alegações das partes;
II – os procedimentos administrativos nas causas em que forem interessados a União, os Estados, o Distrito Federal, os Municípios ou entidades da administração indireta.
§1º Recebidos os autos, o juiz mandará extrair, no prazo máximo e improrrogável de 1 (um) mês, certidões ou reproduções fotográficas das peças que indicar e das que forem indicadas pelas partes, e, em seguida, devolverá os autos à repartição de origem.
§2º As repartições públicas poderão fornecer todos os documentos em meio eletrônico, conforme disposto em lei, certificando, pelo mesmo meio, que se trata de extrato fiel do que consta em seu banco de dados ou no documento digitalizado.

Art. 399 do CPC/73
Ver art. 5º, XXXIV da CF/88

Seção VIII
Dos Documentos Eletrônicos

Art. 439. A utilização de documentos eletrônicos no processo convencional dependerá de sua conversão à forma impressa e da verificação de sua autenticidade, na forma da lei.

Não há artigo correspondente no CPC/73

Art. 440. O juiz apreciará o valor probante do documento eletrônico não convertido, assegurado às partes o acesso ao seu teor.

Não há artigo correspondente no CPC/73

Art. 441. Serão admitidos documentos eletrônicos produzidos e conservados com a observância da legislação específica.

Não há artigo correspondente no CPC/73
Ver Lei nº 12.682/2012

Seção IX
Da Prova Testemunhal

Subseção I
Da Admissibilidade e do Valor da Prova Testemunhal

Art. 442. A prova testemunhal é sempre admissível, não dispondo a lei de modo diverso.

Art. 400 do CPC/73

Art. 443. O juiz indeferirá a inquirição de testemunhas sobre fatos:
I – já provados por documento ou confissão da parte;
II – que só por documento ou por exame pericial puderem ser provados.

Art. 400 do CPC/73
Ver Súmula nº 149 do STJ
Ver art. 227, parágrafo único, do Código Civil

Art. 444. Nos casos em que a lei exigir prova escrita da obrigação, é admissível a prova testemunhal quando houver começo de prova por escrito, emanado da parte contra a qual se pretende produzir a prova.

Art. 402 do CPC/73
Ver Súmula nº 149 do STJ
Ver art. 227, parágrafo único, do Código Civil

Art. 445. Também se admite a prova testemunhal quando o credor não pode ou não podia, moral ou materialmente, obter a prova escrita da obrigação, em casos como o de parentesco, de depósito necessário ou de hospedagem em hotel ou em razão das práticas comerciais do local onde contraída a obrigação.

Art. 402 do CPC/73

Art. 446. É lícito à parte provar com testemunhas:
I – nos contratos simulados, a divergência entre a vontade real e a vontade declarada;
II – nos contratos em geral, os vícios de consentimento.

Art. 404 do CPC/73
Ver arts. 110 e 167 do Código Civil

Art. 447. Podem depor como testemunhas todas as pessoas, exceto as incapazes, impedidas ou suspeitas.
§1º São incapazes:
I – o interdito por enfermidade ou deficiência mental;
II – o que, acometido por enfermidade ou retardamento mental, ao tempo em que ocorreram os fatos, não podia discerni-los, ou, ao tempo em que deve depor, não está habilitado a transmitir as percepções;
III – o que tiver menos de 16 (dezesseis) anos;
IV – o cego e o surdo, quando a ciência do fato depender dos sentidos que lhes faltam.
§2º São impedidos:
I – o cônjuge, o companheiro, o ascendente e o descendente em qualquer grau e o colateral, até o terceiro grau, de alguma das partes, por consanguinidade ou afinidade, salvo se o exigir o interesse público ou, tratando-se de causa relativa ao estado da pessoa, não se puder obter de outro modo a prova que o juiz repute necessária ao julgamento do mérito;
II – o que é parte na causa;

III – o que intervém em nome de uma parte, como o tutor, o representante legal da pessoa jurídica, o juiz, o advogado e outros que assistam ou tenham assistido as partes.

§3º São suspeitos:
I – o inimigo da parte ou o seu amigo íntimo;
II – o que tiver interesse no litígio.

§4º Sendo necessário, pode o juiz admitir o depoimento das testemunhas menores, impedidas ou suspeitas.

§5º Os depoimentos referidos no §4º serão prestados independentemente de compromisso, e o juiz lhes atribuirá o valor que possam merecer.

Art. 405 do CPC/73
Ver art. 228 do Código Civil

Art. 448. A testemunha não é obrigada a depor sobre fatos:
I – que lhe acarretem grave dano, bem como ao seu cônjuge ou companheiro e aos seus parentes consanguíneos ou afins, em linha reta ou colateral, até o terceiro grau;
II – a cujo respeito, por estado ou profissão, deva guardar sigilo.

Art. 406 do CPC/73

Art. 449. Salvo disposição especial em contrário, as testemunhas devem ser ouvidas na sede do juízo.
Parágrafo único. Quando a parte ou a testemunha, por enfermidade ou por outro motivo relevante, estiver impossibilitada de comparecer, mas não de prestar depoimento, o juiz designará, conforme as circunstâncias, dia, hora e lugar para inquiri-la.

Art. 336 do CPC/73

Subseção II
Da Produção da Prova Testemunhal

Art. 450. O rol de testemunhas conterá, sempre que possível, o nome, a profissão, o estado civil, a idade, o número de inscrição no Cadastro de Pessoas Físicas, o número de registro de identidade e o endereço completo da residência e do local de trabalho.

Art. 407 do CPC/73

Enunciado nº 519 do FPPC: Em caso de impossibilidade de obtenção ou de desconhecimento das informações relativas à qualificação da testemunha, a parte poderá requerer ao juiz providências necessárias para a sua obtenção, salvo em casos de inadmissibilidade da prova ou de abuso de direito. (Grupo: Direito probatório)

Art. 451. Depois de apresentado o rol de que tratam os §§4º e 5º do art. 357, a parte só pode substituir a testemunha:
I – que falecer;
II – que, por enfermidade, não estiver em condições de depor;
III – que, tendo mudado de residência ou de local de trabalho, não for encontrada.

Art. 408 do CPC/73

Art. 452. Quando for arrolado como testemunha, o juiz da causa:
I – declarar-se-á impedido, se tiver conhecimento de fatos que possam influir na decisão, caso em que será vedado à parte que o incluiu no rol desistir de seu depoimento;
II – se nada souber, mandará excluir o seu nome.

Art. 409 do CPC/73

Art. 453. As testemunhas depõem, na audiência de instrução e julgamento, perante o juiz da causa, exceto:
I – as que prestam depoimento antecipadamente;
II – as que são inquiridas por carta.
§1º A oitiva de testemunha que residir em comarca, seção ou subseção judiciária diversa daquela onde tramita o processo poderá ser realizada por meio de videoconferência ou outro recurso tecnológico de transmissão e recepção de sons e imagens em tempo real, o que poderá ocorrer, inclusive, durante a audiência de instrução e julgamento.
§2º Os juízos deverão manter equipamento para a transmissão e recepção de sons e imagens a que se refere o §1º.

Art. 410 do CPC/73

Art. 454. São inquiridos em sua residência ou onde exercem sua função:
I – o presidente e o vice-presidente da República;
II – os ministros de Estado;

III – os ministros do Supremo Tribunal Federal, os conselheiros do Conselho Nacional de Justiça e os ministros do Superior Tribunal de Justiça, do Superior Tribunal Militar, do Tribunal Superior Eleitoral, do Tribunal Superior do Trabalho e do Tribunal de Contas da União;

IV – o procurador-geral da República e os conselheiros do Conselho Nacional do Ministério Público;

V – o advogado-geral da União, o procurador-geral do Estado, o procurador-geral do Município, o defensor público-geral federal e o defensor público-geral do Estado;

VI – os senadores e os deputados federais;

VII – os governadores dos Estados e do Distrito Federal;

VIII – o prefeito;

IX – os deputados estaduais e distritais;

X – os desembargadores dos Tribunais de Justiça, dos Tribunais Regionais Federais, dos Tribunais Regionais do Trabalho e dos Tribunais Regionais Eleitorais e os conselheiros dos Tribunais de Contas dos Estados e do Distrito Federal;

XI – o procurador-geral de justiça;

XII – o embaixador de país que, por lei ou tratado, concede idêntica prerrogativa a agente diplomático do Brasil.

§1º O juiz solicitará à autoridade que indique dia, hora e local a fim de ser inquirida, remetendo-lhe cópia da petição inicial ou da defesa oferecida pela parte que a arrolou como testemunha.

§2º Passado 1 (um) mês sem manifestação da autoridade, o juiz designará dia, hora e local para o depoimento, preferencialmente na sede do juízo.

§3º O juiz também designará dia, hora e local para o depoimento, quando a autoridade não comparecer, injustificadamente, à sessão agendada para a colheita de seu testemunho no dia, hora e local por ela mesma indicados.

Art. 411 do CPC/73

Art. 455. Cabe ao advogado da parte informar ou intimar a testemunha por ele arrolada do dia, da hora e do local da audiência designada, dispensando-se a intimação do juízo.

§1º A intimação deverá ser realizada por carta com aviso de recebimento, cumprindo ao advogado juntar aos autos, com antecedência de pelo menos 3 (três) dias da data da audiência, cópia da correspondência de intimação e do comprovante de recebimento.

§2º A parte pode comprometer-se a levar a testemunha à audiência, independentemente da intimação de que trata o §1º, presumindo-se, caso a testemunha não compareça, que a parte desistiu de sua inquirição.

§3º A inércia na realização da intimação a que se refere o §1º importa desistência da inquirição da testemunha.

§4º A intimação será feita pela via judicial quando:

Enunciado nº 155 do FPPC: No processo do trabalho, as testemunhas somente serão intimadas judicialmente nas hipóteses mencionadas no §4º do art. 455, cabendo à parte informar ou intimar as testemunhas da data da audiência. (Grupo: Impacto do CPC no Processo do Trabalho)

I – for frustrada a intimação prevista no §1º deste artigo;
II – sua necessidade for devidamente demonstrada pela parte ao juiz;
III – figurar no rol de testemunhas servidor público ou militar, hipótese em que o juiz o requisitará ao chefe da repartição ou ao comando do corpo em que servir;
IV – a testemunha houver sido arrolada pelo Ministério Público ou pela Defensoria Pública;
V – a testemunha for uma daquelas previstas no art. 454.

§5º A testemunha que, intimada na forma do §1º ou do §4º, deixar de comparecer sem motivo justificado será conduzida e responderá pelas despesas do adiamento.

Art. 412 do CPC/73

Art. 456. O juiz inquirirá as testemunhas separada e sucessivamente, primeiro as do autor e depois as do réu, e providenciará para que uma não ouça o depoimento das outras.
Parágrafo único. O juiz poderá alterar a ordem estabelecida no *caput* se as partes concordarem.

Art. 413 do CPC/73

Art. 457. Antes de depor, a testemunha será qualificada, declarará ou confirmará seus dados e informará se tem relações de parentesco com a parte ou interesse no objeto do processo.
§1º É lícito à parte contraditar a testemunha, arguindo-lhe a incapacidade, o impedimento ou a suspeição, bem como, caso a testemunha negue os fatos que lhe são imputados, provar a contradita com documentos ou com testemunhas, até 3 (três), apresentadas no ato e inquiridas em separado.
§2º Sendo provados ou confessados os fatos a que se refere o §1º, o juiz dispensará a testemunha ou lhe tomará o depoimento como informante.
§3º A testemunha pode requerer ao juiz que a escuse de depor, alegando os motivos previstos neste Código, decidindo o juiz de plano após ouvidas as partes.

Art. 414 do CPC/73

Art. 458. Ao início da inquirição, a testemunha prestará o compromisso de dizer a verdade do que souber e lhe for perguntado.

Parágrafo único. O juiz advertirá à testemunha que incorre em sanção penal quem faz afirmação falsa, cala ou oculta a verdade.

Art. 415 do CPC/73
Ver art. 342 do Código Penal

Art. 459. As perguntas serão formuladas pelas partes diretamente à testemunha, começando pela que a arrolou, não admitindo o juiz aquelas que puderem induzir a resposta, não tiverem relação com as questões de fato objeto da atividade probatória ou importarem repetição de outra já respondida.

Enunciado nº 156 do FPPC: Não configura induzimento, constante do art. 466, *caput*, a utilização de técnica de arguição direta no exercício regular de direito. (Grupo: Direito Probatório)

§1º O juiz poderá inquirir a testemunha tanto antes quanto depois da inquirição feita pelas partes.

Enunciado nº 157 do FPPC: Deverá ser facultada às partes a formulação de perguntas de esclarecimento ou complementação decorrentes da inquirição do juiz. (Grupo: Direito Probatório)

§2º As testemunhas devem ser tratadas com urbanidade, não se lhes fazendo perguntas ou considerações impertinentes, capciosas ou vexatórias.

§3º As perguntas que o juiz indeferir serão transcritas no termo, se a parte o requerer.

Art. 416 do CPC/73
Enunciado nº 158 do FPPC: Constitui direito da parte a transcrição de perguntas indeferidas pelo juiz. (Grupo: Direito Probatório)
Ver art. 212 do Código de Processo Penal

Art. 460. O depoimento poderá ser documentado por meio de gravação.

§1º Quando digitado ou registrado por taquigrafia, estenotipia ou outro método idôneo de documentação, o depoimento será assinado pelo juiz, pelo depoente e pelos procuradores.

§2º Se houver recurso em processo em autos não eletrônicos, o depoimento somente será digitado quando for impossível o envio de sua documentação eletrônica.

§3º Tratando-se de autos eletrônicos, observar-se-á o disposto neste Código e na legislação específica sobre a prática eletrônica de atos processuais.

Art. 417 do CPC/73

Art. 461. O juiz pode ordenar, de ofício ou a requerimento da parte:

I – a inquirição de testemunhas referidas nas declarações da parte ou das testemunhas;

II – a acareação de 2 (duas) ou mais testemunhas ou de alguma delas com a parte, quando, sobre fato determinado que possa influir na decisão da causa, divergirem as suas declarações.

§1º Os acareados serão reperguntados para que expliquem os pontos de divergência, reduzindo-se a termo o ato de acareação.

§2º A acareação pode ser realizada por videoconferência ou por outro recurso tecnológico de transmissão de sons e imagens em tempo real.

Art. 418 do CPC/73

Art. 462. A testemunha pode requerer ao juiz o pagamento da despesa que efetuou para comparecimento à audiência, devendo a parte pagá-la logo que arbitrada ou depositá-la em cartório dentro de 3 (três) dias.

Art. 419 do CPC/73

Art. 463. O depoimento prestado em juízo é considerado serviço público. Parágrafo único. A testemunha, quando sujeita ao regime da legislação trabalhista, não sofre, por comparecer à audiência, perda de salário nem desconto no tempo de serviço.

Art. 419 do CPC/73

Seção X
Da Prova Pericial

Art. 464. A prova pericial consiste em exame, vistoria ou avaliação.

§1º O juiz indeferirá a perícia quando:

I – a prova do fato não depender de conhecimento especial de técnico;

II – for desnecessária em vista de outras provas produzidas;

III – a verificação for impraticável.

§2º De ofício ou a requerimento das partes, o juiz poderá, em substituição à perícia, determinar a produção de prova técnica simplificada, quando o ponto controvertido for de menor complexidade.

§3º A prova técnica simplificada consistirá apenas na inquirição de especialista, pelo juiz, sobre ponto controvertido da causa que demande especial conhecimento científico ou técnico.

§4º Durante a arguição, o especialista, que deverá ter formação acadêmica específica na área objeto de seu depoimento, poderá valer-se de qualquer recurso tecnológico de transmissão de sons e imagens com o fim de esclarecer os pontos controvertidos da causa.

Art. 420 do CPC/73

Art. 465. O juiz nomeará perito especializado no objeto da perícia e fixará de imediato o prazo para a entrega do laudo.

§1º Incumbe às partes, dentro de 15 (quinze) dias contados da intimação do despacho de nomeação do perito:
I – arguir o impedimento ou a suspeição do perito, se for o caso;
II – indicar assistente técnico;
III – apresentar quesitos.

§2º Ciente da nomeação, o perito apresentará em 5 (cinco) dias:
I – proposta de honorários;
II – currículo, com comprovação de especialização;
III – contatos profissionais, em especial o endereço eletrônico, para onde serão dirigidas as intimações pessoais.

§3º As partes serão intimadas da proposta de honorários para, querendo, manifestar-se no prazo comum de 5 (cinco) dias, após o que o juiz arbitrará o valor, intimando-se as partes para os fins do art. 95.

§4º O juiz poderá autorizar o pagamento de até cinquenta por cento dos honorários arbitrados a favor do perito no início dos trabalhos, devendo o remanescente ser pago apenas ao final, depois de entregue o laudo e prestados todos os esclarecimentos necessários.

§5º Quando a perícia for inconclusiva ou deficiente, o juiz poderá reduzir a remuneração inicialmente arbitrada para o trabalho.

§6º Quando tiver de realizar-se por carta, poder-se-á proceder à nomeação de perito e à indicação de assistentes técnicos no juízo ao qual se requisitar a perícia.

Art. 421 do CPC/73

Art. 466. O perito cumprirá escrupulosamente o encargo que lhe foi cometido, independentemente de termo de compromisso.

§1º Os assistentes técnicos são de confiança da parte e não estão sujeitos a impedimento ou suspeição.

§2º O perito deve assegurar aos assistentes das partes o acesso e o acompanhamento das diligências e dos exames que realizar, com prévia comunicação, comprovada nos autos, com antecedência mínima de 5 (cinco) dias.

Art. 422 do CPC/73

Art. 467. O perito pode escusar-se ou ser recusado por impedimento ou suspeição.
Parágrafo único. O juiz, ao aceitar a escusa ou ao julgar procedente a impugnação, nomeará novo perito.

Art. 423 do CPC/73

Art. 468. O perito pode ser substituído quando:
I – faltar-lhe conhecimento técnico ou científico;
II – sem motivo legítimo, deixar de cumprir o encargo no prazo que lhe foi assinado.
§1º No caso previsto no inciso II, o juiz comunicará a ocorrência à corporação profissional respectiva, podendo, ainda, impor multa ao perito, fixada tendo em vista o valor da causa e o possível prejuízo decorrente do atraso no processo.
§2º O perito substituído restituirá, no prazo de 15 (quinze) dias, os valores recebidos pelo trabalho não realizado, sob pena de ficar impedido de atuar como perito judicial pelo prazo de 5 (cinco) anos.
§3º Não ocorrendo a restituição voluntária de que trata o §2º, a parte que tiver realizado o adiantamento dos honorários poderá promover execução contra o perito, na forma dos arts. 513 e seguintes deste Código, com fundamento na decisão que determinar a devolução do numerário.

Art. 424 do CPC/73

Art. 469. As partes poderão apresentar quesitos suplementares durante a diligência, que poderão ser respondidos pelo perito previamente ou na audiência de instrução e julgamento.
Parágrafo único. O escrivão dará à parte contrária ciência da juntada dos quesitos aos autos.

Art. 425 e 435 do CPC/73

Art. 470. Incumbe ao juiz:
I – indeferir quesitos impertinentes;
II – formular os quesitos que entender necessários ao esclarecimento da causa.

Art. 426 do CPC/73

Art. 471. As partes podem, de comum acordo, escolher o perito, indicando-o mediante requerimento, desde que:
I – sejam plenamente capazes;
II – a causa possa ser resolvida por autocomposição.

§1º As partes, ao escolher o perito, já devem indicar os respectivos assistentes técnicos para acompanhar a realização da perícia, que se realizará em data e local previamente anunciados.

§2º O perito e os assistentes técnicos devem entregar, respectivamente, laudo e pareceres em prazo fixado pelo juiz.

§3º A perícia consensual substitui, para todos os efeitos, a que seria realizada por perito nomeado pelo juiz.

Não há artigo correspondente no CPC/73

Art. 472. O juiz poderá dispensar prova pericial quando as partes, na inicial e na contestação, apresentarem, sobre as questões de fato, pareceres técnicos ou documentos elucidativos que considerar suficientes.

Art. 427 do CPC/73

Art. 473. O laudo pericial deverá conter:
I – a exposição do objeto da perícia;
II – a análise técnica ou científica realizada pelo perito;
III – a indicação do método utilizado, esclarecendo-o e demonstrando ser predominantemente aceito pelos especialistas da área do conhecimento da qual se originou;
IV – resposta conclusiva a todos os quesitos apresentados pelo juiz, pelas partes e pelo órgão do Ministério Público.

§1º No laudo, o perito deve apresentar sua fundamentação em linguagem simples e com coerência lógica, indicando como alcançou suas conclusões.

§2º É vedado ao perito ultrapassar os limites de sua designação, bem como emitir opiniões pessoais que excedam o exame técnico ou científico do objeto da perícia.

§3º Para o desempenho de sua função, o perito e os assistentes técnicos podem valer-se de todos os meios necessários, ouvindo testemunhas, obtendo informações, solicitando documentos que estejam em poder da parte, de terceiros ou em repartições públicas, bem como instruir o laudo com planilhas, mapas, plantas, desenhos, fotografias ou outros elementos necessários ao esclarecimento do objeto da perícia.

Art. 429 do CPC/73

Art. 474. As partes terão ciência da data e do local designados pelo juiz ou indicados pelo perito para ter início a produção da prova.

Art. 431-A do CPC/73

Art. 475. Tratando-se de perícia complexa que abranja mais de uma área de conhecimento especializado, o juiz poderá nomear mais de um perito, e a parte, indicar mais de um assistente técnico.

Art. 431-B do CPC/73

Art. 476. Se o perito, por motivo justificado, não puder apresentar o laudo dentro do prazo, o juiz poderá conceder-lhe, por uma vez, prorrogação pela metade do prazo originalmente fixado.

Art. 432 do CPC/73

Art. 477. O perito protocolará o laudo em juízo, no prazo fixado pelo juiz, pelo menos 20 (vinte) dias antes da audiência de instrução e julgamento.
§1º As partes serão intimadas para, querendo, manifestar-se sobre o laudo do perito do juízo no prazo comum de 15 (quinze) dias, podendo o assistente técnico de cada uma das partes, em igual prazo, apresentar seu respectivo parecer.
§2º O perito do juízo tem o dever de, no prazo de 15 (quinze) dias, esclarecer ponto:
I – sobre o qual exista divergência ou dúvida de qualquer das partes, do juiz ou do órgão do Ministério Público;
II – divergente apresentado no parecer do assistente técnico da parte.
§3º Se ainda houver necessidade de esclarecimentos, a parte requererá ao juiz que mande intimar o perito ou o assistente técnico a comparecer à audiência de instrução e julgamento, formulando, desde logo, as perguntas, sob forma de quesitos.
§4º O perito ou o assistente técnico será intimado por meio eletrônico, com pelo menos 10 (dez) dias de antecedência da audiência.

Art. 433 e 435 do CPC/73

Art. 478. Quando o exame tiver por objeto a autenticidade ou a falsidade de documento ou for de natureza médico-legal, o perito será escolhido, de preferência, entre os técnicos dos estabelecimentos oficiais especializados, a cujos diretores o juiz autorizará a remessa dos autos, bem como do material sujeito a exame.

§1º Nas hipóteses de gratuidade de justiça, os órgãos e as repartições oficiais deverão cumprir a determinação judicial com preferência, no prazo estabelecido.

§2º A prorrogação do prazo referido no §1º pode ser requerida motivadamente.

§3º Quando o exame tiver por objeto a autenticidade da letra e da firma, o perito poderá requisitar, para efeito de comparação, documentos existentes em repartições públicas e, na falta destes, poderá requerer ao juiz que a pessoa a quem se atribuir a autoria do documento lance em folha de papel, por cópia ou sob ditado, dizeres diferentes, para fins de comparação.

Art. 434 do CPC/73

Art. 479. O juiz apreciará a prova pericial de acordo com o disposto no art. 371, indicando na sentença os motivos que o levaram a considerar ou a deixar de considerar as conclusões do laudo, levando em conta o método utilizado pelo perito.

Art. 436 do CPC/73

Art. 480. O juiz determinará, de ofício ou a requerimento da parte, a realização de nova perícia quando a matéria não estiver suficientemente esclarecida.

§1º A segunda perícia tem por objeto os mesmos fatos sobre os quais recaiu a primeira e destina-se a corrigir eventual omissão ou inexatidão dos resultados a que esta conduziu.

§2º A segunda perícia rege-se pelas disposições estabelecidas para a primeira.

§3º A segunda perícia não substitui a primeira, cabendo ao juiz apreciar o valor de uma e de outra.

Arts. 437, 438 e 439 do CPC/73

Seção XI
Da Inspeção Judicial

Art. 481. O juiz, de ofício ou a requerimento da parte, pode, em qualquer fase do processo, inspecionar pessoas ou coisas, a fim de se esclarecer sobre fato que interesse à decisão da causa.

Art. 440 do CPC/73

Art. 482. Ao realizar a inspeção, o juiz poderá ser assistido por um ou mais peritos.

Art. 441 do CPC/73

Art. 483. O juiz irá ao local onde se encontre a pessoa ou a coisa quando:
I – julgar necessário para a melhor verificação ou interpretação dos fatos que deva observar;
II – a coisa não puder ser apresentada em juízo sem consideráveis despesas ou graves dificuldades;
III – determinar a reconstituição dos fatos.
Parágrafo único. As partes têm sempre direito a assistir à inspeção, prestando esclarecimentos e fazendo observações que considerem de interesse para a causa.

Art. 442 do CPC/73

Art. 484. Concluída a diligência, o juiz mandará lavrar auto circunstanciado, mencionando nele tudo quanto for útil ao julgamento da causa.
Parágrafo único. O auto poderá ser instruído com desenho, gráfico ou fotografia.

Art. 443 do CPC/73

CAPÍTULO XIII
DA SENTENÇA E DA COISA JULGADA

Seção I
Disposições Gerais

Art. 485. O juiz não resolverá o mérito quando:
I – indeferir a petição inicial;
II – o processo ficar parado durante mais de 1 (um) ano por negligência das partes;
III – por não promover os atos e as diligências que lhe incumbir, o autor abandonar a causa por mais de 30 (trinta) dias;
IV – verificar a ausência de pressupostos de constituição e de desenvolvimento válido e regular do processo;
V – reconhecer a existência de perempção, de litispendência ou de coisa julgada;

VI – verificar ausência de legitimidade ou de interesse processual;
VII – acolher a alegação de existência de convenção de arbitragem ou quando o juízo arbitral reconhecer sua competência;

Enunciado nº 47 do FPPC: A competência do juízo estatal deverá ser analisada previamente à alegação de convenção de arbitragem. (Grupo: Arbitragem; redação revista no III FPPC-Rio)

Enunciado nº 48 do FPPC: A alegação de convenção de arbitragem deverá ser examinada à luz do princípio da competência-competência. (Grupo: Arbitragem – enunciado aprovado por aclamação)

Enunciado nº 136 do FPPC: A citação válida no processo judicial interrompe a prescrição, ainda que o processo seja extinto em decorrência do acolhimento da alegação de convenção de arbitragem. (Grupo: Arbitragem)

Enunciado nº 153 do FPPC: A superveniente instauração de procedimento arbitral, se ainda não decidida a alegação de convenção de arbitragem, também implicará a suspensão do processo, à espera da decisão do juízo arbitral sobre a sua própria competência. (Grupo: Arbitragem)

Enunciado nº 434 do FPPC: O reconhecimento da competência pelo juízo arbitral é causa para a extinção do processo judicial sem resolução de mérito. (Grupo: Arbitragem)

Enunciado nº 435 do FPPC: Cabe agravo de instrumento contra a decisão do juiz que, diante do reconhecimento de competência pelo juízo arbitral, se recusar a extinguir o processo judicial sem resolução de mérito. (Grupo: Arbitragem)

VIII – homologar a desistência da ação;
IX – em caso de morte da parte, a ação for considerada intransmissível por disposição legal; e
X – nos demais casos prescritos neste Código.
§1º Nas hipóteses descritas nos incisos II e III, a parte será intimada pessoalmente para suprir a falta no prazo de 5 (cinco) dias.
§2º No caso do §1º, quanto ao inciso II, as partes pagarão proporcionalmente as custas, e, quanto ao inciso III, o autor será condenado ao pagamento das despesas e dos honorários de advogado.
§3º O juiz conhecerá de ofício da matéria constante dos incisos IV, V, VI e IX, em qualquer tempo e grau de jurisdição, enquanto não ocorrer o trânsito em julgado.
§4º Oferecida a contestação, o autor não poderá, sem o consentimento do réu, desistir da ação.
§5º A desistência da ação pode ser apresentada até a sentença.

§6º Oferecida a contestação, a extinção do processo por abandono da causa pelo autor depende de requerimento do réu.

§7º Interposta a apelação em qualquer dos casos de que tratam os incisos deste artigo, o juiz terá 5 (cinco) dias para retratar-se.

Art. 267 do CPC/73

Enunciado nº 159 do FPPC: No processo do trabalho, o juiz pode retratar-se no prazo de cinco dias, após a interposição do recurso contra sentença que extingue o processo sem resolução do mérito. (Grupo: Impacto do CPC no Processo do Trabalho)

Enunciado nº 520 do FPPC: Interposto recurso inominado contra sentença sem resolução de mérito, o juiz pode se retratar em cinco dias. (Grupo: Impacto nos Juizados e nos procedimentos especiais da legislação extravagante)

Ver arts. 3º, 4º, caput, e 9º, caput, da Lei nº 9.307/1996
Ver Súmula nº 240 do STJ
Ver Art. 3º da Lei nº 9.469/1997
Ver art. 9º da Lei nº 4.717/1965
Ver art. 5º, §3º, da Lei nº 7.347/1985
Ver art. 11 do Código Civil

Art. 486. O pronunciamento judicial que não resolve o mérito não obsta a que a parte proponha de novo a ação.

§1º No caso de extinção em razão de litispendência e nos casos dos incisos I, IV, VI e VII do art. 485, a propositura da nova ação depende da correção do vício que levou à sentença sem resolução do mérito.

§2º A petição inicial, todavia, não será despachada sem a prova do pagamento ou do depósito das custas e dos honorários de advogado.

§3º Se o autor der causa, por 3 (três) vezes, à sentença fundada em abandono da causa, não poderá propor nova ação contra o réu com o mesmo objeto, ficando-lhe ressalvada, entretanto, a possibilidade de alegar em defesa o seu direito.

Art. 268 do CPC/73

Art. 487. Haverá resolução de mérito quando o juiz:
I – acolher ou rejeitar o pedido formulado na ação ou na reconvenção;

Enunciado nº 160 do FPPC: A sentença que reconhece a extinção da obrigação pela confusão é de mérito. (Grupo: Coisa Julgada, Ação Rescisória e Sentença)

II – decidir, de ofício ou a requerimento, sobre a ocorrência de decadência ou prescrição;

Enunciado nº 161 do FPPC: É de mérito a decisão que rejeita a alegação de prescrição ou de decadência. (Grupo: Coisa Julgada, Ação Rescisória e Sentença).

III – homologar:
a) o reconhecimento da procedência do pedido formulado na ação ou na reconvenção;
b) a transação;
c) a renúncia à pretensão formulada na ação ou na reconvenção.

Parágrafo único. Ressalvada a hipótese do §1º do art. 332, a prescrição e a decadência não serão reconhecidas sem que antes seja dada às partes oportunidade de manifestar-se.

Art. 269 do CPC/76

Enunciado nº 521 do FPPC: Apenas a decadência fixada em lei pode ser conhecida de ofício pelo juiz. (Grupo: Sentença, coisa julgada e ação rescisória)

Ver Súmula nº 409 do STJ

Art. 488. Desde que possível, o juiz resolverá o mérito sempre que a decisão for favorável à parte a quem aproveitaria eventual pronunciamento nos termos do art. 485.

Não há artigo correspondente no CPC/73

Seção II
Dos Elementos e dos Efeitos da Sentença

Art. 489. São elementos essenciais da sentença:

Enunciado nº 304 do FPPC: As decisões judiciais trabalhistas, sejam elas interlocutórias, sentenças ou acórdãos, devem observar integralmente o disposto no art. 499, sobretudo o seu §1º, sob pena de se reputarem não fundamentadas e, por conseguinte, nulas. (Grupo: Impacto do CPC no processo do trabalho)

Enunciado nº 309 do FPPC: O disposto no §1º do art. 489 do CPC é aplicável no âmbito dos Juizados Especiais. (Grupo: Impactos do CPC nos Juizados e nos procedimentos especiais de legislação extravagante)

I – o relatório, que conterá os nomes das partes, a identificação do caso, com a suma do pedido e da contestação, e o registro das principais ocorrências havidas no andamento do processo;

Enunciado nº 522 do FPPC: O relatório nos julgamentos colegiados tem função preparatória e deverá indicar as questões de fato e de direito relevantes para o julgamento e já submetidas ao contraditório. (Grupo: Precedentes, IRDR, Recursos Repetitivos e Assunção de competência)

II – os fundamentos, em que o juiz analisará as questões de fato e de direito;
III – o dispositivo, em que o juiz resolverá as questões principais que as partes lhe submeterem.

§1º Não se considera fundamentada qualquer decisão judicial, seja ela interlocutória, sentença ou acórdão, que:

Enunciado nº 162 do FPPC: Para identificação do precedente, no processo do trabalho, a decisão deve conter a identificação do caso, a suma do pedido, as alegações das partes e os fundamentos determinantes adotados pela maioria dos membros do colegiado, cujo entendimento tenha ou não sido sumulado. (Grupo: Impacto do CPC no Processo do Trabalho)

Enunciado nº 303 do FPPC: As hipóteses descritas nos incisos do §1º do art. 499 são exemplificativas. (Grupo Sentença, Coisa Julgada e Ação Rescisória)

Enunciado nº 307 do FPPC: Reconhecida a insuficiência da sua fundamentação, o tribunal decretará a nulidade da sentença e, preenchidos os pressupostos do §3º do art. 1.013, decidirá desde logo o mérito da causa. (Grupo: Competência e invalidades processuais)

Enunciado nº 308 do FPPC: Aplica-se o art. 489, §1º, a todos os processos pendentes de decisão ao tempo da entrada em vigor do CPC. (Grupo: Direito intertemporal e disposições finais e transitórias)

I – se limitar à indicação, à reprodução ou à paráfrase de ato normativo, sem explicar sua relação com a causa ou a questão decidida;
II – empregar conceitos jurídicos indeterminados, sem explicar o motivo concreto de sua incidência no caso;
III – invocar motivos que se prestariam a justificar qualquer outra decisão;
IV – não enfrentar todos os argumentos deduzidos no processo capazes de, em tese, infirmar a conclusão adotada pelo julgador;

Enunciado nº 128 do FPPC: No processo em que há intervenção do *amicus curiae*, a decisão deve enfrentar as alegações por ele apresentadas, nos termos do inciso IV do §1º do art. 489. (Grupo: Litisconsórcio e Intervenção de Terceiros)

Enunciado nº 305 do FPPC: No julgamento de casos repetitivos, o tribunal deverá enfrentar todos os argumentos contrários e favoráveis à tese jurídica discutida. (Grupo: Precedentes)

Enunciado nº 394 do FPPC: As partes podem opor embargos de declaração para corrigir vício da decisão relativo aos argumentos trazidos pelo *amicus curiae*. (Grupo: Litisconsórcio e intervenção de terceiros)

Enunciado nº 523 do FPPC: O juiz é obrigado a enfrentar todas as alegações deduzidas pelas partes capazes, em tese, de infirmar a decisão, não sendo suficiente apresentar apenas os fundamentos que a sustentam. (Grupo: Sentença, coisa julgada e ação rescisória)

Enunciado nº 524 do FPPC: O art. 489, §1º, IV, não obriga o órgão julgador a enfrentar os fundamentos jurídicos deduzidos no processo e já enfrentados na formação da decisão paradigma, sendo necessário demonstrar a correlação fática e jurídica entre o caso concreto e aquele já apreciado. (Grupo: Precedentes, IRDR, Recursos Repetitivos e Assunção de competência)

V – se limitar a invocar precedente ou enunciado de súmula, sem identificar seus fundamentos determinantes nem demonstrar que o caso sob julgamento se ajusta àqueles fundamentos;

Enunciado nº 459 do FPPC: As normas sobre fundamentação adequada quanto à distinção e superação e sobre a observância somente dos argumentos submetidos ao contraditório são aplicáveis a todo o microssistema de formação dos precedentes. (Grupo: Precedentes, IRDR, Recursos Repetitivos e Assunção de competência)

Enunciado nº 462 do FPPC: É nula, por usurpação de competência funcional do órgão colegiado, a decisão do relator que julgar monocraticamente o mérito do recurso, sem demonstrar o alinhamento de seu pronunciamento judicial com um dos padrões decisórios descritos no art. 932. (Grupo: Poderes do juiz)

VI – deixar de seguir enunciado de súmula, jurisprudência ou precedente invocado pela parte, sem demonstrar a existência de distinção no caso em julgamento ou a superação do entendimento.

Enunciado nº 306 do FPPC: O precedente vinculante não será seguido quando o juiz ou tribunal distinguir o caso sob julgamento, demonstrando, fundamentadamente, tratar-se de situação particularizada por hipótese fática distinta, a impor solução jurídica diversa. (Grupo: Precedentes)

Enunciado nº 431 do FPPC: O julgador, que aderir aos fundamentos do voto vencedor do relator, há de seguir, por coerência, o precedente que ajudou a construir no julgamento da mesma questão em processos subsequentes, salvo se demonstrar a existência de distinção ou superação. (Grupo: Poderes do juiz)

Enunciado nº 459 do FPPC: As normas sobre fundamentação adequada quanto à distinção e superação e sobre a observância somente dos argumentos submetidos ao contraditório são aplicáveis a todo o microssistema de formação dos precedentes. (Grupo: Precedentes, IRDR, Recursos Repetitivos e Assunção de competência)

Enunciado nº 462 do FPPC: É nula, por usurpação de competência funcional do órgão colegiado, a decisão do relator que julgar monocraticamente o mérito do recurso, sem demonstrar o alinhamento de seu pronunciamento judicial com um dos padrões decisórios descritos no art. 932. (Grupo: Poderes do juiz)

Enunciado nº 515 do FPPC: Aplica-se o disposto no art. 489, §1º, também em relação às questões fáticas da demanda. (Grupo: Direito probatório)

Enunciado nº 516 do FPPC: Para que se considere fundamentada a decisão sobre os fatos, o juiz deverá analisar todas as provas capazes, em tese, de infirmar a conclusão adotada. (Grupo: Direito probatório)

Enunciado nº 517 do FPPC: A decisão judicial que empregar regras de experiência comum, sem indicar os motivos pelos quais a conclusão adotada decorre daquilo que ordinariamente acontece, considera-se não fundamentada. (Grupo: Direito probatório)

§2º No caso de colisão entre normas, o juiz deve justificar o objeto e os critérios gerais da ponderação efetuada, enunciando as razões que autorizam a interferência na norma afastada e as premissas fáticas que fundamentam a conclusão.

Enunciado nº 562 do FPPC: Considera-se omissa a decisão que não justifica o objeto e os critérios de ponderação do conflito entre normas. (Grupo: Sentença, coisa julgada e ação rescisória)

§3º A decisão judicial deve ser interpretada a partir da conjugação de todos os seus elementos e em conformidade com o princípio da boa-fé.

Art. 458 do CPC/73

Enunciado nº 378 do FPPC: A boa fé processual orienta a interpretação da postulação e da sentença, permite a reprimenda do abuso de direito processual e das condutas dolosas de todos os sujeitos processuais e veda seus comportamentos contraditórios. (Grupo: Normas fundamentais)
Enunciado nº 486 do FPPC: A inobservância da ordem cronológica dos julgamentos não implica, por si, a invalidade do ato decisório. (Grupo: Sentença, coisa julgada e ação rescisória)

Art. 490. O juiz resolverá o mérito acolhendo ou rejeitando, no todo ou em parte, os pedidos formulados pelas partes.

Art. 459, *caput*, do CPC/73

Art. 491. Na ação relativa à obrigação de pagar quantia, ainda que formulado pedido genérico, a decisão definirá desde logo a extensão da obrigação, o índice de correção monetária, a taxa de juros, o termo inicial de ambos e a periodicidade da capitalização dos juros, se for o caso, salvo quando:
I – não for possível determinar, de modo definitivo, o montante devido;
II – a apuração do valor devido depender da produção de prova de realização demorada ou excessivamente dispendiosa, assim reconhecida na sentença.
§1º Nos casos previstos neste artigo, seguir-se-á a apuração do valor devido por liquidação.
§2º O disposto no *caput* também se aplica quando o acórdão alterar a sentença.

Não há artigo correspondente no CPC/73

Art. 492. É vedado ao juiz proferir decisão de natureza diversa da pedida, bem como condenar a parte em quantidade superior ou em objeto diverso do que lhe foi demandado.
Parágrafo único. A decisão deve ser certa, ainda que resolva relação jurídica condicional.

Art. 460 do CPC/73
Enunciado nº 525 do FPPC: A produção do resultado prático equivalente pode ser determinada por decisão proferida na fase de conhecimento. (Grupo: Sentença, coisa julgada e ação rescisória)

Art. 493. Se, depois da propositura da ação, algum fato constitutivo, modificativo ou extintivo do direito influir no julgamento do mérito, caberá ao juiz

tomá-lo em consideração, de ofício ou a requerimento da parte, no momento de proferir a decisão.
Parágrafo único. Se constatar de ofício o fato novo, o juiz ouvirá as partes sobre ele antes de decidir.

Art. 462 do CPC/73

Art. 494. Publicada a sentença, o juiz só poderá alterá-la:
I – para corrigir-lhe, de ofício ou a requerimento da parte, inexatidões materiais ou erros de cálculo;
II – por meio de embargos de declaração.

Art. 463 do CPC/73

Art. 495. A decisão que condenar o réu ao pagamento de prestação consistente em dinheiro e a que determinar a conversão de prestação de fazer, de não fazer ou de dar coisa em prestação pecuniária valerão como título constitutivo de hipoteca judiciária.

Enunciado nº 310 do FPPC: Não é título constitutivo de hipoteca judiciária a decisão judicial que condena à entrega de coisa distinta de dinheiro. (Grupo Sentença, Coisa Julgada e Ação Rescisória)

§1º A decisão produz a hipoteca judiciária:
I – embora a condenação seja genérica;
II – ainda que o credor possa promover o cumprimento provisório da sentença ou esteja pendente arresto sobre bem do devedor;
III – mesmo que impugnada por recurso dotado de efeito suspensivo.
§2º A hipoteca judiciária poderá ser realizada mediante apresentação de cópia da sentença perante o cartório de registro imobiliário, independentemente de ordem judicial, de declaração expressa do juiz ou de demonstração de urgência.
§3º No prazo de até 15 (quinze) dias da data de realização da hipoteca, a parte informá-la-á ao juízo da causa, que determinará a intimação da outra parte para que tome ciência do ato.
§4º A hipoteca judiciária, uma vez constituída, implicará, para o credor hipotecário, o direito de preferência, quanto ao pagamento, em relação a outros credores, observada a prioridade no registro.
§5º Sobrevindo a reforma ou a invalidação da decisão que impôs o pagamento de quantia, a parte responderá, independentemente de culpa, pelos danos que a outra parte tiver sofrido em razão da constituição da garantia, devendo o valor da indenização ser liquidado e executado nos próprios autos.

Art. 466 do CPC/73

Seção III
Da Remessa Necessária

Art. 496. Está sujeita ao duplo grau de jurisdição, não produzindo efeito senão depois de confirmada pelo tribunal, a sentença:

Enunciado nº 164 do FPPC: A sentença arbitral contra a Fazenda Pública não está sujeita à remessa necessária. (Grupo: Arbitragem)

Enunciado nº 311 do FPPC: A regra sobre remessa necessária é aquela vigente ao tempo da prolação da sentença, de modo que a limitação de seu cabimento no CPC não prejudica os reexames estabelecidos no regime do art. 475 CPC/1973. (Grupo: Direito intertemporal e disposições finais e transitórias)

Enunciado nº 312 do FPPC: O inciso IV do §4º do art. 496 do CPC aplica-se ao procedimento do mandado de segurança. (Grupo: Impactos do CPC nos Juizados e nos procedimentos especiais de legislação extravagante)

I – proferida contra a União, os Estados, o Distrito Federal, os Municípios e suas respectivas autarquias e fundações de direito público;

II – que julgar procedentes, no todo ou em parte, os embargos à execução fiscal.

§1º Nos casos previstos neste artigo, não interposta a apelação no prazo legal, o juiz ordenará a remessa dos autos ao tribunal, e, se não o fizer, o presidente do respectivo tribunal avocá-los-á.

Enunciado nº 432 do FPPC: A interposição de apelação parcial não impede a remessa necessária. (Grupo: Impacto do novo CPC e os processos da Fazenda Pública)

§2º Em qualquer dos casos referidos no §1º, o tribunal julgará a remessa necessária.

§3º Não se aplica o disposto neste artigo quando a condenação ou o proveito econômico obtido na causa for de valor certo e líquido inferior a:

I – 1.000 (mil) salários-mínimos para a União e as respectivas autarquias e fundações de direito público;

II – 500 (quinhentos) salários-mínimos para os Estados, o Distrito Federal, as respectivas autarquias e fundações de direito público e os Municípios que constituam capitais dos Estados;

III – 100 (cem) salários-mínimos para todos os demais Municípios e respectivas autarquias e fundações de direito público.

§4º Também não se aplica o disposto neste artigo quando a sentença estiver fundada em:
I – súmula de tribunal superior;
II – acórdão proferido pelo Supremo Tribunal Federal ou pelo Superior Tribunal de Justiça em julgamento de recursos repetitivos;
III – entendimento firmado em incidente de resolução de demandas repetitivas ou de assunção de competência;
IV – entendimento coincidente com orientação vinculante firmada no âmbito administrativo do próprio ente público, consolidada em manifestação, parecer ou súmula administrativa.

Art. 475 do CPC/73
Enunciado nº 433 do FPPC: Cabe à Administração Pública dar publicidade às suas orientações vinculantes, preferencialmente pela rede mundial de computadores. (Grupo: Impacto do novo CPC e os processos da Fazenda Pública)
Ver art. 28, §1º, da Lei nº 3.365/1941
Ver art. 14. §1º, da Lei nº 12.016/2009
Ver art. 4º, XII, e 43 da Lei Complementar nº 73/1993
Ver art. 19, *caput*, da Lei nº 4.717/1965
Ver Súmula nº 45 do STJ

Seção IV
Do Julgamento das Ações Relativas às Prestações de Fazer, de Não Fazer e de Entregar Coisa

Art. 497. Na ação que tenha por objeto a prestação de fazer ou de não fazer, o juiz, se procedente o pedido, concederá a tutela específica ou determinará providências que assegurem a obtenção de tutela pelo resultado prático equivalente.

Enunciado nº 526 do FPPC: A multa aplicada por descumprimento de ordem protetiva, baseada no art. 22, incisos I a V, da Lei 11.340/2006 (Lei Maria da Penha), é passível de cumprimento provisório, nos termos do art. 537, §3º. (Grupo: Impacto nos Juizados e nos procedimentos especiais da legislação extravagante)

Parágrafo único. Para a concessão da tutela específica destinada a inibir a prática, a reiteração ou a continuação de um ilícito, ou a sua remoção, é irrelevante a demonstração da ocorrência de dano ou da existência de culpa ou dolo.

Art. 461 do CPC/73
Enunciado nº 525 do FPPC: A produção do resultado prático equivalente pode ser determinada por decisão proferida na fase de conhecimento.
(Grupo: Sentença, coisa julgada e ação rescisória)
Ver art. 84 do CDC
Ver art. 213 do ECA
Ver art. 52, V, da Lei nº 9.099/1995

Art. 498. Na ação que tenha por objeto a entrega de coisa, o juiz, ao conceder a tutela específica, fixará o prazo para o cumprimento da obrigação.
Parágrafo único. Tratando-se de entrega de coisa determinada pelo gênero e pela quantidade, o autor individualizá-la-á na petição inicial, se lhe couber a escolha, ou, se a escolha couber ao réu, este a entregará individualizada, no prazo fixado pelo juiz.

Art. 461-A, caput e §1º, do CPC/73

Art. 499. A obrigação somente será convertida em perdas e danos se o autor o requerer ou se impossível a tutela específica ou a obtenção de tutela pelo resultado prático equivalente.

Art. 461, §1º, do CPC/73

Art. 500. A indenização por perdas e danos dar-se-á sem prejuízo da multa fixada periodicamente para compelir o réu ao cumprimento específico da obrigação.

Art. 461, §2º, do CPC/73

Art. 501. Na ação que tenha por objeto a emissão de declaração de vontade, a sentença que julgar procedente o pedido, uma vez transitada em julgado, produzirá todos os efeitos da declaração não emitida.

Art. 466-A do CPC/73

Seção V
Da Coisa Julgada

Art. 502. Denomina-se coisa julgada material a autoridade que torna imutável e indiscutível a decisão de mérito não mais sujeita a recurso.

Art. 467 do CPC/73

Enunciado nº 436 do FPPC: Preenchidos os demais pressupostos, a decisão interlocutória e a decisão unipessoal (monocrática) são suscetíveis de fazer coisa julgada. (Grupo: Sentença, coisa julgada e ação rescisória)
Ver art. 5º, XXXVI, da CF/88
Ver art. 6º, §3º, da LINDB

Art. 503. A decisão que julgar total ou parcialmente o mérito tem força de lei nos limites da questão principal expressamente decidida.

Enunciado nº 367 do FPPC: Para fins de interpretação do art. 1.054, entende-se como início do processo a data do protocolo da petição inicial. (Grupo: Direito intertemporal e disposições finais e transitórias)

§1º O disposto no *caput* aplica-se à resolução de questão prejudicial, decidida expressa e incidentemente no processo, se:

Enunciado nº 111 do FPPC: Persiste o interesse no ajuizamento de ação declaratória quanto à questão prejudicial incidental. (Grupo: Coisa Julgada, Ação Rescisória e Sentença)

Enunciado nº 165 do FPPC: Independentemente de provocação, a análise de questão prejudicial incidental, desde que preencha os pressupostos dos parágrafos do art. 503, está sujeita à coisa julgada. (Grupo: Coisa Julgada, Ação rescisória e Sentença)

Enunciado nº 338 do FPPC: Cabe ação rescisória para desconstituir a coisa julgada formada sobre a resolução expressa da questão prejudicial incidental. (Grupo Sentença, Coisa Julgada e Ação Rescisória)

Enunciado nº 437 do FPPC: A coisa julgada sobre a questão prejudicial incidental se limita à existência, inexistência ou modo de ser de situação jurídica, e à autenticidade ou falsidade de documento. (Grupo: Sentença, coisa julgada e ação rescisória)

Enunciado nº 438 do FPPC: É desnecessário que a resolução expressa da questão prejudicial incidental esteja no dispositivo da decisão para ter aptidão de fazer coisa julgada. (Grupo: Sentença, coisa julgada e ação rescisória)

I – dessa resolução depender o julgamento do mérito;

Enunciado nº 313 do FPPC: São cumulativos os pressupostos previstos nos §1º e seus incisos, observado o §2º do art. 503. (Grupo Sentença, Coisa Julgada e Ação Rescisória)

II – a seu respeito tiver havido contraditório prévio e efetivo, não se aplicando no caso de revelia;

Enunciado nº 313 do FPPC: São cumulativos os pressupostos previstos nos §1º e seus incisos, observado o §2º do art. 503. (Grupo Sentença, Coisa Julgada e Ação Rescisória)

III – o juízo tiver competência em razão da matéria e da pessoa para resolvê-la como questão principal.

Enunciado nº 313 do FPPC: São cumulativos os pressupostos previstos nos §1º e seus incisos, observado o §2º do art. 503. (Grupo Sentença, Coisa Julgada e Ação Rescisória)

§2º A hipótese do §1º não se aplica se no processo houver restrições probatórias ou limitações à cognição que impeçam o aprofundamento da análise da questão prejudicial.

Art. 468 do CPC/73

Enunciado nº 313 do FPPC: São cumulativos os pressupostos previstos nos §1º e seus incisos, observado o §2º do art. 503. (Grupo Sentença, Coisa Julgada e Ação Rescisória)

Enunciado nº 439 do FPPC: Nas causas contra a Fazenda Pública, além do preenchimento dos pressupostos previstos no art. 503, §§1º e 2º, a coisa julgada sobre a questão prejudicial incidental depende de remessa necessária, quando for o caso. (Grupo: Impacto do novo CPC e os processos da Fazenda Pública)

Ver art. 1.054 do CPC/2015

Art. 504. Não fazem coisa julgada:

I – os motivos, ainda que importantes para determinar o alcance da parte dispositiva da sentença;

II – a verdade dos fatos, estabelecida como fundamento da sentença.

Art. 469 do CPC/73

Art. 505. Nenhum juiz decidirá novamente as questões já decididas relativas à mesma lide, salvo:

I – se, tratando-se de relação jurídica de trato continuado, sobreveio modificação no estado de fato ou de direito, caso em que poderá a parte pedir a revisão do que foi estatuído na sentença;

II – nos demais casos prescritos em lei.

Art. 471 do CPC/73

Art. 506. A sentença faz coisa julgada às partes entre as quais é dada, não prejudicando terceiros.

Art. 472 do CPC/73

Enunciado nº 234 do FPPC: A decisão de improcedência na ação proposta pelo credor beneficia todos os devedores solidários, mesmo os que não foram partes no processo, exceto se fundada em defesa pessoal. (Grupo: Coisa julgada, Ação Rescisória e Sentença)

Enunciado nº 436 do FPPC: Preenchidos os demais pressupostos, a decisão interlocutória e a decisão unipessoal (monocrática) são suscetíveis de fazer coisa julgada. (Grupo: Sentença, coisa julgada e ação rescisória)

Art. 507. É vedado à parte discutir no curso do processo as questões já decididas a cujo respeito se operou a preclusão.

Art. 473 do CPC/73

Art. 508. Transitada em julgado a decisão de mérito, considerar-se-ão deduzidas e repelidas todas as alegações e as defesas que a parte poderia opor tanto ao acolhimento quanto à rejeição do pedido.

Art. 474 do CPC/73

CAPÍTULO XIV
DA LIQUIDAÇÃO DE SENTENÇA

Art. 509. Quando a sentença condenar ao pagamento de quantia ilíquida, proceder-se-á à sua liquidação, a requerimento do credor ou do devedor:
I – por arbitramento, quando determinado pela sentença, convencionado pelas partes ou exigido pela natureza do objeto da liquidação;
II – pelo procedimento comum, quando houver necessidade de alegar e provar fato novo.
§1º Quando na sentença houver uma parte líquida e outra ilíquida, ao credor é lícito promover simultaneamente a execução daquela e, em autos apartados, a liquidação desta.

§2º Quando a apuração do valor depender apenas de cálculo aritmético, o credor poderá promover, desde logo, o cumprimento da sentença.

§3º O Conselho Nacional de Justiça desenvolverá e colocará à disposição dos interessados programa de atualização financeira.

§4º Na liquidação é vedado discutir de novo a lide ou modificar a sentença que a julgou.

Arts. 475-A, 475-B, 475-I, §2º e 475-G do CPC/73
Ver Súmula nº 344 do STJ

Art. 510. Na liquidação por arbitramento, o juiz intimará as partes para a apresentação de pareceres ou documentos elucidativos, no prazo que fixar, e, caso não possa decidir de plano, nomeará perito, observando-se, no que couber, o procedimento da prova pericial.

Arts. 475-C e 475-D do CPC/73

Art. 511. Na liquidação pelo procedimento comum, o juiz determinará a intimação do requerido, na pessoa de seu advogado ou da sociedade de advogados a que estiver vinculado, para, querendo, apresentar contestação no prazo de 15 (quinze) dias, observando-se, a seguir, no que couber, o disposto no Livro I da Parte Especial deste Código.

Arts. 475-E e 475-F do CPC/73

Art. 512. A liquidação poderá ser realizada na pendência de recurso, processando-se em autos apartados no juízo de origem, cumprindo ao liquidante instruir o pedido com cópias das peças processuais pertinentes.

Art. 475-A, §2º, do CPC/73

TÍTULO II
DO CUMPRIMENTO DA SENTENÇA

CAPÍTULO I
DISPOSIÇÕES GERAIS

Art. 513. O cumprimento da sentença será feito segundo as regras deste Título, observando-se, no que couber e conforme a natureza da obrigação, o disposto no Livro II da Parte Especial deste Código.

§1º O cumprimento da sentença que reconhece o dever de pagar quantia, provisório ou definitivo, far-se-á a requerimento do exequente.

§2º O devedor será intimado para cumprir a sentença:
I – pelo Diário da Justiça, na pessoa de seu advogado constituído nos autos;
II – por carta com aviso de recebimento, quando representado pela Defensoria Pública ou quando não tiver procurador constituído nos autos, ressalvada a hipótese do inciso IV;
III – por meio eletrônico, quando, no caso do §1º do art. 246, não tiver procurador constituído nos autos;
IV – por edital, quando, citado na forma do art. 256, tiver sido revel na fase de conhecimento.

§3º Na hipótese do §2º, incisos II e III, considera-se realizada a intimação quando o devedor houver mudado de endereço sem prévia comunicação ao juízo, observado o disposto no parágrafo único do art. 274.

§4º Se o requerimento a que alude o §1º for formulado após 1 (um) ano do trânsito em julgado da sentença, a intimação será feita na pessoa do devedor, por meio de carta com aviso de recebimento encaminhada ao endereço constante dos autos, observado o disposto no parágrafo único do art. 274 e no §3º deste artigo.

§5º O cumprimento da sentença não poderá ser promovido em face do fiador, do coobrigado ou do corresponsável que não tiver participado da fase de conhecimento.

Art. 475-I, *caput*, do CPC/73

Art. 514. Quando o juiz decidir relação jurídica sujeita a condição ou termo, o cumprimento da sentença dependerá de demonstração de que se realizou a condição ou de que ocorreu o termo.

Art. 572 do CPC/73

Art. 515. São títulos executivos judiciais, cujo cumprimento dar-se-á de acordo com os artigos previstos neste Título:
I – as decisões proferidas no processo civil que reconheçam a exigibilidade de obrigação de pagar quantia, de fazer, de não fazer ou de entregar coisa;
II – a decisão homologatória de autocomposição judicial;
III – a decisão homologatória de autocomposição extrajudicial de qualquer natureza;
IV – o formal e a certidão de partilha, exclusivamente em relação ao inventariante, aos herdeiros e aos sucessores a título singular ou universal;
V – o crédito de auxiliar da justiça, quando as custas, emolumentos ou honorários tiverem sido aprovados por decisão judicial;

Enunciado nº 527 do FPPC: Os créditos referidos no art. 515, inc. V, e no art. 784, inc. X e XI do CPC-2015 constituídos ao tempo do CPC-1973 são passíveis de execução de título judicial e extrajudicial, respectivamente. (Grupo: Direito Intertemporal)

VI – a sentença penal condenatória transitada em julgado;
VII – a sentença arbitral;
VIII – a sentença estrangeira homologada pelo Superior Tribunal de Justiça;
IX – a decisão interlocutória estrangeira, após a concessão do *exequatur* à carta rogatória pelo Superior Tribunal de Justiça;

Enunciado nº 440 do FPPC: O art. 516, III e o seu parágrafo único aplicam-se à execução de decisão interlocutória estrangeira, após a concessão do *exequatur* à carta rogatória. (Grupo: Execução)

X – (VETADO) ~~o acórdão proferido pelo Tribunal Marítimo quando do julgamento de acidentes e fatos da navegação.~~

Razões do veto: "Ao atribuir natureza de título executivo judicial às decisões do Tribunal Marítimo, o controle de suas decisões poderia ser afastado do Poder Judiciário, possibilitando a interpretação de que tal colegiado administrativo passaria a dispor de natureza judicial."

§1º Nos casos dos incisos VI a IX, o devedor será citado no juízo cível para o cumprimento da sentença ou para a liquidação no prazo de 15 (quinze) dias.
§2º A autocomposição judicial pode envolver sujeito estranho ao processo e versar sobre relação jurídica que não tenha sido deduzida em juízo.

Art. 475-N do CPC/73
Ver art. 57, *caput*, da Lei nº 9.099/1995
Ver art. 387, IV, do Código de Processo Penal

Art. 516. O cumprimento da sentença efetuar-se-á perante:
I – os tribunais, nas causas de sua competência originária;
II – o juízo que decidiu a causa no primeiro grau de jurisdição;
III – o juízo cível competente, quando se tratar de sentença penal condenatória, de sentença arbitral, de sentença estrangeira ou de acórdão proferido pelo Tribunal Marítimo.

Enunciado nº 440 do FPPC: O art. 516, III e o seu parágrafo único aplicam-se à execução de decisão interlocutória estrangeira, após a concessão do *exequatur* à carta rogatória. (Grupo: Execução)

Parágrafo único. Nas hipóteses dos incisos II e III, o exequente poderá optar pelo juízo do atual domicílio do executado, pelo juízo do local onde se encontrem os bens sujeitos à execução ou pelo juízo do local onde deva ser executada a obrigação de fazer ou de não fazer, casos em que a remessa dos autos do processo será solicitada ao juízo de origem.

Art. 475-P do CPC/73

Art. 517. A decisão judicial transitada em julgado poderá ser levada a protesto, nos termos da lei, depois de transcorrido o prazo para pagamento voluntário previsto no art. 523.

§1º Para efetivar o protesto, incumbe ao exequente apresentar certidão de teor da decisão.

§2º A certidão de teor da decisão deverá ser fornecida no prazo de 3 (três) dias e indicará o nome e a qualificação do exequente e do executado, o número do processo, o valor da dívida e a data de decurso do prazo para pagamento voluntário.

§3º O executado que tiver proposto ação rescisória para impugnar a decisão exequenda pode requerer, a suas expensas e sob sua responsabilidade, a anotação da propositura da ação à margem do título protestado.

§4º A requerimento do executado, o protesto será cancelado por determinação do juiz, mediante ofício a ser expedido ao cartório, no prazo de 3 (três) dias, contado da data de protocolo do requerimento, desde que comprovada a satisfação integral da obrigação.

Não há artigo correspondente no CPC/73

Enunciado nº 538 do FPPC: Aplica-se o procedimento do §4º do art. 517 ao cancelamento da inscrição de cadastro de inadimplentes do §4º do art. 782. (Grupo: Cumprimento de sentença)

Ver Lei nº 9.492/1997

Art. 518. Todas as questões relativas à validade do procedimento de cumprimento da sentença e dos atos executivos subsequentes poderão ser arguidas pelo executado nos próprios autos e nestes serão decididas pelo juiz.

Não há artigo correspondente no CPC/73

Art. 519. Aplicam-se as disposições relativas ao cumprimento da sentença, provisório ou definitivo, e à liquidação, no que couber, às decisões que concederem tutela provisória.

Art. 273, §3º, do CPC/73

CAPÍTULO II
DO CUMPRIMENTO PROVISÓRIO DA SENTENÇA QUE RECONHECE A EXIGIBILIDADE DE OBRIGAÇÃO DE PAGAR QUANTIA CERTA

Art. 520. O cumprimento provisório da sentença impugnada por recurso desprovido de efeito suspensivo será realizado da mesma forma que o cumprimento definitivo, sujeitando-se ao seguinte regime:

I – corre por iniciativa e responsabilidade do exequente, que se obriga, se a sentença for reformada, a reparar os danos que o executado haja sofrido;

Enunciado nº 490 do FPPC: São admissíveis os seguintes negócios processuais, entre outros: pacto de inexecução parcial ou total de multa coercitiva; pacto de alteração de ordem de penhora; pré-indicação de bem penhorável preferencial (art. 848, II); pré-fixação de indenização por dano processual prevista nos arts. 81, §3º, 520, inc. I, 297, parágrafo único (cláusula penal processual); negócio de anuência prévia para aditamento ou alteração do pedido ou da causa de pedir até o saneamento (art. 329, inc. II). (Grupo: Negócios processuais)

II – fica sem efeito, sobrevindo decisão que modifique ou anule a sentença objeto da execução, restituindo-se as partes ao estado anterior e liquidando-se eventuais prejuízos nos mesmos autos;
III – se a sentença objeto de cumprimento provisório for modificada ou anulada apenas em parte, somente nesta ficará sem efeito a execução;
IV – o levantamento de depósito em dinheiro e a prática de atos que importem transferência de posse ou alienação de propriedade ou de outro direito real, ou dos quais possa resultar grave dano ao executado, dependem de caução suficiente e idônea, arbitrada de plano pelo juiz e prestada nos próprios autos.

Enunciado nº 262 do FPPC: É admissível negócio processual para dispensar caução no cumprimento provisório de sentença. (Grupo: Negócios Processuais)

Enunciado nº 497 do FPPC: As hipóteses de exigência de caução para a concessão de tutela provisória de urgência devem ser definidas à luz do art. 520, IV, CPC. (Grupo: Tutela de urgência e tutela de evidência)

§1º No cumprimento provisório da sentença, o executado poderá apresentar impugnação, se quiser, nos termos do art. 525.

§2º A multa e os honorários a que se refere o §1º do art. 523 são devidos no cumprimento provisório de sentença condenatória ao pagamento de quantia certa.

Enunciado nº 528 do FPPC: No cumprimento provisório de sentença por quantia certa iniciado na vigência do CPC-1973, sem garantia da execução, deve o juiz, após o início de vigência do CPC-2015 e a requerimento do exequente, intimar o executado nos termos dos arts. 520, §2º, 523, §1º e 525, caput. (Grupo: Direito Intertemporal)

§3º Se o executado comparecer tempestivamente e depositar o valor, com a finalidade de isentar-se da multa, o ato não será havido como incompatível com o recurso por ele interposto.

§4º A restituição ao estado anterior a que se refere o inciso II não implica o desfazimento da transferência de posse ou da alienação de propriedade ou de outro direito real eventualmente já realizada, ressalvado, sempre, o direito à reparação dos prejuízos causados ao executado.

§5º Ao cumprimento provisório de sentença que reconheça obrigação de fazer, de não fazer ou de dar coisa aplica-se, no que couber, o disposto neste Capítulo.

Art. 475-O do CPC/73
Ver Súmula nº 517 do STJ

Art. 521. A caução prevista no inciso IV do art. 520 poderá ser dispensada nos casos em que:

Enunciado nº 262 do FPPC: É admissível negócio processual para dispensar caução no cumprimento provisório de sentença. (Grupo: Negócios Processuais)

I – o crédito for de natureza alimentar, independentemente de sua origem;
II – o credor demonstrar situação de necessidade;
III – pender o agravo do art. 1.042;

Redação original do dispositivo: "III - pender o agravo fundado nos incisos II e III do art. 1.042;"

IV – a sentença a ser provisoriamente cumprida estiver em consonância com súmula da jurisprudência do Supremo Tribunal Federal ou do Superior Tribunal de Justiça ou em conformidade com acórdão proferido no julgamento de casos repetitivos.

Parágrafo único. A exigência de caução será mantida quando da dispensa possa resultar manifesto risco de grave dano de difícil ou incerta reparação. (NR)

Enunciado nº 498 do FPPC: A possibilidade de dispensa de caução para a concessão de tutela provisória de urgência, prevista no art. 300, §1º, deve ser avaliada à luz das hipóteses do art. 521. (Grupo: Tutela de urgência e tutela de evidência)

Art. 475-O, §2º, do CPC/73

Art. 522. O cumprimento provisório da sentença será requerido por petição dirigida ao juízo competente.

Parágrafo único. Não sendo eletrônicos os autos, a petição será acompanhada de cópias das seguintes peças do processo, cuja autenticidade poderá ser certificada pelo próprio advogado, sob sua responsabilidade pessoal:

I – decisão exequenda;

II – certidão de interposição do recurso não dotado de efeito suspensivo;

III – procurações outorgadas pelas partes;

IV – decisão de habilitação, se for o caso;

V – facultativamente, outras peças processuais consideradas necessárias para demonstrar a existência do crédito.

Art. 475-O, §3º, do CPC/73

CAPÍTULO III
DO CUMPRIMENTO DEFINITIVO DA SENTENÇA QUE RECONHECE A EXIGIBILIDADE DE OBRIGAÇÃO DE PAGAR QUANTIA CERTA

Art. 523. No caso de condenação em quantia certa, ou já fixada em liquidação, e no caso de decisão sobre parcela incontroversa, o cumprimento definitivo da sentença far-se-á a requerimento do exequente, sendo o executado intimado para pagar o débito, no prazo de 15 (quinze) dias, acrescido de custas, se houver.

Enunciado nº 12 do FPPC: A aplicação das medidas atípicas subrogatórias e coercitivas é cabível em qualquer obrigação no cumprimento de sentença ou execução de título executivo extrajudicial. Essas medidas, contudo, serão aplicadas de forma subsidiária às medidas tipificadas, com observação do contraditório, ainda que diferido, e por meio de decisão à luz do art. 489, §1º, I e II. (Grupo: Execução)

§1º Não ocorrendo pagamento voluntário no prazo do *caput*, o débito será acrescido de multa de dez por cento e, também, de honorários de advogado de dez por cento.

Enunciado nº 528 do FPPC: No cumprimento provisório de sentença por quantia certa iniciado na vigência do CPC-1973, sem garantia da execução, deve o juiz, após o início de vigência do CPC-2015 e a requerimento do exequente, intimar o executado nos termos dos arts. 520, §2º, 523, §1º e 525, caput. (Grupo: Direito Intertemporal)

§2º Efetuado o pagamento parcial no prazo previsto no *caput*, a multa e os honorários previstos no §1º incidirão sobre o restante.

§3º Não efetuado tempestivamente o pagamento voluntário, será expedido, desde logo, mandado de penhora e avaliação, seguindo-se os atos de expropriação.

Art. 475-J do CPC/73
Enunciado nº 450 do FPPC: Aplica-se a regra decorrente do art. 827, §2º, ao cumprimento de sentença. (Grupo: Execução)
Enunciado nº 529 do FPPC: As averbações previstas nos arts. 799, IX e 828 são aplicáveis ao cumprimento de sentença. (Grupo: Cumprimento de sentença)

Art. 524. O requerimento previsto no art. 523 será instruído com demonstrativo discriminado e atualizado do crédito, devendo a petição conter:
I – o nome completo, o número de inscrição no Cadastro de Pessoas Físicas ou no Cadastro Nacional da Pessoa Jurídica do exequente e do executado, observado o disposto no art. 319, §§1º a 3º;
II – o índice de correção monetária adotado;
III – os juros aplicados e as respectivas taxas;
IV – o termo inicial e o termo final dos juros e da correção monetária utilizados;
V – a periodicidade da capitalização dos juros, se for o caso;
VI – especificação dos eventuais descontos obrigatórios realizados;
VII – indicação dos bens passíveis de penhora, sempre que possível.
§1º Quando o valor apontado no demonstrativo aparentemente exceder os limites da condenação, a execução será iniciada pelo valor pretendido, mas a penhora terá por base a importância que o juiz entender adequada.
§2º Para a verificação dos cálculos, o juiz poderá valer-se de contabilista do juízo, que terá o prazo máximo de 30 (trinta) dias para efetuá-la, exceto se outro lhe for determinado.

§3º Quando a elaboração do demonstrativo depender de dados em poder de terceiros ou do executado, o juiz poderá requisitá-los, sob cominação do crime de desobediência.

§4º Quando a complementação do demonstrativo depender de dados adicionais em poder do executado, o juiz poderá, a requerimento do exequente, requisitá-los, fixando prazo de até 30 (trinta) dias para o cumprimento da diligência.

§5º Se os dados adicionais a que se refere o §4º não forem apresentados pelo executado, sem justificativa, no prazo designado, reputar-se-ão corretos os cálculos apresentados pelo exequente apenas com base nos dados de que dispõe.

Arts. 475-J e 475-B do CPC/73
Ver art. 330 do Código Penal
Ver arts. 61 e 69, parágrafo único, da Lei nº 9.099/1995

Art. 525. Transcorrido o prazo previsto no art. 523 sem o pagamento voluntário, inicia-se o prazo de 15 (quinze) dias para que o executado, independentemente de penhora ou nova intimação, apresente, nos próprios autos, sua impugnação.

§1º Na impugnação, o executado poderá alegar:

I – falta ou nulidade da citação se, na fase de conhecimento, o processo correu à revelia;

II – ilegitimidade de parte;

III – inexequibilidade do título ou inexigibilidade da obrigação;

IV – penhora incorreta ou avaliação errônea;

V – excesso de execução ou cumulação indevida de execuções;

VI – incompetência absoluta ou relativa do juízo da execução;

VII – qualquer causa modificativa ou extintiva da obrigação, como pagamento, novação, compensação, transação ou prescrição, desde que supervenientes à sentença.

Enunciado nº 56 do FPPC: É cabível alegação de causa modificativa ou extintiva da obrigação na impugnação de executado, desde que tenha ocorrido após o início do julgamento da apelação, e, uma vez alegada pela parte, tenha o tribunal superior se recusado ou omitido de apreciá-la. (Grupo: Execução)

Enunciado nº 57 do FPPC: A prescrição prevista nos arts. 525, §1º, VII e 535, VI, é exclusivamente da pretensão executiva. (Grupo: Execução)

§2º A alegação de impedimento ou suspeição observará o disposto nos arts. 146 e 148.

§3º Aplica-se à impugnação o disposto no art. 229.

§4º Quando o executado alegar que o exequente, em excesso de execução, pleiteia quantia superior à resultante da sentença, cumprir-lhe-á declarar de imediato o valor que entende correto, apresentando demonstrativo discriminado e atualizado de seu cálculo.

§5º Na hipótese do §4º, não apontado o valor correto ou não apresentado o demonstrativo, a impugnação será liminarmente rejeitada, se o excesso de execução for o seu único fundamento, ou, se houver outro, a impugnação será processada, mas o juiz não examinará a alegação de excesso de execução.

§6º A apresentação de impugnação não impede a prática dos atos executivos, inclusive os de expropriação, podendo o juiz, a requerimento do executado e desde que garantido o juízo com penhora, caução ou depósito suficientes, atribuir-lhe efeito suspensivo, se seus fundamentos forem relevantes e se o prosseguimento da execução for manifestamente suscetível de causar ao executado grave dano de difícil ou incerta reparação.

Enunciado nº 531 do FPPC: É possível, presentes os pressupostos do §6º do art. 525, a concessão de efeito suspensivo à simples petição em que se alega fato superveniente ao término do prazo de oferecimento da impugnação ao cumprimento de sentença. (Grupo: Cumprimento de sentença)

§7º A concessão de efeito suspensivo a que se refere o §6º não impedirá a efetivação dos atos de substituição, de reforço ou de redução da penhora e de avaliação dos bens.

§8º Quando o efeito suspensivo atribuído à impugnação disser respeito apenas a parte do objeto da execução, esta prosseguirá quanto à parte restante.

§9º A concessão de efeito suspensivo à impugnação deduzida por um dos executados não suspenderá a execução contra os que não impugnaram, quando o respectivo fundamento disser respeito exclusivamente ao impugnante.

§10. Ainda que atribuído efeito suspensivo à impugnação, é lícito ao exequente requerer o prosseguimento da execução, oferecendo e prestando, nos próprios autos, caução suficiente e idônea a ser arbitrada pelo juiz.

§11. As questões relativas a fato superveniente ao término do prazo para apresentação da impugnação, assim como aquelas relativas à validade e à adequação da penhora, da avaliação e dos atos executivos subsequentes, podem ser arguidas por simples petição, tendo o executado, em qualquer dos casos, o prazo de 15 (quinze) dias para formular esta arguição, contado da comprovada ciência do fato ou da intimação do ato.

Enunciado nº 531 do FPPC: É possível, presentes os pressupostos do §6º do art. 525, a concessão de efeito suspensivo à simples petição em que se alega fato superveniente ao término do prazo de oferecimento da impugnação ao cumprimento de sentença. (Grupo: Cumprimento de sentença)

§12. Para efeito do disposto no inciso III do §1º deste artigo, considera-se também inexigível a obrigação reconhecida em título executivo judicial fundado em lei ou ato normativo considerado inconstitucional pelo Supremo Tribunal Federal, ou fundado em aplicação ou interpretação da lei ou do ato normativo tido pelo Supremo Tribunal Federal como incompatível com a Constituição Federal, em controle de constitucionalidade concentrado ou difuso.

§13. No caso do §12, os efeitos da decisão do Supremo Tribunal Federal poderão ser modulados no tempo, em atenção à segurança jurídica.

Enunciado nº 58 do FPPC: As decisões de inconstitucionalidade a que se referem os art. 525, §§12 e 13 e art. 535 §§5º e 6º devem ser proferidas pelo plenário do STF. (Grupo: Sentença, Coisa Julgada e Ação Rescisória)

Enunciado nº 176 do FPPC: Compete exclusivamente ao Supremo Tribunal Federal modular os efeitos da decisão prevista no §13 do art. 525. (Grupo: Execução)

§14. A decisão do Supremo Tribunal Federal referida no §12 deve ser anterior ao trânsito em julgado da decisão exequenda.

§15. Se a decisão referida no §12 for proferida após o trânsito em julgado da decisão exequenda, caberá ação rescisória, cujo prazo será contado do trânsito em julgado da decisão proferida pelo Supremo Tribunal Federal.

Arts. 475-L e 475-M do CPC/73

Enunciado nº 450 do FPPC: Aplica-se a regra decorrente do art. 827, §2º, ao cumprimento de sentença. (Grupo: Execução)

Enunciado nº 530 do FPPC: Após a entrada em vigor do CPC-2015, o juiz deve intimar o executado para apresentar impugnação ao cumprimento de sentença, em quinze dias, ainda que sem depósito, penhora ou caução, caso tenha transcorrido o prazo para cumprimento espontâneo da obrigação na vigência do CPC-1973 e não tenha àquele tempo garantido o juízo. (Grupo: Direito Intertemporal)

Enunciado nº 545 do FPPC: Aplicam-se à impugnação, no que couber, as hipóteses previstas nos incisos I e III do art. 918 e no seu parágrafo único. (Grupo: Cumprimento de sentença)

Ver art. 1.057 do CPC/2015

Art. 526. É lícito ao réu, antes de ser intimado para o cumprimento da sentença, comparecer em juízo e oferecer em pagamento o valor que entender devido, apresentando memória discriminada do cálculo.

§1º O autor será ouvido no prazo de 5 (cinco) dias, podendo impugnar o valor depositado, sem prejuízo do levantamento do depósito a título de parcela incontroversa.

§2º Concluindo o juiz pela insuficiência do depósito, sobre a diferença incidirão multa de dez por cento e honorários advocatícios, também fixados em dez por cento, seguindo-se a execução com penhora e atos subsequentes.

§3º Se o autor não se opuser, o juiz declarará satisfeita a obrigação e extinguirá o processo.

Não há artigo correspondente no CPC/73

Art. 527. Aplicam-se as disposições deste Capítulo ao cumprimento provisório da sentença, no que couber.

Art. 475-O, *caput*, do CPC/73

CAPÍTULO IV
DO CUMPRIMENTO DE SENTENÇA QUE RECONHEÇA A EXIGIBILIDADE DE OBRIGAÇÃO DE PRESTAR ALIMENTOS

Art. 528. No cumprimento de sentença que condene ao pagamento de prestação alimentícia ou de decisão interlocutória que fixe alimentos, o juiz, a requerimento do exequente, mandará intimar o executado pessoalmente para, em 3 (três) dias, pagar o débito, provar que o fez ou justificar a impossibilidade de efetuá-lo.

§1º Caso o executado, no prazo referido no *caput*, não efetue o pagamento, não prove que o efetuou ou não apresente justificativa da impossibilidade de efetuá-lo, o juiz mandará protestar o pronunciamento judicial, aplicando-se, no que couber, o disposto no art. 517.

§2º Somente a comprovação de fato que gere a impossibilidade absoluta de pagar justificará o inadimplemento.

§3º Se o executado não pagar ou se a justificativa apresentada não for aceita, o juiz, além de mandar protestar o pronunciamento judicial na forma do §1º, decretar-lhe-á a prisão pelo prazo de 1 (um) a 3 (três) meses.

§4º A prisão será cumprida em regime fechado, devendo o preso ficar separado dos presos comuns.

§5º O cumprimento da pena não exime o executado do pagamento das prestações vencidas e vincendas.

§6º Paga a prestação alimentícia, o juiz suspenderá o cumprimento da ordem de prisão.

§7º O débito alimentar que autoriza a prisão civil do alimentante é o que compreende até as 3 (três) prestações anteriores ao ajuizamento da execução e as que se vencerem no curso do processo.

§8º O exequente pode optar por promover o cumprimento da sentença ou decisão desde logo, nos termos do disposto neste Livro, Título II, Capítulo III, caso em que não será admissível a prisão do executado, e, recaindo a penhora em dinheiro, a concessão de efeito suspensivo à impugnação não obsta a que o exequente levante mensalmente a importância da prestação.

§9º Além das opções previstas no art. 516, parágrafo único, o exequente pode promover o cumprimento da sentença ou decisão que condena ao pagamento de prestação alimentícia no juízo de seu domicílio.

Arts. 732 e 733 do CPC/73
Ver art. 1.072, V, do CPC/2015
Ver art. 5º, LXVII, da CF/88
Ver Súmula nº 309 do STJ

Art. 529. Quando o executado for funcionário público, militar, diretor ou gerente de empresa ou empregado sujeito à legislação do trabalho, o exequente poderá requerer o desconto em folha de pagamento da importância da prestação alimentícia.

§1º Ao proferir a decisão, o juiz oficiará à autoridade, à empresa ou ao empregador, determinando, sob pena de crime de desobediência, o desconto a partir da primeira remuneração posterior do executado, a contar do protocolo do ofício.

§2º O ofício conterá o nome e o número de inscrição no Cadastro de Pessoas Físicas do exequente e do executado, a importância a ser descontada mensalmente, o tempo de sua duração e a conta na qual deve ser feito o depósito.

§3º Sem prejuízo do pagamento dos alimentos vincendos, o débito objeto de execução pode ser descontado dos rendimentos ou rendas do executado, de forma parcelada, nos termos do *caput* deste artigo, contanto que, somado à parcela devida, não ultrapasse cinquenta por cento de seus ganhos líquidos.

Art.. 734 do CPC/73
Ver art. 330 do Código Penal
Ver arts. 61 e 69, parágrafo único, da Lei nº 9.099/95

Art. 530. Não cumprida a obrigação, observar-se-á o disposto nos arts. 831 e seguintes.

Art. 732 do CPC/73

Art. 531. O disposto neste Capítulo aplica-se aos alimentos definitivos ou provisórios.

§1º A execução dos alimentos provisórios, bem como a dos alimentos fixados em sentença ainda não transitada em julgado, se processa em autos apartados.

§2º O cumprimento definitivo da obrigação de prestar alimentos será processado nos mesmos autos em que tenha sido proferida a sentença.

Arts. 735 e 852 a 854 do CPC/73

Art. 532. Verificada a conduta procrastinatória do executado, o juiz deverá, se for o caso, dar ciência ao Ministério Público dos indícios da prática do crime de abandono material.

Não há artigo correspondente no CPC/73
Ver art. 244 do Código Penal

Art. 533. Quando a indenização por ato ilícito incluir prestação de alimentos, caberá ao executado, a requerimento do exequente, constituir capital cuja renda assegure o pagamento do valor mensal da pensão.

§1º O capital a que se refere o *caput*, representado por imóveis ou por direitos reais sobre imóveis suscetíveis de alienação, títulos da dívida pública ou aplicações financeiras em banco oficial, será inalienável e impenhorável enquanto durar a obrigação do executado, além de constituir-se em patrimônio de afetação.

§2º O juiz poderá substituir a constituição do capital pela inclusão do exequente em folha de pagamento de pessoa jurídica de notória capacidade econômica ou, a requerimento do executado, por fiança bancária ou garantia real, em valor a ser arbitrado de imediato pelo juiz.

§3º Se sobrevier modificação nas condições econômicas, poderá a parte requerer, conforme as circunstâncias, redução ou aumento da prestação.

§4º A prestação alimentícia poderá ser fixada tomando por base o salário-mínimo.

§5º Finda a obrigação de prestar alimentos, o juiz mandará liberar o capital, cessar o desconto em folha ou cancelar as garantias prestadas.

Art. 475-Q do CPC/73

CAPÍTULO V
DO CUMPRIMENTO DE SENTENÇA QUE RECONHEÇA A EXIGIBILIDADE DE OBRIGAÇÃO DE PAGAR QUANTIA CERTA PELA FAZENDA PÚBLICA

Art. 534. No cumprimento de sentença que impuser à Fazenda Pública o dever de pagar quantia certa, o exequente apresentará demonstrativo discriminado e atualizado do crédito contendo:

I – o nome completo e o número de inscrição no Cadastro de Pessoas Físicas ou no Cadastro Nacional da Pessoa Jurídica do exequente;

II – o índice de correção monetária adotado;

III – os juros aplicados e as respectivas taxas;

IV – o termo inicial e o termo final dos juros e da correção monetária utilizados;

V – a periodicidade da capitalização dos juros, se for o caso;

VI – a especificação dos eventuais descontos obrigatórios realizados.

§1º Havendo pluralidade de exequentes, cada um deverá apresentar o seu próprio demonstrativo, aplicando-se à hipótese, se for o caso, o disposto nos §§1º e 2º do art. 113.

§2º A multa prevista no §1º do art. 523 não se aplica à Fazenda Pública.

Art. 730 do CPC/73

Art. 535. A Fazenda Pública será intimada na pessoa de seu representante judicial, por carga, remessa ou meio eletrônico, para, querendo, no prazo de 30 (trinta) dias e nos próprios autos, impugnar a execução, podendo arguir:

I – falta ou nulidade da citação se, na fase de conhecimento, o processo correu à revelia;

II – ilegitimidade de parte;

III – inexequibilidade do título ou inexigibilidade da obrigação;

IV – excesso de execução ou cumulação indevida de execuções;

V – incompetência absoluta ou relativa do juízo da execução;

VI – qualquer causa modificativa ou extintiva da obrigação, como pagamento, novação, compensação, transação ou prescrição, desde que supervenientes ao trânsito em julgado da sentença.

Enunciado nº 57 do FPPC: A prescrição prevista nos arts. 525, §1º, VII e 535, VI, é exclusivamente da pretensão executiva. (Grupo: Execução)

§1º A alegação de impedimento ou suspeição observará o disposto nos arts. 146 e 148.

§2º Quando se alegar que o exequente, em excesso de execução, pleiteia quantia superior à resultante do título, cumprirá à executada declarar de imediato o valor que entende correto, sob pena de não conhecimento da arguição.

§3º Não impugnada a execução ou rejeitadas as arguições da executada:
I – expedir-se-á, por intermédio do presidente do tribunal competente, precatório em favor do exequente, observando-se o disposto na Constituição Federal;
II – por ordem do juiz, dirigida à autoridade na pessoa de quem o ente público foi citado para o processo, o pagamento de obrigação de pequeno valor será realizado no prazo de 2 (dois) meses contado da entrega da requisição, mediante depósito na agência de banco oficial mais próxima da residência do exequente.

Enunciado nº 532 do FPPC: A expedição do precatório ou da RPV depende do trânsito em julgado da decisão que rejeita as arguições da Fazenda Pública executada. (Grupo: Impacto do novo CPC e os processos da Fazenda Pública)

§4º Tratando-se de impugnação parcial, a parte não questionada pela executada será, desde logo, objeto de cumprimento.

§5º Para efeito do disposto no inciso III do *caput* deste artigo, considera-se também inexigível a obrigação reconhecida em título executivo judicial fundado em lei ou ato normativo considerado inconstitucional pelo Supremo Tribunal Federal, ou fundado em aplicação ou interpretação da lei ou do ato normativo tido pelo Supremo Tribunal Federal como incompatível com a Constituição Federal, em controle de constitucionalidade concentrado ou difuso.

§6º No caso do §5º, os efeitos da decisão do Supremo Tribunal Federal poderão ser modulados no tempo, de modo a favorecer a segurança jurídica.

Enunciado nº 58 do FPPC: As decisões de inconstitucionalidade a que se referem os art. 525, §§12 e 13 e art. 535 §§5º e 6º devem ser proferidas pelo plenário do STF. (Grupo: Sentença, Coisa Julgada e Ação Rescisória)

§7º A decisão do Supremo Tribunal Federal referida no §5º deve ter sido proferida antes do trânsito em julgado da decisão exequenda.

§8º Se a decisão referida no §5º for proferida após o trânsito em julgado da decisão exequenda, caberá ação rescisória, cujo prazo será contado do trânsito em julgado da decisão proferida pelo Supremo Tribunal Federal.

Arts. 730 e 741 do CPC/73
Ver art. 1.057 do CPC/2015

CAPÍTULO VI
DO CUMPRIMENTO DE SENTENÇA QUE RECONHEÇA A EXIGIBILIDADE DE OBRIGAÇÃO DE FAZER, DE NÃO FAZER OU DE ENTREGAR COISA

Seção I
Do Cumprimento de Sentença que Reconheça a Exigibilidade de Obrigação de Fazer ou de Não Fazer

Art. 536. No cumprimento de sentença que reconheça a exigibilidade de obrigação de fazer ou de não fazer, o juiz poderá, de ofício ou a requerimento, para a efetivação da tutela específica ou a obtenção de tutela pelo resultado prático equivalente, determinar as medidas necessárias à satisfação do exequente.

Enunciado nº 12 do FPPC: A aplicação das medidas atípicas subrogatórias e coercitivas é cabível em qualquer obrigação no cumprimento de sentença ou execução de título executivo extrajudicial. Essas medidas, contudo, serão aplicadas de forma subsidiária às medidas tipificadas, com observação do contraditório, ainda que diferido, e por meio de decisão à luz do art. 489, §1º, I e II. (Grupo: Execução)

§1º Para atender ao disposto no *caput*, o juiz poderá determinar, entre outras medidas, a imposição de multa, a busca e apreensão, a remoção de pessoas e coisas, o desfazimento de obras e o impedimento de atividade nociva, podendo, caso necessário, requisitar o auxílio de força policial.
§2º O mandado de busca e apreensão de pessoas e coisas será cumprido por 2 (dois) oficiais de justiça, observando-se o disposto no art. 846, §§1º a 4º, se houver necessidade de arrombamento.
§3º O executado incidirá nas penas de litigância de má-fé quando injustificadamente descumprir a ordem judicial, sem prejuízo de sua responsabilização por crime de desobediência.

Enunciado nº 533 do FPPC: Se o executado descumprir ordem judicial, conforme indicado pelo §3º do art. 536, incidirá a pena por ato atentatório à dignidade da justiça (art. 774, IV), sem prejuízo da sanção por litigância de má-fé. (Grupo: Cumprimento de sentença)

§4º No cumprimento de sentença que reconheça a exigibilidade de obrigação de fazer ou de não fazer, aplica-se o art. 525, no que couber.
§5º O disposto neste artigo aplica-se, no que couber, ao cumprimento de sentença que reconheça deveres de fazer e de não fazer de natureza não obrigacional.

Arts. 461 e 461-A do CPC/73
Enunciado nº 441 do FPPC: O §5º do art. 536 e o §5º do art. 537 alcançam situação jurídica passiva correlata a direito real. (Grupo: Execução)
Enunciado nº 442 do FPPC: O §5º do art. 536 e o §5º do art. 537 alcançam os deveres legais. (Grupo: Execução)
Ver art. 330 do Código Penal
Ver arts. 61 e 69, parágrafo único, da Lei nº 9.099/1995

Art. 537. A multa independe de requerimento da parte e poderá ser aplicada na fase de conhecimento, em tutela provisória ou na sentença, ou na fase de execução, desde que seja suficiente e compatível com a obrigação e que se determine prazo razoável para cumprimento do preceito.

Enunciado nº 526 do FPPC: A multa aplicada por descumprimento de ordem protetiva, baseada no art. 22, incisos I a V, da Lei 11.340/2006 (Lei Maria da Penha), é passível de cumprimento provisório, nos termos do art. 537, §3º. (Grupo: Impacto nos Juizados e nos procedimentos especiais da legislação extravagante)

§1º O juiz poderá, de ofício ou a requerimento, modificar o valor ou a periodicidade da multa vincenda ou excluí-la, caso verifique que:
I – se tornou insuficiente ou excessiva;
II – o obrigado demonstrou cumprimento parcial superveniente da obrigação ou justa causa para o descumprimento.
§2º O valor da multa será devido ao exequente.
§3º A decisão que fixa a multa é passível de cumprimento provisório, devendo ser depositada em juízo, permitido o levantamento do valor após o trânsito em julgado da sentença favorável à parte.

Redação original do dispositivo: "§3º A decisão que fixa a multa é passível de cumprimento provisório, devendo ser depositada em juízo, permitido o levantamento do valor após o trânsito em julgado da sentença favorável à parte ou na pendência do agravo fundado nos incisos II ou III do art. 1.042."
Enunciado nº 526 do FPPC: A multa aplicada por descumprimento de ordem protetiva, baseada no art. 22, incisos I a V, da Lei 11.340/2006 (Lei Maria da Penha), é passível de cumprimento provisório, nos termos do art. 537, §3º. (Grupo: Impacto nos Juizados e nos procedimentos especiais da legislação extravagante)

§4º A multa será devida desde o dia em que se configurar o descumprimento da decisão e incidirá enquanto não for cumprida a decisão que a tiver cominado.

§5º O disposto neste artigo aplica-se, no que couber, ao cumprimento de sentença que reconheça deveres de fazer e de não fazer de natureza não obrigacional. (NR)

Art. 461, §§4º a 6º, do CPC/73
Enunciado nº 441 do FPPC: O §5º do art. 536 e o §5º do art. 537 alcançam situação jurídica passiva correlata a direito real. (Grupo: Execução)
Enunciado nº 442 do FPPC: O §5º do art. 536 e o §5º do art. 537 alcançam os deveres legais. (Grupo: Execução)
Ver art. 12, §2º, da Lei nº 7.347/1985
Ver art. 213, §3º, do ECA
Ver art. 83, §3º, do Estatuto do Idoso

Seção II
Do Cumprimento de Sentença que Reconheça a Exigibilidade de Obrigação de Entregar Coisa

Art. 538. Não cumprida a obrigação de entregar coisa no prazo estabelecido na sentença, será expedido mandado de busca e apreensão ou de imissão na posse em favor do credor, conforme se tratar de coisa móvel ou imóvel.

§1º A existência de benfeitorias deve ser alegada na fase de conhecimento, em contestação, de forma discriminada e com atribuição, sempre que possível e justificadamente, do respectivo valor.

§2º O direito de retenção por benfeitorias deve ser exercido na contestação, na fase de conhecimento.

§3º Aplicam-se ao procedimento previsto neste artigo, no que couber, as disposições sobre o cumprimento de obrigação de fazer ou de não fazer.

Art. 461-A do CPC/73
Ver art. 1.219 do Código Civil

TÍTULO III
DOS PROCEDIMENTOS ESPECIAIS

CAPÍTULO I
DA AÇÃO DE CONSIGNAÇÃO EM PAGAMENTO

Art. 539. Nos casos previstos em lei, poderá o devedor ou terceiro requerer, com efeito de pagamento, a consignação da quantia ou da coisa devida.

§1º Tratando-se de obrigação em dinheiro, poderá o valor ser depositado em estabelecimento bancário, oficial onde houver, situado no lugar do pagamento, cientificando-se o credor por carta com aviso de recebimento, assinado o prazo de 10 (dez) dias para a manifestação de recusa.

§2º Decorrido o prazo do §1º, contado do retorno do aviso de recebimento, sem a manifestação de recusa, considerar-se-á o devedor liberado da obrigação, ficando à disposição do credor a quantia depositada.

§3º Ocorrendo a recusa, manifestada por escrito ao estabelecimento bancário, poderá ser proposta, dentro de 1 (um) mês, a ação de consignação, instruindo-se a inicial com a prova do depósito e da recusa.

§4º Não proposta a ação no prazo do §3º, ficará sem efeito o depósito, podendo levantá-lo o depositante.

Art. 890 do CPC/73

Art. 540. Requerer-se-á a consignação no lugar do pagamento, cessando para o devedor, à data do depósito, os juros e os riscos, salvo se a demanda for julgada improcedente.

Art. 891 do CPC/73

Enunciado nº 59 do FPPC: Em ação de consignação e pagamento, quando a coisa devida for corpo que deva ser entregue no lugar em que está, poderá o devedor requerer a consignação no foro em que ela se encontra. A supressão do parágrafo único do art. 891 do Código de Processo Civil de 1973 é inócua, tendo em vista o art. 341 do Código Civil. (Grupo: Procedimentos Especiais; redação revista no III FPPC-Rio)

Art. 541. Tratando-se de prestações sucessivas, consignada uma delas, pode o devedor continuar a depositar, no mesmo processo e sem mais formalidades, as que se forem vencendo, desde que o faça em até 5 (cinco) dias contados da data do respectivo vencimento.

Art. 892 do CPC/73

Enunciado nº 60 do FPPC: Na ação de consignação em pagamento que tratar de prestações sucessivas, consignada uma delas, pode o devedor continuar a consignar sem mais formalidades as que se forem vencendo, enquanto estiver pendente o processo. (Grupo: Procedimentos Especiais)

Art. 542. Na petição inicial, o autor requererá:
I – o depósito da quantia ou da coisa devida, a ser efetivado no prazo de 5 (cinco) dias contados do deferimento, ressalvada a hipótese do art. 539, §3º;

II – a citação do réu para levantar o depósito ou oferecer contestação.
Parágrafo único. Não realizado o depósito no prazo do inciso I, o processo será extinto sem resolução do mérito.

Art. 893 do CPC/73

Art. 543. Se o objeto da prestação for coisa indeterminada e a escolha couber ao credor, será este citado para exercer o direito dentro de 5 (cinco) dias, se outro prazo não constar de lei ou do contrato, ou para aceitar que o devedor a faça, devendo o juiz, ao despachar a petição inicial, fixar lugar, dia e hora em que se fará a entrega, sob pena de depósito.

Art. 894 do CPC/73

Art. 544. Na contestação, o réu poderá alegar que:
I – não houve recusa ou mora em receber a quantia ou a coisa devida;
II – foi justa a recusa;
III – o depósito não se efetuou no prazo ou no lugar do pagamento;
IV – o depósito não é integral.
Parágrafo único. No caso do inciso IV, a alegação somente será admissível se o réu indicar o montante que entende devido.

Art. 896 do CPC/73

Art. 545. Alegada a insuficiência do depósito, é lícito ao autor completá-lo, em 10 (dez) dias, salvo se corresponder a prestação cujo inadimplemento acarrete a rescisão do contrato.

Enunciado nº 61 do FPPC: É permitido ao réu da ação de consignação em pagamento levantar "desde logo" a quantia ou coisa depositada em outras hipóteses além da prevista no §1º do art. 545 (insuficiência do depósito), desde que tal postura não seja contraditória com fundamento da defesa. (Grupo: Procedimentos Especiais)

§1º No caso do *caput*, poderá o réu levantar, desde logo, a quantia ou a coisa depositada, com a consequente liberação parcial do autor, prosseguindo o processo quanto à parcela controvertida.
§2º A sentença que concluir pela insuficiência do depósito determinará, sempre que possível, o montante devido e valerá como título executivo, facultado ao credor promover-lhe o cumprimento nos mesmos autos, após liquidação, se necessária.

Art. 899 do CPC/73

Art. 546. Julgado procedente o pedido, o juiz declarará extinta a obrigação e condenará o réu ao pagamento de custas e honorários advocatícios.

Parágrafo único. Proceder-se-á do mesmo modo se o credor receber e der quitação.

Art. 897 do CPC/73

Art. 547. Se ocorrer dúvida sobre quem deva legitimamente receber o pagamento, o autor requererá o depósito e a citação dos possíveis titulares do crédito para provarem o seu direito.

Art. 895 do CPC/73

Art. 548. No caso do art. 547:

I – não comparecendo pretendente algum, converter-se-á o depósito em arrecadação de coisas vagas;

II – comparecendo apenas um, o juiz decidirá de plano;

III – comparecendo mais de um, o juiz declarará efetuado o depósito e extinta a obrigação, continuando o processo a correr unicamente entre os presuntivos credores, observado o procedimento comum.

Art. 898 do CPC/73

Enunciado nº 62 do FPPC: A regra prevista no art. 548, III, que dispõe que, em ação de consignação em pagamento, o juiz declarará efetuado o depósito extinguindo a obrigação em relação ao devedor, prosseguindo o processo unicamente entre os presuntivos credores, só se aplicará se o valor do depósito não for controvertido, ou seja, não terá aplicação caso o montante depositado seja impugnado por qualquer dos presuntivos credores. (Grupo: Procedimentos Especiais)

Enunciado nº 534 do FPPC: A decisão a que se refere o inciso III do art. 548 faz coisa julgada quanto à extinção da obrigação. (Grupo: Sentença, coisa julgada e ação rescisória)

Enunciado nº 535 do FPPC: Cabe ação rescisória contra a decisão prevista no inciso III do art. 548. (Grupo: Sentença, coisa julgada e ação rescisória)

Art. 549. Aplica-se o procedimento estabelecido neste Capítulo, no que couber, ao resgate do aforamento.

Art. 900 do CPC/73

Ver art. 2.038 do Código Civil
Ver arts. 678 e 693 do Código Civil de 1916

CAPÍTULO II
DA AÇÃO DE EXIGIR CONTAS

Art. 550. Aquele que afirmar ser titular do direito de exigir contas requererá a citação do réu para que as preste ou ofereça contestação no prazo de 15 (quinze) dias.

§1º Na petição inicial, o autor especificará, detalhadamente, as razões pelas quais exige as contas, instruindo-a com documentos comprobatórios dessa necessidade, se existirem.

§2º Prestadas as contas, o autor terá 15 (quinze) dias para se manifestar, prosseguindo-se o processo na forma do Capítulo X do Título I deste Livro.

§3º A impugnação das contas apresentadas pelo réu deverá ser fundamentada e específica, com referência expressa ao lançamento questionado.

§4º Se o réu não contestar o pedido, observar-se-á o disposto no art. 355.

§5º A decisão que julgar procedente o pedido condenará o réu a prestar as contas no prazo de 15 (quinze) dias, sob pena de não lhe ser lícito impugnar as que o autor apresentar.

Enunciado nº 177 do FPPC: A decisão interlocutória que julga procedente o pedido para condenar o réu a prestar contas, por ser de mérito, é recorrível por agravo de instrumento. (Grupo: Procedimentos Especiais)

§6º Se o réu apresentar as contas no prazo previsto no §5º, seguir-se-á o procedimento do §2º, caso contrário, o autor apresentá-las-á no prazo de 15 (quinze) dias, podendo o juiz determinar a realização de exame pericial, se necessário.

Art. 915 do CPC/73

Art. 551. As contas do réu serão apresentadas na forma adequada, especificando-se as receitas, a aplicação das despesas e os investimentos, se houver.

§1º Havendo impugnação específica e fundamentada pelo autor, o juiz estabelecerá prazo razoável para que o réu apresente os documentos justificativos dos lançamentos individualmente impugnados.

§2º As contas do autor, para os fins do art. 550, §5º, serão apresentadas na forma adequada, já instruídas com os documentos justificativos, especificando-se as receitas, a aplicação das despesas e os investimentos, se houver, bem como o respectivo saldo.

Art. 917 do CPC/73

Art. 552. A sentença apurará o saldo e constituirá título executivo judicial.

Art. 918 do CPC/73

Art. 553. As contas do inventariante, do tutor, do curador, do depositário e de qualquer outro administrador serão prestadas em apenso aos autos do processo em que tiver sido nomeado.

Parágrafo único. Se qualquer dos referidos no *caput* for condenado a pagar o saldo e não o fizer no prazo legal, o juiz poderá destituí-lo, sequestrar os bens sob sua guarda, glosar o prêmio ou a gratificação a que teria direito e determinar as medidas executivas necessárias à recomposição do prejuízo.

Art. 919 do CPC/73

CAPÍTULO III
DAS AÇÕES POSSESSÓRIAS

Seção I
Disposições Gerais

Art. 554. A propositura de uma ação possessória em vez de outra não obstará a que o juiz conheça do pedido e outorgue a proteção legal correspondente àquela cujos pressupostos estejam provados.

Enunciado nº 63 do FPPC: No caso de ação possessória em que figure no polo passivo grande número de pessoas, a ampla divulgação prevista no §3º do art. 554 contempla a inteligência do art. 301, com a possibilidade de determinação de registro de protesto para consignar a informação do litígio possessório na matrícula imobiliária respectiva. (Grupo: Procedimentos Especiais)

Enunciado nº 178 do FPPC: O valor da causa nas ações fundadas em posse, tais como as ações possessórias, os embargos de terceiro e a oposição, deve considerar a expressão econômica da posse, que não obrigatoriamente coincide com o valor da propriedade. (Grupo: Procedimentos Especiais)

Enunciado nº 328 do FPPC: Os arts. 554 e 565 do CPC aplicam-se à ação de usucapião coletiva (art. 10 da Lei nº 10.258/2001) e ao processo em que exercido o direito a que se referem os §§4º e 5º do art. 1.228, Código Civil, especialmente quanto à necessidade de ampla publicidade da ação e da participação do Ministério Público, da Defensoria Pública e dos órgãos estatais responsáveis pela reforma agrária e política urbana. (Grupo: Impactos do CPC nos Juizados e nos procedimentos especiais de legislação extravagante)

§1º No caso de ação possessória em que figure no polo passivo grande número de pessoas, serão feitas a citação pessoal dos ocupantes que forem encontrados no local e a citação por edital dos demais, determinando-se, ainda, a intimação do Ministério Público e, se envolver pessoas em situação de hipossuficiência econômica, da Defensoria Pública.

§2º Para fim da citação pessoal prevista no §1º, o oficial de justiça procurará os ocupantes no local por uma vez, citando-se por edital os que não forem encontrados.

§3º O juiz deverá determinar que se dê ampla publicidade da existência da ação prevista no §1º e dos respectivos prazos processuais, podendo, para tanto, valer-se de anúncios em jornal ou rádio locais, da publicação de cartazes na região do conflito e de outros meios.

Art. 920 do CPC/73

Art. 555. É lícito ao autor cumular ao pedido possessório o de:
I – condenação em perdas e danos;
II – indenização dos frutos.
Parágrafo único. Pode o autor requerer, ainda, imposição de medida necessária e adequada para:
I – evitar nova turbação ou esbulho;
II – cumprir-se a tutela provisória ou final.

Art. 921 do CPC/73

Art. 556. É lícito ao réu, na contestação, alegando que foi o ofendido em sua posse, demandar a proteção possessória e a indenização pelos prejuízos resultantes da turbação ou do esbulho cometido pelo autor.

Art. 922 do CPC/73

Art. 557. Na pendência de ação possessória é vedado, tanto ao autor quanto ao réu, propor ação de reconhecimento do domínio, exceto se a pretensão for deduzida em face de terceira pessoa.

Enunciado nº 65 do FPPC: O art. 557 do projeto não obsta a cumulação pelo autor de ação reivindicatória e de ação possessória, se os fundamentos forem distintos. (Grupo: Procedimentos Especiais)

Parágrafo único. Não obsta à manutenção ou à reintegração de posse a alegação de propriedade ou de outro direito sobre a coisa.

Art. 923 do CPC/73
Ver Súmula nº 487 do STF
Ver art. 341 do Código Civil

Art. 558. Regem o procedimento de manutenção e de reintegração de posse as normas da Seção II deste Capítulo quando a ação for proposta dentro de ano e dia da turbação ou do esbulho afirmado na petição inicial.
Parágrafo único. Passado o prazo referido no *caput*, será comum o procedimento, não perdendo, contudo, o caráter possessório.

Art. 924 do CPC/73

Art. 559. Se o réu provar, em qualquer tempo, que o autor provisoriamente mantido ou reintegrado na posse carece de idoneidade financeira para, no caso de sucumbência, responder por perdas e danos, o juiz designar-lhe-á o prazo de 5 (cinco) dias para requerer caução, real ou fidejussória, sob pena de ser depositada a coisa litigiosa, ressalvada a impossibilidade da parte economicamente hipossuficiente.

Art. 925 do CPC/73
Enunciado nº 179 do FPPC: O prazo de cinco dias para prestar caução pode ser dilatado, nos termos do art. 139, inciso VI. (Grupo: Procedimentos Especiais)
Enunciado nº 180 do FPPC: A prestação de caução prevista no art. 559 poderá ser determinada pelo juiz, caso o réu obtenha a proteção possessória, nos termos no art. 556. (Grupo: Procedimentos Especiais)

Seção II
Da Manutenção e da Reintegração de Posse

Art. 560. O possuidor tem direito a ser mantido na posse em caso de turbação e reintegrado em caso de esbulho.

Art. 926 do CPC/73

Art. 561. Incumbe ao autor provar:
I – a sua posse;

II – a turbação ou o esbulho praticado pelo réu;
III – a data da turbação ou do esbulho;
IV – a continuação da posse, embora turbada, na ação de manutenção, ou a perda da posse, na ação de reintegração.

Art. 927 do CPC/73

Art. 562. Estando a petição inicial devidamente instruída, o juiz deferirá, sem ouvir o réu, a expedição do mandado liminar de manutenção ou de reintegração, caso contrário, determinará que o autor justifique previamente o alegado, citando-se o réu para comparecer à audiência que for designada.
Parágrafo único. Contra as pessoas jurídicas de direito público não será deferida a manutenção ou a reintegração liminar sem prévia audiência dos respectivos representantes judiciais.

Art. 928 do CPC/73

Art. 563. Considerada suficiente a justificação, o juiz fará logo expedir mandado de manutenção ou de reintegração.

Art. 929 do CPC/73

Art. 564. Concedido ou não o mandado liminar de manutenção ou de reintegração, o autor promoverá, nos 5 (cinco) dias subsequentes, a citação do réu para, querendo, contestar a ação no prazo de 15 (quinze) dias.
Parágrafo único. Quando for ordenada a justificação prévia, o prazo para contestar será contado da intimação da decisão que deferir ou não a medida liminar.

Art. 930 do CPC/73

Art. 565. No litígio coletivo pela posse de imóvel, quando o esbulho ou a turbação afirmado na petição inicial houver ocorrido há mais de ano e dia, o juiz, antes de apreciar o pedido de concessão da medida liminar, deverá designar audiência de mediação, a realizar-se em até 30 (trinta) dias, que observará o disposto nos §§2º e 4º.

Enunciado nº 66 do FPPC: A medida liminar referida no art. 565 é hipótese de tutela antecipada. (Grupo: Procedimentos Especiais; redação revista no III FPPC-Rio)

Enunciado nº 67 do FPPC: A audiência de mediação referida no art. 565 (e seus parágrafos) deve ser compreendida como a sessão de mediação ou de conciliação, conforme as peculiaridades do caso concreto. (Grupo: Procedimentos Especiais)

Enunciado nº 328 do FPPC: Os arts. 554 e 565 do CPC aplicam-se à ação de usucapião coletiva (art. 10 da Lei nº 10.258/2001) e ao processo em que exercido o direito a que se referem os §§4º e 5º do art. 1.228, Código Civil, especialmente quanto à necessidade de ampla publicidade da ação e da participação do Ministério Público, da Defensoria Pública e dos órgãos estatais responsáveis pela reforma agrária e política urbana. (Grupo: Impactos do CPC nos Juizados e nos procedimentos especiais de legislação extravagante)

§1º Concedida a liminar, se essa não for executada no prazo de 1 (um) ano, a contar da data de distribuição, caberá ao juiz designar audiência de mediação, nos termos dos §§2º a 4º deste artigo.

§2º O Ministério Público será intimado para comparecer à audiência, e a Defensoria Pública será intimada sempre que houver parte beneficiária de gratuidade da justiça.

§3º O juiz poderá comparecer à área objeto do litígio quando sua presença se fizer necessária à efetivação da tutela jurisdicional.

§4º Os órgãos responsáveis pela política agrária e pela política urbana da União, de Estado ou do Distrito Federal e de Município onde se situe a área objeto do litígio poderão ser intimados para a audiência, a fim de se manifestarem sobre seu interesse no processo e sobre a existência de possibilidade de solução para o conflito possessório.

§5º Aplica-se o disposto neste artigo ao litígio sobre propriedade de imóvel.

Não há artigo correspondente no CPC/73

Art. 566. Aplica-se, quanto ao mais, o procedimento comum.

Art. 931 do CPC/73

Seção III
Do Interdito Proibitório

Art. 567. O possuidor direto ou indireto que tenha justo receio de ser molestado na posse poderá requerer ao juiz que o segure da turbação ou esbulho iminente,

mediante mandado proibitório em que se comine ao réu determinada pena pecuniária caso transgrida o preceito.

Art. 932 do CPC/73

Art. 568. Aplica-se ao interdito proibitório o disposto na Seção II deste Capítulo.

Art. 933 do CPC/73

CAPÍTULO IV
DA AÇÃO DE DIVISÃO E DA DEMARCAÇÃO DE TERRAS PARTICULARES

Seção I
Disposições Gerais

Art. 569. Cabe:

Enunciado nº 68 do FPPC: Também possuem legitimidade para a ação demarcatória os titulares de direito real de gozo e fruição, nos limites dos seus respectivos direitos e títulos constitutivos de direito real. Assim, além da propriedade, aplicam-se os dispositivos do Capítulo sobre ação demarcatória, no que for cabível, em relação aos direitos reais de gozo e fruição. (Grupo: Procedimentos Especiais)

Enunciado nº 69 do FPPC: Cabe ao proprietário ação demarcatória para extremar a demarcação entre o seu prédio e do confinante, bem como fixar novos limites, aviventar rumos apagados e a renovar marcos destruídos (art. 1.297 do Código Civil). (Grupo: Procedimentos Especiais)

I – ao proprietário a ação de demarcação, para obrigar o seu confinante a estremar os respectivos prédios, fixando-se novos limites entre eles ou aviventando-se os já apagados;
II – ao condômino a ação de divisão, para obrigar os demais consortes a estremar os quinhões.

Art. 946 do CPC/73

Art. 570. É lícita a cumulação dessas ações, caso em que deverá processar-se primeiramente a demarcação total ou parcial da coisa comum, citando-se os confinantes e os condôminos.

Art. 947 do CPC/73

Art. 571. A demarcação e a divisão poderão ser realizadas por escritura pública, desde que maiores, capazes e concordes todos os interessados, observando-se, no que couber, os dispositivos deste Capítulo.

Não há artigo correspondente no CPC/73
Ver arts. 18-A a 18-F, do Decreto-Lei nº 9.760/1946

Art. 572. Fixados os marcos da linha de demarcação, os confinantes considerar-se-ão terceiros quanto ao processo divisório, ficando-lhes, porém, ressalvado o direito de vindicar os terrenos de que se julguem despojados por invasão das linhas limítrofes constitutivas do perímetro ou de reclamar indenização correspondente ao seu valor.

§1º No caso do *caput*, serão citados para a ação todos os condôminos, se a sentença homologatória da divisão ainda não houver transitado em julgado, e todos os quinhoeiros dos terrenos vindicados, se a ação for proposta posteriormente.

§2º Neste último caso, a sentença que julga procedente a ação, condenando a restituir os terrenos ou a pagar a indenização, valerá como título executivo em favor dos quinhoeiros para haverem dos outros condôminos que forem parte na divisão ou de seus sucessores a título universal, na proporção que lhes tocar, a composição pecuniária do desfalque sofrido.

Art. 948 do CPC/73

Art. 573. Tratando-se de imóvel georreferenciado, com averbação no registro de imóveis, pode o juiz dispensar a realização de prova pericial.

Não há artigo correspondente no CPC/73
Ver arts. 176, §1º, II, 3), a) e art. 225 da Lei nº 6.015/1973

Seção II
Da Demarcação

Art. 574. Na petição inicial, instruída com os títulos da propriedade, designar-se-á o imóvel pela situação e pela denominação, descrever-se-ão os limites por constituir, aviventar ou renovar e nomear-se-ão todos os confinantes da linha demarcanda.

Art. 950 do CPC/73

Art. 575. Qualquer condômino é parte legítima para promover a demarcação do imóvel comum, requerendo a intimação dos demais para, querendo, intervir no processo.

Art. 952 do CPC/73

Enunciado nº 443 do FPPC: Em ação possessória movida pelo proprietário é possível ao réu alegar a usucapião como matéria de defesa, sem violação ao art. 575. (Grupo: Procedimentos Especiais)

Art. 576. A citação dos réus será feita por correio, observado o disposto no art. 247.

Parágrafo único. Será publicado edital, nos termos do inciso III do art. 259.

Art. 953 do CPC/73

Art. 577. Feitas as citações, terão os réus o prazo comum de 15 (quinze) dias para contestar.

Art. 954 do CPC/73

Art. 578. Após o prazo de resposta do réu, observar-se-á o procedimento comum.

Art. 955 do CPC/73

Art. 579. Antes de proferir a sentença, o juiz nomeará um ou mais peritos para levantar o traçado da linha demarcanda.

Art. 956 do CPC/73

Art. 580. Concluídos os estudos, os peritos apresentarão minucioso laudo sobre o traçado da linha demarcanda, considerando os títulos, os marcos, os rumos, a fama da vizinhança, as informações de antigos moradores do lugar e outros elementos que coligirem.

Art. 957 do CPC/73

Enunciado nº 70 do FPPC: Do laudo pericial que traçar a linha demarcanda, deverá ser oportunizada a manifestação das partes interessadas, em prestígio ao princípio do contraditório e da ampla defesa. (Grupo: Procedimentos Especiais)

Art. 581. A sentença que julgar procedente o pedido determinará o traçado da linha demarcanda.
Parágrafo único. A sentença proferida na ação demarcatória determinará a restituição da área invadida, se houver, declarando o domínio ou a posse do prejudicado, ou ambos.

Art. 958 do CPC/73

Art. 582. Transitada em julgado a sentença, o perito efetuará a demarcação e colocará os marcos necessários.
Parágrafo único. Todas as operações serão consignadas em planta e memorial descritivo com as referências convenientes para a identificação, em qualquer tempo, dos pontos assinalados, observada a legislação especial que dispõe sobre a identificação do imóvel rural.

Art. 959 do CPC/73

Art. 583. As plantas serão acompanhadas das cadernetas de operações de campo e do memorial descritivo, que conterá:
I – o ponto de partida, os rumos seguidos e a aviventação dos antigos com os respectivos cálculos;
II – os acidentes encontrados, as cercas, os valos, os marcos antigos, os córregos, os rios, as lagoas e outros;
III – a indicação minuciosa dos novos marcos cravados, dos antigos aproveitados, das culturas existentes e da sua produção anual;
IV – a composição geológica dos terrenos, bem como a qualidade e a extensão dos campos, das matas e das capoeiras;
V – as vias de comunicação;
VI – as distâncias a pontos de referência, tais como rodovias federais e estaduais, ferrovias, portos, aglomerações urbanas e polos comerciais;
VII – a indicação de tudo o mais que for útil para o levantamento da linha ou para a identificação da linha já levantada.

Art. 962 do CPC/73

Art. 584. É obrigatória a colocação de marcos tanto na estação inicial, dita marco primordial, quanto nos vértices dos ângulos, salvo se algum desses últimos pontos for assinalado por acidentes naturais de difícil remoção ou destruição.

Art. 963 do CPC/73

Art. 585. A linha será percorrida pelos peritos, que examinarão os marcos e os rumos, consignando em relatório escrito a exatidão do memorial e da planta apresentados pelo agrimensor ou as divergências porventura encontradas.

Art. 964 do CPC/73

Art. 586. Juntado aos autos o relatório dos peritos, o juiz determinará que as partes se manifestem sobre ele no prazo comum de 15 (quinze) dias.

Parágrafo único. Executadas as correções e as retificações que o juiz determinar, lavrar-se-á, em seguida, o auto de demarcação em que os limites demarcandos serão minuciosamente descritos de acordo com o memorial e a planta.

Art. 965 do CPC/73

Art. 587. Assinado o auto pelo juiz e pelos peritos, será proferida a sentença homologatória da demarcação.

Art. 966 do CPC/73

Seção III
Da Divisão

Art. 588. A petição inicial será instruída com os títulos de domínio do promovente e conterá:
I – a indicação da origem da comunhão e a denominação, a situação, os limites e as características do imóvel;
II – o nome, o estado civil, a profissão e a residência de todos os condôminos, especificando-se os estabelecidos no imóvel com benfeitorias e culturas;
III – as benfeitorias comuns.

Art. 967 do CPC/73

Art. 589. Feitas as citações como preceitua o art. 576, prosseguir-se-á na forma dos arts. 577 e 578.

Art. 968 do CPC/73

Art. 590. O juiz nomeará um ou mais peritos para promover a medição do imóvel e as operações de divisão, observada a legislação especial que dispõe sobre a identificação do imóvel rural.

Parágrafo único. O perito deverá indicar as vias de comunicação existentes, as construções e as benfeitorias, com a indicação dos seus valores e dos respectivos proprietários e ocupantes, as águas principais que banham o imóvel e quaisquer outras informações que possam concorrer para facilitar a partilha.

Art. 969 do CPC/73
Ver arts. 176, §1º, II, 3), a), e 225, §3º, da Lei nº 6.015/1973

Art. 591. Todos os condôminos serão intimados a apresentar, dentro de 10 (dez) dias, os seus títulos, se ainda não o tiverem feito, e a formular os seus pedidos sobre a constituição dos quinhões.

Art. 970 do CPC/73

Art. 592. O juiz ouvirá as partes no prazo comum de 15 (quinze) dias.

§1º Não havendo impugnação, o juiz determinará a divisão geodésica do imóvel.

§2º Havendo impugnação, o juiz proferirá, no prazo de 10 (dez) dias, decisão sobre os pedidos e os títulos que devam ser atendidos na formação dos quinhões.

Art. 971 do CPC/73

Art. 593. Se qualquer linha do perímetro atingir benfeitorias permanentes dos confinantes feitas há mais de 1 (um) ano, serão elas respeitadas, bem como os terrenos onde estiverem, os quais não se computarão na área dividenda.

Art. 973 do CPC/73

Art. 594. Os confinantes do imóvel dividendo podem demandar a restituição dos terrenos que lhes tenham sido usurpados.

§1º Serão citados para a ação todos os condôminos, se a sentença homologatória da divisão ainda não houver transitado em julgado, e todos os quinhoeiros dos terrenos vindicados, se a ação for proposta posteriormente.

§2º Nesse último caso terão os quinhoeiros o direito, pela mesma sentença que os obrigar à restituição, a haver dos outros condôminos do processo divisório ou de seus sucessores a título universal a composição pecuniária proporcional ao desfalque sofrido.

Art. 974 do CPC/73

Art. 595. Os peritos proporão, em laudo fundamentado, a forma da divisão, devendo consultar, quanto possível, a comodidade das partes, respeitar, para adjudicação a cada condômino, a preferência dos terrenos contíguos às suas residências e benfeitorias e evitar o retalhamento dos quinhões em glebas separadas.

Art. 978 do CPC/73

Art. 596. Ouvidas as partes, no prazo comum de 15 (quinze) dias, sobre o cálculo e o plano da divisão, o juiz deliberará a partilha.

Parágrafo único. Em cumprimento dessa decisão, o perito procederá à demarcação dos quinhões, observando, além do disposto nos arts. 584 e 585, as seguintes regras:

I – as benfeitorias comuns que não comportarem divisão cômoda serão adjudicadas a um dos condôminos mediante compensação;

II – instituir-se-ão as servidões que forem indispensáveis em favor de uns quinhões sobre os outros, incluindo o respectivo valor no orçamento para que, não se tratando de servidões naturais, seja compensado o condômino aquinhoado com o prédio serviente;

III – as benfeitorias particulares dos condôminos que excederem à área a que têm direito serão adjudicadas ao quinhoeiro vizinho mediante reposição;

IV – se outra coisa não acordarem as partes, as compensações e as reposições serão feitas em dinheiro.

Art. 979 do CPC/73

Art. 597. Terminados os trabalhos e desenhados na planta os quinhões e as servidões aparentes, o perito organizará o memorial descritivo.

§1º Cumprido o disposto no art. 586, o escrivão, em seguida, lavrará o auto de divisão, acompanhado de uma folha de pagamento para cada condômino.

§2º Assinado o auto pelo juiz e pelo perito, será proferida sentença homologatória da divisão.

§3º O auto conterá:

I – a confinação e a extensão superficial do imóvel;

II – a classificação das terras com o cálculo das áreas de cada consorte e com a respectiva avaliação ou, quando a homogeneidade das terras não determinar diversidade de valores, a avaliação do imóvel na sua integridade;

III – o valor e a quantidade geométrica que couber a cada condômino, declarando-se as reduções e as compensações resultantes da diversidade de valores das glebas componentes de cada quinhão.

§4º Cada folha de pagamento conterá:

I – a descrição das linhas divisórias do quinhão, mencionadas as confinantes;

II – a relação das benfeitorias e das culturas do próprio quinhoeiro e das que lhe foram adjudicadas por serem comuns ou mediante compensação;
III – a declaração das servidões instituídas, especificados os lugares, a extensão e o modo de exercício.

Art. 980 do CPC/73

Art. 598. Aplica-se às divisões o disposto nos arts. 575 a 578.

Art. 981 do CPC/73

CAPÍTULO V
DA AÇÃO DE DISSOLUÇÃO PARCIAL DE SOCIEDADE

Art. 599. A ação de dissolução parcial de sociedade pode ter por objeto:
I – a resolução da sociedade empresária contratual ou simples em relação ao sócio falecido, excluído ou que exerceu o direito de retirada ou recesso; e
II – a apuração dos haveres do sócio falecido, excluído ou que exerceu o direito de retirada ou recesso; ou
III – somente a resolução ou a apuração de haveres.
§1º A petição inicial será necessariamente instruída com o contrato social consolidado.
§2º A ação de dissolução parcial de sociedade pode ter também por objeto a sociedade anônima de capital fechado quando demonstrado, por acionista ou acionistas que representem cinco por cento ou mais do capital social, que não pode preencher o seu fim.

Não há artigo correspondente no CPC/73
Ver art. 159, §4º, da Lei nº 6.404/1976

Art. 600. A ação pode ser proposta:
I – pelo espólio do sócio falecido, quando a totalidade dos sucessores não ingressar na sociedade;
II – pelos sucessores, após concluída a partilha do sócio falecido;
III – pela sociedade, se os sócios sobreviventes não admitirem o ingresso do espólio ou dos sucessores do falecido na sociedade, quando esse direito decorrer do contrato social;
IV – pelo sócio que exerceu o direito de retirada ou recesso, se não tiver sido providenciada, pelos demais sócios, a alteração contratual consensual formalizando o desligamento, depois de transcorridos 10 (dez) dias do exercício do direito;

V – pela sociedade, nos casos em que a lei não autoriza a exclusão extrajudicial; ou
VI – pelo sócio excluído.
Parágrafo único. O cônjuge ou companheiro do sócio cujo casamento, união estável ou convivência terminou poderá requerer a apuração de seus haveres na sociedade, que serão pagos à conta da quota social titulada por este sócio.

Não há artigo correspondente no CPC/73

Art. 601. Os sócios e a sociedade serão citados para, no prazo de 15 (quinze) dias, concordar com o pedido ou apresentar contestação.
Parágrafo único. A sociedade não será citada se todos os seus sócios o forem, mas ficará sujeita aos efeitos da decisão e à coisa julgada.

Não há artigo correspondente no CPC/73

Art. 602. A sociedade poderá formular pedido de indenização compensável com o valor dos haveres a apurar.

Não há artigo correspondente no CPC/73

Art. 603. Havendo manifestação expressa e unânime pela concordância da dissolução, o juiz a decretará, passando-se imediatamente à fase de liquidação.
§1º Na hipótese prevista no *caput*, não haverá condenação em honorários advocatícios de nenhuma das partes, e as custas serão rateadas segundo a participação das partes no capital social.
§2º Havendo contestação, observar-se-á o procedimento comum, mas a liquidação da sentença seguirá o disposto neste Capítulo.

Não há artigo correspondente no CPC/73

Art. 604. Para apuração dos haveres, o juiz:
I – fixará a data da resolução da sociedade;
II – definirá o critério de apuração dos haveres à vista do disposto no contrato social; e
III – nomeará o perito.
§1º O juiz determinará à sociedade ou aos sócios que nela permanecerem que depositem em juízo a parte incontroversa dos haveres devidos.
§2º O depósito poderá ser, desde logo, levantando pelo ex-sócio, pelo espólio ou pelos sucessores.

§ 3º Se o contrato social estabelecer o pagamento dos haveres, será observado o que nele se dispôs no depósito judicial da parte incontroversa.

Não há artigo correspondente no CPC/73

Art. 605. A data da resolução da sociedade será:
I – no caso de falecimento do sócio, a do óbito;
II – na retirada imotivada, o sexagésimo dia seguinte ao do recebimento, pela sociedade, da notificação do sócio retirante;
III – no recesso, o dia do recebimento, pela sociedade, da notificação do sócio dissidente;
IV – na retirada por justa causa de sociedade por prazo determinado e na exclusão judicial de sócio, a do trânsito em julgado da decisão que dissolver a sociedade; e
V – na exclusão extrajudicial, a data da assembleia ou da reunião de sócios que a tiver deliberado.

Não há artigo correspondente no CPC/73

Art. 606. Em caso de omissão do contrato social, o juiz definirá, como critério de apuração de haveres, o valor patrimonial apurado em balanço de determinação, tomando-se por referência a data da resolução e avaliando-se bens e direitos do ativo, tangíveis e intangíveis, a preço de saída, além do passivo também a ser apurado de igual forma.
Parágrafo único. Em todos os casos em que seja necessária a realização de perícia, a nomeação do perito recairá preferencialmente sobre especialista em avaliação de sociedades.

Não há artigo correspondente no CPC/73

Art. 607. A data da resolução e o critério de apuração de haveres podem ser revistos pelo juiz, a pedido da parte, a qualquer tempo antes do início da perícia.

Não há artigo correspondente no CPC/73

Art. 608. Até a data da resolução, integram o valor devido ao ex-sócio, ao espólio ou aos sucessores a participação nos lucros ou os juros sobre o capital próprio declarados pela sociedade e, se for o caso, a remuneração como administrador.

Parágrafo único. Após a data da resolução, o ex-sócio, o espólio ou os sucessores terão direito apenas à correção monetária dos valores apurados e aos juros contratuais ou legais.

Não há artigo correspondente no CPC/73

Art. 609. Uma vez apurados, os haveres do sócio retirante serão pagos conforme disciplinar o contrato social e, no silêncio deste, nos termos do §2º do art. 1.031 da Lei nº 10.406, de 10 de janeiro de 2002 (Código Civil).

Não há artigo correspondente no CPC/73
Ver art. 1.031, §2º, do Código Civil

CAPÍTULO VI
DO INVENTÁRIO E DA PARTILHA

Seção I
Disposições Gerais

Art. 610. Havendo testamento ou interessado incapaz, proceder-se-á ao inventário judicial.

§1º Se todos forem capazes e concordes, o inventário e a partilha poderão ser feitos por escritura pública, a qual constituirá documento hábil para qualquer ato de registro, bem como para levantamento de importância depositada em instituições financeiras.

§2º O tabelião somente lavrará a escritura pública se todas as partes interessadas estiverem assistidas por advogado ou por defensor público, cuja qualificação e assinatura constarão do ato notarial.

Art. 982 do CPC/73

Art. 611. O processo de inventário e de partilha deve ser instaurado dentro de 2 (dois) meses, a contar da abertura da sucessão, ultimando-se nos 12 (doze) meses subsequentes, podendo o juiz prorrogar esses prazos, de ofício ou a requerimento de parte.

Art. 983 do CPC/73

Art. 612. O juiz decidirá todas as questões de direito desde que os fatos relevantes estejam provados por documento, só remetendo para as vias ordinárias as questões que dependerem de outras provas.

Art. 984 do CPC/73

Art. 613. Até que o inventariante preste o compromisso, continuará o espólio na posse do administrador provisório.

Art. 985 do CPC/73

Art. 614. O administrador provisório representa ativa e passivamente o espólio, é obrigado a trazer ao acervo os frutos que desde a abertura da sucessão percebeu, tem direito ao reembolso das despesas necessárias e úteis que fez e responde pelo dano a que, por dolo ou culpa, der causa.

Art. 986 do CPC/73

Seção II
Da Legitimidade para Requerer o Inventário

Art. 615. O requerimento de inventário e de partilha incumbe a quem estiver na posse e na administração do espólio, no prazo estabelecido no art. 611.
Parágrafo único. O requerimento será instruído com a certidão de óbito do autor da herança.

Art. 987 do CPC/73

Art. 616. Têm, contudo, legitimidade concorrente:
I – o cônjuge ou companheiro supérstite;
II – o herdeiro;
III – o legatário;
IV – o testamenteiro;
V – o cessionário do herdeiro ou do legatário;
VI – o credor do herdeiro, do legatário ou do autor da herança;
VII – o Ministério Público, havendo herdeiros incapazes;
VIII – a Fazenda Pública, quando tiver interesse;
IX – o administrador judicial da falência do herdeiro, do legatário, do autor da herança ou do cônjuge ou companheiro supérstite.

Art. 988 do CPC/73

Seção III
Do Inventariante e das Primeiras Declarações

Art. 617. O juiz nomeará inventariante na seguinte ordem:

I – o cônjuge ou companheiro sobrevivente, desde que estivesse convivendo com o outro ao tempo da morte deste;

II – o herdeiro que se achar na posse e na administração do espólio, se não houver cônjuge ou companheiro sobrevivente ou se estes não puderem ser nomeados;

III – qualquer herdeiro, quando nenhum deles estiver na posse e na administração do espólio;

IV – o herdeiro menor, por seu representante legal;

V – o testamenteiro, se lhe tiver sido confiada a administração do espólio ou se toda a herança estiver distribuída em legados;

VI – o cessionário do herdeiro ou do legatário;

VII – o inventariante judicial, se houver;

VIII – pessoa estranha idônea, quando não houver inventariante judicial.

Parágrafo único. O inventariante, intimado da nomeação, prestará, dentro de 5 (cinco) dias, o compromisso de bem e fielmente desempenhar a função.

Art. 990 do CPC/73

Art. 618. Incumbe ao inventariante:

I – representar o espólio ativa e passivamente, em juízo ou fora dele, observando-se, quanto ao dativo, o disposto no art. 75, §1º;

II – administrar o espólio, velando-lhe os bens com a mesma diligência que teria se seus fossem;

III – prestar as primeiras e as últimas declarações pessoalmente ou por procurador com poderes especiais;

IV – exibir em cartório, a qualquer tempo, para exame das partes, os documentos relativos ao espólio;

V – juntar aos autos certidão do testamento, se houver;

VI – trazer à colação os bens recebidos pelo herdeiro ausente, renunciante ou excluído;

VII – prestar contas de sua gestão ao deixar o cargo ou sempre que o juiz lhe determinar;

VIII – requerer a declaração de insolvência.

Art. 991 do CPC/73

Art. 619. Incumbe ainda ao inventariante, ouvidos os interessados e com autorização do juiz:
I – alienar bens de qualquer espécie;
II – transigir em juízo ou fora dele;
III – pagar dívidas do espólio;
IV – fazer as despesas necessárias para a conservação e o melhoramento dos bens do espólio.

Art. 992 do CPC/73

Art. 620. Dentro de 20 (vinte) dias contados da data em que prestou o compromisso, o inventariante fará as primeiras declarações, das quais se lavrará termo circunstanciado, assinado pelo juiz, pelo escrivão e pelo inventariante, no qual serão exarados:
I – o nome, o estado, a idade e o domicílio do autor da herança, o dia e o lugar em que faleceu e se deixou testamento;
II – o nome, o estado, a idade, o endereço eletrônico e a residência dos herdeiros e, havendo cônjuge ou companheiro supérstite, além dos respectivos dados pessoais, o regime de bens do casamento ou da união estável;
III – a qualidade dos herdeiros e o grau de parentesco com o inventariado;
IV – a relação completa e individualizada de todos os bens do espólio, inclusive aqueles que devem ser conferidos à colação, e dos bens alheios que nele forem encontrados, descrevendo-se:
a) os imóveis, com as suas especificações, nomeadamente local em que se encontram, extensão da área, limites, confrontações, benfeitorias, origem dos títulos, números das matrículas e ônus que os gravam;
b) os móveis, com os sinais característicos;
c) os semoventes, seu número, suas espécies, suas marcas e seus sinais distintivos;
d) o dinheiro, as joias, os objetos de ouro e prata e as pedras preciosas, declarando-se-lhes especificadamente a qualidade, o peso e a importância;
e) os títulos da dívida pública, bem como as ações, as quotas e os títulos de sociedade, mencionando-se-lhes o número, o valor e a data;
f) as dívidas ativas e passivas, indicando-se-lhes as datas, os títulos, a origem da obrigação e os nomes dos credores e dos devedores;
g) direitos e ações;
h) o valor corrente de cada um dos bens do espólio.
§1º O juiz determinará que se proceda:
I – ao balanço do estabelecimento, se o autor da herança era empresário individual;
II – à apuração de haveres, se o autor da herança era sócio de sociedade que não anônima.

§2º As declarações podem ser prestadas mediante petição, firmada por procurador com poderes especiais, à qual o termo se reportará.

Art. 993 do CPC/73

Art. 621. Só se pode arguir sonegação ao inventariante depois de encerrada a descrição dos bens, com a declaração, por ele feita, de não existirem outros por inventariar.

Art. 994 do CPC/73

Art. 622. O inventariante será removido de ofício ou a requerimento:

I – se não prestar, no prazo legal, as primeiras ou as últimas declarações;

II – se não der ao inventário andamento regular, se suscitar dúvidas infundadas ou se praticar atos meramente protelatórios;

III – se, por culpa sua, bens do espólio se deteriorarem, forem dilapidados ou sofrerem dano;

IV – se não defender o espólio nas ações em que for citado, se deixar de cobrar dívidas ativas ou se não promover as medidas necessárias para evitar o perecimento de direitos;

V – se não prestar contas ou se as que prestar não forem julgadas boas;

VI – se sonegar, ocultar ou desviar bens do espólio.

Art. 995 do CPC/73

Art. 623. Requerida a remoção com fundamento em qualquer dos incisos do art. 622, será intimado o inventariante para, no prazo de 15 (quinze) dias, defender-se e produzir provas.

Parágrafo único. O incidente da remoção correrá em apenso aos autos do inventário.

Art. 996 do CPC/73

Art. 624. Decorrido o prazo, com a defesa do inventariante ou sem ela, o juiz decidirá.

Parágrafo único. Se remover o inventariante, o juiz nomeará outro, observada a ordem estabelecida no art. 617.

Art. 997 do CPC/73

Art. 625. O inventariante removido entregará imediatamente ao substituto os bens do espólio e, caso deixe de fazê-lo, será compelido mediante mandado de busca e apreensão ou de imissão na posse, conforme se tratar de bem móvel ou imóvel, sem prejuízo da multa a ser fixada pelo juiz em montante não superior a três por cento do valor dos bens inventariados.

Art. 998 do CPC/73

Seção IV
Das Citações e das Impugnações

Art. 626. Feitas as primeiras declarações, o juiz mandará citar, para os termos do inventário e da partilha, o cônjuge, o companheiro, os herdeiros e os legatários e intimar a Fazenda Pública, o Ministério Público, se houver herdeiro incapaz ou ausente, e o testamenteiro, se houver testamento.

§1º O cônjuge ou o companheiro, os herdeiros e os legatários serão citados pelo correio, observado o disposto no art. 247, sendo, ainda, publicado edital, nos termos do inciso III do art. 259.

§2º Das primeiras declarações extrair-se-ão tantas cópias quantas forem as partes.

§3º A citação será acompanhada de cópia das primeiras declarações.

§4º Incumbe ao escrivão remeter cópias à Fazenda Pública, ao Ministério Público, ao testamenteiro, se houver, e ao advogado, se a parte já estiver representada nos autos.

Art. 999 do CPC/73

Art. 627. Concluídas as citações, abrir-se-á vista às partes, em cartório e pelo prazo comum de 15 (quinze) dias, para que se manifestem sobre as primeiras declarações, incumbindo às partes:

I – arguir erros, omissões e sonegação de bens;
II – reclamar contra a nomeação de inventariante;
III – contestar a qualidade de quem foi incluído no título de herdeiro.

§1º Julgando procedente a impugnação referida no inciso I, o juiz mandará retificar as primeiras declarações.

§2º Se acolher o pedido de que trata o inciso II, o juiz nomeará outro inventariante, observada a preferência legal.

§3º Verificando que a disputa sobre a qualidade de herdeiro a que alude o inciso III demanda produção de provas que não a documental, o juiz remeterá a parte às vias ordinárias e sobrestará, até o julgamento da ação, a entrega do quinhão que na partilha couber ao herdeiro admitido.

Art. 1.000 do CPC/73

Art. 628. Aquele que se julgar preterido poderá demandar sua admissão no inventário, requerendo-a antes da partilha.

§1º Ouvidas as partes no prazo de 15 (quinze) dias, o juiz decidirá.

§2º Se para solução da questão for necessária a produção de provas que não a documental, o juiz remeterá o requerente às vias ordinárias, mandando reservar, em poder do inventariante, o quinhão do herdeiro excluído até que se decida o litígio.

Art. 1.001 do CPC/73

Art. 629. A Fazenda Pública, no prazo de 15 (quinze) dias, após a vista de que trata o art. 627, informará ao juízo, de acordo com os dados que constam de seu cadastro imobiliário, o valor dos bens de raiz descritos nas primeiras declarações.

Art. 1.002 do CPC/73

Seção V
Da Avaliação e do Cálculo do Imposto

Art. 630. Findo o prazo previsto no art. 627 sem impugnação ou decidida a impugnação que houver sido oposta, o juiz nomeará, se for o caso, perito para avaliar os bens do espólio, se não houver na comarca avaliador judicial.
Parágrafo único. Na hipótese prevista no art. 620, §1º, o juiz nomeará perito para avaliação das quotas sociais ou apuração dos haveres.

Art. 1.003 do CPC/73

Art. 631. Ao avaliar os bens do espólio, o perito observará, no que for aplicável, o disposto nos arts. 872 e 873.

Art. 1.004 do CPC/73

Art. 632. Não se expedirá carta precatória para a avaliação de bens situados fora da comarca onde corre o inventário se eles forem de pequeno valor ou perfeitamente conhecidos do perito nomeado.

Art. 1.006 do CPC/73

Art. 633. Sendo capazes todas as partes, não se procederá à avaliação se a Fazenda Pública, intimada pessoalmente, concordar de forma expressa com o valor atribuído, nas primeiras declarações, aos bens do espólio.

Art. 1.007 do CPC/73

Art. 634. Se os herdeiros concordarem com o valor dos bens declarados pela Fazenda Pública, a avaliação cingir-se-á aos demais.

Art. 1.008 do CPC/73

Art. 635. Entregue o laudo de avaliação, o juiz mandará que as partes se manifestem no prazo de 15 (quinze) dias, que correrá em cartório.

§1º Versando a impugnação sobre o valor dado pelo perito, o juiz a decidirá de plano, à vista do que constar dos autos.

§2º Julgando procedente a impugnação, o juiz determinará que o perito retifique a avaliação, observando os fundamentos da decisão.

Art. 1.009 do CPC/73

Art. 636. Aceito o laudo ou resolvidas as impugnações suscitadas a seu respeito, lavrar-se-á em seguida o termo de últimas declarações, no qual o inventariante poderá emendar, aditar ou completar as primeiras.

Art. 1.011 do CPC/73

Art. 637. Ouvidas as partes sobre as últimas declarações no prazo comum de 15 (quinze) dias, proceder-se-á ao cálculo do tributo.

Art. 1.012 do CPC/73

Art. 638. Feito o cálculo, sobre ele serão ouvidas todas as partes no prazo comum de 5 (cinco) dias, que correrá em cartório, e, em seguida, a Fazenda Pública.

§1º Se acolher eventual impugnação, o juiz ordenará nova remessa dos autos ao contabilista, determinando as alterações que devam ser feitas no cálculo.
§2º Cumprido o despacho, o juiz julgará o cálculo do tributo.

Art. 1.013 do CPC/73
Ver Súmulas nºs 112, 113, 114, 115, 331 e 590 do STF

Seção VI
Das Colações

Art. 639. No prazo estabelecido no art. 627, o herdeiro obrigado à colação conferirá por termo nos autos ou por petição à qual o termo se reportará os bens que recebeu ou, se já não os possuir, trar-lhes-á o valor.

Parágrafo único. Os bens a serem conferidos na partilha, assim como as acessões e as benfeitorias que o donatário fez, calcular-se-ão pelo valor que tiverem ao tempo da abertura da sucessão.

Art. 1.014 do CPC/73

Art. 640. O herdeiro que renunciou à herança ou o que dela foi excluído não se exime, pelo fato da renúncia ou da exclusão, de conferir, para o efeito de repor a parte inoficiosa, as liberalidades que obteve do doador.

§1º É lícito ao donatário escolher, dentre os bens doados, tantos quantos bastem para perfazer a legítima e a metade disponível, entrando na partilha o excedente para ser dividido entre os demais herdeiros.

§2º Se a parte inoficiosa da doação recair sobre bem imóvel que não comporte divisão cômoda, o juiz determinará que sobre ela se proceda a licitação entre os herdeiros.

§3º O donatário poderá concorrer na licitação referida no §2º e, em igualdade de condições, terá preferência sobre os herdeiros.

Art. 1.015 do CPC/73
Ver arts. 1.806, 1.808, 1.813 e 2.007 do Código Civil

Art. 641. Se o herdeiro negar o recebimento dos bens ou a obrigação de os conferir, o juiz, ouvidas as partes no prazo comum de 15 (quinze) dias, decidirá à vista das alegações e das provas produzidas.

§1º Declarada improcedente a oposição, se o herdeiro, no prazo improrrogável de 15 (quinze) dias, não proceder à conferência, o juiz mandará sequestrar-lhe, para serem inventariados e partilhados, os bens sujeitos à colação ou imputar ao seu quinhão hereditário o valor deles, se já não os possuir.

§2º Se a matéria exigir dilação probatória diversa da documental, o juiz remeterá as partes às vias ordinárias, não podendo o herdeiro receber o seu quinhão hereditário, enquanto pender a demanda, sem prestar caução correspondente ao valor dos bens sobre os quais versar a conferência.

Art. 1.016 do CPC/73

Seção VII
Do Pagamento das Dívidas

Art. 642. Antes da partilha, poderão os credores do espólio requerer ao juízo do inventário o pagamento das dívidas vencidas e exigíveis.

§1º A petição, acompanhada de prova literal da dívida, será distribuída por dependência e autuada em apenso aos autos do processo de inventário.

§2º Concordando as partes com o pedido, o juiz, ao declarar habilitado o credor, mandará que se faça a separação de dinheiro ou, em sua falta, de bens suficientes para o pagamento.

§3º Separados os bens, tantos quantos forem necessários para o pagamento dos credores habilitados, o juiz mandará aliená-los, observando-se as disposições deste Código relativas à expropriação.

§4º Se o credor requerer que, em vez de dinheiro, lhe sejam adjudicados, para o seu pagamento, os bens já reservados, o juiz deferir-lhe-á o pedido, concordando todas as partes.

§5º Os donatários serão chamados a pronunciar-se sobre a aprovação das dívidas, sempre que haja possibilidade de resultar delas a redução das liberalidades.

Art. 1.017 do CPC/73

Art. 643. Não havendo concordância de todas as partes sobre o pedido de pagamento feito pelo credor, será o pedido remetido às vias ordinárias.

Parágrafo único. O juiz mandará, porém, reservar, em poder do inventariante, bens suficientes para pagar o credor quando a dívida constar de documento que comprove suficientemente a obrigação e a impugnação não se fundar em quitação.

Art. 1.018 do CPC/73

Art. 644. O credor de dívida líquida e certa, ainda não vencida, pode requerer habilitação no inventário.

Parágrafo único. Concordando as partes com o pedido referido no *caput*, o juiz, ao julgar habilitado o crédito, mandará que se faça separação de bens para o futuro pagamento.

Art. 1.019 do CPC/73

Art. 645. O legatário é parte legítima para manifestar-se sobre as dívidas do espólio:

I – quando toda a herança for dividida em legados;

Enunciado nº 181 do FPPC: A previsão do parágrafo único do art. 647 é aplicável aos legatários na hipótese do inciso I do art. 645, desde que reservado patrimônio que garanta o pagamento do espólio. (Grupo: Procedimentos Especiais)

II – quando o reconhecimento das dívidas importar redução dos legados.

Art. 1.020 do CPC/73

Art. 646. Sem prejuízo do disposto no art. 860, é lícito aos herdeiros, ao separarem bens para o pagamento de dívidas, autorizar que o inventariante os indique à penhora no processo em que o espólio for executado.

Art. 1.021 do CPC/73

Seção VIII
Da Partilha

Art. 647. Cumprido o disposto no art. 642, §3º, o juiz facultará às partes que, no prazo comum de 15 (quinze) dias, formulem o pedido de quinhão e, em seguida, proferirá a decisão de deliberação da partilha, resolvendo os pedidos das partes e designando os bens que devam constituir quinhão de cada herdeiro e legatário.

Enunciado nº 182 do FPPC: Aplica-se aos legatários o disposto no parágrafo único do art. 647, quando ficar evidenciado que os pagamentos do espólio não irão reduzir os legados. (Grupo: Procedimentos Especiais)

Parágrafo único. O juiz poderá, em decisão fundamentada, deferir antecipadamente a qualquer dos herdeiros o exercício dos direitos de usar e de fruir de determinado bem, com a condição de que, ao término do inventário, tal bem integre a cota desse herdeiro, cabendo a este, desde o deferimento, todos os ônus e bônus decorrentes do exercício daqueles direitos.

Art. 1.022 do CPC/73

Enunciado nº 181 do FPPC: A previsão do parágrafo único do art. 647 é aplicável aos legatários na hipótese do inciso I do art. 645, desde que reservado patrimônio que garanta o pagamento do espólio. (Grupo: Procedimentos Especiais)

Art. 648. Na partilha, serão observadas as seguintes regras:
I – a máxima igualdade possível quanto ao valor, à natureza e à qualidade dos bens;
II – a prevenção de litígios futuros;
III – a máxima comodidade dos coerdeiros, do cônjuge ou do companheiro, se for o caso.

Não há artigo correspondente no CPC/73

Art. 649. Os bens insuscetíveis de divisão cômoda que não couberem na parte do cônjuge ou companheiro supérstite ou no quinhão de um só herdeiro serão licitados entre os interessados ou vendidos judicialmente, partilhando-se o valor apurado, salvo se houver acordo para que sejam adjudicados a todos.

Não há artigo correspondente no CPC/73

Enunciado nº 187 do FPPC: No emprego de esforços para a solução consensual do litígio familiar, são vedadas iniciativas de constrangimento ou intimidação para que as partes conciliem, assim como as de aconselhamento sobre o objeto da causa. (Grupo: Procedimentos Especiais)

Art. 650. Se um dos interessados for nascituro, o quinhão que lhe caberá será reservado em poder do inventariante até o seu nascimento.

Não há artigo correspondente no CPC/73

Art. 651. O partidor organizará o esboço da partilha de acordo com a decisão judicial, observando nos pagamentos a seguinte ordem:

Enunciado nº 181 do FPPC: A previsão do parágrafo único do art. 647 é aplicável aos legatários na hipótese do inciso I do art. 645, desde que reservado patrimônio que garanta o pagamento do espólio. (Grupo: Procedimentos Especiais)

Enunciado nº 182 do FPPC: Aplica-se aos legatários o disposto no parágrafo único do art. 647, quando ficar evidenciado que os pagamentos do espólio não irão reduzir os legados. (Grupo: Procedimentos Especiais)

I – dívidas atendidas;
II – meação do cônjuge;
III – meação disponível;

IV – quinhões hereditários, a começar pelo coerdeiro mais velho.

Art. 1.023 do CPC/73

Art. 652. Feito o esboço, as partes manifestar-se-ão sobre esse no prazo comum de 15 (quinze) dias, e, resolvidas as reclamações, a partilha será lançada nos autos.

Art. 1.024 do CPC/73

Art. 653. A partilha constará:
I – de auto de orçamento, que mencionará:
a) os nomes do autor da herança, do inventariante, do cônjuge ou companheiro supérstite, dos herdeiros, dos legatários e dos credores admitidos;
b) o ativo, o passivo e o líquido partível, com as necessárias especificações;
c) o valor de cada quinhão;
II – de folha de pagamento para cada parte, declarando a quota a pagar-lhe, a razão do pagamento e a relação dos bens que lhe compõem o quinhão, as características que os individualizam e os ônus que os gravam.
Parágrafo único. O auto e cada uma das folhas serão assinados pelo juiz e pelo escrivão.

Art. 1.025 do CPC/73

Art. 654. Pago o imposto de transmissão a título de morte e juntada aos autos certidão ou informação negativa de dívida para com a Fazenda Pública, o juiz julgará por sentença a partilha.

Enunciado nº 71 do FPPC: Poderá ser dispensada a garantia mencionada no parágrafo único do art. 654, para efeito de julgamento da partilha, se a parte hipossuficiente não puder oferecê-la, aplicando-se por analogia o disposto no art. 300, §1º. (Grupo: Procedimentos Especiais; redação revista no III FPPC-Rio)

Parágrafo único. A existência de dívida para com a Fazenda Pública não impedirá o julgamento da partilha, desde que o seu pagamento esteja devidamente garantido.

Art. 1.026 do CPC/73
Ver art. 192 do CTN

Art. 655. Transitada em julgado a sentença mencionada no art. 654, receberá o herdeiro os bens que lhe tocarem e um formal de partilha, do qual constarão as seguintes peças:

I – termo de inventariante e título de herdeiros;

II – avaliação dos bens que constituíram o quinhão do herdeiro;

III – pagamento do quinhão hereditário;

IV – quitação dos impostos;

V – sentença.

Parágrafo único. O formal de partilha poderá ser substituído por certidão de pagamento do quinhão hereditário quando esse não exceder a 5 (cinco) vezes o salário-mínimo, caso em que se transcreverá nela a sentença de partilha transitada em julgado.

Art. 1.027 do CPC/73

Art. 656. A partilha, mesmo depois de transitada em julgado a sentença, pode ser emendada nos mesmos autos do inventário, convindo todas as partes, quando tenha havido erro de fato na descrição dos bens, podendo o juiz, de ofício ou a requerimento da parte, a qualquer tempo, corrigir-lhe as inexatidões materiais.

Art. 1.028 do CPC/73

Art. 657. A partilha amigável, lavrada em instrumento público, reduzida a termo nos autos do inventário ou constante de escrito particular homologado pelo juiz, pode ser anulada por dolo, coação, erro essencial ou intervenção de incapaz, observado o disposto no §4º do art. 966.

Enunciado nº 138 do FPPC: A partilha amigável extrajudicial e a partilha amigável judicial homologada por decisão ainda não transitada em julgado são impugnáveis por ação anulatória. (Grupo: Coisa Julgada, Ação Rescisória e Sentença)

Parágrafo único. O direito à anulação de partilha amigável extingue-se em 1 (um) ano, contado esse prazo:

I – no caso de coação, do dia em que ela cessou;

II – no caso de erro ou dolo, do dia em que se realizou o ato;

III – quanto ao incapaz, do dia em que cessar a incapacidade.

Art. 1.029 do CPC/73

Art. 658. É rescindível a partilha julgada por sentença:

Enunciado nº 137 do FPPC: Contra sentença transitada em julgado que resolve partilha, ainda que homologatória, cabe ação rescisória. (Grupo: Coisa Julgada, Ação Rescisória e Sentença)

Enunciado nº 183 do FPPC: A ação rescisória de partilha com fundamento na preterição de herdeiro, prevista no inciso III do art. 658, está vinculada à hipótese do art. 628, não se confundindo com a ação de petição de herança (art. 1.824 do Código Civil), cujo fundamento é o reconhecimento do direito sucessório e a restituição da herança por aquele que não participou, de qualquer forma, do processo de inventário e partilha. (Grupo: Procedimentos Especiais)

I – nos casos mencionados no art. 657;
II – se feita com preterição de formalidades legais;
III – se preteriu herdeiro ou incluiu quem não o seja.

Art. 1.030 do CPC/73

Seção IX
Do Arrolamento

Art. 659. A partilha amigável, celebrada entre partes capazes, nos termos da lei, será homologada de plano pelo juiz, com observância dos arts. 660 a 663.
§1º O disposto neste artigo aplica-se, também, ao pedido de adjudicação, quando houver herdeiro único.
§2º Transitada em julgado a sentença de homologação de partilha ou de adjudicação, será lavrado o formal de partilha ou elaborada a carta de adjudicação e, em seguida, serão expedidos os alvarás referentes aos bens e às rendas por ele abrangidos, intimando-se o fisco para lançamento administrativo do imposto de transmissão e de outros tributos porventura incidentes, conforme dispuser a legislação tributária, nos termos do §2º do art. 662.

Art. 1.031 do CPC/73

Art. 660. Na petição de inventário, que se processará na forma de arrolamento sumário, independentemente da lavratura de termos de qualquer espécie, os herdeiros:
I – requererão ao juiz a nomeação do inventariante que designarem;

II – declararão os títulos dos herdeiros e os bens do espólio, observado o disposto no art. 630;
III – atribuirão valor aos bens do espólio, para fins de partilha.

Art. 1.032 do CPC/73

Art. 661. Ressalvada a hipótese prevista no parágrafo único do art. 663, não se procederá à avaliação dos bens do espólio para nenhuma finalidade.

Art. 1.033 do CPC/73

Art. 662. No arrolamento, não serão conhecidas ou apreciadas questões relativas ao lançamento, ao pagamento ou à quitação de taxas judiciárias e de tributos incidentes sobre a transmissão da propriedade dos bens do espólio.

§1º A taxa judiciária, se devida, será calculada com base no valor atribuído pelos herdeiros, cabendo ao fisco, se apurar em processo administrativo valor diverso do estimado, exigir a eventual diferença pelos meios adequados ao lançamento de créditos tributários em geral.

§2º O imposto de transmissão será objeto de lançamento administrativo, conforme dispuser a legislação tributária, não ficando as autoridades fazendárias adstritas aos valores dos bens do espólio atribuídos pelos herdeiros.

Art. 1.034 do CPC/73

Art. 663. A existência de credores do espólio não impedirá a homologação da partilha ou da adjudicação, se forem reservados bens suficientes para o pagamento da dívida.

Parágrafo único. A reserva de bens será realizada pelo valor estimado pelas partes, salvo se o credor, regularmente notificado, impugnar a estimativa, caso em que se promoverá a avaliação dos bens a serem reservados.

Art. 1.035 do CPC/73

Art. 664. Quando o valor dos bens do espólio for igual ou inferior a 1.000 (mil) salários-mínimos, o inventário processar-se-á na forma de arrolamento, cabendo ao inventariante nomeado, independentemente de assinatura de termo de compromisso, apresentar, com suas declarações, a atribuição de valor aos bens do espólio e o plano da partilha.

§1º Se qualquer das partes ou o Ministério Público impugnar a estimativa, o juiz nomeará avaliador, que oferecerá laudo em 10 (dez) dias.

§2º Apresentado o laudo, o juiz, em audiência que designar, deliberará sobre a partilha, decidindo de plano todas as reclamações e mandando pagar as dívidas não impugnadas.

§ 3º Lavrar-se-á de tudo um só termo, assinado pelo juiz, pelo inventariante e pelas partes presentes ou por seus advogados.

§ 4º Aplicam-se a essa espécie de arrolamento, no que couber, as disposições do art. 672, relativamente ao lançamento, ao pagamento e à quitação da taxa judiciária e do imposto sobre a transmissão da propriedade dos bens do espólio.

§ 5º Provada a quitação dos tributos relativos aos bens do espólio e às suas rendas, o juiz julgará a partilha.

Art. 1.036 do CPC/73

Art. 665. O inventário processar-se-á também na forma do art. 664, ainda que haja interessado incapaz, desde que concordem todas as partes e o Ministério Público.

Não há artigo correspondente no CPC/73

Art. 666. Independerá de inventário ou de arrolamento o pagamento dos valores previstos na Lei nº 6.858, de 24 de novembro de 1980.

Art. 1.037 do CPC/73

Art. 667. Aplicam-se subsidiariamente a esta Seção as disposições das Seções VII e VIII deste Capítulo.

Art. 1.038 do CPC/73

Seção X
Disposições Comuns a Todas as Seções

Art. 668. Cessa a eficácia da tutela provisória prevista nas Seções deste Capítulo:
I – se a ação não for proposta em 30 (trinta) dias contados da data em que da decisão foi intimado o impugnante, o herdeiro excluído ou o credor não admitido;
II – se o juiz extinguir o processo de inventário com ou sem resolução de mérito.

Art. 1.039 do CPC/73

Art. 669. São sujeitos à sobrepartilha os bens:
I – sonegados;
II – da herança descobertos após a partilha;
III – litigiosos, assim como os de liquidação difícil ou morosa;
IV – situados em lugar remoto da sede do juízo onde se processa o inventário.
Parágrafo único. Os bens mencionados nos incisos III e IV serão reservados à sobrepartilha sob a guarda e a administração do mesmo ou de diverso inventariante, a consentimento da maioria dos herdeiros.

Art. 1.040 do CPC/73

Art. 670. Na sobrepartilha dos bens, observar-se-á o processo de inventário e de partilha.
Parágrafo único. A sobrepartilha correrá nos autos do inventário do autor da herança.

Art. 1.041 do CPC/73

Art. 671. O juiz nomeará curador especial:
I – ao ausente, se não o tiver;
II – ao incapaz, se concorrer na partilha com o seu representante, desde que exista colisão de interesses.

Art. 1.042 do CPC/73

Art. 672. É lícita a cumulação de inventários para a partilha de heranças de pessoas diversas quando houver:
I – identidade de pessoas entre as quais devam ser repartidos os bens;
II – heranças deixadas pelos dois cônjuges ou companheiros;
III – dependência de uma das partilhas em relação à outra.
Parágrafo único. No caso previsto no inciso III, se a dependência for parcial, por haver outros bens, o juiz pode ordenar a tramitação separada, se melhor convier ao interesse das partes ou à celeridade processual.

Arts. 1.043 e 1.044 do CPC/73

Art. 673. No caso previsto no art. 672, inciso II, prevalecerão as primeiras declarações, assim como o laudo de avaliação, salvo se alterado o valor dos bens.

Art. 1.045 do CPC/73

CAPÍTULO VII
DOS EMBARGOS DE TERCEIRO

Art. 674. Quem, não sendo parte no processo, sofrer constrição ou ameaça de constrição sobre bens que possua ou sobre os quais tenha direito incompatível com o ato constritivo, poderá requerer seu desfazimento ou sua inibição por meio de embargos de terceiro.

§1º Os embargos podem ser de terceiro proprietário, inclusive fiduciário, ou possuidor.

§2º Considera-se terceiro, para ajuizamento dos embargos:

I – o cônjuge ou companheiro, quando defende a posse de bens próprios ou de sua meação, ressalvado o disposto no art. 843;

II – o adquirente de bens cuja constrição decorreu de decisão que declara a ineficácia da alienação realizada em fraude à execução;

III – quem sofre constrição judicial de seus bens por força de desconsideração da personalidade jurídica, de cujo incidente não fez parte;

IV – o credor com garantia real para obstar expropriação judicial do objeto de direito real de garantia, caso não tenha sido intimado, nos termos legais dos atos expropriatórios respectivos.

Arts. 1.046 e 1.047 do CPC/73
Ver Súmulas nºs 84, 134, 195, 196 e 303 do STJ

Art. 675. Os embargos podem ser opostos a qualquer tempo no processo de conhecimento enquanto não transitada em julgado a sentença e, no cumprimento de sentença ou no processo de execução, até 5 (cinco) dias depois da adjudicação, da alienação por iniciativa particular ou da arrematação, mas sempre antes da assinatura da respectiva carta.

Enunciado nº 184 do FPPC: Os embargos de terceiro também são oponíveis na fase de cumprimento de sentença e devem observar, quanto ao prazo, a regra do processo de execução. (Grupo: Procedimentos Especiais)

Enunciado nº 191 do FPPC: O prazo de quinze dias para opor embargos de terceiro, disposto no §4º do art. 792, é aplicável exclusivamente aos casos de declaração de fraude à execução; os demais casos de embargos de terceiro são regidos pelo prazo do *caput* do art. 675. (Grupo: Execução)

Parágrafo único. Caso identifique a existência de terceiro titular de interesse em embargar o ato, o juiz mandará intimá-lo pessoalmente.

Art. 1.048 do CPC/73

Enunciado nº 185 do FPPC: O juiz deve ouvir as partes antes de determinar a intimação pessoal do terceiro. (Grupo: Procedimentos Especiais) Enunciado nº 191 do FPPC: O prazo de quinze dias para opor embargos de terceiro, disposto no §4º do art. 792, é aplicável exclusivamente aos casos de declaração de fraude à execução; os demais casos de embargos de terceiro são regidos pelo prazo do *caput* do art. 675. (Grupo: Execução)

Art. 676. Os embargos serão distribuídos por dependência ao juízo que ordenou a constrição e autuados em apartado.
Parágrafo único. Nos casos de ato de constrição realizado por carta, os embargos serão oferecidos no juízo deprecado, salvo se indicado pelo juízo deprecante o bem constrito ou se já devolvida a carta.

Art. 1.049 do CPC/73

Art. 677. Na petição inicial, o embargante fará a prova sumária de sua posse ou de seu domínio e da qualidade de terceiro, oferecendo documentos e rol de testemunhas.

Enunciado nº 178 do FPPC: O valor da causa nas ações fundadas em posse, tais como as ações possessórias, os embargos de terceiro e a oposição, deve considerar a expressão econômica da posse, que não obrigatoriamente coincide com o valor da propriedade. (Grupo: Procedimentos Especiais)
Enunciado nº 186 do FPPC: A alusão à "posse" ou a "domínio" nos arts. 677, 678 e 681 deve ser interpretada em consonância com o art. 674, *caput*, que, de forma abrangente, admite os embargos de terceiro para afastar constrição ou ameaça de constrição sobre bens que possua ou sobre quais tenha "direito incompatível com o ato constritivo". (Grupo: Procedimentos Especiais)

§1º É facultada a prova da posse em audiência preliminar designada pelo juiz.
§2º O possuidor direto pode alegar, além da sua posse, o domínio alheio.
§3º A citação será pessoal, se o embargado não tiver procurador constituído nos autos da ação principal.
§4º Será legitimado passivo o sujeito a quem o ato de constrição aproveita, assim como o será seu adversário no processo principal quando for sua a indicação do bem para a constrição judicial.

Art. 1.050 do CPC/73
Ver Súmula nº 303 do STJ

Art. 678. A decisão que reconhecer suficientemente provado o domínio ou a posse determinará a suspensão das medidas constritivas sobre os bens litigiosos objeto dos embargos, bem como a manutenção ou a reintegração provisória da posse, se o embargante a houver requerido.

Enunciado nº 186 do FPPC: A alusão à "posse" ou a "domínio" nos arts. 677, 678 e 681 deve ser interpretada em consonância com o art. 674, *caput*, que, de forma abrangente, admite os embargos de terceiro para afastar constrição ou ameaça de constrição sobre bens que possua ou sobre quais tenha "direito incompatível com o ato constritivo". (Grupo: Procedimentos Especiais)

Parágrafo único. O juiz poderá condicionar a ordem de manutenção ou de reintegração provisória de posse à prestação de caução pelo requerente, ressalvada a impossibilidade da parte economicamente hipossuficiente.

Art. 1.052 do CPC/73

Art. 679. Os embargos poderão ser contestados no prazo de 15 (quinze) dias, findo o qual se seguirá o procedimento comum.

Art. 1.053 do CPC/73

Art. 680. Contra os embargos do credor com garantia real, o embargado somente poderá alegar que:
I – o devedor comum é insolvente;
II – o título é nulo ou não obriga a terceiro;
III – outra é a coisa dada em garantia.

Art. 1.054 do CPC/73

Art. 681. Acolhido o pedido inicial, o ato de constrição judicial indevida será cancelado, com o reconhecimento do domínio, da manutenção da posse ou da reintegração definitiva do bem ou do direito ao embargante.

Não há artigo correspondente no CPC/73

Enunciado nº 186 do FPPC: A alusão à "posse" ou a "domínio" nos arts. 677, 678 e 681 deve ser interpretada em consonância com o art. 674, *caput*, que, de forma abrangente, admite os embargos de terceiro para afastar constrição ou ameaça de constrição sobre bens que possua ou sobre quais tenha "direito incompatível com o ato constritivo". (Grupo: Procedimentos Especiais)

CAPÍTULO VIII
DA OPOSIÇÃO

Art. 682. Quem pretender, no todo ou em parte, a coisa ou o direito sobre que controvertem autor e réu poderá, até ser proferida a sentença, oferecer oposição contra ambos.

Art. 56 do CPC/73

Art. 683. O opoente deduzirá o pedido em observação aos requisitos exigidos para propositura da ação.

Parágrafo único. Distribuída a oposição por dependência, serão os opostos citados, na pessoa de seus respectivos advogados, para contestar o pedido no prazo comum de 15 (quinze) dias.

Art. 57, *caput*, do CPC/73

Art. 684. Se um dos opostos reconhecer a procedência do pedido, contra o outro prosseguirá o opoente.

Art. 58 do CPC/73

Art. 685. Admitido o processamento, a oposição será apensada aos autos e tramitará simultaneamente à ação originária, sendo ambas julgadas pela mesma sentença.

Parágrafo único. Se a oposição for proposta após o início da audiência de instrução, o juiz suspenderá o curso do processo ao fim da produção das provas, salvo se concluir que a unidade da instrução atende melhor ao princípio da duração razoável do processo.

Arts. 59 e 60 do CPC/73

Art. 686. Cabendo ao juiz decidir simultaneamente a ação originária e a oposição, desta conhecerá em primeiro lugar.

Art. 61 do CPC/73

CAPÍTULO IX
DA HABILITAÇÃO

Art. 687. A habilitação ocorre quando, por falecimento de qualquer das partes, os interessados houverem de suceder-lhe no processo.

Art. 1.055 do CPC/73

Art. 688. A habilitação pode ser requerida:
I – pela parte, em relação aos sucessores do falecido;
II – pelos sucessores do falecido, em relação à parte.

Art. 1.056 do CPC/73

Art. 689. Proceder-se-á à habilitação nos autos do processo principal, na instância em que estiver, suspendendo-se, a partir de então, o processo.

Art. 1.060 do CPC/73

Art. 690. Recebida a petição, o juiz ordenará a citação dos requeridos para se pronunciarem no prazo de 5 (cinco) dias.
Parágrafo único. A citação será pessoal, se a parte não tiver procurador constituído nos autos.

Art. 1.057 do CPC/73

Art. 691. O juiz decidirá o pedido de habilitação imediatamente, salvo se este for impugnado e houver necessidade de dilação probatória diversa da documental, caso em que determinará que o pedido seja autuado em apartado e disporá sobre a instrução.

Art. 1.058 do CPC/73

Art. 692. Transitada em julgado a sentença de habilitação, o processo principal retomará o seu curso, e cópia da sentença será juntada aos autos respectivos.

Art. 1.062 do CPC/73

CAPÍTULO X
DAS AÇÕES DE FAMÍLIA

Art. 693. As normas deste Capítulo aplicam-se aos processos contenciosos de divórcio, separação, reconhecimento e extinção de união estável, guarda, visitação e filiação.

Enunciado nº 72 do FPPC: O rol do art. 693 não é exaustivo, sendo aplicáveis os dispositivos previstos no Capítulo X a outras ações de caráter contencioso envolvendo o Direito de Família. (Grupo: Procedimentos Especiais)

Parágrafo único. A ação de alimentos e a que versar sobre interesse de criança ou de adolescente observarão o procedimento previsto em legislação específica, aplicando-se, no que couber, as disposições deste Capítulo.

Não há artigo correspondente no CPC/73

Art. 694. Nas ações de família, todos os esforços serão empreendidos para a solução consensual da controvérsia, devendo o juiz dispor do auxílio de profissionais de outras áreas de conhecimento para a mediação e conciliação.

Parágrafo único. A requerimento das partes, o juiz pode determinar a suspensão do processo enquanto os litigantes se submetem a mediação extrajudicial ou a atendimento multidisciplinar.

Não há artigo correspondente no CPC/73

Art. 695. Recebida a petição inicial e, se for o caso, tomadas as providências referentes à tutela provisória, o juiz ordenará a citação do réu para comparecer à audiência de mediação e conciliação, observado o disposto no art. 694.

§1º O mandado de citação conterá apenas os dados necessários à audiência e deverá estar desacompanhado de cópia da petição inicial, assegurado ao réu o direito de examinar seu conteúdo a qualquer tempo.

§2º A citação ocorrerá com antecedência mínima de 15 (quinze) dias da data designada para a audiência.

§3º A citação será feita na pessoa do réu.

§4º Na audiência, as partes deverão estar acompanhadas de seus advogados ou de defensores públicos.

Não há artigo correspondente no CPC/73

Art. 696. A audiência de mediação e conciliação poderá dividir-se em tantas sessões quantas sejam necessárias para viabilizar a solução consensual, sem prejuízo de providências jurisdicionais para evitar o perecimento do direito.

Não há artigo correspondente no CPC/73

Art. 697. Não realizado o acordo, passarão a incidir, a partir de então, as normas do procedimento comum, observado o art. 335.

Não há artigo correspondente no CPC/73

Art. 698. Nas ações de família, o Ministério Público somente intervirá quando houver interesse de incapaz e deverá ser ouvido previamente à homologação de acordo.

Não há artigo correspondente no CPC/73

Art. 699. Quando o processo envolver discussão sobre fato relacionado a abuso ou a alienação parental, o juiz, ao tomar o depoimento do incapaz, deverá estar acompanhado por especialista.

Não há artigo correspondente no CPC/73
Ver Lei nº 12.318/2010

CAPÍTULO XI
DA AÇÃO MONITÓRIA

Art. 700. A ação monitória pode ser proposta por aquele que afirmar, com base em prova escrita sem eficácia de título executivo, ter direito de exigir do devedor capaz:
I – o pagamento de quantia em dinheiro;
II – a entrega de coisa fungível ou infungível ou de bem móvel ou imóvel;
III – o adimplemento de obrigação de fazer ou de não fazer.
§1º A prova escrita pode consistir em prova oral documentada, produzida antecipadamente nos termos do art. 381.
§2º Na petição inicial, incumbe ao autor explicitar, conforme o caso:
I – a importância devida, instruindo-a com memória de cálculo;
II – o valor atual da coisa reclamada;
III – o conteúdo patrimonial em discussão ou o proveito econômico perseguido.
§3º O valor da causa deverá corresponder à importância prevista no §2º, incisos I a III.

§4º Além das hipóteses do art. 330, a petição inicial será indeferida quando não atendido o disposto no §2º deste artigo.

§5º Havendo dúvida quanto à idoneidade de prova documental apresentada pelo autor, o juiz intimá-lo-á para, querendo, emendar a petição inicial, adaptando-a ao procedimento comum.

Enunciado nº 188 do FPPC: Com a emenda da inicial, o juiz pode entender idônea a prova e admitir o seguimento da ação monitoria. (Grupo: Procedimentos Especiais)

§6º É admissível ação monitória em face da Fazenda Pública.

§7º Na ação monitória, admite-se citação por qualquer dos meios permitidos para o procedimento comum.

Art. 1.102-A do CPC/73
Enunciado nº 446 do FPPC: Cabe ação monitória mesmo quando o autor for portador de título executivo extrajudicial. (Grupo: Execução)
Ver Súmulas nºs 247, 282, 299, 384 e 399 do STJ

Art. 701. Sendo evidente o direito do autor, o juiz deferirá a expedição de mandado de pagamento, de entrega de coisa ou para execução de obrigação de fazer ou de não fazer, concedendo ao réu prazo de 15 (quinze) dias para o cumprimento e o pagamento de honorários advocatícios de cinco por cento do valor atribuído à causa.

§1º O réu será isento do pagamento de custas processuais se cumprir o mandado no prazo.

§2º Constituir-se-á de pleno direito o título executivo judicial, independentemente de qualquer formalidade, se não realizado o pagamento e não apresentados os embargos previstos no art. 702, observando-se, no que couber, o Título II do Livro I da Parte Especial.

§3º É cabível ação rescisória da decisão prevista no *caput* quando ocorrer a hipótese do §2º.

§4º Sendo a ré Fazenda Pública, não apresentados os embargos previstos no art. 702, aplicar-se-á o disposto no art. 496, observando-se, a seguir, no que couber, o Título II do Livro I da Parte Especial.

§5º Aplica-se à ação monitória, no que couber, o art. 916.

Arts. 1.102-B e 1.102-C, §1º, do CPC/73

Art. 702. Independentemente de prévia segurança do juízo, o réu poderá opor, nos próprios autos, no prazo previsto no art. 701, embargos à ação monitória.

§1º Os embargos podem se fundar em matéria passível de alegação como defesa no procedimento comum.

§2º Quando o réu alegar que o autor pleiteia quantia superior à devida, cumprir-lhe-á declarar de imediato o valor que entende correto, apresentando demonstrativo discriminado e atualizado da dívida.

§3º Não apontado o valor correto ou não apresentado o demonstrativo, os embargos serão liminarmente rejeitados, se esse for o seu único fundamento, e, se houver outro fundamento, os embargos serão processados, mas o juiz deixará de examinar a alegação de excesso.

§4º A oposição dos embargos suspende a eficácia da decisão referida no *caput* do art. 701 até o julgamento em primeiro grau.

§5º O autor será intimado para responder aos embargos no prazo de 15 (quinze) dias.

§6º Na ação monitória admite-se a reconvenção, sendo vedado o oferecimento de reconvenção à reconvenção.

§7º A critério do juiz, os embargos serão autuados em apartado, se parciais, constituindo-se de pleno direito o título executivo judicial em relação à parcela incontroversa.

§8º Rejeitados os embargos, constituir-se-á de pleno direito o título executivo judicial, prosseguindo-se o processo em observância ao disposto no Título II do Livro I da Parte Especial, no que for cabível.

§9º Cabe apelação contra a sentença que acolhe ou rejeita os embargos.

§10. O juiz condenará o autor de ação monitória proposta indevidamente e de má-fé ao pagamento, em favor do réu, de multa de até dez por cento sobre o valor da causa.

§11. O juiz condenará o réu que de má-fé opuser embargos à ação monitória ao pagamento de multa de até dez por cento sobre o valor atribuído à causa, em favor do autor.

Art. 1.102-C, *caput*, §2º e §3º, do CPC/73

CAPÍTULO XII
DA HOMOLOGAÇÃO DO PENHOR LEGAL

Art. 703. Tomado o penhor legal nos casos previstos em lei, requererá o credor, ato contínuo, a homologação.

§1º Na petição inicial, instruída com o contrato de locação ou a conta pormenorizada das despesas, a tabela dos preços e a relação dos objetos retidos, o credor pedirá a citação do devedor para pagar ou contestar na audiência preliminar que for designada.

§2º A homologação do penhor legal poderá ser promovida pela via extrajudicial mediante requerimento, que conterá os requisitos previstos no §1º deste artigo, do credor a notário de sua livre escolha.

§3º Recebido o requerimento, o notário promoverá a notificação extrajudicial do devedor para, no prazo de 5 (cinco) dias, pagar o débito ou impugnar sua cobrança, alegando por escrito uma das causas previstas no art. 704, hipótese em que o procedimento será encaminhado ao juízo competente para decisão.

§4º Transcorrido o prazo sem manifestação do devedor, o notário formalizará a homologação do penhor legal por escritura pública.

Art. 874 do CPC/73

Enunciado nº 73 do FPPC: No caso de homologação do penhor legal promovida pela via extrajudicial, incluem-se nas contas do crédito as despesas com o notário, constantes do §2º, do art. 703. (Grupo: Procedimentos Especiais)

Ver arts. 1.467 a 1.472 do Código Civil

Art. 704. A defesa só pode consistir em:

Enunciado nº 74 do FPPC: No rol do art. 704, que enumera as matérias de defesa da homologação do penhor legal, deve-se incluir a hipótese do art. 1.468 do Código Civil, não tendo o CPC revogado o citado dispositivo. (Grupo: Procedimentos Especiais)

I – nulidade do processo;
II – extinção da obrigação;
III – não estar a dívida compreendida entre as previstas em lei ou não estarem os bens sujeitos a penhor legal;
IV – alegação de haver sido ofertada caução idônea, rejeitada pelo credor.

Art. 875 do CPC/73

Art. 705. A partir da audiência preliminar, observar-se-á o procedimento comum.

Não há artigo correspondente no CPC/73

Art. 706. Homologado judicialmente o penhor legal, consolidar-se-á a posse do autor sobre o objeto.

§1º Negada a homologação, o objeto será entregue ao réu, ressalvado ao autor o direito de cobrar a dívida pelo procedimento comum, salvo se acolhida a alegação de extinção da obrigação.

§2º Contra a sentença caberá apelação, e, na pendência de recurso, poderá o relator ordenar que a coisa permaneça depositada ou em poder do autor.

Art. 876 do CPC/73

CAPÍTULO XIII
DA REGULAÇÃO DE AVARIA GROSSA

Art. 707. Quando inexistir consenso acerca da nomeação de um regulador de avarias, o juiz de direito da comarca do primeiro porto onde o navio houver chegado, provocado por qualquer parte interessada, nomeará um de notório conhecimento.

Não há artigo correspondente no CPC/73

Enunciado nº 75 do FPPC: No mesmo ato em que nomear o regulador da avaria grossa, o juiz deverá determinar a citação das partes interessadas. (Grupo: Procedimentos Especiais)

Art. 708. O regulador declarará justificadamente se os danos são passíveis de rateio na forma de avaria grossa e exigirá das partes envolvidas a apresentação de garantias idôneas para que possam ser liberadas as cargas aos consignatários.

§1º A parte que não concordar com o regulador quanto à declaração de abertura da avaria grossa deverá justificar suas razões ao juiz, que decidirá no prazo de 10 (dez) dias.

§2º Se o consignatário não apresentar garantia idônea a critério do regulador, este fixará o valor da contribuição provisória com base nos fatos narrados e nos documentos que instruírem a petição inicial, que deverá ser caucionado sob a forma de depósito judicial ou de garantia bancária.

§3º Recusando-se o consignatário a prestar caução, o regulador requererá ao juiz a alienação judicial de sua carga na forma dos arts. 879 a 903.

§4º É permitido o levantamento, por alvará, das quantias necessárias ao pagamento das despesas da alienação a serem arcadas pelo consignatário, mantendo-se o saldo remanescente em depósito judicial até o encerramento da regulação.

Não há artigo correspondente no CPC/73

Art. 709. As partes deverão apresentar nos autos os documentos necessários à regulação da avaria grossa em prazo razoável a ser fixado pelo regulador.

Não há artigo correspondente no CPC/73

Art. 710. O regulador apresentará o regulamento da avaria grossa no prazo de até 12 (doze) meses, contado da data da entrega dos documentos nos autos pelas partes, podendo o prazo ser estendido a critério do juiz.

§1º Oferecido o regulamento da avaria grossa, dele terão vista as partes pelo prazo comum de 15 (quinze) dias, e, não havendo impugnação, o regulamento será homologado por sentença.

§2º Havendo impugnação ao regulamento, o juiz decidirá no prazo de 10 (dez) dias, após a oitiva do regulador.

Não há artigo correspondente no CPC/73

Art. 711. Aplicam-se ao regulador de avarias os arts. 156 a 158, no que couber.

Não há artigo correspondente no CPC/73

CAPÍTULO XIV
DA RESTAURAÇÃO DE AUTOS

Art. 712. Verificado o desaparecimento dos autos, eletrônicos ou não, pode o juiz, de ofício, qualquer das partes ou o Ministério Público, se for o caso, promover-lhes a restauração.

Parágrafo único. Havendo autos suplementares, nesses prosseguirá o processo.

Art. 1.063 do CPC/73

Art. 713. Na petição inicial, declarará a parte o estado do processo ao tempo do desaparecimento dos autos, oferecendo:
I – certidões dos atos constantes do protocolo de audiências do cartório por onde haja corrido o processo;
II – cópia das peças que tenha em seu poder;
III – qualquer outro documento que facilite a restauração.

Art. 1.064 do CPC/73

Art. 714. A parte contrária será citada para contestar o pedido no prazo de 5 (cinco) dias, cabendo-lhe exibir as cópias, as contrafés e as reproduções dos atos e dos documentos que estiverem em seu poder.

§1º Se a parte concordar com a restauração, lavrar-se-á o auto que, assinado pelas partes e homologado pelo juiz, suprirá o processo desaparecido.

§2º Se a parte não contestar ou se a concordância for parcial, observar-se-á o procedimento comum.
Art. 1.065 do CPC/73

Art. 715. Se a perda dos autos tiver ocorrido depois da produção das provas em audiência, o juiz, se necessário, mandará repeti-las.
§1º Serão reinquiridas as mesmas testemunhas, que, em caso de impossibilidade, poderão ser substituídas de ofício ou a requerimento.
§2º Não havendo certidão ou cópia do laudo, far-se-á nova perícia, sempre que possível pelo mesmo perito.
§3º Não havendo certidão de documentos, esses serão reconstituídos mediante cópias ou, na falta dessas, pelos meios ordinários de prova.
§4º Os serventuários e os auxiliares da justiça não podem eximir-se de depor como testemunhas a respeito de atos que tenham praticado ou assistido.
§5º Se o juiz houver proferido sentença da qual ele próprio ou o escrivão possua cópia, esta será juntada aos autos e terá a mesma autoridade da original.

Art. 1.066 do CPC/73

Art. 716. Julgada a restauração, seguirá o processo os seus termos.

Enunciado nº 76 do FPPC: Localizados os autos originários, neles devem ser praticados os atos processuais subsequentes, dispensando-se a repetição dos atos que tenham sido ultimados nos autos da restauração, em consonância com a garantia constitucional da duração razoável do processo (CF/88, 5º, LXXVIII) e inspiração no art. 964 do Código de Processo Civil Português. (Grupo: Procedimentos Especiais)

Parágrafo único. Aparecendo os autos originais, neles se prosseguirá, sendo-lhes apensados os autos da restauração.
Art. 1.067 do CPC/73

Art. 717. Se o desaparecimento dos autos tiver ocorrido no tribunal, o processo de restauração será distribuído, sempre que possível, ao relator do processo.
§1º A restauração far-se-á no juízo de origem quanto aos atos nele realizados.
§2º Remetidos os autos ao tribunal, nele completar-se-á a restauração e proceder-se-á ao julgamento.

Art. 1.068 do CPC/73

Art. 718. Quem houver dado causa ao desaparecimento dos autos responderá pelas custas da restauração e pelos honorários de advogado, sem prejuízo da responsabilidade civil ou penal em que incorrer.

Art. 1.069 do CPC/73

CAPÍTULO XV
DOS PROCEDIMENTOS DE JURISDIÇÃO VOLUNTÁRIA

Seção I
Disposições Gerais

Art. 719. Quando este Código não estabelecer procedimento especial, regem os procedimentos de jurisdição voluntária as disposições constantes desta Seção.

Art. 1.103 do CPC/73

Art. 720. O procedimento terá início por provocação do interessado, do Ministério Público ou da Defensoria Pública, cabendo-lhes formular o pedido devidamente instruído com os documentos necessários e com a indicação da providência judicial.

Art. 1.104 do CPC/73

Art. 721. Serão citados todos os interessados, bem como intimado o Ministério Público, nos casos do art. 178, para que se manifestem, querendo, no prazo de 15 (quinze) dias.

Arts. 1.105 e 1.106 do CPC/73

Art. 722. A Fazenda Pública será sempre ouvida nos casos em que tiver interesse.

Art. 1.108 do CPC/73

Art. 723. O juiz decidirá o pedido no prazo de 10 (dez) dias.
Parágrafo único. O juiz não é obrigado a observar critério de legalidade estrita, podendo adotar em cada caso a solução que considerar mais conveniente ou oportuna.

Art. 1.109 do CPC/73

Art. 724. Da sentença caberá apelação.

Art. 1.110 do CPC/73

Art. 725. Processar-se-á na forma estabelecida nesta Seção o pedido de:
I – emancipação;
II – sub-rogação;
III – alienação, arrendamento ou oneração de bens de crianças ou adolescentes, de órfãos e de interditos;
IV – alienação, locação e administração da coisa comum;
V – alienação de quinhão em coisa comum;
VI – extinção de usufruto, quando não decorrer da morte do usufrutuário, do termo da sua duração ou da consolidação, e de fideicomisso, quando decorrer de renúncia ou quando ocorrer antes do evento que caracterizar a condição resolutória;
VII – expedição de alvará judicial;
VIII – homologação de autocomposição extrajudicial, de qualquer natureza ou valor.
Parágrafo único. As normas desta Seção aplicam-se, no que couber, aos procedimentos regulados nas seções seguintes.

Art. 1.112 do CPC/73
Ver art. 57, *caput*, da Lei nº 9.099/1995
Ver arts. 1.410, 1.955 e 1.958 do Código Civil

Seção II
Da Notificação e da Interpelação

Art. 726. Quem tiver interesse em manifestar formalmente sua vontade a outrem sobre assunto juridicamente relevante poderá notificar pessoas participantes da mesma relação jurídica para dar-lhes ciência de seu propósito.
§1º Se a pretensão for a de dar conhecimento geral ao público, mediante edital, o juiz só a deferirá se tiver por fundada e necessária ao resguardo de direito.
§2º Aplica-se o disposto nesta Seção, no que couber, ao protesto judicial.

Arts. 867 e 870 do CPC/73

Art. 727. Também poderá o interessado interpelar o requerido, no caso do art. 726, para que faça ou deixe de fazer o que o requerente entenda ser de seu direito.

Não há artigo correspondente no CPC/73

Art. 728. O requerido será previamente ouvido antes do deferimento da notificação ou do respectivo edital:

I – se houver suspeita de que o requerente, por meio da notificação ou do edital, pretende alcançar fim ilícito;

II – se tiver sido requerida a averbação da notificação em registro público.

Art. 870, parágrafo único, do CPC/73

Art. 729. Deferida e realizada a notificação ou interpelação, os autos serão entregues ao requerente.

Art. 872 do CPC/73

Seção III
Da Alienação Judicial

Art. 730. Nos casos expressos em lei, não havendo acordo entre os interessados sobre o modo como se deve realizar a alienação do bem, o juiz, de ofício ou a requerimento dos interessados ou do depositário, mandará aliená-lo em leilão, observando-se o disposto na Seção I deste Capítulo e, no que couber, o disposto nos arts. 879 a 903.

Art. 1.113 do CPC/73

Seção IV
Do Divórcio e da Separação Consensuais, da Extinção Consensual de União Estável e da Alteração do Regime de Bens do Matrimônio

Art. 731. A homologação do divórcio ou da separação consensuais, observados os requisitos legais, poderá ser requerida em petição assinada por ambos os cônjuges, da qual constarão:

I – as disposições relativas à descrição e à partilha dos bens comuns;

II – as disposições relativas à pensão alimentícia entre os cônjuges;

III – o acordo relativo à guarda dos filhos incapazes e ao regime de visitas; e

IV – o valor da contribuição para criar e educar os filhos.

Parágrafo único. Se os cônjuges não acordarem sobre a partilha dos bens, far-se-á esta depois de homologado o divórcio, na forma estabelecida nos arts. 647 a 658.

Arts. 1.120 e 1.121 do CPC/73

Ver art. 226, §6º, da CF/88
Ver Lei nº 13.058/2014

Art. 732. As disposições relativas ao processo de homologação judicial de divórcio ou de separação consensuais aplicam-se, no que couber, ao processo de homologação da extinção consensual de união estável.

Art. 1.122 do CPC/73

Art. 733. O divórcio consensual, a separação consensual e a extinção consensual de união estável, não havendo nascituro ou filhos incapazes e observados os requisitos legais, poderão ser realizados por escritura pública, da qual constarão as disposições de que trata o art. 731.

§1º A escritura não depende de homologação judicial e constitui título hábil para qualquer ato de registro, bem como para levantamento de importância depositada em instituições financeiras.

§2º O tabelião somente lavrará a escritura se os interessados estiverem assistidos por advogado ou por defensor público, cuja qualificação e assinatura constarão do ato notarial.

Art. 1.124-A do CPC/73

Art. 734. A alteração do regime de bens do casamento, observados os requisitos legais, poderá ser requerida, motivadamente, em petição assinada por ambos os cônjuges, na qual serão expostas as razões que justificam a alteração, ressalvados os direitos de terceiros.

§1º Ao receber a petição inicial, o juiz determinará a intimação do Ministério Público e a publicação de edital que divulgue a pretendida alteração de bens, somente podendo decidir depois de decorrido o prazo de 30 (trinta) dias da publicação do edital.

§2º Os cônjuges, na petição inicial ou em petição avulsa, podem propor ao juiz meio alternativo de divulgação da alteração do regime de bens, a fim de resguardar direitos de terceiros.

§3º Após o trânsito em julgado da sentença, serão expedidos mandados de averbação aos cartórios de registro civil e de imóveis e, caso qualquer dos cônjuges seja empresário, ao Registro Público de Empresas Mercantis e Atividades Afins.

Não há artigo correspondente no CPC/73
Ver arts. 1.639, §2º e 2.039 do Código Civil

Seção V
Dos Testamentos e dos Codicilos

Art. 735. Recebendo testamento cerrado, o juiz, se não achar vício externo que o torne suspeito de nulidade ou falsidade, o abrirá e mandará que o escrivão o leia em presença do apresentante.

§1º Do termo de abertura constarão o nome do apresentante e como ele obteve o testamento, a data e o lugar do falecimento do testador, com as respectivas provas, e qualquer circunstância digna de nota.

§2º Depois de ouvido o Ministério Público, não havendo dúvidas a serem esclarecidas, o juiz mandará registrar, arquivar e cumprir o testamento.

§3º Feito o registro, será intimado o testamenteiro para assinar o termo da testamentária.

§4º Se não houver testamenteiro nomeado ou se ele estiver ausente ou não aceitar o encargo, o juiz nomeará testamenteiro dativo, observando-se a preferência legal.

§5º O testamenteiro deverá cumprir as disposições testamentárias e prestar contas em juízo do que recebeu e despendeu, observando-se o disposto em lei.

Arts. 1.125, 1.126 e 1.127 do CPC/73

Art. 736. Qualquer interessado, exibindo o traslado ou a certidão de testamento público, poderá requerer ao juiz que ordene o seu cumprimento, observando-se, no que couber, o disposto nos parágrafos do art. 735.

Art. 1.128 do CPC/73

Art. 737. A publicação do testamento particular poderá ser requerida, depois da morte do testador, pelo herdeiro, pelo legatário ou pelo testamenteiro, bem como pelo terceiro detentor do testamento, se impossibilitado de entregá-lo a algum dos outros legitimados para requerê-la.

§1º Serão intimados os herdeiros que não tiverem requerido a publicação do testamento.

§2º Verificando a presença dos requisitos da lei, ouvido o Ministério Público, o juiz confirmará o testamento.

§3º Aplica-se o disposto neste artigo ao codicilo e aos testamentos marítimo, aeronáutico, militar e nuncupativo.

§4º Observar-se-á, no cumprimento do testamento, o disposto nos parágrafos do art. 735.

Arts. 1.130 e 1.134 do CPC/73

Seção VI
Da Herança Jacente

Art. 738. Nos casos em que a lei considere jacente a herança, o juiz em cuja comarca tiver domicílio o falecido procederá imediatamente à arrecadação dos respectivos bens.

Art. 1.142 do CPC/73
Ver arts. 1.819 a 1.823 do Código Civil

Art. 739. A herança jacente ficará sob a guarda, a conservação e a administração de um curador até a respectiva entrega ao sucessor legalmente habilitado ou até a declaração de vacância.

§1º Incumbe ao curador:

I – representar a herança em juízo ou fora dele, com intervenção do Ministério Público;

II – ter em boa guarda e conservação os bens arrecadados e promover a arrecadação de outros porventura existentes;

III – executar as medidas conservatórias dos direitos da herança;

IV – apresentar mensalmente ao juiz balancete da receita e da despesa;

V – prestar contas ao final de sua gestão.

§2º Aplica-se ao curador o disposto nos arts. 159 a 161.

Arts. 1.143 e 1.144 do CPC/73

Art. 740. O juiz ordenará que o oficial de justiça, acompanhado do escrivão ou do chefe de secretaria e do curador, arrole os bens e descreva-os em auto circunstanciado.

§1º Não podendo comparecer ao local, o juiz requisitará à autoridade policial que proceda à arrecadação e ao arrolamento dos bens, com 2 (duas) testemunhas, que assistirão às diligências.

§2º Não estando ainda nomeado o curador, o juiz designará depositário e lhe entregará os bens, mediante simples termo nos autos, depois de compromissado.

§3º Durante a arrecadação, o juiz ou a autoridade policial inquirirá os moradores da casa e da vizinhança sobre a qualificação do falecido, o paradeiro de seus sucessores e a existência de outros bens, lavrando-se de tudo auto de inquirição e informação.

§4º O juiz examinará reservadamente os papéis, as cartas missivas e os livros domésticos e, verificando que não apresentam interesse, mandará empacotá-los e lacrá-los para serem assim entregues aos sucessores do falecido ou queimados quando os bens forem declarados vacantes.

§ 5º Se constar ao juiz a existência de bens em outra comarca, mandará expedir carta precatória a fim de serem arrecadados.

§ 6º Não se fará a arrecadação, ou essa será suspensa, quando, iniciada, apresentarem-se para reclamar os bens o cônjuge ou companheiro, o herdeiro ou o testamenteiro notoriamente reconhecido e não houver oposição motivada do curador, de qualquer interessado, do Ministério Público ou do representante da Fazenda Pública.

Arts. 1.145, 1.147, 1.149, 1.150 e 1.151 do CPC/73

Art. 741. Ultimada a arrecadação, o juiz mandará expedir edital, que será publicado na rede mundial de computadores, no sítio do tribunal a que estiver vinculado o juízo e na plataforma de editais do Conselho Nacional de Justiça, onde permanecerá por 3 (três) meses, ou, não havendo sítio, no órgão oficial e na imprensa da comarca, por 3 (três) vezes com intervalos de 1 (um) mês, para que os sucessores do falecido venham a habilitar-se no prazo de 6 (seis) meses contado da primeira publicação.

§ 1º Verificada a existência de sucessor ou de testamenteiro em lugar certo, far-se-á a sua citação, sem prejuízo do edital.

§ 2º Quando o falecido for estrangeiro, será também comunicado o fato à autoridade consular.

§ 3º Julgada a habilitação do herdeiro, reconhecida a qualidade do testamenteiro ou provada a identidade do cônjuge ou companheiro, a arrecadação converter-se-á em inventário.

§ 4º Os credores da herança poderão habilitar-se como nos inventários ou propor a ação de cobrança.

Arts. 1.152, 1.153 e 1.154 do CPC/73

Art. 742. O juiz poderá autorizar a alienação:
I – de bens móveis, se forem de conservação difícil ou dispendiosa;
II – de semoventes, quando não empregados na exploração de alguma indústria;
III – de títulos e papéis de crédito, havendo fundado receio de depreciação;
IV – de ações de sociedade quando, reclamada a integralização, não dispuser a herança de dinheiro para o pagamento;
V – de bens imóveis:
a) se ameaçarem ruína, não convindo a reparação;
b) se estiverem hipotecados e vencer-se a dívida, não havendo dinheiro para o pagamento.

§ 1º Não se procederá, entretanto, à venda se a Fazenda Pública ou o habilitando adiantar a importância para as despesas.

§2º Os bens com valor de afeição, como retratos, objetos de uso pessoal, livros e obras de arte, só serão alienados depois de declarada a vacância da herança.

Arts. 1.155 e 1.156 do CPC/73

Art. 743. Passado 1 (um) ano da primeira publicação do edital e não havendo herdeiro habilitado nem habilitação pendente, será a herança declarada vacante.

§1º Pendendo habilitação, a vacância será declarada pela mesma sentença que a julgar improcedente, aguardando-se, no caso de serem diversas as habilitações, o julgamento da última.

§2º Transitada em julgado a sentença que declarou a vacância, o cônjuge, o companheiro, os herdeiros e os credores só poderão reclamar o seu direito por ação direta.

Art. 1.157 e 1.158 do CPC/73
Ver art. 1.822 do Código Civil

Seção VII
Dos Bens dos Ausentes

Art. 744. Declarada a ausência nos casos previstos em lei, o juiz mandará arrecadar os bens do ausente e nomear-lhes-á curador na forma estabelecida na Seção VI, observando-se o disposto em lei.

Arts. 1.159 e 1.160 do CPC/73

Art. 745. Feita a arrecadação, o juiz mandará publicar editais na rede mundial de computadores, no sítio do tribunal a que estiver vinculado e na plataforma de editais do Conselho Nacional de Justiça, onde permanecerá por 1 (um) ano, ou, não havendo sítio, no órgão oficial e na imprensa da comarca, durante 1 (um) ano, reproduzida de 2 (dois) em 2 (dois) meses, anunciando a arrecadação e chamando o ausente a entrar na posse de seus bens.

§1º Findo o prazo previsto no edital, poderão os interessados requerer a abertura da sucessão provisória, observando-se o disposto em lei.

§2º O interessado, ao requerer a abertura da sucessão provisória, pedirá a citação pessoal dos herdeiros presentes e do curador e, por editais, a dos ausentes para requererem habilitação, na forma dos arts. 689 a 692.

§3º Presentes os requisitos legais, poderá ser requerida a conversão da sucessão provisória em definitiva.

§4º Regressando o ausente ou algum de seus descendentes ou ascendentes para requerer ao juiz a entrega de bens, serão citados para contestar o pedido os sucessores provisórios ou definitivos, o Ministério Público e o representante da Fazenda Pública, seguindo-se o procedimento comum.

Arts. 1.161, 1.163, 1.164, 1.167, 1.168 e 1.169 do CPC/73

Seção VIII
Das Coisas Vagas

Art. 746. Recebendo do descobridor coisa alheia perdida, o juiz mandará lavrar o respectivo auto, do qual constará a descrição do bem e as declarações do descobridor.

§1º Recebida a coisa por autoridade policial, esta a remeterá em seguida ao juízo competente.

§2º Depositada a coisa, o juiz mandará publicar edital na rede mundial de computadores, no sítio do tribunal a que estiver vinculado e na plataforma de editais do Conselho Nacional de Justiça ou, não havendo sítio, no órgão oficial e na imprensa da comarca, para que o dono ou o legítimo possuidor a reclame, salvo se se tratar de coisa de pequeno valor e não for possível a publicação no sítio do tribunal, caso em que o edital será apenas afixado no átrio do edifício do fórum.

§3º Observar-se-á, quanto ao mais, o disposto em lei.

Arts. 1.170 e 1.171 do CPC/73

Seção IX
Da Interdição

Art. 747. A interdição pode ser promovida:
I – pelo cônjuge ou companheiro;
II – pelos parentes ou tutores;
III – pelo representante da entidade em que se encontra abrigado o interditando;
IV – pelo Ministério Público.
Parágrafo único. A legitimidade deverá ser comprovada por documentação que acompanhe a petição inicial.

Arts. 1.177, 1.178 e 1.180 do CPC/73
Ver art. 1.072, II, do CPC/2015
Ver art. 1.767 do Código Civil

Art. 748. O Ministério Público só promoverá interdição em caso de doença mental grave:

I – se as pessoas designadas nos incisos I, II e III do art. 747 não existirem ou não promoverem a interdição;

II – se, existindo, forem incapazes as pessoas mencionadas nos incisos I e II do art. 747.

Art. 1.178 do CPC/73

Art. 749. Incumbe ao autor, na petição inicial, especificar os fatos que demonstram a incapacidade do interditando para administrar seus bens e, se for o caso, para praticar atos da vida civil, bem como o momento em que a incapacidade se revelou.

Parágrafo único. Justificada a urgência, o juiz pode nomear curador provisório ao interditando para a prática de determinados atos.

Art. 1.180 do CPC/73

Art. 750. O requerente deverá juntar laudo médico para fazer prova de suas alegações ou informar a impossibilidade de fazê-lo.

Não há artigo correspondente no CPC/73

Art. 751. O interditando será citado para, em dia designado, comparecer perante o juiz, que o entrevistará minuciosamente acerca de sua vida, negócios, bens, vontades, preferências e laços familiares e afetivos e sobre o que mais lhe parecer necessário para convencimento quanto à sua capacidade para praticar atos da vida civil, devendo ser reduzidas a termo as perguntas e respostas.

§1º Não podendo o interditando deslocar-se, o juiz o ouvirá no local onde estiver.

§2º A entrevista poderá ser acompanhada por especialista.

§3º Durante a entrevista, é assegurado o emprego de recursos tecnológicos capazes de permitir ou de auxiliar o interditando a expressar suas vontades e preferências e a responder às perguntas formuladas.

§4º A critério do juiz, poderá ser requisitada a oitiva de parentes e de pessoas próximas.

Art. 1.181 do CPC/73

Art. 752. Dentro do prazo de 15 (quinze) dias contado da entrevista, o interditando poderá impugnar o pedido.

§1º O Ministério Público intervirá como fiscal da ordem jurídica.

§2º O interditando poderá constituir advogado, e, caso não o faça, deverá ser nomeado curador especial.

§3º Caso o interditando não constitua advogado, o seu cônjuge, companheiro ou qualquer parente sucessível poderá intervir como assistente.

Art. 1.182 do CPC/73

Art. 753. Decorrido o prazo previsto no art. 752, o juiz determinará a produção de prova pericial para avaliação da capacidade do interditando para praticar atos da vida civil.

§1º A perícia pode ser realizada por equipe composta por expertos com formação multidisciplinar.

§2º O laudo pericial indicará especificadamente, se for o caso, os atos para os quais haverá necessidade de curatela.

Arts. 1.183 e 1.184 do CPC/73

Art. 754. Apresentado o laudo, produzidas as demais provas e ouvidos os interessados, o juiz proferirá sentença.

Arts. 1.183 e 1.184 do CPC/73

Art. 755. Na sentença que decretar a interdição, o juiz:
I – nomeará curador, que poderá ser o requerente da interdição, e fixará os limites da curatela, segundo o estado e o desenvolvimento mental do interdito;
II – considerará as características pessoais do interdito, observando suas potencialidades, habilidades, vontades e preferências.

§1º A curatela deve ser atribuída a quem melhor possa atender aos interesses do curatelado.

§2º Havendo, ao tempo da interdição, pessoa incapaz sob a guarda e a responsabilidade do interdito, o juiz atribuirá a curatela a quem melhor puder atender aos interesses do interdito e do incapaz.

§3º A sentença de interdição será inscrita no registro de pessoas naturais e imediatamente publicada na rede mundial de computadores, no sítio do tribunal a que estiver vinculado o juízo e na plataforma de editais do Conselho Nacional de Justiça, onde permanecerá por 6 (seis) meses, na imprensa local, 1 (uma) vez, e no órgão oficial, por 3 (três) vezes, com intervalo de 10 (dez) dias, constando do edital os nomes do interdito e do curador, a causa da interdição, os limites da curatela e, não sendo total a interdição, os atos que o interdito poderá praticar autonomamente.

Arts. 1.183 e 1.184 do CPC/73

Ver Resolução nº 195/2015 do Conselho Federal de Medicina
Ver art. 1.782 do Código Civil

Art. 756. Levantar-se-á a curatela quando cessar a causa que a determinou.

§1º O pedido de levantamento da curatela poderá ser feito pelo interdito, pelo curador ou pelo Ministério Público e será apensado aos autos da interdição.

§2º O juiz nomeará perito ou equipe multidisciplinar para proceder ao exame do interdito e designará audiência de instrução e julgamento após a apresentação do laudo.

§3º Acolhido o pedido, o juiz decretará o levantamento da interdição e determinará a publicação da sentença, após o trânsito em julgado, na forma do art. 755, §3º, ou, não sendo possível, na imprensa local e no órgão oficial, por 3 (três) vezes, com intervalo de 10 (dez) dias, seguindo-se a averbação no registro de pessoas naturais.

§4º A interdição poderá ser levantada parcialmente quando demonstrada a capacidade do interdito para praticar alguns atos da vida civil.

Art. 1.186 do CPC/73

Art. 757. A autoridade do curador estende-se à pessoa e aos bens do incapaz que se encontrar sob a guarda e a responsabilidade do curatelado ao tempo da interdição, salvo se o juiz considerar outra solução como mais conveniente aos interesses do incapaz.

Não há artigo correspondente no CPC/73
Ver art. 1.778 e 1.779, parágrafo único, do Código Civil

Art. 758. O curador deverá buscar tratamento e apoio apropriados à conquista da autonomia pelo interdito.

Não há artigo correspondente no CPC/73
Ver art. 1.776 do Código Civil
Ver Lei nº 10.216/2001

Seção X
Disposições Comuns à Tutela e à Curatela

Art. 759. O tutor ou o curador será intimado a prestar compromisso no prazo de 5 (cinco) dias contado da:
I – nomeação feita em conformidade com a lei;

II – intimação do despacho que mandar cumprir o testamento ou o instrumento público que o houver instituído.

§1º O tutor ou o curador prestará o compromisso por termo em livro rubricado pelo juiz.

§2º Prestado o compromisso, o tutor ou o curador assume a administração dos bens do tutelado ou do interditado.

Art. 1.187 do CPC/73

Art. 760. O tutor ou o curador poderá eximir-se do encargo apresentando escusa ao juiz no prazo de 5 (cinco) dias contado:

I – antes de aceitar o encargo, da intimação para prestar compromisso;

II – depois de entrar em exercício, do dia em que sobrevier o motivo da escusa.

§1º Não sendo requerida a escusa no prazo estabelecido neste artigo, considerar-se-á renunciado o direito de alegá-la.

§2º O juiz decidirá de plano o pedido de escusa, e, não o admitindo, exercerá o nomeado a tutela ou a curatela enquanto não for dispensado por sentença transitada em julgado.

Art. 1.192 do CPC/73

Art. 761. Incumbe ao Ministério Público ou a quem tenha legítimo interesse requerer, nos casos previstos em lei, a remoção do tutor ou do curador.

Parágrafo único. O tutor ou o curador será citado para contestar a arguição no prazo de 5 (cinco) dias, findo o qual observar-se-á o procedimento comum.

Arts. 1.194, 1.195 e 1.196 do CPC/73

Art. 762. Em caso de extrema gravidade, o juiz poderá suspender o tutor ou o curador do exercício de suas funções, nomeando substituto interino.

Art. 1.197 do CPC/73

Art. 763. Cessando as funções do tutor ou do curador pelo decurso do prazo em que era obrigado a servir, ser-lhe-á lícito requerer a exoneração do encargo.

§1º Caso o tutor ou o curador não requeira a exoneração do encargo dentro dos 10 (dez) dias seguintes à expiração do termo, entender-se-á reconduzido, salvo se o juiz o dispensar.

§2º Cessada a tutela ou a curatela, é indispensável a prestação de contas pelo tutor ou pelo curador, na forma da lei civil.

Art. 1.198 do CPC/73

Seção XI
Da Organização e da Fiscalização das Fundações

Art. 764. O juiz decidirá sobre a aprovação do estatuto das fundações e de suas alterações sempre que o requeira o interessado, quando:
I – ela for negada previamente pelo Ministério Público ou por este forem exigidas modificações com as quais o interessado não concorde;
II – o interessado discordar do estatuto elaborado pelo Ministério Público.
§1º O estatuto das fundações deve observar o disposto na Lei nº 10.406, de 10 de janeiro de 2002 (Código Civil).
§2º Antes de suprir a aprovação, o juiz poderá mandar fazer no estatuto modificações a fim de adaptá-lo ao objetivo do instituidor.

Arts. 1.199, 1.200 e 1.201 do CPC/73
Ver arts. 65 e 66 do Código Civil

Art. 765. Qualquer interessado ou o Ministério Público promoverá em juízo a extinção da fundação quando:

Enunciado nº 189 do FPPC: O art. 765 deve ser interpretado em consonância com o art. 69 do Código Civil, para admitir a extinção da fundação quando inútil a finalidade a que visa. (Grupo: Procedimentos Especiais)

I – se tornar ilícito o seu objeto;
II – for impossível a sua manutenção;
III – vencer o prazo de sua existência.

Art. 1.204 do CPC/73
Ver art. 69 do Código Civil

Seção XII
Da Ratificação dos Protestos Marítimos e dos Processos Testemunháveis Formados a Bordo

Art. 766. Todos os protestos e os processos testemunháveis formados a bordo e lançados no livro Diário da Navegação deverão ser apresentados pelo comandante ao juiz de direito do primeiro porto, nas primeiras 24 (vinte e quatro) horas de chegada da embarcação, para sua ratificação judicial.

Não há artigo correspondente no CPC/73

Art. 767. A petição inicial conterá a transcrição dos termos lançados no livro Diário da Navegação e deverá ser instruída com cópias das páginas que contenham os termos que serão ratificados, dos documentos de identificação do comandante e das testemunhas arroladas, do rol de tripulantes, do documento de registro da embarcação e, quando for o caso, do manifesto das cargas sinistradas e a qualificação de seus consignatários, traduzidos, quando for o caso, de forma livre para o português.

Não há artigo correspondente no CPC/73

Art. 768. A petição inicial deverá ser distribuída com urgência e encaminhada ao juiz, que ouvirá, sob compromisso a ser prestado no mesmo dia, o comandante e as testemunhas em número mínimo de 2 (duas) e máximo de 4 (quatro), que deverão comparecer ao ato independentemente de intimação.

Enunciado nº 79 do FPPC: Não sendo possível a inquirição tratada no art. 768 sem prejuízo aos compromissos comerciais da embarcação, o juiz expedirá carta precatória itinerante para a tomada dos depoimentos em um dos portos subsequentes de escala. (Grupo: Procedimentos Especiais)

§1º Tratando-se de estrangeiros que não dominem a língua portuguesa, o autor deverá fazer-se acompanhar por tradutor, que prestará compromisso em audiência.

§2º Caso o autor não se faça acompanhar por tradutor, o juiz deverá nomear outro que preste compromisso em audiência.

Não há artigo correspondente no CPC/73

Art. 769. Aberta a audiência, o juiz mandará apregoar os consignatários das cargas indicados na petição inicial e outros eventuais interessados, nomeando para os ausentes curador para o ato.

Não há artigo correspondente no CPC/73

Art. 770. Inquiridos o comandante e as testemunhas, o juiz, convencido da veracidade dos termos lançados no Diário da Navegação, em audiência, ratificará por sentença o protesto ou o processo testemunhável lavrado a bordo, dispensado o relatório.

Parágrafo único. Independentemente do trânsito em julgado, o juiz determinará a entrega dos autos ao autor ou ao seu advogado, mediante a apresentação de traslado.

Não há artigo correspondente no CPC/73

LIVRO II
DO PROCESSO DE EXECUÇÃO

TÍTULO I
DA EXECUÇÃO EM GERAL

CAPÍTULO I
DISPOSIÇÕES GERAIS

Art. 771. Este Livro regula o procedimento da execução fundada em título extrajudicial, e suas disposições aplicam-se, também, no que couber, aos procedimentos especiais de execução, aos atos executivos realizados no procedimento de cumprimento de sentença, bem como aos efeitos de atos ou fatos processuais a que a lei atribuir força executiva.

Enunciado nº 12 do FPPC: A aplicação das medidas atípicas sub-rogatórias e coercitivas é cabível em qualquer obrigação no cumprimento de sentença ou execução de título executivo extrajudicial. Essas medidas, contudo, serão aplicadas de forma subsidiária às medidas tipificadas, com observação do contraditório, ainda que diferido, e por meio de decisão à luz do art. 489, §1º, I e II. (Grupo: Execução)

Enunciado nº 194 do FPPC: A prescrição intercorrente pode ser reconhecida no procedimento de cumprimento de sentença. (Grupo: Execução)

Parágrafo único. Aplicam-se subsidiariamente à execução as disposições do Livro I da Parte Especial.

Art. 598 do CPC/73

Enunciado nº 444 do FPPC: Para o processo de execução de título extrajudicial de obrigação de não fazer, não é necessário propor a ação de conhecimento para que o juiz possa aplicar as normas decorrentes dos arts. 536 e 537. (Grupo: Execução)

Enunciado nº 450 do FPPC: Aplica-se a regra decorrente do art. 827, §2º, ao cumprimento de sentença. (Grupo: Execução)

Enunciado nº 545 do FPPC: Aplicam-se à impugnação, no que couber, as hipóteses previstas nos incisos I e III do art. 918 e no seu parágrafo único. (Grupo: Cumprimento de sentença)

Art. 772. O juiz pode, em qualquer momento do processo:
I – ordenar o comparecimento das partes;
II – advertir o executado de que seu procedimento constitui ato atentatório à dignidade da justiça;
III – determinar que sujeitos indicados pelo exequente forneçam informações em geral relacionadas ao objeto da execução, tais como documentos e dados que tenham em seu poder, assinando-lhes prazo razoável.

Enunciado nº 536 do FPPC: O juiz poderá, na execução civil, determinar a quebra de sigilo bancário e fiscal. (Grupo: Execução)
Art. 599 do CPC/73

Art. 773. O juiz poderá, de ofício ou a requerimento, determinar as medidas necessárias ao cumprimento da ordem de entrega de documentos e dados.
Parágrafo único. Quando, em decorrência do disposto neste artigo, o juízo receber dados sigilosos para os fins da execução, o juiz adotará as medidas necessárias para assegurar a confidencialidade.

Não há artigo correspondente no CPC/73
Enunciado nº 536 do FPPC: O juiz poderá, na execução civil, determinar a quebra de sigilo bancário e fiscal. (Grupo: Execução)

Art. 774. Considera-se atentatória à dignidade da justiça a conduta comissiva ou omissiva do executado que:
I – frauda a execução;
II – se opõe maliciosamente à execução, empregando ardis e meios artificiosos;
III – dificulta ou embaraça a realização da penhora;
IV – resiste injustificadamente às ordens judiciais;

Enunciado nº 533 do FPPC: Se o executado descumprir ordem judicial, conforme indicado pelo §3º do art. 536, incidirá a pena por ato atentatório à dignidade da justiça (art. 774, IV), sem prejuízo da sanção por litigância de má-fé. (Grupo: Cumprimento de sentença)

V – intimado, não indica ao juiz quais são e onde estão os bens sujeitos à penhora e os respectivos valores, nem exibe prova de sua propriedade e, se for o caso, certidão negativa de ônus.

Parágrafo único. Nos casos previstos neste artigo, o juiz fixará multa em montante não superior a vinte por cento do valor atualizado do débito em execução, a qual será revertida em proveito do exequente, exigível nos próprios autos do processo, sem prejuízo de outras sanções de natureza processual ou material.

Arts. 600 e 601 do CPC/73

Enunciado nº 537 do FPPC: A conduta comissiva ou omissiva caracterizada como atentatória à dignidade da justiça no procedimento da execução fiscal enseja a aplicação da multa do parágrafo único do art. 774 do CPC/15. (Grupo: Impacto nos Juizados e nos procedimentos especiais da legislação extravagante)

Enunciado nº 545 do FPPC: Aplicam-se à impugnação, no que couber, as hipóteses previstas nos incisos I e III do art. 918 e no seu parágrafo único. (Grupo: Cumprimento de sentença)

Art. 775. O exequente tem o direito de desistir de toda a execução ou de apenas alguma medida executiva.

Parágrafo único. Na desistência da execução, observar-se-á o seguinte:

I – serão extintos a impugnação e os embargos que versarem apenas sobre questões processuais, pagando o exequente as custas processuais e os honorários advocatícios;

II – nos demais casos, a extinção dependerá da concordância do impugnante ou do embargante.

Art. 569 do CPC/73

Art. 776. O exequente ressarcirá ao executado os danos que este sofreu, quando a sentença, transitada em julgado, declarar inexistente, no todo ou em parte, a obrigação que ensejou a execução.

Art. 574 do CPC/73

Art. 777. A cobrança de multas ou de indenizações decorrentes de litigância de má-fé ou de prática de ato atentatório à dignidade da justiça será promovida nos próprios autos do processo.

Art. 739-B do CPC/73

CAPÍTULO II
DAS PARTES

Art. 778. Pode promover a execução forçada o credor a quem a lei confere título executivo.

§1º Podem promover a execução forçada ou nela prosseguir, em sucessão ao exequente originário:
I – o Ministério Público, nos casos previstos em lei;
II – o espólio, os herdeiros ou os sucessores do credor, sempre que, por morte deste, lhes for transmitido o direito resultante do título executivo;
III – o cessionário, quando o direito resultante do título executivo lhe for transferido por ato entre vivos;
IV – o sub-rogado, nos casos de sub-rogação legal ou convencional.
§2º A sucessão prevista no §1º independe de consentimento do executado.

Art. 566 e 567 do CPC/73

Art. 779. A execução pode ser promovida contra:
I – o devedor, reconhecido como tal no título executivo;
II – o espólio, os herdeiros ou os sucessores do devedor;
III – o novo devedor que assumiu, com o consentimento do credor, a obrigação resultante do título executivo;
IV – o fiador do débito constante em título extrajudicial;
V – o responsável titular do bem vinculado por garantia real ao pagamento do débito;
VI – o responsável tributário, assim definido em lei.

Art. 568 do CPC/73
Enunciado nº 445 do FPPC: O fiador judicial também pode ser sujeito passivo da execução. (Grupo: Execução)

Art. 780. O exequente pode cumular várias execuções, ainda que fundadas em títulos diferentes, quando o executado for o mesmo e desde que para todas elas seja competente o mesmo juízo e idêntico o procedimento.

Art. 573 do CPC/73

CAPÍTULO III
DA COMPETÊNCIA

Art. 781. A execução fundada em título extrajudicial será processada perante o juízo competente, observando-se o seguinte:

I – a execução poderá ser proposta no foro de domicílio do executado, de eleição constante do título ou, ainda, de situação dos bens a ela sujeitos;

II – tendo mais de um domicílio, o executado poderá ser demandado no foro de qualquer deles;

III – sendo incerto ou desconhecido o domicílio do executado, a execução poderá ser proposta no lugar onde for encontrado ou no foro de domicílio do exequente;

IV – havendo mais de um devedor, com diferentes domicílios, a execução será proposta no foro de qualquer deles, à escolha do exequente;

V – a execução poderá ser proposta no foro do lugar em que se praticou o ato ou em que ocorreu o fato que deu origem ao título, mesmo que nele não mais resida o executado.

Art. 576 do CPC/73

Art. 782. Não dispondo a lei de modo diverso, o juiz determinará os atos executivos, e o oficial de justiça os cumprirá.

§1º O oficial de justiça poderá cumprir os atos executivos determinados pelo juiz também nas comarcas contíguas, de fácil comunicação, e nas que se situem na mesma região metropolitana.

§2º Sempre que, para efetivar a execução, for necessário o emprego de força policial, o juiz a requisitará.

§3º A requerimento da parte, o juiz pode determinar a inclusão do nome do executado em cadastros de inadimplentes.

Enunciado nº 190 do FPPC: O art. 782, §3º, não veda a inclusão extrajudicial do nome do executado em cadastros de inadimplentes, pelo credor ou diretamente pelo órgão de proteção ao crédito. (Grupo: Execução)

§4º A inscrição será cancelada imediatamente se for efetuado o pagamento, se for garantida a execução ou se a execução for extinta por qualquer outro motivo.

Enunciado nº 538 do FPPC: Aplica-se o procedimento do §4º do art. 517 ao cancelamento da inscrição de cadastro de inadimplentes do §4º do art. 782. (Grupo: Cumprimento de sentença)

§ 5º O disposto nos §§ 3º e 4º aplica-se à execução definitiva de título judicial.
Arts. 577 e 579 do CPC/73

CAPÍTULO IV
DOS REQUISITOS NECESSÁRIOS PARA REALIZAR QUALQUER EXECUÇÃO

Seção I
Do Título Executivo

Art. 783. A execução para cobrança de crédito fundar-se-á sempre em título de obrigação certa, líquida e exigível.
Art. 586 do CPC/73

Art. 784. São títulos executivos extrajudiciais:
I – a letra de câmbio, a nota promissória, a duplicata, a debênture e o cheque;
II – a escritura pública ou outro documento público assinado pelo devedor;
III – o documento particular assinado pelo devedor e por 2 (duas) testemunhas;
IV – o instrumento de transação referendado pelo Ministério Público, pela Defensoria Pública, pela Advocacia Pública, pelos advogados dos transatores ou por conciliador ou mediador credenciado por tribunal;
V – o contrato garantido por hipoteca, penhor, anticrese ou outro direito real de garantia e aquele garantido por caução;
VI – o contrato de seguro de vida em caso de morte;
VII – o crédito decorrente de foro e laudêmio;
VIII – o crédito, documentalmente comprovado, decorrente de aluguel de imóvel, bem como de encargos acessórios, tais como taxas e despesas de condomínio;
IX – a certidão de dívida ativa da Fazenda Pública da União, dos Estados, do Distrito Federal e dos Municípios, correspondente aos créditos inscritos na forma da lei;
X – o crédito referente às contribuições ordinárias ou extraordinárias de condomínio edilício, previstas na respectiva convenção ou aprovadas em assembleia geral, desde que documentalmente comprovadas;

Enunciado nº 527 do FPPC: Os créditos referidos no art. 515, inc. V, e no art. 784, inc. X e XI do CPC-2015 constituídos ao tempo do CPC-1973 são passíveis de execução de título judicial e extrajudicial, respectivamente. (Grupo: Direito Intertemporal)

XI – a certidão expedida por serventia notarial ou de registro relativa a valores de emolumentos e demais despesas devidas pelos atos por ela praticados, fixados nas tabelas estabelecidas em lei;

Enunciado nº 527 do FPPC: Os créditos referidos no art. 515, inc. V, e no art. 784, inc. X e XI do CPC-2015 constituídos ao tempo do CPC-1973 são passíveis de execução de título judicial e extrajudicial, respectivamente. (Grupo: Direito Intertemporal)

XII – todos os demais títulos aos quais, por disposição expressa, a lei atribuir força executiva.

§1º A propositura de qualquer ação relativa a débito constante de título executivo não inibe o credor de promover-lhe a execução.

§2º Os títulos executivos extrajudiciais oriundos de país estrangeiro não dependem de homologação para serem executados.

§3º O título estrangeiro só terá eficácia executiva quando satisfeitos os requisitos de formação exigidos pela lei do lugar de sua celebração e quando o Brasil for indicado como o lugar de cumprimento da obrigação.

Art. 585 do CPC/73
Ver arts. 49, 50, 51 e 56 do Decreto nº 2.044/2008
Ver Lei nº 7.357/1985
Ver Decreto 57.595/1966
Ver Decreto 57.663/1966
Ver Lei nº 5.474/1968
Ver art. 24 da Lei nº 8.906/1994
Ver Súmula nº 300 do STJ

Art. 785. A existência de título executivo extrajudicial não impede a parte de optar pelo processo de conhecimento, a fim de obter título executivo judicial.

Não há artigo correspondente no CPC/73

Enunciado nº 446 do FPPC: Cabe ação monitória mesmo quando o autor for portador de título executivo extrajudicial. (Grupo: Execução)

Seção II
Da Exigibilidade da Obrigação

Art. 786. A execução pode ser instaurada caso o devedor não satisfaça a obrigação certa, líquida e exigível consubstanciada em título executivo.

Parágrafo único. A necessidade de simples operações aritméticas para apurar o crédito exequendo não retira a liquidez da obrigação constante do título.

Art. 580 do CPC/73

Art. 787. Se o devedor não for obrigado a satisfazer sua prestação senão mediante a contraprestação do credor, este deverá provar que a adimpliu ao requerer a execução, sob pena de extinção do processo.

Parágrafo único. O executado poderá eximir-se da obrigação, depositando em juízo a prestação ou a coisa, caso em que o juiz não permitirá que o credor a receba sem cumprir a contraprestação que lhe tocar.

Art. 582 do CPC/73

Art. 788. O credor não poderá iniciar a execução ou nela prosseguir se o devedor cumprir a obrigação, mas poderá recusar o recebimento da prestação se ela não corresponder ao direito ou à obrigação estabelecidos no título executivo, caso em que poderá requerer a execução forçada, ressalvado ao devedor o direito de embargá-la.

Art. 581 do CPC/73
Ver art. 313 do Código Civil

CAPÍTULO V
DA RESPONSABILIDADE PATRIMONIAL

Art. 789. O devedor responde com todos os seus bens presentes e futuros para o cumprimento de suas obrigações, salvo as restrições estabelecidas em lei.

Art. 591 do CPC/73

Art. 790. São sujeitos à execução os bens:
I – do sucessor a título singular, tratando-se de execução fundada em direito real ou obrigação reipersecutória;
II – do sócio, nos termos da lei;
III – do devedor, ainda que em poder de terceiros;
IV – do cônjuge ou companheiro, nos casos em que seus bens próprios ou de sua meação respondem pela dívida;
V – alienados ou gravados com ônus real em fraude à execução;
VI – cuja alienação ou gravação com ônus real tenha sido anulada em razão do reconhecimento, em ação autônoma, de fraude contra credores;

VII – do responsável, nos casos de desconsideração da personalidade jurídica.
Art. 592 do CPC/73

Art. 791. Se a execução tiver por objeto obrigação de que seja sujeito passivo o proprietário de terreno submetido ao regime do direito de superfície, ou o superficiário, responderá pela dívida, exclusivamente, o direito real do qual é titular o executado, recaindo a penhora ou outros atos de constrição exclusivamente sobre o terreno, no primeiro caso, ou sobre a construção ou a plantação, no segundo caso.

§1º Os atos de constrição a que se refere o *caput* serão averbados separadamente na matrícula do imóvel, com a identificação do executado, do valor do crédito e do objeto sobre o qual recai o gravame, devendo o oficial destacar o bem que responde pela dívida, se o terreno, a construção ou a plantação, de modo a assegurar a publicidade da responsabilidade patrimonial de cada um deles pelas dívidas e pelas obrigações que a eles estão vinculadas.

§2º Aplica-se, no que couber, o disposto neste artigo à enfiteuse, à concessão de uso especial para fins de moradia e à concessão de direito real de uso.

Não há artigo correspondente no CPC/73
Ver art. 1.369 do Código Civil

Art. 792. A alienação ou a oneração de bem é considerada fraude à execução:
I – quando sobre o bem pender ação fundada em direito real ou com pretensão reipersecutória, desde que a pendência do processo tenha sido averbada no respectivo registro público, se houver;
II – quando tiver sido averbada, no registro do bem, a pendência do processo de execução, na forma do art. 828;
III – quando tiver sido averbado, no registro do bem, hipoteca judiciária ou outro ato de constrição judicial originário do processo onde foi arguida a fraude;
IV – quando, ao tempo da alienação ou da oneração, tramitava contra o devedor ação capaz de reduzi-lo à insolvência;
V – nos demais casos expressos em lei.
§1º A alienação em fraude à execução é ineficaz em relação ao exequente.
§2º No caso de aquisição de bem não sujeito a registro, o terceiro adquirente tem o ônus de provar que adotou as cautelas necessárias para a aquisição, mediante a exibição das certidões pertinentes, obtidas no domicílio do vendedor e no local onde se encontra o bem.
§3º Nos casos de desconsideração da personalidade jurídica, a fraude à execução verifica-se a partir da citação da parte cuja personalidade se pretende desconsiderar.

ART. 793 a ART. 795

§4º Antes de declarar a fraude à execução, o juiz deverá intimar o terceiro adquirente, que, se quiser, poderá opor embargos de terceiro, no prazo de 15 (quinze) dias.

Art. 593 do CPC/73

Enunciado nº 191 do FPPC: O prazo de quinze dias para opor embargos de terceiro, disposto no §4º do art. 792, é aplicável exclusivamente aos casos de declaração de fraude à execução; os demais casos de embargos de terceiro são regidos pelo prazo do *caput* do art. 675. (Grupo: Execução)
Ver arts. 54 a 57 da Lei nº 13.097/2015
Ver Súmula nº 375 do STJ

Art. 793. O exequente que estiver, por direito de retenção, na posse de coisa pertencente ao devedor não poderá promover a execução sobre outros bens senão depois de excutida a coisa que se achar em seu poder.

Art. 594 do CPC/73

Art. 794. O fiador, quando executado, tem o direito de exigir que primeiro sejam executados os bens do devedor situados na mesma comarca, livres e desembargados, indicando-os pormenorizadamente à penhora.
§1º Os bens do fiador ficarão sujeitos à execução se os do devedor, situados na mesma comarca que os seus, forem insuficientes à satisfação do direito do credor.
§2º O fiador que pagar a dívida poderá executar o afiançado nos autos do mesmo processo.
§3º O disposto no *caput* não se aplica se o fiador houver renunciado ao benefício de ordem.

Art. 595 do CPC/73
Ver art. 827 do Código Civil

Art. 795. Os bens particulares dos sócios não respondem pelas dívidas da sociedade, senão nos casos previstos em lei.
§1º O sócio réu, quando responsável pelo pagamento da dívida da sociedade, tem o direito de exigir que primeiro sejam excutidos os bens da sociedade.
§2º Incumbe ao sócio que alegar o benefício do §1º nomear quantos bens da sociedade situados na mesma comarca, livres e desembargados, bastem para pagar o débito.
§3º O sócio que pagar a dívida poderá executar a sociedade nos autos do mesmo processo.

§4º Para a desconsideração da personalidade jurídica é obrigatória a observância do incidente previsto neste Código.

Art. 596 do CPC/73

Art. 796. O espólio responde pelas dívidas do falecido, mas, feita a partilha, cada herdeiro responde por elas dentro das forças da herança e na proporção da parte que lhe coube.

Art. 597 do CPC/73

TÍTULO II
DAS DIVERSAS ESPÉCIES DE EXECUÇÃO

CAPÍTULO I
DISPOSIÇÕES GERAIS

Art. 797. Ressalvado o caso de insolvência do devedor, em que tem lugar o concurso universal, realiza-se a execução no interesse do exequente que adquire, pela penhora, o direito de preferência sobre os bens penhorados.
Parágrafo único. Recaindo mais de uma penhora sobre o mesmo bem, cada exequente conservará o seu título de preferência.

Art. 612 e 613 do CPC/73

Art. 798. Ao propor a execução, incumbe ao exequente:
I – instruir a petição inicial com:
a) o título executivo extrajudicial;
b) o demonstrativo do débito atualizado até a data de propositura da ação, quando se tratar de execução por quantia certa;
c) a prova de que se verificou a condição ou ocorreu o termo, se for o caso;
d) a prova, se for o caso, de que adimpliu a contraprestação que lhe corresponde ou que lhe assegura o cumprimento, se o executado não for obrigado a satisfazer a sua prestação senão mediante a contraprestação do exequente;
II – indicar:
a) a espécie de execução de sua preferência, quando por mais de um modo puder ser realizada;
b) os nomes completos do exequente e do executado e seus números de inscrição no Cadastro de Pessoas Físicas ou no Cadastro Nacional da Pessoa Jurídica;
c) os bens suscetíveis de penhora, sempre que possível.

Parágrafo único. O demonstrativo do débito deverá conter:
I – o índice de correção monetária adotado;
II – a taxa de juros aplicada;
III – os termos inicial e final de incidência do índice de correção monetária e da taxa de juros utilizados;
IV – a periodicidade da capitalização dos juros, se for o caso;
V – a especificação de desconto obrigatório realizado.

Arts. 614 e 615, I e IV, do CPC/73

Art. 799. Incumbe ainda ao exequente:
I – requerer a intimação do credor pignoratício, hipotecário, anticrético ou fiduciário, quando a penhora recair sobre bens gravados por penhor, hipoteca, anticrese ou alienação fiduciária;
II – requerer a intimação do titular de usufruto, uso ou habitação, quando a penhora recair sobre bem gravado por usufruto, uso ou habitação;
III – requerer a intimação do promitente comprador, quando a penhora recair sobre bem em relação ao qual haja promessa de compra e venda registrada;
IV – requerer a intimação do promitente vendedor, quando a penhora recair sobre direito aquisitivo derivado de promessa de compra e venda registrada;
V – requerer a intimação do superficiário, enfiteuta ou concessionário, em caso de direito de superfície, enfiteuse, concessão de uso especial para fins de moradia ou concessão de direito real de uso, quando a penhora recair sobre imóvel submetido ao regime do direito de superfície, enfiteuse ou concessão;
VI – requerer a intimação do proprietário de terreno com regime de direito de superfície, enfiteuse, concessão de uso especial para fins de moradia ou concessão de direito real de uso, quando a penhora recair sobre direitos do superficiário, do enfiteuta ou do concessionário;
VII – requerer a intimação da sociedade, no caso de penhora de quota social ou de ação de sociedade anônima fechada, para o fim previsto no art. 876, §7º;
VIII – pleitear, se for o caso, medidas urgentes;

Enunciado nº 448 do FPPC: As medidas urgentes previstas no art. 799, VIII, englobam a tutela provisória urgente antecipada. (Grupo: Execução)

IX – proceder à averbação em registro público do ato de propositura da execução e dos atos de constrição realizados, para conhecimento de terceiros.

Arts. 615, II e III, 652, §2º e 615-A do CPC/73
Enunciado nº 447 do FPPC: O exequente deve providenciar a intimação da União, Estados e Municípios no caso de penhora de bem tombado. (Grupo: Execução)

Enunciado nº 529 do FPPC: As averbações previstas nos arts. 799, IX e 828 são aplicáveis ao cumprimento de sentença. (Grupo: Cumprimento de sentença)

Enunciado nº 539 do FPPC: A certidão a que se refere o art. 828 não impede a obtenção e a averbação de certidão da propositura da execução (art. 799). (Grupo: Execução)

Ver arts. 1.501 e 1.373 do Código Civil
Ver arts. 21 a 24 da Lei nº 10.257/2001
Ver arts. 678 e 689 do Código Civil de 1916

Art. 800. Nas obrigações alternativas, quando a escolha couber ao devedor, esse será citado para exercer a opção e realizar a prestação dentro de 10 (dez) dias, se outro prazo não lhe foi determinado em lei ou em contrato.

§1º Devolver-se-á ao credor a opção, se o devedor não a exercer no prazo determinado.

§2º A escolha será indicada na petição inicial da execução quando couber ao credor exercê-la.

Art. 571 do CPC/73
Ver arts. 252 a 256 do Código Civil

Art. 801. Verificando que a petição inicial está incompleta ou que não está acompanhada dos documentos indispensáveis à propositura da execução, o juiz determinará que o exequente a corrija, no prazo de 15 (quinze) dias, sob pena de indeferimento.

Art. 616 do CPC/73

Art. 802. Na execução, o despacho que ordena a citação, desde que realizada em observância ao disposto no §2º do art. 240, interrompe a prescrição, ainda que proferido por juízo incompetente.

Parágrafo único. A interrupção da prescrição retroagirá à data de propositura da ação.

Art. 617 do CPC/73
Ver Súmula nº 150 do STF

Art. 803. É nula a execução se:
I – o título executivo extrajudicial não corresponder a obrigação certa, líquida e exigível;

II – o executado não for regularmente citado;
III – for instaurada antes de se verificar a condição ou de ocorrer o termo.
Parágrafo único. A nulidade de que cuida este artigo será pronunciada pelo juiz, de ofício ou a requerimento da parte, independentemente de embargos à execução.
Art. 618 do CPC/73

Art. 804. A alienação de bem gravado por penhor, hipoteca ou anticrese será ineficaz em relação ao credor pignoratício, hipotecário ou anticrético não intimado.

§1º A alienação de bem objeto de promessa de compra e venda ou de cessão registrada será ineficaz em relação ao promitente comprador ou ao cessionário não intimado.

§2º A alienação de bem sobre o qual tenha sido instituído direito de superfície, seja do solo, da plantação ou da construção, será ineficaz em relação ao concedente ou ao concessionário não intimado.

§3º A alienação de direito aquisitivo de bem objeto de promessa de venda, de promessa de cessão ou de alienação fiduciária será ineficaz em relação ao promitente vendedor, ao promitente cedente ou ao proprietário fiduciário não intimado.

§4º A alienação de imóvel sobre o qual tenha sido instituída enfiteuse, concessão de uso especial para fins de moradia ou concessão de direito real de uso será ineficaz em relação ao enfiteuta ou ao concessionário não intimado.

§5º A alienação de direitos do enfiteuta, do concessionário de direito real de uso ou do concessionário de uso especial para fins de moradia será ineficaz em relação ao proprietário do respectivo imóvel não intimado.

§6º A alienação de bem sobre o qual tenha sido instituído usufruto, uso ou habitação será ineficaz em relação ao titular desses direitos reais não intimado.

Art. 619 do CPC/73
Enunciado nº 447 do FPPC: O exequente deve providenciar a intimação da União, Estados e Municípios no caso de penhora de bem tombado. (Grupo: Execução)
Ver arts. 1.501e 1.373 do Código Civil
Ver arts. 21 a 24 da Lei nº 10.257/2001
Ver arts. 678 e 689 do Código Civil de 1916

Art. 805. Quando por vários meios o exequente puder promover a execução, o juiz mandará que se faça pelo modo menos gravoso para o executado.

Parágrafo único. Ao executado que alegar ser a medida executiva mais gravosa incumbe indicar outros meios mais eficazes e menos onerosos, sob pena de manutenção dos atos executivos já determinados.

Art. 620 do CPC/73

CAPÍTULO II
DA EXECUÇÃO PARA A ENTREGA DE COISA

Seção I
Da Entrega de Coisa Certa

Art. 806. O devedor de obrigação de entrega de coisa certa, constante de título executivo extrajudicial, será citado para, em 15 (quinze) dias, satisfazer a obrigação.

§1º Ao despachar a inicial, o juiz poderá fixar multa por dia de atraso no cumprimento da obrigação, ficando o respectivo valor sujeito a alteração, caso se revele insuficiente ou excessivo.

§2º Do mandado de citação constará ordem para imissão na posse ou busca e apreensão, conforme se tratar de bem imóvel ou móvel, cujo cumprimento se dará de imediato, se o executado não satisfizer a obrigação no prazo que lhe foi designado.

Art. 621 do CPC/73

Art. 807. Se o executado entregar a coisa, será lavrado o termo respectivo e considerada satisfeita a obrigação, prosseguindo-se a execução para o pagamento de frutos ou o ressarcimento de prejuízos, se houver.

Art. 624 do CPC/73

Art. 808. Alienada a coisa quando já litigiosa, será expedido mandado contra o terceiro adquirente, que somente será ouvido após depositá-la.

Art. 626 do CPC/73

Art. 809. O exequente tem direito a receber, além de perdas e danos, o valor da coisa, quando essa se deteriorar, não lhe for entregue, não for encontrada ou não for reclamada do poder de terceiro adquirente.

§1º Não constando do título o valor da coisa e sendo impossível sua avaliação, o exequente apresentará estimativa, sujeitando-a ao arbitramento judicial.

§ 2º Serão apurados em liquidação o valor da coisa e os prejuízos.

Art. 627 do CPC/73

Art. 810. Havendo benfeitorias indenizáveis feitas na coisa pelo executado ou por terceiros de cujo poder ela houver sido tirada, a liquidação prévia é obrigatória.

Parágrafo único. Havendo saldo:

I – em favor do executado ou de terceiros, o exequente o depositará ao requerer a entrega da coisa;

II – em favor do exequente, esse poderá cobrá-lo nos autos do mesmo processo.

Art. 628 do CPC/73
Ver arts. 1.219 a 1.222 e 1.255 a 1.257 do Código Civil

Seção II
Da Entrega de Coisa Incerta

Art. 811. Quando a execução recair sobre coisa determinada pelo gênero e pela quantidade, o executado será citado para entregá-la individualizada, se lhe couber a escolha.

Parágrafo único. Se a escolha couber ao exequente, esse deverá indicá-la na petição inicial.

Art. 629 do CPC/73

Art. 812. Qualquer das partes poderá, no prazo de 15 (quinze) dias, impugnar a escolha feita pela outra, e o juiz decidirá de plano ou, se necessário, ouvindo perito de sua nomeação.

Art. 630 do CPC/73

Art. 813. Aplicar-se-ão à execução para entrega de coisa incerta, no que couber, as disposições da Seção I deste Capítulo.

Art. 631 do CPC/73

CAPÍTULO III
DA EXECUÇÃO DAS OBRIGAÇÕES DE FAZER OU DE NÃO FAZER

Seção I
Disposições Comuns

Art. 814. Na execução de obrigação de fazer ou de não fazer fundada em título extrajudicial, ao despachar a inicial, o juiz fixará multa por período de atraso no cumprimento da obrigação e a data a partir da qual será devida.

Parágrafo único. Se o valor da multa estiver previsto no título e for excessivo, o juiz poderá reduzi-lo.

Art. 645 do CPC/73

Seção II
Da Obrigação de Fazer

Art. 815. Quando o objeto da execução for obrigação de fazer, o executado será citado para satisfazê-la no prazo que o juiz lhe designar, se outro não estiver determinado no título executivo.

Art. 632 do CPC/73

Art. 816. Se o executado não satisfizer a obrigação no prazo designado, é lícito ao exequente, nos próprios autos do processo, requerer a satisfação da obrigação à custa do executado ou perdas e danos, hipótese em que se converterá em indenização.

Parágrafo único. O valor das perdas e danos será apurado em liquidação, seguindo-se a execução para cobrança de quantia certa.

Art. 633 do CPC/73

Art. 817. Se a obrigação puder ser satisfeita por terceiro, é lícito ao juiz autorizar, a requerimento do exequente, que aquele a satisfaça à custa do executado.

Parágrafo único. O exequente adiantará as quantias previstas na proposta que, ouvidas as partes, o juiz houver aprovado.

Art. 634 do CPC/73

Art. 818. Realizada a prestação, o juiz ouvirá as partes no prazo de 10 (dez) dias e, não havendo impugnação, considerará satisfeita a obrigação.

Parágrafo único. Caso haja impugnação, o juiz a decidirá.

Art. 635 do CPC/73

Art. 819. Se o terceiro contratado não realizar a prestação no prazo ou se o fizer de modo incompleto ou defeituoso, poderá o exequente requerer ao juiz, no prazo de 15 (quinze) dias, que o autorize a concluí-la ou a repará-la à custa do contratante.

Parágrafo único. Ouvido o contratante no prazo de 15 (quinze) dias, o juiz mandará avaliar o custo das despesas necessárias e o condenará a pagá-lo.

Art. 636 do CPC/73

Art. 820. Se o exequente quiser executar ou mandar executar, sob sua direção e vigilância, as obras e os trabalhos necessários à realização da prestação, terá preferência, em igualdade de condições de oferta, em relação ao terceiro.

Parágrafo único. O direito de preferência deverá ser exercido no prazo de 5 (cinco) dias, após aprovada a proposta do terceiro.

Art. 637 do CPC/73

Art. 821. Na obrigação de fazer, quando se convencionar que o executado a satisfaça pessoalmente, o exequente poderá requerer ao juiz que lhe assine prazo para cumpri-la.

Parágrafo único. Havendo recusa ou mora do executado, sua obrigação pessoal será convertida em perdas e danos, caso em que se observará o procedimento de execução por quantia certa.

Art. 638 do CPC/73

Seção III
Da Obrigação de Não Fazer

Art. 822. Se o executado praticou ato a cuja abstenção estava obrigado por lei ou por contrato, o exequente requererá ao juiz que assine prazo ao executado para desfazê-lo.

Art. 642 do CPC/73

Enunciado nº 444 do FPPC: Para o processo de execução de título extrajudicial de obrigação de não fazer, não é necessário propor a ação de conhecimento para que o juiz possa aplicar as normas decorrentes dos arts. 536 e 537. (Grupo: Execução)

**Art. 823. Havendo recusa ou mora do executado, o exequente requererá ao juiz que mande desfazer o ato à custa daquele, que responderá por perdas e danos.
Parágrafo único. Não sendo possível desfazer-se o ato, a obrigação resolve-se em perdas e danos, caso em que, após a liquidação, se observará o procedimento de execução por quantia certa.**

Art. 643 do CPC/73

Enunciado nº 444 do FPPC: Para o processo de execução de título extrajudicial de obrigação de não fazer, não é necessário propor a ação de conhecimento para que o juiz possa aplicar as normas decorrentes dos arts. 536 e 537. (Grupo: Execução)

CAPÍTULO IV
DA EXECUÇÃO POR QUANTIA CERTA

Seção I
Disposições Gerais

Art. 824. A execução por quantia certa realiza-se pela expropriação de bens do executado, ressalvadas as execuções especiais.

Art. 646 do CPC/73

**Art. 825. A expropriação consiste em:
I – adjudicação;
II – alienação;
III – apropriação de frutos e rendimentos de empresa ou de estabelecimentos e de outros bens.**

Art. 646 do CPC/73

Art. 826. Antes de adjudicados ou alienados os bens, o executado pode, a todo tempo, remir a execução, pagando ou consignando a importância atualizada da dívida, acrescida de juros, custas e honorários advocatícios.

Art. 651 do CPC/73
Ver arts. 304 e 334 do Código Civil

Seção II
Da Citação do Devedor e do Arresto

Art. 827. Ao despachar a inicial, o juiz fixará, de plano, os honorários advocatícios de dez por cento, a serem pagos pelo executado.

Enunciado nº 451 do FPPC: A regra decorrente do *caput* e do §1º do art. 827 aplica-se às execuções fundadas em título executivo extrajudicial de obrigação de fazer, não fazer e entrega de coisa. (Grupo: Execução)

§1º No caso de integral pagamento no prazo de 3 (três) dias, o valor dos honorários advocatícios será reduzido pela metade.

Enunciado nº 451 do FPPC: A regra decorrente do *caput* e do §1º do art. 827 aplica-se às execuções fundadas em título executivo extrajudicial de obrigação de fazer, não fazer e entrega de coisa. (Grupo: Execução)

§2º O valor dos honorários poderá ser elevado até vinte por cento, quando rejeitados os embargos à execução, podendo a majoração, caso não opostos os embargos, ocorrer ao final do procedimento executivo, levando-se em conta o trabalho realizado pelo advogado do exequente.

Art. 652-A do CPC/73
Enunciado nº 450 do FPPC: Aplica-se a regra decorrente do art. 827, §2º, ao cumprimento de sentença. (Grupo: Execução)

Art. 828. O exequente poderá obter certidão de que a execução foi admitida pelo juiz, com identificação das partes e do valor da causa, para fins de averbação no registro de imóveis, de veículos ou de outros bens sujeitos a penhora, arresto ou indisponibilidade.

Enunciado nº 130 do FPPC: A obtenção da certidão prevista no art. 844 independe de decisão judicial. (Grupo: Execução)

§1º No prazo de 10 (dez) dias de sua concretização, o exequente deverá comunicar ao juízo as averbações efetivadas.
§2º Formalizada penhora sobre bens suficientes para cobrir o valor da dívida,

o exequente providenciará, no prazo de 10 (dez) dias, o cancelamento das averbações relativas àqueles não penhorados.

§3º O juiz determinará o cancelamento das averbações, de ofício ou a requerimento, caso o exequente não o faça no prazo.

§4º Presume-se em fraude à execução a alienação ou a oneração de bens efetuada após a averbação.

§5º O exequente que promover averbação manifestamente indevida ou não cancelar as averbações nos termos do §2º indenizará a parte contrária, processando-se o incidente em autos apartados.

Art. 615-A do CPC/73

Enunciado nº 529 do FPPC: As averbações previstas nos arts. 799, IX e 828 são aplicáveis ao cumprimento de sentença. (Grupo: Cumprimento de sentença)

Enunciado nº 539 do FPPC: A certidão a que se refere o art. 828 não impede a obtenção e a averbação de certidão da propositura da execução (art. 799). (Grupo: Execução)

Art. 829. O executado será citado para pagar a dívida no prazo de 3 (três) dias, contado da citação.

§1º Do mandado de citação constarão, também, a ordem de penhora e a avaliação a serem cumpridas pelo oficial de justiça tão logo verificado o não pagamento no prazo assinalado, de tudo lavrando-se auto, com intimação do executado.

§2º A penhora recairá sobre os bens indicados pelo exequente, salvo se outros forem indicados pelo executado e aceitos pelo juiz, mediante demonstração de que a constrição proposta lhe será menos onerosa e não trará prejuízo ao exequente.

Art. 652 do CPC/73

Art. 830. Se o oficial de justiça não encontrar o executado, arrestar-lhe-á tantos bens quantos bastem para garantir a execução.

§1º Nos 10 (dez) dias seguintes à efetivação do arresto, o oficial de justiça procurará o executado 2 (duas) vezes em dias distintos e, havendo suspeita de ocultação, realizará a citação com hora certa, certificando pormenorizadamente o ocorrido.

§2º Incumbe ao exequente requerer a citação por edital, uma vez frustradas a pessoal e a com hora certa.

§3º Aperfeiçoada a citação e transcorrido o prazo de pagamento, o arresto converter-se-á em penhora, independentemente de termo.

Arts. 653 e 654 do CPC/73

Seção III
Da Penhora, do Depósito e da Avaliação

Subseção I
Do Objeto da Penhora

Art. 831. A penhora deverá recair sobre tantos bens quantos bastem para o pagamento do principal atualizado, dos juros, das custas e dos honorários advocatícios.

Art. 659 do CPC/73

Art. 832. Não estão sujeitos à execução os bens que a lei considera impenhoráveis ou inalienáveis.

Art. 648 do CPC/73

Art. 833. São impenhoráveis:
I – os bens inalienáveis e os declarados, por ato voluntário, não sujeitos à execução;
II – os móveis, os pertences e as utilidades domésticas que guarnecem a residência do executado, salvo os de elevado valor ou os que ultrapassem as necessidades comuns correspondentes a um médio padrão de vida;
III – os vestuários, bem como os pertences de uso pessoal do executado, salvo se de elevado valor;
IV – os vencimentos, os subsídios, os soldos, os salários, as remunerações, os proventos de aposentadoria, as pensões, os pecúlios e os montepios, bem como as quantias recebidas por liberalidade de terceiro e destinadas ao sustento do devedor e de sua família, os ganhos de trabalhador autônomo e os honorários de profissional liberal, ressalvado o §2º;
V – os livros, as máquinas, as ferramentas, os utensílios, os instrumentos ou outros bens móveis necessários ou úteis ao exercício da profissão do executado;
VI – o seguro de vida;
VII – os materiais necessários para obras em andamento, salvo se essas forem penhoradas;
VIII – a pequena propriedade rural, assim definida em lei, desde que trabalhada pela família;
IX – os recursos públicos recebidos por instituições privadas para aplicação compulsória em educação, saúde ou assistência social;
X – a quantia depositada em caderneta de poupança, até o limite de 40 (quarenta) salários-mínimos;

XI – os recursos públicos do fundo partidário recebidos por partido político, nos termos da lei;

XII – os créditos oriundos de alienação de unidades imobiliárias, sob regime de incorporação imobiliária, vinculados à execução da obra.

§1º A impenhorabilidade não é oponível à execução de dívida relativa ao próprio bem, inclusive àquela contraída para sua aquisição.

§2º O disposto nos incisos IV e X do *caput* não se aplica à hipótese de penhora para pagamento de prestação alimentícia, independentemente de sua origem, bem como às importâncias excedentes a 50 (cinquenta) salários-mínimos mensais, devendo a constrição observar o disposto no art. 528, §8º, e no art. 529, §3º.

§3º Incluem-se na impenhorabilidade prevista no inciso V do *caput* os equipamentos, os implementos e as máquinas agrícolas pertencentes a pessoa física ou a empresa individual produtora rural, exceto quando tais bens tenham sido objeto de financiamento e estejam vinculados em garantia a negócio jurídico ou quando respondam por dívida de natureza alimentar, trabalhista ou previdenciária.

Art. 649 do CPC/73
Ver art. 5º, XXVI, da CF/88
Ver Lei nº 8.009/1990
Ver arts. 31-A a 31-F da Lei nº 4.591/1964
Ver art. 114 da Lei nº 8.213/1991
Ver Súmula nº 451 do STJ

Art. 834. Podem ser penhorados, à falta de outros bens, os frutos e os rendimentos dos bens inalienáveis.

Art. 650 do CPC/73

Art. 835. A penhora observará, preferencialmente, a seguinte ordem:
I – dinheiro, em espécie ou em depósito ou aplicação em instituição financeira;
II – títulos da dívida pública da União, dos Estados e do Distrito Federal com cotação em mercado;
III – títulos e valores mobiliários com cotação em mercado;
IV – veículos de via terrestre;
V – bens imóveis;
VI – bens móveis em geral;
VII – semoventes;
VIII – navios e aeronaves;
IX – ações e quotas de sociedades simples e empresárias;

X – percentual do faturamento de empresa devedora;
XI – pedras e metais preciosos;
XII – direitos aquisitivos derivados de promessa de compra e venda e de alienação fiduciária em garantia;
XIII – outros direitos.

§1º É prioritária a penhora em dinheiro, podendo o juiz, nas demais hipóteses, alterar a ordem prevista no *caput* de acordo com as circunstâncias do caso concreto.

§2º Para fins de substituição da penhora, equiparam-se a dinheiro a fiança bancária e o seguro garantia judicial, desde que em valor não inferior ao do débito constante da inicial, acrescido de trinta por cento.

§3º Na execução de crédito com garantia real, a penhora recairá sobre a coisa dada em garantia, e, se a coisa pertencer a terceiro garantidor, este também será intimado da penhora.

Art. 655 do CPC/73
Ver Súmula nº 417 do STJ
Ver art. 11 da Lei nº 6.830/1980

Art. 836. Não se levará a efeito a penhora quando ficar evidente que o produto da execução dos bens encontrados será totalmente absorvido pelo pagamento das custas da execução.

§1º Quando não encontrar bens penhoráveis, independentemente de determinação judicial expressa, o oficial de justiça descreverá na certidão os bens que guarnecem a residência ou o estabelecimento do executado, quando este for pessoa jurídica.

§2º Elaborada a lista, o executado ou seu representante legal será nomeado depositário provisório de tais bens até ulterior determinação do juiz.

Art. 659, §§2º e 3º, do CPC/73

Subseção II
Da Documentação da Penhora, de seu Registro e do Depósito

Art. 837. Obedecidas as normas de segurança instituídas sob critérios uniformes pelo Conselho Nacional de Justiça, a penhora de dinheiro e as averbações de penhoras de bens imóveis e móveis podem ser realizadas por meio eletrônico.

Art. 659, §6º, do CPC/73

Art. 838. A penhora será realizada mediante auto ou termo, que conterá:
I – a indicação do dia, do mês, do ano e do lugar em que foi feita;
II – os nomes do exequente e do executado;
III – a descrição dos bens penhorados, com as suas características;
IV – a nomeação do depositário dos bens.

Art. 665 do CPC/73

Art. 839. Considerar-se-á feita a penhora mediante a apreensão e o depósito dos bens, lavrando-se um só auto se as diligências forem concluídas no mesmo dia.
Parágrafo único. Havendo mais de uma penhora, serão lavrados autos individuais.

Art. 664 do CPC/73

Art. 840. Serão preferencialmente depositados:
I – as quantias em dinheiro, os papéis de crédito e as pedras e os metais preciosos, no Banco do Brasil, na Caixa Econômica Federal ou em banco do qual o Estado ou o Distrito Federal possua mais da metade do capital social integralizado, ou, na falta desses estabelecimentos, em qualquer instituição de crédito designada pelo juiz;
II – os móveis, os semoventes, os imóveis urbanos e os direitos aquisitivos sobre imóveis urbanos, em poder do depositário judicial;
III – os imóveis rurais, os direitos aquisitivos sobre imóveis rurais, as máquinas, os utensílios e os instrumentos necessários ou úteis à atividade agrícola, mediante caução idônea, em poder do executado.
§1º No caso do inciso II do *caput*, se não houver depositário judicial, os bens ficarão em poder do exequente.
§2º Os bens poderão ser depositados em poder do executado nos casos de difícil remoção ou quando anuir o exequente.
§3º As joias, as pedras e os objetos preciosos deverão ser depositados com registro do valor estimado de resgate.

Art. 666 do CPC/73
Ver súmula vinculante 25 do STF
Ver art. 32 da Lei nº 6.830/1980

Art. 841. Formalizada a penhora por qualquer dos meios legais, dela será imediatamente intimado o executado.
§1º A intimação da penhora será feita ao advogado do executado ou à sociedade de advogados a que aquele pertença.

§ 2º Se não houver constituído advogado nos autos, o executado será intimado pessoalmente, de preferência por via postal.

§ 3º O disposto no § 1º não se aplica aos casos de penhora realizada na presença do executado, que se reputa intimado.

§ 4º Considera-se realizada a intimação a que se refere o § 2º quando o executado houver mudado de endereço sem prévia comunicação ao juízo, observado o disposto no parágrafo único do art. 274.

Arts. 652, §§ 4º e 5º, e 659, § 5º, do CPC/73

Art. 842. Recaindo a penhora sobre bem imóvel ou direito real sobre imóvel, será intimado também o cônjuge do executado, salvo se forem casados em regime de separação absoluta de bens.

Arts. 655, § 2º, e 655-B, do CPC/73
Ver art. 1.647, I e II, do Código Civil

Art. 843. Tratando-se de penhora de bem indivisível, o equivalente à quota-parte do coproprietário ou do cônjuge alheio à execução recairá sobre o produto da alienação do bem.

Enunciado nº 329 do FPPC: Na execução trabalhista deve ser preservada a quota parte de bem indivisível do coproprietário ou do cônjuge alheio à execução, sendo-lhe assegurado o direito de preferência na arrematação do bem em igualdade de condições. (Grupo: Impacto do CPC no processo do trabalho)

§ 1º É reservada ao coproprietário ou ao cônjuge não executado a preferência na arrematação do bem em igualdade de condições.

Enunciado nº 329 do FPPC: Na execução trabalhista deve ser preservada a quota parte de bem indivisível do coproprietário ou do cônjuge alheio à execução, sendo-lhe assegurado o direito de preferência na arrematação do bem em igualdade de condições. (Grupo: Impacto do CPC no processo do trabalho)

§ 2º Não será levada a efeito expropriação por preço inferior ao da avaliação na qual o valor auferido seja incapaz de garantir, ao coproprietário ou ao cônjuge alheio à execução, o correspondente à sua quota-parte calculado sobre o valor da avaliação.

Arts. 655, § 2º, e 655-B, do CPC/73

Art. 844. Para presunção absoluta de conhecimento por terceiros, cabe ao exequente providenciar a averbação do arresto ou da penhora no registro competente, mediante apresentação de cópia do auto ou do termo, independentemente de mandado judicial.

Art. 659, §4º, do CPC/73

Subseção III
Do Lugar de Realização da Penhora

Art. 845. Efetuar-se-á a penhora onde se encontrem os bens, ainda que sob a posse, a detenção ou a guarda de terceiros.

§1º A penhora de imóveis, independentemente de onde se localizem, quando apresentada certidão da respectiva matrícula, e a penhora de veículos automotores, quando apresentada certidão que ateste a sua existência, serão realizadas por termo nos autos.

§2º Se o executado não tiver bens no foro do processo, não sendo possível a realização da penhora nos termos do §1º, a execução será feita por carta, penhorando-se, avaliando-se e alienando-se os bens no foro da situação.

Arts. 658 e 659, §§1º, 4º e 5º, do CPC/73
Ver Súmula nº 46 do STJ

Art. 846. Se o executado fechar as portas da casa a fim de obstar a penhora dos bens, o oficial de justiça comunicará o fato ao juiz, solicitando-lhe ordem de arrombamento.

§1º Deferido o pedido, 2 (dois) oficiais de justiça cumprirão o mandado, arrombando cômodos e móveis em que se presuma estarem os bens, e lavrarão de tudo auto circunstanciado, que será assinado por 2 (duas) testemunhas presentes à diligência.

§2º Sempre que necessário, o juiz requisitará força policial, a fim de auxiliar os oficiais de justiça na penhora dos bens.

§3º Os oficiais de justiça lavrarão em duplicata o auto da ocorrência, entregando uma via ao escrivão ou ao chefe de secretaria, para ser juntada aos autos, e a outra à autoridade policial a quem couber a apuração criminal dos eventuais delitos de desobediência ou de resistência.

§4º Do auto da ocorrência constará o rol de testemunhas, com a respectiva qualificação.

Arts. 660, 661, 662 e 663 do CPC/73
Ver arts. 329 e 330 do Código Penal
Ver arts. 61 e 69, parágrafo único, da Lei nº 9.099/1995

Subseção IV
Das Modificações da Penhora

Art. 847. O executado pode, no prazo de 10 (dez) dias contado da intimação da penhora, requerer a substituição do bem penhorado, desde que comprove que lhe será menos onerosa e não trará prejuízo ao exequente.

§1º O juiz só autorizará a substituição se o executado:

I – comprovar as respectivas matrículas e os registros por certidão do correspondente ofício, quanto aos bens imóveis;

II – descrever os bens móveis, com todas as suas propriedades e características, bem como o estado deles e o lugar onde se encontram;

III – descrever os semoventes, com indicação de espécie, de número, de marca ou sinal e do local onde se encontram;

IV – identificar os créditos, indicando quem seja o devedor, qual a origem da dívida, o título que a representa e a data do vencimento; e

V – atribuir, em qualquer caso, valor aos bens indicados à penhora, além de especificar os ônus e os encargos a que estejam sujeitos.

§2º Requerida a substituição do bem penhorado, o executado deve indicar onde se encontram os bens sujeitos à execução, exibir a prova de sua propriedade e a certidão negativa ou positiva de ônus, bem como abster-se de qualquer atitude que dificulte ou embarace a realização da penhora.

§3º O executado somente poderá oferecer bem imóvel em substituição caso o requeira com a expressa anuência do cônjuge, salvo se o regime for o de separação absoluta de bens.

§4º O juiz intimará o exequente para manifestar-se sobre o requerimento de substituição do bem penhorado.

Art. 668 do CPC/73
Ver art. 1.647, I e II, do Código Civil

Art. 848. As partes poderão requerer a substituição da penhora se:

I – ela não obedecer à ordem legal;

II – ela não incidir sobre os bens designados em lei, contrato ou ato judicial para o pagamento;

Enunciado nº 490 do FPPC: São admissíveis os seguintes negócios processuais, entre outros: pacto de inexecução parcial ou total de multa coercitiva; pacto de alteração de ordem de penhora; pré-indicação de bem penhorável preferencial (art. 848, II); pré-fixação de indenização por dano processual prevista nos arts. 81, §3º, 520, inc. I, 297, parágrafo único (cláusula penal processual); negócio de anuência prévia para aditamento ou alteração do pedido ou da causa de pedir até o saneamento (art. 329, inc. II). (Grupo: Negócios processuais)

III – havendo bens no foro da execução, outros tiverem sido penhorados;
IV – havendo bens livres, ela tiver recaído sobre bens já penhorados ou objeto de gravame;
V – ela incidir sobre bens de baixa liquidez;
VI – fracassar a tentativa de alienação judicial do bem; ou
VII – o executado não indicar o valor dos bens ou omitir qualquer das indicações previstas em lei.
Parágrafo único. A penhora pode ser substituída por fiança bancária ou por seguro garantia judicial, em valor não inferior ao do débito constante da inicial, acrescido de trinta por cento.

Art. 656 do CPC/73
Ver Súmula nº 406 do STJ

Art. 849. Sempre que ocorrer a substituição dos bens inicialmente penhorados, será lavrado novo termo.

Art. 657 do CPC/73

Art. 850. Será admitida a redução ou a ampliação da penhora, bem como sua transferência para outros bens, se, no curso do processo, o valor de mercado dos bens penhorados sofrer alteração significativa.

Art. 685 do CPC/73

Art. 851. Não se procede à segunda penhora, salvo se:
I – a primeira for anulada;
II – executados os bens, o produto da alienação não bastar para o pagamento do exequente;
III – o exequente desistir da primeira penhora, por serem litigiosos os bens ou por estarem submetidos a constrição judicial.

Art. 667 do CPC/73

Art. 852. O juiz determinará a alienação antecipada dos bens penhorados quando:

I – se tratar de veículos automotores, de pedras e metais preciosos e de outros bens móveis sujeitos à depreciação ou à deterioração;
II – houver manifesta vantagem.

Art. 670, *caput*, do CPC/73

Art. 853. Quando uma das partes requerer alguma das medidas previstas nesta Subseção, o juiz ouvirá sempre a outra, no prazo de 3 (três) dias, antes de decidir.
Parágrafo único. O juiz decidirá de plano qualquer questão suscitada.

Art. 670, parágrafo único, do CPC/73

Subseção V
Da Penhora de Dinheiro em Depósito ou em Aplicação Financeira

Art. 854. Para possibilitar a penhora de dinheiro em depósito ou em aplicação financeira, o juiz, a requerimento do exequente, sem dar ciência prévia do ato ao executado, determinará às instituições financeiras, por meio de sistema eletrônico gerido pela autoridade supervisora do sistema financeiro nacional, que torne indisponíveis ativos financeiros existentes em nome do executado, limitando-se a indisponibilidade ao valor indicado na execução.

§1º No prazo de 24 (vinte e quatro) horas a contar da resposta, de ofício, o juiz determinará o cancelamento de eventual indisponibilidade excessiva, o que deverá ser cumprido pela instituição financeira em igual prazo.

§2º Tornados indisponíveis os ativos financeiros do executado, este será intimado na pessoa de seu advogado ou, não o tendo, pessoalmente.

§3º Incumbe ao executado, no prazo de 5 (cinco) dias, comprovar que:
I – as quantias tornadas indisponíveis são impenhoráveis;
II – ainda remanesce indisponibilidade excessiva de ativos financeiros.

§4º Acolhida qualquer das arguições dos incisos I e II do §3º, o juiz determinará o cancelamento de eventual indisponibilidade irregular ou excessiva, a ser cumprido pela instituição financeira em 24 (vinte e quatro) horas.

§5º Rejeitada ou não apresentada a manifestação do executado, converter-se-á a indisponibilidade em penhora, sem necessidade de lavratura de termo, devendo o juiz da execução determinar à instituição financeira depositária que, no prazo de 24 (vinte e quatro) horas, transfira o montante indisponível para conta vinculada ao juízo da execução.

§6º Realizado o pagamento da dívida por outro meio, o juiz determinará, imediatamente, por sistema eletrônico gerido pela autoridade supervisora do sistema financeiro nacional, a notificação da instituição financeira para que, em até 24 (vinte e quatro) horas, cancele a indisponibilidade.

§7º As transmissões das ordens de indisponibilidade, de seu cancelamento e de determinação de penhora previstas neste artigo far-se-ão por meio de sistema eletrônico gerido pela autoridade supervisora do sistema financeiro nacional.

Enunciado nº 541 do FPPC: A responsabilidade que trata o art. 854, §8º, é objetiva e as perdas e danos serão liquidadas de forma incidental, devendo ser imediatamente intimada a instituição financeira para preservação do contraditório. (Grupo: Execução)

§8º A instituição financeira será responsável pelos prejuízos causados ao executado em decorrência da indisponibilidade de ativos financeiros em valor superior ao indicado na execução ou pelo juiz, bem como na hipótese de não cancelamento da indisponibilidade no prazo de 24 (vinte e quatro) horas, quando assim determinar o juiz.

Enunciado nº 541 do FPPC: A responsabilidade que trata o art. 854, §8º, é objetiva e as perdas e danos serão liquidadas de forma incidental, devendo ser imediatamente intimada a instituição financeira para preservação do contraditório. (Grupo: Execução)

§9º Quando se tratar de execução contra partido político, o juiz, a requerimento do exequente, determinará às instituições financeiras, por meio de sistema eletrônico gerido por autoridade supervisora do sistema bancário, que tornem indisponíveis ativos financeiros somente em nome do órgão partidário que tenha contraído a dívida executada ou que tenha dado causa à violação de direito ou ao dano, ao qual cabe exclusivamente a responsabilidade pelos atos praticados, na forma da lei.

Art. 655-A, do CPC/73

Enunciado nº 540 do FPPC: A disciplina procedimental para penhora de dinheiro prevista no art. 854 é aplicável ao procedimento de execução fiscal. (Grupo: Impacto nos Juizados e nos procedimentos especiais da legislação extravagante)

Subseção VI
Da Penhora de Créditos

Art. 855. Quando recair em crédito do executado, enquanto não ocorrer a hipótese prevista no art. 856, considerar-se-á feita a penhora pela intimação:

I – ao terceiro devedor para que não pague ao executado, seu credor;

II – ao executado, credor do terceiro, para que não pratique ato de disposição do crédito.

Art. 671 do CPC/73

Art. 856. A penhora de crédito representado por letra de câmbio, nota promissória, duplicata, cheque ou outros títulos far-se-á pela apreensão do documento, esteja ou não este em poder do executado.

§1º Se o título não for apreendido, mas o terceiro confessar a dívida, será este tido como depositário da importância.

§2º O terceiro só se exonerará da obrigação depositando em juízo a importância da dívida.

§3º Se o terceiro negar o débito em conluio com o executado, a quitação que este lhe der caracterizará fraude à execução.

§4º A requerimento do exequente, o juiz determinará o comparecimento, em audiência especialmente designada, do executado e do terceiro, a fim de lhes tomar os depoimentos.

Art. 672 do CPC/73

Art. 857. Feita a penhora em direito e ação do executado, e não tendo ele oferecido embargos ou sendo estes rejeitados, o exequente ficará sub-rogado nos direitos do executado até a concorrência de seu crédito.

§1º O exequente pode preferir, em vez da sub-rogação, a alienação judicial do direito penhorado, caso em que declarará sua vontade no prazo de 10 (dez) dias contado da realização da penhora.

§2º A sub-rogação não impede o sub-rogado, se não receber o crédito do executado, de prosseguir na execução, nos mesmos autos, penhorando outros bens.

Art. 673 do CPC/73

Art. 858. Quando a penhora recair sobre dívidas de dinheiro a juros, de direito a rendas ou de prestações periódicas, o exequente poderá levantar os juros, os rendimentos ou as prestações à medida que forem sendo depositados, abatendo-se do crédito as importâncias recebidas, conforme as regras de imputação do pagamento.

Art. 675 do CPC/73
Ver arts. 352 a 355 do Código Civil

Art. 859. Recaindo a penhora sobre direito a prestação ou a restituição de coisa determinada, o executado será intimado para, no vencimento, depositá-la, correndo sobre ela a execução.

Art. 676 do CPC/73

Art. 860. Quando o direito estiver sendo pleiteado em juízo, a penhora que recair sobre ele será averbada, com destaque, nos autos pertinentes ao direito e na ação correspondente à penhora, a fim de que esta seja efetivada nos bens que forem adjudicados ou que vierem a caber ao executado.

Art. 674 do CPC/73

Subseção VII
Da Penhora das Quotas ou das Ações de Sociedades Personificadas

Art. 861. Penhoradas as quotas ou as ações de sócio em sociedade simples ou empresária, o juiz assinará prazo razoável, não superior a 3 (três) meses, para que a sociedade:
I – apresente balanço especial, na forma da lei;
II – ofereça as quotas ou as ações aos demais sócios, observado o direito de preferência legal ou contratual;
III – não havendo interesse dos sócios na aquisição das ações, proceda à liquidação das quotas ou das ações, depositando em juízo o valor apurado, em dinheiro.
§1º Para evitar a liquidação das quotas ou das ações, a sociedade poderá adquiri-las sem redução do capital social e com utilização de reservas, para manutenção em tesouraria.
§2º O disposto no *caput* e no §1º não se aplica à sociedade anônima de capital aberto, cujas ações serão adjudicadas ao exequente ou alienadas em bolsa de valores, conforme o caso.
§3º Para os fins da liquidação de que trata o inciso III do *caput*, o juiz poderá, a requerimento do exequente ou da sociedade, nomear administrador, que deverá submeter à aprovação judicial a forma de liquidação.
§4º O prazo previsto no *caput* poderá ser ampliado pelo juiz, se o pagamento das quotas ou das ações liquidadas:
I – superar o valor do saldo de lucros ou reservas, exceto a legal, e sem diminuição do capital social, ou por doação; ou
II – colocar em risco a estabilidade financeira da sociedade simples ou empresária.
§5º Caso não haja interesse dos demais sócios no exercício de direito de preferência, não ocorra a aquisição das quotas ou das ações pela sociedade

e a liquidação do inciso III do *caput* seja excessivamente onerosa para a sociedade, o juiz poderá determinar o leilão judicial das quotas ou das ações.

Não há artigo correspondente no CPC/73

Subseção VIII
Da Penhora de Empresa, de Outros Estabelecimentos e de Semoventes

Art. 862. Quando a penhora recair em estabelecimento comercial, industrial ou agrícola, bem como em semoventes, plantações ou edifícios em construção, o juiz nomeará administrador-depositário, determinando-lhe que apresente em 10 (dez) dias o plano de administração.

§1º Ouvidas as partes, o juiz decidirá.

§2º É lícito às partes ajustar a forma de administração e escolher o depositário, hipótese em que o juiz homologará por despacho a indicação.

§3º Em relação aos edifícios em construção sob regime de incorporação imobiliária, a penhora somente poderá recair sobre as unidades imobiliárias ainda não comercializadas pelo incorporador.

§4º Sendo necessário afastar o incorporador da administração da incorporação, será ela exercida pela comissão de representantes dos adquirentes ou, se se tratar de construção financiada, por empresa ou profissional indicado pela instituição fornecedora dos recursos para a obra, devendo ser ouvida, neste último caso, a comissão de representantes dos adquirentes.

Art. 677 do CPC/73
Ver arts. 31-A a 31-F da Lei nº 4.591/1964

Art. 863. A penhora de empresa que funcione mediante concessão ou autorização far-se-á, conforme o valor do crédito, sobre a renda, sobre determinados bens ou sobre todo o patrimônio, e o juiz nomeará como depositário, de preferência, um de seus diretores.

§1º Quando a penhora recair sobre a renda ou sobre determinados bens, o administrador-depositário apresentará a forma de administração e o esquema de pagamento, observando-se, quanto ao mais, o disposto em relação ao regime de penhora de frutos e rendimentos de coisa móvel e imóvel.

§2º Recaindo a penhora sobre todo o patrimônio, prosseguirá a execução em seus ulteriores termos, ouvindo-se, antes da arrematação ou da adjudicação, o ente público que houver outorgado a concessão.

Art. 678 do CPC/73

Art. 864. A penhora de navio ou de aeronave não obsta que continuem navegando ou operando até a alienação, mas o juiz, ao conceder a autorização para tanto, não permitirá que saiam do porto ou do aeroporto antes que o executado faça o seguro usual contra riscos.

Art. 679 do CPC/73

Art. 865. A penhora de que trata esta Subseção somente será determinada se não houver outro meio eficaz para a efetivação do crédito.

Não há artigo correspondente no CPC/73

Subseção IX
Da Penhora de Percentual de Faturamento de Empresa

Art. 866. Se o executado não tiver outros bens penhoráveis ou se, tendo-os, esses forem de difícil alienação ou insuficientes para saldar o crédito executado, o juiz poderá ordenar a penhora de percentual de faturamento de empresa.

§1º O juiz fixará percentual que propicie a satisfação do crédito exequendo em tempo razoável, mas que não torne inviável o exercício da atividade empresarial.

§2º O juiz nomeará administrador-depositário, o qual submeterá à aprovação judicial a forma de sua atuação e prestará contas mensalmente, entregando em juízo as quantias recebidas, com os respectivos balancetes mensais, a fim de serem imputadas no pagamento da dívida.

§3º Na penhora de percentual de faturamento de empresa, observar-se-á, no que couber, o disposto quanto ao regime de penhora de frutos e rendimentos de coisa móvel e imóvel.

Art. 655-A, §3º, do CPC/73

Subseção X
Da Penhora de Frutos e Rendimentos de Coisa Móvel ou Imóvel

Art. 867. O juiz pode ordenar a penhora de frutos e rendimentos de coisa móvel ou imóvel quando a considerar mais eficiente para o recebimento do crédito e menos gravosa ao executado.

Art. 716 do CPC/73

Art. 868. Ordenada a penhora de frutos e rendimentos, o juiz nomeará administrador-depositário, que será investido de todos os poderes que concernem à administração do bem e à fruição de seus frutos e utilidades, perdendo o executado o direito de gozo do bem, até que o exequente seja pago do principal, dos juros, das custas e dos honorários advocatícios.

§1º A medida terá eficácia em relação a terceiros a partir da publicação da decisão que a conceda ou de sua averbação no ofício imobiliário, em caso de imóveis.

§2º O exequente providenciará a averbação no ofício imobiliário mediante a apresentação de certidão de inteiro teor do ato, independentemente de mandado judicial.

Arts. 717, 718 e 722 do CPC/73

Art. 869. O juiz poderá nomear administrador-depositário o exequente ou o executado, ouvida a parte contrária, e, não havendo acordo, nomeará profissional qualificado para o desempenho da função.

§1º O administrador submeterá à aprovação judicial a forma de administração e a de prestar contas periodicamente.

§2º Havendo discordância entre as partes ou entre essas e o administrador, o juiz decidirá a melhor forma de administração do bem.

§3º Se o imóvel estiver arrendado, o inquilino pagará o aluguel diretamente ao exequente, salvo se houver administrador.

§4º O exequente ou o administrador poderá celebrar locação do móvel ou do imóvel, ouvido o executado.

§5º As quantias recebidas pelo administrador serão entregues ao exequente, a fim de serem imputadas ao pagamento da dívida.

§6º O exequente dará ao executado, por termo nos autos, quitação das quantias recebidas.

Arts. 719, 723 e 724 do CPC/73

Subseção XI
Da Avaliação

Art. 870. A avaliação será feita pelo oficial de justiça.
Parágrafo único. Se forem necessários conhecimentos especializados e o valor da execução o comportar, o juiz nomeará avaliador, fixando-lhe prazo não superior a 10 (dez) dias para entrega do laudo.

Art. 680 do CPC/73

Art. 871. Não se procederá à avaliação quando:

I – uma das partes aceitar a estimativa feita pela outra;
II – se tratar de títulos ou de mercadorias que tenham cotação em bolsa, comprovada por certidão ou publicação no órgão oficial;
III – se tratar de títulos da dívida pública, de ações de sociedades e de títulos de crédito negociáveis em bolsa, cujo valor será o da cotação oficial do dia, comprovada por certidão ou publicação no órgão oficial;
IV – se tratar de veículos automotores ou de outros bens cujo preço médio de mercado possa ser conhecido por meio de pesquisas realizadas por órgãos oficiais ou de anúncios de venda divulgados em meios de comunicação, caso em que caberá a quem fizer a nomeação o encargo de comprovar a cotação de mercado.

Parágrafo único. Ocorrendo a hipótese do inciso I deste artigo, a avaliação poderá ser realizada quando houver fundada dúvida do juiz quanto ao real valor do bem.

Arts. 682 e 684 do CPC/73

Art. 872. A avaliação realizada pelo oficial de justiça constará de vistoria e de laudo anexados ao auto de penhora ou, em caso de perícia realizada por avaliador, de laudo apresentado no prazo fixado pelo juiz, devendo-se, em qualquer hipótese, especificar:

I – os bens, com as suas características, e o estado em que se encontram;
II – o valor dos bens.

§1º Quando o imóvel for suscetível de cômoda divisão, a avaliação, tendo em conta o crédito reclamado, será realizada em partes, sugerindo-se, com a apresentação de memorial descritivo, os possíveis desmembramentos para alienação.

§2º Realizada a avaliação e, sendo o caso, apresentada a proposta de desmembramento, as partes serão ouvidas no prazo de 5 (cinco) dias.

Art. 681 do CPC/73

Art. 873. É admitida nova avaliação quando:

I – qualquer das partes arguir, fundamentadamente, a ocorrência de erro na avaliação ou dolo do avaliador;
II – se verificar, posteriormente à avaliação, que houve majoração ou diminuição no valor do bem;
III – o juiz tiver fundada dúvida sobre o valor atribuído ao bem na primeira avaliação.

Parágrafo único. Aplica-se o art. 480 à nova avaliação prevista no inciso III do *caput* deste artigo.

Art. 683 do CPC/73

Art. 874. Após a avaliação, o juiz poderá, a requerimento do interessado e ouvida a parte contrária, mandar:

I – reduzir a penhora aos bens suficientes ou transferi-la para outros, se o valor dos bens penhorados for consideravelmente superior ao crédito do exequente e dos acessórios;

II – ampliar a penhora ou transferi-la para outros bens mais valiosos, se o valor dos bens penhorados for inferior ao crédito do exequente.

Art. 685, *caput*, do CPC/73

Art. 875. Realizadas a penhora e a avaliação, o juiz dará início aos atos de expropriação do bem.

Art. 685, parágrafo único, do CPC/73

Seção IV
Da Expropriação de Bens

Subseção I
Da Adjudicação

Art. 876. É lícito ao exequente, oferecendo preço não inferior ao da avaliação, requerer que lhe sejam adjudicados os bens penhorados.

§1º Requerida a adjudicação, o executado será intimado do pedido:
I – pelo Diário da Justiça, na pessoa de seu advogado constituído nos autos;
II – por carta com aviso de recebimento, quando representado pela Defensoria Pública ou quando não tiver procurador constituído nos autos;
III – por meio eletrônico, quando, sendo o caso do §1º do art. 246, não tiver procurador constituído nos autos.

§2º Considera-se realizada a intimação quando o executado houver mudado de endereço sem prévia comunicação ao juízo, observado o disposto no art. 274, parágrafo único.

§3º Se o executado, citado por edital, não tiver procurador constituído nos autos, é dispensável a intimação prevista no §1º.

§4º Se o valor do crédito for:
I – inferior ao dos bens, o requerente da adjudicação depositará de imediato a diferença, que ficará à disposição do executado;
II – superior ao dos bens, a execução prosseguirá pelo saldo remanescente.

§5º Idêntico direito pode ser exercido por aqueles indicados no art. 889, incisos II a VIII, pelos credores concorrentes que hajam penhorado o mesmo bem, pelo cônjuge, pelo companheiro, pelos descendentes ou pelos ascendentes do executado.

§6º Se houver mais de um pretendente, proceder-se-á a licitação entre eles, tendo preferência, em caso de igualdade de oferta, o cônjuge, o companheiro, o descendente ou o ascendente, nessa ordem.

§7º No caso de penhora de quota social ou de ação de sociedade anônima fechada realizada em favor de exequente alheio à sociedade, esta será intimada, ficando responsável por informar aos sócios a ocorrência da penhora, assegurando-se a estes a preferência.

Art. 685-A, *caput*, §§1º a 4º, do CPC/73

Art. 877. Transcorrido o prazo de 5 (cinco) dias, contado da última intimação, e decididas eventuais questões, o juiz ordenará a lavratura do auto de adjudicação.

§1º Considera-se perfeita e acabada a adjudicação com a lavratura e a assinatura do auto pelo juiz, pelo adjudicatário, pelo escrivão ou chefe de secretaria, e, se estiver presente, pelo executado, expedindo-se:

I – a carta de adjudicação e o mandado de imissão na posse, quando se tratar de bem imóvel;

II – a ordem de entrega ao adjudicatário, quando se tratar de bem móvel.

§2º A carta de adjudicação conterá a descrição do imóvel, com remissão à sua matrícula e aos seus registros, a cópia do auto de adjudicação e a prova de quitação do imposto de transmissão.

§3º No caso de penhora de bem hipotecado, o executado poderá remi-lo até a assinatura do auto de adjudicação, oferecendo preço igual ao da avaliação, se não tiver havido licitantes, ou ao do maior lance oferecido.

§4º Na hipótese de falência ou de insolvência do devedor hipotecário, o direito de remição previsto no §3º será deferido à massa ou aos credores em concurso, não podendo o exequente recusar o preço da avaliação do imóvel.

Art. 685-A, §5º, e 685-B do CPC/73
Ver art. 1.072, II, do CPC/2015
Ver art. 22, III, "m", da Lei nº 11.101/2005

Art. 878. Frustradas as tentativas de alienação do bem, será reaberta oportunidade para requerimento de adjudicação, caso em que também se poderá pleitear a realização de nova avaliação.

Não há artigo correspondente no CPC/73

Subseção II
Da Alienação

Art. 879. A alienação far-se-á:
I – por iniciativa particular;
II – em leilão judicial eletrônico ou presencial.

Art. 647 do CPC/73

Art. 880. Não efetivada a adjudicação, o exequente poderá requerer a alienação por sua própria iniciativa ou por intermédio de corretor ou leiloeiro público credenciado perante o órgão judiciário.

Enunciado nº 192 do FPPC: Alienação por iniciativa particular realizada por corretor ou leiloeiro não credenciado perante o órgão judiciário não invalida o negócio jurídico, salvo se o executado comprovar prejuízo. (Grupo: Execução)

§1º O juiz fixará o prazo em que a alienação deve ser efetivada, a forma de publicidade, o preço mínimo, as condições de pagamento, as garantias e, se for o caso, a comissão de corretagem.

§2º A alienação será formalizada por termo nos autos, com a assinatura do juiz, do exequente, do adquirente e, se estiver presente, do executado, expedindo-se:
I – a carta de alienação e o mandado de imissão na posse, quando se tratar de bem imóvel;
II – a ordem de entrega ao adquirente, quando se tratar de bem móvel.

§3º Os tribunais poderão editar disposições complementares sobre o procedimento da alienação prevista neste artigo, admitindo, quando for o caso, o concurso de meios eletrônicos, e dispor sobre o credenciamento dos corretores e leiloeiros públicos, os quais deverão estar em exercício profissional por não menos que 3 (três) anos.

§4º Nas localidades em que não houver corretor ou leiloeiro público credenciado nos termos do §3º, a indicação será de livre escolha do exequente.

Art. 685-C do CPC/73

Art. 881. A alienação far-se-á em leilão judicial se não efetivada a adjudicação ou a alienação por iniciativa particular.

§1º O leilão do bem penhorado será realizado por leiloeiro público.

§2º Ressalvados os casos de alienação a cargo de corretores de bolsa de valores, todos os demais bens serão alienados em leilão público.

Arts. 686, 689-A e 704 do CPC/73

Art. 882. Não sendo possível a sua realização por meio eletrônico, o leilão será presencial.

§1º A alienação judicial por meio eletrônico será realizada, observando-se as garantias processuais das partes, de acordo com regulamentação específica do Conselho Nacional de Justiça.

§2º A alienação judicial por meio eletrônico deverá atender aos requisitos de ampla publicidade, autenticidade e segurança, com observância das regras estabelecidas na legislação sobre certificação digital.

§3º O leilão presencial será realizado no local designado pelo juiz.

Não há artigo correspondente no CPC/73

Art. 883. Caberá ao juiz a designação do leiloeiro público, que poderá ser indicado pelo exequente.

Art. 706 do CPC/73

Art. 884. Incumbe ao leiloeiro público:

I – publicar o edital, anunciando a alienação;

II – realizar o leilão onde se encontrem os bens ou no lugar designado pelo juiz;

III – expor aos pretendentes os bens ou as amostras das mercadorias;

IV – receber e depositar, dentro de 1 (um) dia, à ordem do juiz, o produto da alienação;

V – prestar contas nos 2 (dois) dias subsequentes ao depósito.

Parágrafo único. O leiloeiro tem o direito de receber do arrematante a comissão estabelecida em lei ou arbitrada pelo juiz.

Art. 705 do CPC/73

Art. 885. O juiz da execução estabelecerá o preço mínimo, as condições de pagamento e as garantias que poderão ser prestadas pelo arrematante.

Não há artigo correspondente no CPC/73

Enunciado nº 193 do FPPC: Não justifica o adiamento do leilão, nem é causa de nulidade da arrematação, a falta de fixação, pelo juiz, do preço mínimo para a arrematação. (Grupo: Execução)

Art. 886. O leilão será precedido de publicação de edital, que conterá:
I – a descrição do bem penhorado, com suas características, e, tratando-se de imóvel, sua situação e suas divisas, com remissão à matrícula e aos registros;
II – o valor pelo qual o bem foi avaliado, o preço mínimo pelo qual poderá ser alienado, as condições de pagamento e, se for o caso, a comissão do leiloeiro designado;

Enunciado nº 193 do FPPC: Não justifica o adiamento do leilão, nem é causa de nulidade da arrematação, a falta de fixação, pelo juiz, do preço mínimo para a arrematação. (Grupo: Execução)

III – o lugar onde estiverem os móveis, os veículos e os semoventes e, tratando-se de créditos ou direitos, a identificação dos autos do processo em que foram penhorados;
IV – o sítio, na rede mundial de computadores, e o período em que se realizará o leilão, salvo se este se der de modo presencial, hipótese em que serão indicados o local, o dia e a hora de sua realização;
V – a indicação de local, dia e hora de segundo leilão presencial, para a hipótese de não haver interessado no primeiro;
VI – menção da existência de ônus, recurso ou processo pendente sobre os bens a serem leiloados.
Parágrafo único. No caso de títulos da dívida pública e de títulos negociados em bolsa, constará do edital o valor da última cotação.

Art. 686 do CPC/73

Art. 887. O leiloeiro público designado adotará providências para a ampla divulgação da alienação.
§1º A publicação do edital deverá ocorrer pelo menos 5 (cinco) dias antes da data marcada para o leilão.
§2º O edital será publicado na rede mundial de computadores, em sítio designado pelo juízo da execução, e conterá descrição detalhada e, sempre que possível, ilustrada dos bens, informando expressamente se o leilão se realizará de forma eletrônica ou presencial.
§3º Não sendo possível a publicação na rede mundial de computadores ou considerando o juiz, em atenção às condições da sede do juízo, que esse modo de divulgação é insuficiente ou inadequado, o edital será afixado em local de costume e publicado, em resumo, pelo menos uma vez em jornal de ampla circulação local.
§4º Atendendo ao valor dos bens e às condições da sede do juízo, o juiz poderá alterar a forma e a frequência da publicidade na imprensa, mandar publicar o

edital em local de ampla circulação de pessoas e divulgar avisos em emissora de rádio ou televisão local, bem como em sítios distintos do indicado no §2º.

§5º Os editais de leilão de imóveis e de veículos automotores serão publicados pela imprensa ou por outros meios de divulgação, preferencialmente na seção ou no local reservados à publicidade dos respectivos negócios.

§6º O juiz poderá determinar a reunião de publicações em listas referentes a mais de uma execução.

Arts. 687, 686, §3º e 688 do CPC/73

Art. 888. Não se realizando o leilão por qualquer motivo, o juiz mandará publicar a transferência, observando-se o disposto no art. 887.

Parágrafo único. O escrivão, o chefe de secretaria ou o leiloeiro que culposamente der causa à transferência responde pelas despesas da nova publicação, podendo o juiz aplicar-lhe a pena de suspensão por 5 (cinco) dias a 3 (três) meses, em procedimento administrativo regular.

Arts. 687, 686, §3º e 688 do CPC/73

Art. 889. Serão cientificados da alienação judicial, com pelo menos 5 (cinco) dias de antecedência:

I – o executado, por meio de seu advogado ou, se não tiver procurador constituído nos autos, por carta registrada, mandado, edital ou outro meio idôneo;

II – o coproprietário de bem indivisível do qual tenha sido penhorada fração ideal;

III – o titular de usufruto, uso, habitação, enfiteuse, direito de superfície, concessão de uso especial para fins de moradia ou concessão de direito real de uso, quando a penhora recair sobre bem gravado com tais direitos reais;

IV – o proprietário do terreno submetido ao regime de direito de superfície, enfiteuse, concessão de uso especial para fins de moradia ou concessão de direito real de uso, quando a penhora recair sobre tais direitos reais;

V – o credor pignoratício, hipotecário, anticrético, fiduciário ou com penhora anteriormente averbada, quando a penhora recair sobre bens com tais gravames, caso não seja o credor, de qualquer modo, parte na execução;

VI – o promitente comprador, quando a penhora recair sobre bem em relação ao qual haja promessa de compra e venda registrada;

VII – o promitente vendedor, quando a penhora recair sobre direito aquisitivo derivado de promessa de compra e venda registrada;

VIII – a União, o Estado e o Município, no caso de alienação de bem tombado.

Parágrafo único. Se o executado for revel e não tiver advogado constituído, não constando dos autos seu endereço atual ou, ainda, não sendo ele encontrado no endereço constante do processo, a intimação considerar-se-á feita por meio do próprio edital de leilão.

Arts. 687, §5º e 698 do CPC/73
Enunciado nº 447 do FPPC: O exequente deve providenciar a intimação da União, Estados e Municípios no caso de penhora de bem tombado. (Grupo: Execução)
Ver art. 1.072, I, do CPC/2015

Art. 890. Pode oferecer lance quem estiver na livre administração de seus bens, com exceção:

I – dos tutores, dos curadores, dos testamenteiros, dos administradores ou dos liquidantes, quanto aos bens confiados à sua guarda e à sua responsabilidade;

II – dos mandatários, quanto aos bens de cuja administração ou alienação estejam encarregados;

III – do juiz, do membro do Ministério Público e da Defensoria Pública, do escrivão, do chefe de secretaria e dos demais servidores e auxiliares da justiça, em relação aos bens e direitos objeto de alienação na localidade onde servirem ou a que se estender a sua autoridade;

IV – dos servidores públicos em geral, quanto aos bens ou aos direitos da pessoa jurídica a que servirem ou que estejam sob sua administração direta ou indireta;

V – dos leiloeiros e seus prepostos, quanto aos bens de cuja venda estejam encarregados;

VI – dos advogados de qualquer das partes.

Art. 690-A do CPC/73
Ver art. 497 do Código Civil

Art. 891. Não será aceito lance que ofereça preço vil.
Parágrafo único. Considera-se vil o preço inferior ao mínimo estipulado pelo juiz e constante do edital, e, não tendo sido fixado preço mínimo, considera-se vil o preço inferior a cinquenta por cento do valor da avaliação.

Art. 692, *caput*, do CPC/73
Enunciado nº 193 do FPPC: Não justifica o adiamento do leilão, nem é causa de nulidade da arrematação, a falta de fixação, pelo juiz, do preço mínimo para a arrematação. (Grupo: Execução)

Art. 892. Salvo pronunciamento judicial em sentido diverso, o pagamento deverá ser realizado de imediato pelo arrematante, por depósito judicial ou por meio eletrônico.

§1º Se o exequente arrematar os bens e for o único credor, não estará obrigado a exibir o preço, mas, se o valor dos bens exceder ao seu crédito, depositará, dentro de 3 (três) dias, a diferença, sob pena de tornar-se sem efeito a arrematação, e, nesse caso, realizar-se-á novo leilão, à custa do exequente.

§2º Se houver mais de um pretendente, proceder-se-á entre eles à licitação, e, no caso de igualdade de oferta, terá preferência o cônjuge, o companheiro, o descendente ou o ascendente do executado, nessa ordem.

§3º No caso de leilão de bem tombado, a União, os Estados e os Municípios terão, nessa ordem, o direito de preferência na arrematação, em igualdade de oferta.

Arts. 690 e 690-A, parágrafo único, do CPC/73
Ver art. 1.072, I, do CPC/2015

Art. 893. Se o leilão for de diversos bens e houver mais de um lançador, terá preferência aquele que se propuser a arrematá-los todos, em conjunto, oferecendo, para os bens que não tiverem lance, preço igual ao da avaliação e, para os demais, preço igual ao do maior lance que, na tentativa de arrematação individualizada, tenha sido oferecido para eles.

Art. 691 do CPC/73

Art. 894. Quando o imóvel admitir cômoda divisão, o juiz, a requerimento do executado, ordenará a alienação judicial de parte dele, desde que suficiente para o pagamento do exequente e para a satisfação das despesas da execução.

§1º Não havendo lançador, far-se-á a alienação do imóvel em sua integridade.

§2º A alienação por partes deverá ser requerida a tempo de permitir a avaliação das glebas destacadas e sua inclusão no edital, e, nesse caso, caberá ao executado instruir o requerimento com planta e memorial descritivo subscritos por profissional habilitado.

Art. 702 do CPC/73

Art. 895. O interessado em adquirir o bem penhorado em prestações poderá apresentar, por escrito:

Enunciado nº 330 do FPPC: Na Justiça do trabalho, o juiz pode deferir a aquisição parcelada do bem penhorado em sede de execução, na forma do art. 895 e seus parágrafos. (Grupo: Impacto do CPC no processo do trabalho)

I – até o início do primeiro leilão, proposta de aquisição do bem por valor não inferior ao da avaliação;
II – até o início do segundo leilão, proposta de aquisição do bem por valor que não seja considerado vil.

§1º A proposta conterá, em qualquer hipótese, oferta de pagamento de pelo menos vinte e cinco por cento do valor do lance à vista e o restante parcelado em até 30 (trinta) meses, garantido por caução idônea, quando se tratar de móveis, e por hipoteca do próprio bem, quando se tratar de imóveis.

§2º As propostas para aquisição em prestações indicarão o prazo, a modalidade, o indexador de correção monetária e as condições de pagamento do saldo.

§3º (VETADO) As prestações, que poderão ser pagas por meio eletrônico, serão corrigidas mensalmente pelo índice oficial de atualização financeira, a ser informado, se for o caso, para a operadora do cartão de crédito.

Razões do veto: "O dispositivo institui correção monetária mensal por um índice oficial de preços, o que caracteriza indexação. Sua introdução potencializaria a memória inflacionária, culminando em uma indesejada inflação inercial."

§4º No caso de atraso no pagamento de qualquer das prestações, incidirá multa de dez por cento sobre a soma da parcela inadimplida com as parcelas vincendas.

§5º O inadimplemento autoriza o exequente a pedir a resolução da arrematação ou promover, em face do arrematante, a execução do valor devido, devendo ambos os pedidos ser formulados nos autos da execução em que se deu a arrematação.

§6º A apresentação da proposta prevista neste artigo não suspende o leilão.

§7º A proposta de pagamento do lance à vista sempre prevalecerá sobre as propostas de pagamento parcelado.

§8º Havendo mais de uma proposta de pagamento parcelado:
I – em diferentes condições, o juiz decidirá pela mais vantajosa, assim compreendida, sempre, a de maior valor;
II – em iguais condições, o juiz decidirá pela formulada em primeiro lugar.

§9º No caso de arrematação a prazo, os pagamentos feitos pelo arrematante pertencerão ao exequente até o limite de seu crédito, e os subsequentes, ao executado.

Art. 690 do CPC/73

Art. 896. Quando o imóvel de incapaz não alcançar em leilão pelo menos oitenta por cento do valor da avaliação, o juiz o confiará à guarda e à administração de depositário idôneo, adiando a alienação por prazo não superior a 1 (um) ano.

§1º Se, durante o adiamento, algum pretendente assegurar, mediante caução idônea, o preço da avaliação, o juiz ordenará a alienação em leilão.

§2º Se o pretendente à arrematação se arrepender, o juiz impor-lhe-á multa de vinte por cento sobre o valor da avaliação, em benefício do incapaz, valendo a decisão como título executivo.

§3º Sem prejuízo do disposto nos §§1º e 2º, o juiz poderá autorizar a locação do imóvel no prazo do adiamento.

§4º Findo o prazo do adiamento, o imóvel será submetido a novo leilão.

Art. 701 do CPC/73

Art. 897. Se o arrematante ou seu fiador não pagar o preço no prazo estabelecido, o juiz impor-lhe-á, em favor do exequente, a perda da caução, voltando os bens a novo leilão, do qual não serão admitidos a participar o arrematante e o fiador remissos.

Art. 695 do CPC/73

Art. 898. O fiador do arrematante que pagar o valor do lance e a multa poderá requerer que a arrematação lhe seja transferida.

Art. 696 do CPC/73

Art. 899. Será suspensa a arrematação logo que o produto da alienação dos bens for suficiente para o pagamento do credor e para a satisfação das despesas da execução.

Art. 692, parágrafo único, do CPC/73

Art. 900. O leilão prosseguirá no dia útil imediato, à mesma hora em que teve início, independentemente de novo edital, se for ultrapassado o horário de expediente forense.

Art. 689 do CPC/73

Art. 901. A arrematação constará de auto que será lavrado de imediato e poderá abranger bens penhorados em mais de uma execução, nele mencionadas as condições nas quais foi alienado o bem.

§1º A ordem de entrega do bem móvel ou a carta de arrematação do bem imóvel, com o respectivo mandado de imissão na posse, será expedida depois de efetuado o depósito ou prestadas as garantias pelo arrematante, bem como realizado o pagamento da comissão do leiloeiro e das demais despesas da execução.

§2º A carta de arrematação conterá a descrição do imóvel, com remissão à sua matrícula ou individuação e aos seus registros, a cópia do auto de arrematação e a prova de pagamento do imposto de transmissão, além da indicação da existência de eventual ônus real ou gravame.

Art. 693 do CPC/73

Art. 902. No caso de leilão de bem hipotecado, o executado poderá remi-lo até a assinatura do auto de arrematação, oferecendo preço igual ao do maior lance oferecido.

Parágrafo único. No caso de falência ou insolvência do devedor hipotecário, o direito de remição previsto no *caput* defere-se à massa ou aos credores em concurso, não podendo o exequente recusar o preço da avaliação do imóvel.

Não há artigo correspondente no CPC/73
Ver art. 1.072, II, do CPC/2015
Ver art. 22, III, "m", da Lei nº 11.101/2005

Art. 903. Qualquer que seja a modalidade de leilão, assinado o auto pelo juiz, pelo arrematante e pelo leiloeiro, a arrematação será considerada perfeita, acabada e irretratável, ainda que venham a ser julgados procedentes os embargos do executado ou a ação autônoma de que trata o §4º deste artigo, assegurada a possibilidade de reparação pelos prejuízos sofridos.

Enunciado nº 542 do FPPC: Na hipótese de expropriação de bem por arrematante arrolado no art. 890, é possível o desfazimento da arrematação. (Grupo: Execução)

§1º Ressalvadas outras situações previstas neste Código, a arrematação poderá, no entanto, ser:
I – invalidada, quando realizada por preço vil ou com outro vício;
II – considerada ineficaz, se não observado o disposto no art. 804;
III – resolvida, se não for pago o preço ou se não for prestada a caução.

Enunciado nº 542 do FPPC: Na hipótese de expropriação de bem por arrematante arrolado no art. 890, é possível o desfazimento da arrematação. (Grupo: Execução)

§2º O juiz decidirá acerca das situações referidas no §1º, se for provocado em até 10 (dez) dias após o aperfeiçoamento da arrematação.

§3º Passado o prazo previsto no §2º sem que tenha havido alegação de qualquer das situações previstas no §1º, será expedida a carta de arrematação e, conforme o caso, a ordem de entrega ou mandado de imissão na posse.

§4º Após a expedição da carta de arrematação ou da ordem de entrega, a invalidação da arrematação poderá ser pleiteada por ação autônoma, em cujo processo o arrematante figurará como litisconsorte necessário.

Enunciado nº 542 do FPPC: Na hipótese de expropriação de bem por arrematante arrolado no art. 890, é possível o desfazimento da arrematação. (Grupo: Execução)

§5º O arrematante poderá desistir da arrematação, sendo-lhe imediatamente devolvido o depósito que tiver feito:

I – se provar, nos 10 (dez) dias seguintes, a existência de ônus real ou gravame não mencionado no edital;

II – se, antes de expedida a carta de arrematação ou a ordem de entrega, o executado alegar alguma das situações previstas no §1º;

III – uma vez citado para responder a ação autônoma de que trata o §4º deste artigo, desde que apresente a desistência no prazo de que dispõe para responder a essa ação.

§6º Considera-se ato atentatório à dignidade da justiça a suscitação infundada de vício com o objetivo de ensejar a desistência do arrematante, devendo o suscitante ser condenado, sem prejuízo da responsabilidade por perdas e danos, ao pagamento de multa, a ser fixada pelo juiz e devida ao exequente, em montante não superior a vinte por cento do valor atualizado do bem.

Arts. 694 e 746 do CPC/73

Seção V
Da Satisfação do Crédito

Art. 904. A satisfação do crédito exequendo far-se-á:
I – pela entrega do dinheiro;
II – pela adjudicação dos bens penhorados.

Art. 708 do CPC/73

Art. 905. O juiz autorizará que o exequente levante, até a satisfação integral de seu crédito, o dinheiro depositado para segurar o juízo ou o produto dos bens alienados, bem como do faturamento de empresa ou de outros frutos e rendimentos de coisas ou empresas penhoradas, quando:

I – a execução for movida só a benefício do exequente singular, a quem, por força da penhora, cabe o direito de preferência sobre os bens penhorados e alienados;

II – não houver sobre os bens alienados outros privilégios ou preferências instituídos anteriormente à penhora.

Parágrafo único. Durante o plantão judiciário, veda-se a concessão de pedidos de levantamento de importância em dinheiro ou valores ou de liberação de bens apreendidos.

Art. 709, caput, do CPC/73
Ver Resolução 71/2009 do CNJ

Art. 906. Ao receber o mandado de levantamento, o exequente dará ao executado, por termo nos autos, quitação da quantia paga.

Parágrafo único. A expedição de mandado de levantamento poderá ser substituída pela transferência eletrônica do valor depositado em conta vinculada ao juízo para outra indicada pelo exequente.

Art. 709, parágrafo único, do CPC/73

Art. 907. Pago ao exequente o principal, os juros, as custas e os honorários, a importância que sobrar será restituída ao executado.

Art. 710 do CPC/73

Art. 908. Havendo pluralidade de credores ou exequentes, o dinheiro lhes será distribuído e entregue consoante a ordem das respectivas preferências.

§1º No caso de adjudicação ou alienação, os créditos que recaem sobre o bem, inclusive os de natureza *propter rem*, sub-rogam-se sobre o respectivo preço, observada a ordem de preferência.

§2º Não havendo título legal à preferência, o dinheiro será distribuído entre os concorrentes, observando-se a anterioridade de cada penhora.

Art. 711 do CPC/73
Ver art. 99 do CDC
Ver art. 24 da Lei nº 8.906/1994
Ver art. 130 do CTN
Ver art. 1.345 do Código Civil

Art. 909. Os exequentes formularão as suas pretensões, que versarão unicamente sobre o direito de preferência e a anterioridade da penhora, e, apresentadas as razões, o juiz decidirá.

Art. 712 do CPC/73
Ver art. 187 do CTN

CAPÍTULO V
DA EXECUÇÃO CONTRA A FAZENDA PÚBLICA

Art. 910. Na execução fundada em título extrajudicial, a Fazenda Pública será citada para opor embargos em 30 (trinta) dias.

Enunciado nº 240 do FPPC: São devidos honorários nas execuções fundadas em título executivo extrajudicial contra a Fazenda Pública, a serem arbitrados na forma do §3º do art. 85. (Grupo: Advogado e Sociedade de Advogados. Prazos).

§1º Não opostos embargos ou transitada em julgado a decisão que os rejeitar, expedir-se-á precatório ou requisição de pequeno valor em favor do exequente, observando-se o disposto no art. 100 da Constituição Federal.

§2º Nos embargos, a Fazenda Pública poderá alegar qualquer matéria que lhe seria lícito deduzir como defesa no processo de conhecimento.

§3º Aplica-se a este Capítulo, no que couber, o disposto nos artigos 534 e 535.

Não há artigo correspondente no CPC/73
Ver Súmula nº 279 do STJ

CAPÍTULO VI
DA EXECUÇÃO DE ALIMENTOS

Art. 911. Na execução fundada em título executivo extrajudicial que contenha obrigação alimentar, o juiz mandará citar o executado para, em 3 (três) dias, efetuar o pagamento das parcelas anteriores ao início da execução e das que se vencerem no seu curso, provar que o fez ou justificar a impossibilidade de fazê-lo.

Parágrafo único. Aplicam-se, no que couber, os §§2º a 7º do art. 528.

Não há artigo correspondente no CPC/73

Art. 912. Quando o executado for funcionário público, militar, diretor ou gerente de empresa, bem como empregado sujeito à legislação do trabalho, o exequente poderá requerer o desconto em folha de pagamento de pessoal da importância da prestação alimentícia.

§1º Ao despachar a inicial, o juiz oficiará à autoridade, à empresa ou ao empregador, determinando, sob pena de crime de desobediência, o desconto a partir da primeira remuneração posterior do executado, a contar do protocolo do ofício.

§2º O ofício conterá os nomes e o número de inscrição no Cadastro de Pessoas Físicas do exequente e do executado, a importância a ser descontada mensalmente, a conta na qual deve ser feito o depósito e, se for o caso, o tempo de sua duração.

Não há artigo correspondente no CPC/73

Art. 913. Não requerida a execução nos termos deste Capítulo, observar-se-á o disposto no art. 824 e seguintes, com a ressalva de que, recaindo a penhora em dinheiro, a concessão de efeito suspensivo aos embargos à execução não obsta a que o exequente levante mensalmente a importância da prestação.

Não há artigo correspondente no CPC/73

TÍTULO III
DOS EMBARGOS À EXECUÇÃO

Art. 914. O executado, independentemente de penhora, depósito ou caução, poderá se opor à execução por meio de embargos.

§1º Os embargos à execução serão distribuídos por dependência, autuados em apartado e instruídos com cópias das peças processuais relevantes, que poderão ser declaradas autênticas pelo próprio advogado, sob sua responsabilidade pessoal.

§2º Na execução por carta, os embargos serão oferecidos no juízo deprecante ou no juízo deprecado, mas a competência para julgá-los é do juízo deprecante, salvo se versarem unicamente sobre vícios ou defeitos da penhora, da avaliação ou da alienação dos bens efetuadas no juízo deprecado.

Arts. 736 e 747 do CPC/73

Enunciado nº 543 do FPPC: Em execução de título executivo extrajudicial, o juízo arbitral é o competente para conhecer das matérias de defesa abrangidas pela convenção de arbitragem. (Grupo: Arbitragem)

Enunciado nº 544 do FPPC: Admite-se a celebração de convenção de arbitragem, ainda que a obrigação esteja representada em título executivo extrajudicial. (Grupo: Arbitragem)

Ver Súmula nº 46 do STJ

Art. 915. Os embargos serão oferecidos no prazo de 15 (quinze) dias, contado, conforme o caso, na forma do art. 231.

§1º Quando houver mais de um executado, o prazo para cada um deles embargar conta-se a partir da juntada do respectivo comprovante da citação, salvo no caso de cônjuges ou de companheiros, quando será contado a partir da juntada do último.

§2º Nas execuções por carta, o prazo para embargos será contado:
I – da juntada, na carta, da certificação da citação, quando versarem unicamente sobre vícios ou defeitos da penhora, da avaliação ou da alienação dos bens;
II – da juntada, nos autos de origem, do comunicado de que trata o §4º deste artigo ou, não havendo este, da juntada da carta devidamente cumprida, quando versarem sobre questões diversas da prevista no inciso I deste parágrafo.

§3º Em relação ao prazo para oferecimento dos embargos à execução, não se aplica o disposto no art. 229.

§4º Nos atos de comunicação por carta precatória, rogatória ou de ordem, a realização da citação será imediatamente informada, por meio eletrônico, pelo juiz deprecado ao juiz deprecante.

Art. 738 do CPC/73

Enunciado nº 543 do FPPC: Em execução de título executivo extrajudicial, o juízo arbitral é o competente para conhecer das matérias de defesa abrangidas pela convenção de arbitragem. (Grupo: Arbitragem)

Enunciado nº 544 do FPPC: Admite-se a celebração de convenção de arbitragem, ainda que a obrigação esteja representada em título executivo extrajudicial. (Grupo: Arbitragem)

Ver art. 16 da Lei nº 6.830/1980

Art. 916. No prazo para embargos, reconhecendo o crédito do exequente e comprovando o depósito de trinta por cento do valor em execução, acrescido de custas e de honorários de advogado, o executado poderá requerer que lhe seja permitido pagar o restante em até 6 (seis) parcelas mensais, acrescidas de correção monetária e de juros de um por cento ao mês.

Enunciado nº 331 do FPPC: O pagamento da dívida objeto de execução trabalhista pode ser requerido pelo executado nos moldes do art. 916. (Grupo: Impacto do CPC no processo do trabalho)

§1º O exequente será intimado para manifestar-se sobre o preenchimento dos pressupostos do *caput*, e o juiz decidirá o requerimento em 5 (cinco) dias.

§2º Enquanto não apreciado o requerimento, o executado terá de depositar as parcelas vincendas, facultado ao exequente seu levantamento.

§ 3º Deferida a proposta, o exequente levantará a quantia depositada, e serão suspensos os atos executivos.

§ 4º Indeferida a proposta, seguir-se-ão os atos executivos, mantido o depósito, que será convertido em penhora.

§ 5º O não pagamento de qualquer das prestações acarretará cumulativamente:
I – o vencimento das prestações subsequentes e o prosseguimento do processo, com o imediato reinício dos atos executivos;
II – a imposição ao executado de multa de dez por cento sobre o valor das prestações não pagas.

§ 6º A opção pelo parcelamento de que trata este artigo importa renúncia ao direito de opor embargos.

§ 7º O disposto neste artigo não se aplica ao cumprimento da sentença.

Art. 745-A do CPC/73

Enunciado nº 543 do FPPC: Em execução de título executivo extrajudicial, o juízo arbitral é o competente para conhecer das matérias de defesa abrangidas pela convenção de arbitragem. (Grupo: Arbitragem)

Enunciado nº 544 do FPPC: Admite-se a celebração de convenção de arbitragem, ainda que a obrigação esteja representada em título executivo extrajudicial. (Grupo: Arbitragem)

Art. 917. Nos embargos à execução, o executado poderá alegar:
I – inexequibilidade do título ou inexigibilidade da obrigação;
II – penhora incorreta ou avaliação errônea;
III – excesso de execução ou cumulação indevida de execuções;
IV – retenção por benfeitorias necessárias ou úteis, nos casos de execução para entrega de coisa certa;
V – incompetência absoluta ou relativa do juízo da execução;
VI – qualquer matéria que lhe seria lícito deduzir como defesa em processo de conhecimento.

§ 1º A incorreção da penhora ou da avaliação poderá ser impugnada por simples petição, no prazo de 15 (quinze) dias, contado da ciência do ato.

§ 2º Há excesso de execução quando:
I – o exequente pleiteia quantia superior à do título;
II – ela recai sobre coisa diversa daquela declarada no título;
III – ela se processa de modo diferente do que foi determinado no título;
IV – o exequente, sem cumprir a prestação que lhe corresponde, exige o adimplemento da prestação do executado;
V – o exequente não prova que a condição se realizou.

§ 3º Quando alegar que o exequente, em excesso de execução, pleiteia quantia superior à do título, o embargante declarará na petição inicial o valor que entende correto, apresentando demonstrativo discriminado e atualizado de seu cálculo.

§4º Não apontado o valor correto ou não apresentado o demonstrativo, os embargos à execução:
I – serão liminarmente rejeitados, sem resolução de mérito, se o excesso de execução for o seu único fundamento;
II – serão processados, se houver outro fundamento, mas o juiz não examinará a alegação de excesso de execução.

§5º Nos embargos de retenção por benfeitorias, o exequente poderá requerer a compensação de seu valor com o dos frutos ou dos danos considerados devidos pelo executado, cumprindo ao juiz, para a apuração dos respectivos valores, nomear perito, observando-se, então, o art. 464.

§6º O exequente poderá a qualquer tempo ser imitido na posse da coisa, prestando caução ou depositando o valor devido pelas benfeitorias ou resultante da compensação.

§7º A arguição de impedimento e suspeição observará o disposto nos arts. 146 e 148.

Arts. 739-A, §5º, 743 e 745, do CPC/73
Enunciado nº 543 do FPPC: Em execução de título executivo extrajudicial, o juízo arbitral é o competente para conhecer das matérias de defesa abrangidas pela convenção de arbitragem. (Grupo: Arbitragem)
Enunciado nº 544 do FPPC: Admite-se a celebração de convenção de arbitragem, ainda que a obrigação esteja representada em título executivo extrajudicial. (Grupo: Arbitragem)

Art. 918. O juiz rejeitará liminarmente os embargos:
I – quando intempestivos;
II – nos casos de indeferimento da petição inicial e de improcedência liminar do pedido;
III – manifestamente protelatórios.
Parágrafo único. Considera-se conduta atentatória à dignidade da justiça o oferecimento de embargos manifestamente protelatórios.

Arts. 739 e 739-A, §5º, do CPC/73
Enunciado nº 543 do FPPC: Em execução de título executivo extrajudicial, o juízo arbitral é o competente para conhecer das matérias de defesa abrangidas pela convenção de arbitragem. (Grupo: Arbitragem)
Enunciado nº 544 do FPPC: Admite-se a celebração de convenção de arbitragem, ainda que a obrigação esteja representada em título executivo extrajudicial. (Grupo: Arbitragem)

Enunciado nº 545 do FPPC: Aplicam-se à impugnação, no que couber, as hipóteses previstas nos incisos I e III do art. 918 e no seu parágrafo único. (Grupo: Cumprimento de sentença)

Art. 919. Os embargos à execução não terão efeito suspensivo.

§1º O juiz poderá, a requerimento do embargante, atribuir efeito suspensivo aos embargos quando verificados os requisitos para a concessão da tutela provisória e desde que a execução já esteja garantida por penhora, depósito ou caução suficientes.

Enunciado nº 80 do FPPC: A tutela antecipada prevista nestes dispositivos pode ser de urgência ou de evidência. (Grupo: Tutela Antecipada)

Enunciado nº 546 do FPPC: O efeito suspensivo dos embargos à execução pode ser requerido e deferido a qualquer momento do seu trâmite, observados os pressupostos legais. (Grupo: Execução)

Enunciado nº 547 do FPPC: O efeito suspensivo dos embargos à execução pode ser parcial, limitando-se ao impedimento ou à suspensão de um único ou de apenas alguns atos executivos. (Grupo: Execução)

§2º Cessando as circunstâncias que a motivaram, a decisão relativa aos efeitos dos embargos poderá, a requerimento da parte, ser modificada ou revogada a qualquer tempo, em decisão fundamentada.

§3º Quando o efeito suspensivo atribuído aos embargos disser respeito apenas a parte do objeto da execução, esta prosseguirá quanto à parte restante.

§4º A concessão de efeito suspensivo aos embargos oferecidos por um dos executados não suspenderá a execução contra os que não embargaram quando o respectivo fundamento disser respeito exclusivamente ao embargante.

§5º A concessão de efeito suspensivo não impedirá a efetivação dos atos de substituição, de reforço ou de redução da penhora e de avaliação dos bens.

Art. 739-A, *caput*, §§1º a 4º e 6º, do CPC/73

Enunciado nº 543 do FPPC: Em execução de título executivo extrajudicial, o juízo arbitral é o competente para conhecer das matérias de defesa abrangidas pela convenção de arbitragem. (Grupo: Arbitragem)

Enunciado nº 544 do FPPC: Admite-se a celebração de convenção de arbitragem, ainda que a obrigação esteja representada em título executivo extrajudicial. (Grupo: Arbitragem)

Art. 920. Recebidos os embargos:
I – o exequente será ouvido no prazo de 15 (quinze) dias;

II – a seguir, o juiz julgará imediatamente o pedido ou designará audiência;
III – encerrada a instrução, o juiz proferirá sentença.

Art. 740 do CPC/73
Enunciado nº 543 do FPPC: Em execução de título executivo extrajudicial, o juízo arbitral é o competente para conhecer das matérias de defesa abrangidas pela convenção de arbitragem. (Grupo: Arbitragem)
Enunciado nº 544 do FPPC: Admite-se a celebração de convenção de arbitragem, ainda que a obrigação esteja representada em título executivo extrajudicial. (Grupo: Arbitragem)
Ver art. 17 da Lei nº 6.830/1980

TÍTULO IV
DA SUSPENSÃO E DA EXTINÇÃO DO PROCESSO DE EXECUÇÃO

CAPÍTULO I
DA SUSPENSÃO DO PROCESSO DE EXECUÇÃO

Art. 921. Suspende-se a execução:

Enunciado nº 194 do FPPC: A prescrição intercorrente pode ser reconhecida no procedimento de cumprimento de sentença. (Grupo: Execução)

**I – nas hipóteses dos arts. 313 e 315, no que couber;
II – no todo ou em parte, quando recebidos com efeito suspensivo os embargos à execução;
III – quando o executado não possuir bens penhoráveis;
IV – se a alienação dos bens penhorados não se realizar por falta de licitantes e o exequente, em 15 (quinze) dias, não requerer a adjudicação nem indicar outros bens penhoráveis;
V – quando concedido o parcelamento de que trata o art. 916.
§1º Na hipótese do inciso III, o juiz suspenderá a execução pelo prazo de 1 (um) ano, durante o qual se suspenderá a prescrição.
§2º Decorrido o prazo máximo de 1 (um) ano sem que seja localizado o executado ou que sejam encontrados bens penhoráveis, o juiz ordenará o arquivamento dos autos.
§3º Os autos serão desarquivados para prosseguimento da execução se a qualquer tempo forem encontrados bens penhoráveis.**

Enunciado nº 548 do FPPC: O simples desarquivamento dos autos é insuficiente para interromper a prescrição. (Grupo: Execução)

§4º Decorrido o prazo de que trata o §1º sem manifestação do exequente, começa a correr o prazo de prescrição intercorrente.

Enunciado nº 195 do FPPC: O prazo de prescrição intercorrente previsto no art. 921, §4º, tem início automaticamente um ano após a intimação da decisão de suspensão de que trata o seu §1º. (Grupo: Execução)
Enunciado nº 196 do FPPC: O prazo da prescrição intercorrente é o mesmo da ação. (Grupo: Execução)

§5º O juiz, depois de ouvidas as partes, no prazo de 15 (quinze) dias, poderá, de ofício, reconhecer a prescrição de que trata o §4º e extinguir o processo.

Art. 791 do CPC/73
Enunciado nº 452 do FPPC: Durante a suspensão do processo prevista no art. 982 não corre o prazo de prescrição intercorrente. (Grupo: Precedentes, IRDR, Recursos Repetitivos e Assunção de competência)
Ver art. 40 da Lei nº 6.830/1980
Ver Súmulas nºs 150 e 314 do STF

Art. 922. Convindo as partes, o juiz declarará suspensa a execução durante o prazo concedido pelo exequente para que o executado cumpra voluntariamente a obrigação.
Parágrafo único. Findo o prazo sem cumprimento da obrigação, o processo retomará o seu curso.

Art. 792 do CPC/73

Art. 923. Suspensa a execução, não serão praticados atos processuais, podendo o juiz, entretanto, salvo no caso de arguição de impedimento ou de suspeição, ordenar providências urgentes.

Art. 793 do CPC/73

CAPÍTULO II
DA EXTINÇÃO DO PROCESSO DE EXECUÇÃO

Art. 924. Extingue-se a execução quando:
I – a petição inicial for indeferida;
II – a obrigação for satisfeita;
III – o executado obtiver, por qualquer outro meio, a extinção total da dívida;

IV – o exequente renunciar ao crédito;
V – ocorrer a prescrição intercorrente.

Art. 794 do CPC/73

Art. 925. A extinção só produz efeito quando declarada por sentença.

Art. 795 do CPC/73

LIVRO III
DOS PROCESSOS NOS TRIBUNAIS E DOS MEIOS DE IMPUGNAÇÃO DAS DECISÕES JUDICIAIS

TÍTULO I
DA ORDEM DOS PROCESSOS E DOS PROCESSOS DE COMPETÊNCIA ORIGINÁRIA DOS TRIBUNAIS

CAPÍTULO I
DISPOSIÇÕES GERAIS

Art. 926. Os tribunais devem uniformizar sua jurisprudência e mantê-la estável, íntegra e coerente.

Enunciado nº 166 do FPPC: A aplicação dos enunciados das súmulas deve ser realizada a partir dos precedentes que os formaram e dos que os aplicaram posteriormente. (Grupo: Precedentes)

Enunciado nº 167 do FPPC: Os tribunais regionais do trabalho estão vinculados aos enunciados de suas próprias súmulas e aos seus precedentes em incidente de assunção de competência ou de resolução de demandas repetitivas. (Grupo: Impacto do CPC no Processo do Trabalho)

Enunciado nº 314 do FPPC: As decisões judiciais devem respeitar os precedentes do Supremo Tribunal Federal, em matéria constitucional, e do Superior Tribunal de Justiça, em matéria infraconstitucional federal. (Grupo: Precedentes)

Enunciado nº 316 do FPPC: A estabilidade da jurisprudência do tribunal depende também da observância de seus próprios precedentes, inclusive por seus órgãos fracionários. (Grupo: Precedentes)

Enunciado nº 323 do FPPC: A formação dos precedentes observará os princípios da legalidade, da segurança jurídica, da proteção da confiança e da isonomia. (Grupo: Precedentes)

§1º Na forma estabelecida e segundo os pressupostos fixados no regimento interno, os tribunais editarão enunciados de súmula correspondentes a sua jurisprudência dominante.

Enunciado nº 393 do FPPC: É cabível a intervenção de *amicus curiae* no procedimento de edição, revisão e cancelamento de enunciados de súmula pelos tribunais. (Grupo: Litisconsórcio e intervenção de terceiros)

§2º Ao editar enunciados de súmula, os tribunais devem ater-se às circunstâncias fáticas dos precedentes que motivaram sua criação.

Não há artigo correspondente no CPC/73

Enunciado nº 380 do FPPC: A expressão "ordenamento jurídico", empregada pelo Código de Processo Civil, contempla os precedentes vinculantes. (Grupo: Precedentes, IRDR, Recursos Repetitivos e Assunção de competência)

Enunciado nº 431 do FPPC: O julgador, que aderir aos fundamentos do votovencedor do relator, há de seguir, por coerência, o precedente que ajudou a 60 construir no julgamento da mesma questão em processos subsequentes, salvo se demonstrar a existência de distinção ou superação. (Grupo: Poderes do juiz)

Enunciado nº 453 do FPPC: A estabilidade a que se refere o *caput* do art. 926 consiste no dever de os tribunais observarem os próprios precedentes. (Grupo: Precedentes, IRDR, Recursos Repetitivos e Assunção de competência)

Enunciado nº 454 do FPPC: Uma das dimensões da coerência a que se refere o *caput* do art. 926 consiste em os tribunais não ignorarem seus próprios precedentes (dever de autorreferência). (Grupo: Precedentes, IRDR, Recursos Repetitivos e Assunção de competência)

Enunciado nº 455 do FPPC: Uma das dimensões do dever de coerência significa o dever de não contradição, ou seja, o dever de os tribunais não decidirem casos análogos contrariamente às decisões anteriores, salvo distinção ou superação. (Grupo: Precedentes, IRDR, Recursos Repetitivos e Assunção de competência)

Enunciado nº 456 do FPPC: Uma das dimensões do dever de integridade consiste em os tribunais decidirem em conformidade com a unidade do ordenamento jurídico. (Grupo: Precedentes, IRDR, Recursos Repetitivos e Assunção de competência)

Enunciado nº 457 do FPPC: Uma das dimensões do dever de integridade previsto no *caput* do art. 926 consiste na observância das técnicas de distinção e superação dos precedentes, sempre que necessário para adequar esse entendimento à interpretação contemporânea do ordenamento jurídico. (Grupo: Precedentes, IRDR, Recursos Repetitivos e Assunção de competência)

Enunciado nº 458 do FPPC: Para a aplicação, de ofício, de precedente vinculante, o órgão julgador deve intimar previamente as partes para que se manifestem sobre ele. (Grupo: Precedentes, IRDR, Recursos Repetitivos e Assunção de competência)

Art. 927. Os juízes e os tribunais observarão:

Enunciado nº 169 do FPPC: Os órgãos do Poder Judiciário devem obrigatoriamente seguir os seus próprios precedentes, sem prejuízo do disposto nos §9º do art. 1.037 e §4º do art. 927. (Grupo: Precedentes)

Enunciado nº 170 do FPPC: As decisões e precedentes previstos nos incisos do *caput* do art. 927 são vinculantes aos órgãos jurisdicionais a eles submetidos. (Grupo: Precedentes)

Enunciado nº 173 do FPPC: Cada fundamento determinante adotado na decisão capaz de resolver de forma suficiente a questão jurídica induz os efeitos de precedente vinculante, nos termos do Código de Processo Civil. (Grupo: Precedentes; redação revista no IV FPPC-BH)

Enunciado nº 315 do FPPC: Nem todas as decisões formam precedentes vinculantes. (Grupo: Precedentes)

Enunciado nº 317 do FPPC: O efeito vinculante do precedente decorre da adoção dos mesmos fundamentos determinantes pela maioria dos membros do colegiado, cujo entendimento tenha ou não sido sumulado. (Grupo: Precedentes)

Enunciado nº 315 do FPPC: Nem todas as decisões formam precedentes vinculantes. (Grupo: Precedentes)

Enunciado nº 318 do FPPC: Os fundamentos prescindíveis para o alcance do resultado fixado no dispositivo da decisão (obiter dicta), ainda que nela presentes, não possuem efeito de precedente vinculante. (Grupo: Precedentes)

Enunciado nº 319 do FPPC: Os fundamentos não adotados ou referendados pela maioria dos membros do órgão julgador não possuem efeito de precedente vinculante. (Grupo: Precedentes)

Enunciado nº 320 do FPPC: Os tribunais poderão sinalizar aos jurisdicionados sobre a possibilidade de mudança de entendimento da corte, com a eventual superação ou a criação de exceções ao precedente para casos futuros. (Grupo: Precedentes)

Enunciado nº 323 do FPPC: A formação dos precedentes observará os princípios da legalidade, da segurança jurídica, da proteção da confiança e da isonomia. (Grupo: Precedentes)

Enunciado nº 324 do FPPC: Lei nova, incompatível com o precedente judicial, é fato que acarreta a não aplicação do precedente por qualquer juiz ou tribunal, ressalvado o reconhecimento de sua inconstitucionalidade, a realização de interpretação conforme ou a pronúncia de nulidade sem redução de texto. (Grupo: Precedentes)

Enunciado nº 325 do FPPC: A modificação de entendimento sedimentado pelos tribunais trabalhistas deve observar a sistemática prevista no art. 927, devendo se desincumbir do ônus argumentativo mediante fundamentação adequada e específica, modulando, quando necessário, os efeitos da decisão que supera o entendimento anterior. (Grupo: Impacto do CPC no processo do trabalho)

Enunciado nº 326 do FPPC: O órgão jurisdicional trabalhista pode afastar a aplicação do precedente vinculante quando houver distinção entre o caso sob julgamento e o paradigma, desde que demonstre, fundamentadamente, tratar-se de situação particularizada por hipótese fática distinta, a impor solução jurídica diversa. (Grupo: Impacto do CPC no processo do trabalho)

I – as decisões do Supremo Tribunal Federal em controle concentrado de constitucionalidade;

Enunciado nº 168 do FPPC: Os fundamentos determinantes do julgamento de ação de controle concentrado de constitucionalidade realizado pelo STF caracterizam a ratio decidendi do precedente e possuem efeito vinculante para todos os órgãos jurisdicionais. (Grupo: Precedentes; redação revista no IV FPPC-BH)

Enunciado nº 314 do FPPC: As decisões judiciais devem respeitar os precedentes do Supremo Tribunal Federal, em matéria constitucional, e do Superior Tribunal de Justiça, em matéria infraconstitucional federal. (Grupo: Precedentes)

II – os enunciados de súmula vinculante;

Enunciado nº 171 do FPPC: Os juízes e tribunais regionais do trabalho estão vinculados aos precedentes do TST em incidente de assunção de competência em matéria infraconstitucional relativa ao direito e ao processo do trabalho, bem como às suas súmulas. (Grupo: Impacto do CPC no Processo do Trabalho)

III – os acórdãos em incidente de assunção de competência ou de resolução de demandas repetitivas e em julgamento de recursos extraordinário e especial repetitivos;

Enunciado nº 171 do FPPC: Os juízes e tribunais regionais do trabalho estão vinculados aos precedentes do TST em incidente de assunção de competência em matéria infraconstitucional relativa ao direito e ao processo do trabalho, bem como às suas súmulas. (Grupo: Impacto do CPC no Processo do Trabalho)

Enunciado nº 558 do FPPC: Caberá reclamação contra decisão que contrarie acórdão proferido no julgamento dos incidentes de resolução de demandas repetitivas ou de assunção de competência para o tribunal cujo precedente foi desrespeitado, ainda que este não possua competência para julgar o recurso contra a decisão impugnada. (Grupo: Precedentes, IRDR, Recursos Repetitivos e Assunção de competência)

IV – os enunciados das súmulas do Supremo Tribunal Federal em matéria constitucional e do Superior Tribunal de Justiça em matéria infraconstitucional;

Enunciado nº 146 do FPPC: Na aplicação do inciso I do art. 333, o juiz observará o inciso IV do *caput* do art. 927. (Grupo: Precedentes)

Enunciado nº 171 do FPPC: Os juízes e tribunais regionais do trabalho estão vinculados aos precedentes do TST em incidente de assunção de competência em matéria infraconstitucional relativa ao direito e ao processo do trabalho, bem como às suas súmulas. (Grupo: Impacto do CPC no Processo do Trabalho)

V – a orientação do plenário ou do órgão especial aos quais estiverem vinculados.

Enunciado nº 314 do FPPC: As decisões judiciais devem respeitar os precedentes do Supremo Tribunal Federal, em matéria constitucional, e do Superior Tribunal de Justiça, em matéria infraconstitucional federal. (Grupo: Precedentes)

§1º Os juízes e os tribunais observarão o disposto no art. 10 e no art. 489, §1º, quando decidirem com fundamento neste artigo.

Enunciado nº 2 do FPPC: Para a formação do precedente, somente podem ser usados argumentos submetidos ao contraditório. (Grupo: Precedentes 2)

Enunciado nº 172 do FPPC: A decisão que aplica precedentes, com a ressalva de entendimento do julgador, não é contraditória. (Grupo: Precedentes)

Enunciado nº 458 do FPPC: Para a aplicação, de ofício, de precedente vinculante, o órgão julgador deve intimar previamente as partes para que se manifestem sobre ele. (Grupo: Precedentes, IRDR, Recursos Repetitivos e Assunção de competência)

Enunciado nº 459 do FPPC: As normas sobre fundamentação adequada quanto à distinção e superação e sobre a observância somente dos argumentos submetidos ao contraditório são aplicáveis a todo o microssistema de formação dos precedentes. (Grupo: Precedentes, IRDR, Recursos Repetitivos e Assunção de competência)

Enunciado nº 460 do FPPC: O microssistema de aplicação e formação dos precedentes deverá respeitar as técnicas de ampliação do contraditório para amadurecimento da tese, como a realização de audiências públicas prévias e participação de *amicus curiae*. (Grupo: Precedentes, IRDR, Recursos Repetitivos e Assunção de competência)

§2º A alteração de tese jurídica adotada em enunciado de súmula ou em julgamento de casos repetitivos poderá ser precedida de audiências públicas e da participação de pessoas, órgãos ou entidades que possam contribuir para a rediscussão da tese.

Enunciado nº 175 do FPPC: O relator deverá fundamentar a decisão que inadmitir a participação de pessoas, órgãos ou entidades e deverá justificar a não realização de audiências públicas. (Grupo: Precedentes)

Enunciado nº 393 do FPPC: É cabível a intervenção de *amicus curiae* no procedimento de edição, revisão e cancelamento de enunciados de súmula pelos tribunais. (Grupo: Litisconsórcio e intervenção de terceiros).

Enunciado nº 461 do FPPC: O disposto no §2º do art. 927 aplica-se ao incidente de assunção de competência. (Grupo: Precedentes, IRDR, Recursos Repetitivos e Assunção de competência)

§3º Na hipótese de alteração de jurisprudência dominante do Supremo Tribunal Federal e dos tribunais superiores ou daquela oriunda de julgamento de casos repetitivos, pode haver modulação dos efeitos da alteração no interesse social e no da segurança jurídica.

Enunciado nº 55 do FPPC: Pelos pressupostos do §3º do art. 927, a modificação do precedente tem, como regra, eficácia temporal prospectiva.

No entanto, pode haver modulação temporal, no caso concreto. (Grupo: Precedentes 2)

§4º A modificação de enunciado de súmula, de jurisprudência pacificada ou de tese adotada em julgamento de casos repetitivos observará a necessidade de fundamentação adequada e específica, considerando os princípios da segurança jurídica, da proteção da confiança e da isonomia.

Enunciado nº 321 do FPPC: A modificação do entendimento sedimentado poderá ser realizada nos termos da Lei nº 11.417, de 19 de dezembro de 2006, quando se tratar de enunciado de súmula vinculante; do regimento interno dos tribunais, quando se tratar de enunciado de súmula ou jurisprudência dominante; e, incidentalmente, no julgamento de recurso, na remessa necessária ou causa de competência originária do tribunal. (Grupo: Precedentes)

Enunciado nº 322 do FPPC: A modificação de precedente vinculante poderá fundar-se, entre outros motivos, na revogação ou modificação da lei em que ele se baseou, ou em alteração econômica, política, cultural ou social referente à matéria decidida. (Grupo: Precedentes)

§5º Os tribunais darão publicidade a seus precedentes, organizando-os por questão jurídica decidida e divulgando-os, preferencialmente, na rede mundial de computadores.

Não há artigo correspondente no CPC/73

Enunciado nº 380 do FPPC: A expressão "ordenamento jurídico", empregada pelo Código de Processo Civil, contempla os precedentes vinculantes. (Grupo: Precedentes, IRDR, Recursos Repetitivos e Assunção de competência)

Enunciado nº 431 do FPPC: O julgador, que aderir aos fundamentos do votovencedor do relator, há de seguir, por coerência, o precedente que ajudou a 60 construir no julgamento da mesma questão em processos subsequentes, salvo se demonstrar a existência de distinção ou superação. (Grupo: Poderes do juiz)

Enunciado nº 433 do FPPC: Cabe à Administração Pública dar publicidade às suas orientações vinculantes, preferencialmente pela rede mundial de computadores. (Grupo: Impacto do novo CPC e os processos da Fazenda Pública)

Enunciado nº 549 do FPPC: O rol do art. 927 e os precedentes da Turma Nacional de Uniformização dos Juizados Especiais Federais deverão ser observados no âmbito dos Juizados Especiais. (Grupo: Impacto nos Juizados e nos procedimentos especiais da legislação extravagante)

Art. 928. Para os fins deste Código, considera-se julgamento de casos repetitivos a decisão proferida em:

I – incidente de resolução de demandas repetitivas;
II – recursos especial e extraordinário repetitivos.
Parágrafo único. O julgamento de casos repetitivos tem por objeto questão de direito material ou processual.

Não há artigo correspondente no CPC/73

Enunciado nº 88 do FPPC: Não existe limitação de matérias de direito passíveis de gerar a instauração do incidente de resolução de demandas repetitivas e, por isso, não é admissível qualquer interpretação que, por tal fundamento, restrinja seu cabimento. (Grupo: Recursos Extraordinários e Incidente de Resolução de Demandas Repetitivas)

Enunciado nº 327 do FPPC: Os precedentes vinculantes podem ter por objeto questão de direito material ou processual. (Grupo: Precedentes)

Enunciado nº 480 do FPPC: Aplica-se no âmbito dos juizados especiais a suspensão dos processos em trâmite no território nacional, que versem sobre a questão submetida ao regime de julgamento de recursos especiais e extraordinários repetitivos, determinada com base no art. 1.037, II. (Grupo: Precedentes, IRDR, Recursos Repetitivos e Assunção de competência)

CAPÍTULO II
DA ORDEM DOS PROCESSOS NO TRIBUNAL

Art. 929. Os autos serão registrados no protocolo do tribunal no dia de sua entrada, cabendo à secretaria ordená-los, com imediata distribuição.
Parágrafo único. A critério do tribunal, os serviços de protocolo poderão ser descentralizados, mediante delegação a ofícios de justiça de primeiro grau.

Art. 547 do CPC/73

Art. 930. Far-se-á a distribuição de acordo com o regimento interno do tribunal, observando-se a alternatividade, o sorteio eletrônico e a publicidade.
Parágrafo único. O primeiro recurso protocolado no tribunal tornará prevento o relator para eventual recurso subsequente interposto no mesmo processo ou em processo conexo.

Art. 548 do CPC/73

Art. 931. Distribuídos, os autos serão imediatamente conclusos ao relator, que, em 30 (trinta) dias, depois de elaborar o voto, restituí-los-á, com relatório, à secretaria.

Art. 549 do CPC/73

Enunciado nº 522 do FPPC: O relatório nos julgamentos colegiados tem função preparatória e deverá indicar as questões de fato e de direito relevantes para o julgamento e já submetidas ao contraditório. (Grupo: Precedentes, IRDR, Recursos Repetitivos e Assunção de competência)

Art. 932. Incumbe ao relator:

I – dirigir e ordenar o processo no tribunal, inclusive em relação à produção de prova, bem como, quando for o caso, homologar autocomposição das partes;

II – apreciar o pedido de tutela provisória nos recursos e nos processos de competência originária do tribunal;

III – não conhecer de recurso inadmissível, prejudicado ou que não tenha impugnado especificamente os fundamentos da decisão recorrida;

IV – negar provimento a recurso que for contrário a:

a) súmula do Supremo Tribunal Federal, do Superior Tribunal de Justiça ou do próprio tribunal;

b) acórdão proferido pelo Supremo Tribunal Federal ou pelo Superior Tribunal de Justiça em julgamento de recursos repetitivos;

c) entendimento firmado em incidente de resolução de demandas repetitivas ou de assunção de competência;

V – depois de facultada a apresentação de contrarrazões, dar provimento ao recurso se a decisão recorrida for contrária a:

a) súmula do Supremo Tribunal Federal, do Superior Tribunal de Justiça ou do próprio tribunal;

b) acórdão proferido pelo Supremo Tribunal Federal ou pelo Superior Tribunal de Justiça em julgamento de recursos repetitivos;

c) entendimento firmado em incidente de resolução de demandas repetitivas ou de assunção de competência;

Enunciado nº 81 do FPPC: Por não haver prejuízo ao contraditório, é dispensável a oitiva do recorrido antes do provimento monocrático do recurso, quando a decisão recorrida: (a) indeferir a inicial; (b) indeferir liminarmente a justiça gratuita; ou (c) alterar liminarmente o valor da causa. (Grupo: Ordem dos Processos no Tribunal, Teoria Geral dos Recursos, Apelação e Agravo)

VI – decidir o incidente de desconsideração da personalidade jurídica, quando este for instaurado originariamente perante o tribunal;
VII – determinar a intimação do Ministério Público, quando for o caso;
VIII – exercer outras atribuições estabelecidas no regimento interno do tribunal.
Parágrafo único. Antes de considerar inadmissível o recurso, o relator concederá o prazo de 5 (cinco) dias ao recorrente para que seja sanado vício ou complementada a documentação exigível.

Arts. 557 e 515, §4º, do CPC/73
Enunciado nº 82 do FPPC: É dever do relator, e não faculdade, conceder o prazo ao recorrente para sanar o vício ou complementar a documentação exigível, antes de inadmitir qualquer recurso, inclusive os excepcionais. (Grupo: Ordem dos Processos no Tribunal, Teoria Geral dos Recursos, Apelação e Agravo)
Enunciado nº 83 do FPPC: Fica superado o Enunciado nº 115 da súmula do STJ após a entrada em vigor do CPC ("Na instância especial é inexistente recurso interposto por advogado sem procuração nos autos"). (Grupo: Ordem dos Processos no Tribunal, Teoria Geral dos Recursos, Apelação e Agravo)
Enunciado nº 197 do FPPC: Aplica-se o disposto no parágrafo único do art. 932 a todos os vícios de forma dos recursos. (Grupo: Ordem dos Processos nos Tribunais e Recursos Ordinários)
Enunciado nº 462 do FPPC: É nula, por usurpação de competência funcional do órgão colegiado, a decisão do relator que julgar monocraticamente o mérito do recurso, sem demonstrar o alinhamento de seu pronunciamento judicial com um dos padrões decisórios descritos no art. 927. (Grupo: Poderes do juiz)
Enunciado nº 463 do FPPC: O art. 932, parágrafo único, deve ser aplicado aos recursos interpostos antes da entrada em vigor do CPC de 2015 e ainda pendentes de julgamento. (Grupo: Direito intertemporal)
Enunciado nº 464 do FPPC: A decisão unipessoal (monocrática) do relator em Turma Recursal é impugnável por agravo interno. (Grupo: Impacto nos Juizados e nos procedimentos especiais da legislação extravagante)
Enunciado nº 550 do FPPC: A inexistência de repercussão geral da questão constitucional discutida no recurso extraordinário é vício insanável, não se aplicando o dever de prevenção de que trata o parágrafo único do art. 932, sem prejuízo do disposto no art. 1.033. (Grupo: Recursos (menos os repetitivos) e reclamação)
Enunciado nº 551 do FPPC: Cabe ao relator, antes de não conhecer do recurso por intempestividade, conceder o prazo de cinco dias úteis para que o recorrente prove qualquer causa de prorrogação, suspensão ou interrupção

do prazo recursal a justificar a tempestividade do recurso. (Grupo: Recursos (menos os repetitivos) e reclamação)

Ver Súmula nº 115 do STJ

Art. 933. Se o relator constatar a ocorrência de fato superveniente à decisão recorrida ou a existência de questão apreciável de ofício ainda não examinada que devam ser considerados no julgamento do recurso, intimará as partes para que se manifestem no prazo de 5 (cinco) dias.

§1º Se a constatação ocorrer durante a sessão de julgamento, esse será imediatamente suspenso a fim de que as partes se manifestem especificamente.

§2º Se a constatação se der em vista dos autos, deverá o juiz que a solicitou encaminhá-los ao relator, que tomará as providências previstas no *caput* e, em seguida, solicitará a inclusão do feito em pauta para prosseguimento do julgamento, com submissão integral da nova questão aos julgadores.

Não há artigo correspondente no CPC/73

Enunciado nº 522 do FPPC: O relatório nos julgamentos colegiados tem função preparatória e deverá indicar as questões de fato e de direito relevantes para o julgamento e já submetidas ao contraditório. (Grupo: Precedentes, IRDR, Recursos Repetitivos e Assunção de competência)

Art. 934. Em seguida, os autos serão apresentados ao presidente, que designará dia para julgamento, ordenando, em todas as hipóteses previstas neste Livro, a publicação da pauta no órgão oficial.

Art. 551 do CPC/73

Art. 935. Entre a data de publicação da pauta e a da sessão de julgamento decorrerá, pelo menos, o prazo de 5 (cinco) dias, incluindo-se em nova pauta os processos que não tenham sido julgados, salvo aqueles cujo julgamento tiver sido expressamente adiado para a primeira sessão seguinte.

Enunciado nº 84 do FPPC: A ausência de publicação da pauta gera nulidade do acórdão que decidiu o recurso, ainda que não haja previsão de sustentação oral, ressalvada, apenas, a hipótese do §1º do art. 1.024, na qual a publicação da pauta é dispensável. (Grupo: Ordem dos Processos no Tribunal, Teoria Geral dos Recursos, Apelação e Agravo)

Enunciado nº 198 do FPPC: Identificada a ausência ou a irregularidade de publicação da pauta, antes de encerrado o julgamento, incumbe ao órgão julgador determinar sua correção, procedendo a nova publicação. (Grupo: Ordem dos Processos nos Tribunais e Recursos Ordinários)

§1º Às partes será permitida vista dos autos em cartório após a publicação da pauta de julgamento.
§2º Afixar-se-á a pauta na entrada da sala em que se realizar a sessão de julgamento.

Art. 552 do CPC/73
Ver Súmula nº 117 do STJ

Art. 936. Ressalvadas as preferências legais e regimentais, os recursos, a remessa necessária e os processos de competência originária serão julgados na seguinte ordem:
I – aqueles nos quais houver sustentação oral, observada a ordem dos requerimentos;
II – os requerimentos de preferência apresentados até o início da sessão de julgamento;
III – aqueles cujo julgamento tenha iniciado em sessão anterior; e
IV – os demais casos.

Art. 562 do CPC/73

Art. 937. Na sessão de julgamento, depois da exposição da causa pelo relator, o presidente dará a palavra, sucessivamente, ao recorrente, ao recorrido e, nos casos de sua intervenção, ao membro do Ministério Público, pelo prazo improrrogável de 15 (quinze) minutos para cada um, a fim de sustentarem suas razões, nas seguintes hipóteses, nos termos da parte final do *caput* do art. 1.021:
I – no recurso de apelação;
II – no recurso ordinário;
III – no recurso especial;
IV – no recurso extraordinário;
V – nos embargos de divergência;
VI – na ação rescisória, no mandado de segurança e na reclamação;
VII – (VETADO) no agravo interno originário de recurso de apelação, de recurso ordinário, de recurso especial ou de recurso extraordinário;
 Razões do veto: "A previsão de sustentação oral para todos os casos de agravo interno resultaria em perda de celeridade processual, princípio norteador do novo Código, provocando ainda sobrecarga nos Tribunais."

VIII – no agravo de instrumento interposto contra decisões interlocutórias que versem sobre tutelas provisórias de urgência ou da evidência;

IX – em outras hipóteses previstas em lei ou no regimento interno do tribunal.

§1º A sustentação oral no incidente de resolução de demandas repetitivas observará o disposto no art. 984, no que couber.

§2º O procurador que desejar proferir sustentação oral poderá requerer, até o início da sessão, que o processo seja julgado em primeiro lugar, sem prejuízo das preferências legais.

§3º Nos processos de competência originária previstos no inciso VI, caberá sustentação oral no agravo interno interposto contra decisão de relator que o extinga.

§4º É permitido ao advogado com domicílio profissional em cidade diversa daquela onde está sediado o tribunal realizar sustentação oral por meio de videoconferência ou outro recurso tecnológico de transmissão de sons e imagens em tempo real, desde que o requeira até o dia anterior ao da sessão.

Arts. 554 e 565 do CPC/73

Art. 938. A questão preliminar suscitada no julgamento será decidida antes do mérito, deste não se conhecendo caso seja incompatível com a decisão.

§1º Constatada a ocorrência de vício sanável, inclusive aquele que possa ser conhecido de ofício, o relator determinará a realização ou a renovação do ato processual, no próprio tribunal ou em primeiro grau de jurisdição, intimadas as partes.

Enunciado nº 82 do FPPC: É dever do relator, e não faculdade, conceder o prazo ao recorrente para sanar o vício ou complementar a documentação exigível, antes de inadmitir qualquer recurso, inclusive os excepcionais. (Grupo: Ordem dos Processos no Tribunal, Teoria Geral dos Recursos, Apelação e Agravo)

Enunciado nº 199 do FPPC: No processo do trabalho, constatada a ocorrência de vício sanável, inclusive aquele que possa ser conhecido de ofício pelo órgão jurisdicional, o relator determinará a realização ou a renovação do ato processual, no próprio tribunal ou em primeiro grau, intimadas as partes; cumprida a diligência, sempre que possível, prosseguirá no julgamento do recurso. (Grupo: Impacto do CPC no Processo do Trabalho)

Enunciado nº 332 do FPPC: Considera-se vício sanável, tipificado no art. 938, §1º, a apresentação da procuração e da guia de custas ou depósito recursal em cópia, cumprindo ao relator assinalar prazo para a parte renovar o ato processual com a juntada dos originais. (Grupo: Impacto do CPC no processo do trabalho)

Enunciado nº 333 do FPPC: Em se tratando de guia de custas e depósito recursal inseridos no sistema eletrônico, estando o arquivo corrompido, impedido de ser executado ou de ser lido, deverá o relator assegurar a possibilidade de sanar o vício, nos termos do art. 938, §1º. (Grupo: Impacto do CPC no processo do trabalho)

§2º Cumprida a diligência de que trata o §1º, o relator, sempre que possível, prosseguirá no julgamento do recurso.

§3º Reconhecida a necessidade de produção de prova, o relator converterá o julgamento em diligência, que se realizará no tribunal ou em primeiro grau de jurisdição, decidindo-se o recurso após a conclusão da instrução.

§4º Quando não determinadas pelo relator, as providências indicadas nos §§1º e 3º poderão ser determinadas pelo órgão competente para julgamento do recurso.

Arts. 515, §4º, e 560 do CPC/73

Art. 939. Se a preliminar for rejeitada ou se a apreciação do mérito for com ela compatível, seguir-se-ão a discussão e o julgamento da matéria principal, sobre a qual deverão se pronunciar os juízes vencidos na preliminar.

Art. 561 do CPC/73

Art. 940. O relator ou outro juiz que não se considerar habilitado a proferir imediatamente seu voto poderá solicitar vista pelo prazo máximo de 10 (dez) dias, após o qual o recurso será reincluído em pauta para julgamento na sessão seguinte à data da devolução.

§1º Se os autos não forem devolvidos tempestivamente ou se não for solicitada pelo juiz prorrogação de prazo de no máximo mais 10 (dez) dias, o presidente do órgão fracionário os requisitará para julgamento do recurso na sessão ordinária subsequente, com publicação da pauta em que for incluído.

§2º Quando requisitar os autos na forma do §1º, se aquele que fez o pedido de vista ainda não se sentir habilitado a votar, o presidente convocará substituto para proferir voto, na forma estabelecida no regimento interno do tribunal.

Art. 555, §§2º e 3º, do CPC/73

Art. 941. Proferidos os votos, o presidente anunciará o resultado do julgamento, designando para redigir o acórdão o relator ou, se vencido este, o autor do primeiro voto vencedor.

§1º O voto poderá ser alterado até o momento da proclamação do resultado pelo presidente, salvo aquele já proferido por juiz afastado ou substituído.

§2º No julgamento de apelação ou de agravo de instrumento, a decisão será tomada, no órgão colegiado, pelo voto de 3 (três) juízes.

§3º O voto vencido será necessariamente declarado e considerado parte integrante do acórdão para todos os fins legais, inclusive de pré-questionamento.

Arts. 555, *caput*, e 556, *caput*, do CPC/73
Enunciado nº 200 do FPPC: Fica superado o Enunciado nº 320 da súmula do STJ ("A questão federal somente ventilada no voto vencido não atende ao requisito do prequestionamento"). (Grupo: Ordem dos Processos nos Tribunais e Recursos Ordinários)
Ver Súmula nº 200 do STJ

Art. 942. Quando o resultado da apelação for não unânime, o julgamento terá prosseguimento em sessão a ser designada com a presença de outros julgadores, que serão convocados nos termos previamente definidos no regimento interno, em número suficiente para garantir a possibilidade de inversão do resultado inicial, assegurado às partes e a eventuais terceiros o direito de sustentar oralmente suas razões perante os novos julgadores.

§1º Sendo possível, o prosseguimento do julgamento dar-se-á na mesma sessão, colhendo-se os votos de outros julgadores que porventura componham o órgão colegiado.

§2º Os julgadores que já tiverem votado poderão rever seus votos por ocasião do prosseguimento do julgamento.

§3º A técnica de julgamento prevista neste artigo aplica-se, igualmente, ao julgamento não unânime proferido em:
I – ação rescisória, quando o resultado for a rescisão da sentença, devendo, nesse caso, seu prosseguimento ocorrer em órgão de maior composição previsto no regimento interno;
II – agravo de instrumento, quando houver reforma da decisão que julgar parcialmente o mérito.
§4º Não se aplica o disposto neste artigo ao julgamento:
I – do incidente de assunção de competência e ao de resolução de demandas repetitivas;
II – da remessa necessária;
III – não unânime proferido, nos tribunais, pelo plenário ou pela corte especial.

Arts. 530 a 534 do CPC/73
Enunciado nº 466 do FPPC: A técnica do art. 942 não se aplica aos embargos infringentes pendentes ao tempo do início da vigência do CPC, cujo julgamento deverá ocorrer nos termos dos arts. 530 e seguintes do CPC de 1973. (Grupo: Direito intertemporal)
Enunciado nº 552 do FPPC: Não se aplica a técnica de ampliação do colegiado em caso de julgamento não unânime no âmbito dos Juizados Especiais. (Grupo: Impacto nos Juizados e nos procedimentos especiais da legislação extravagante)

Art. 943. Os votos, os acórdãos e os demais atos processuais podem ser registrados em documento eletrônico inviolável e assinados eletronicamente, na forma da lei, devendo ser impressos para juntada aos autos do processo quando este não for eletrônico.

§1º Todo acórdão conterá ementa.

§2º Lavrado o acórdão, sua ementa será publicada no órgão oficial no prazo de 10 (dez) dias.

Arts. 556, parágrafo único, 563 e 564 do CPC/73

Art. 944. Não publicado o acórdão no prazo de 30 (trinta) dias, contado da data da sessão de julgamento, as notas taquigráficas o substituirão, para todos os fins legais, independentemente de revisão.

Parágrafo único. No caso do *caput*, o presidente do tribunal lavrará, de imediato, as conclusões e a ementa e mandará publicar o acórdão.

Arts. 556, parágrafo único, 563 e 564 do CPC/73

Art. 945. A critério do órgão julgador, o julgamento dos recursos e dos processos de competência originária que não admitem sustentação oral poderá realizar-se por meio eletrônico.

§1º O relator cientificará as partes, pelo Diário da Justiça, de que o julgamento se fará por meio eletrônico.

§2º Qualquer das partes poderá, no prazo de 5 (cinco) dias, apresentar memoriais ou discordância do julgamento por meio eletrônico.

§3º A discordância não necessita de motivação, sendo apta a determinar o julgamento em sessão presencial.

§4º Caso surja alguma divergência entre os integrantes do órgão julgador durante o julgamento eletrônico, este ficará imediatamente suspenso, devendo a causa ser apreciada em sessão presencial. (Revogado pela Lei 13.256, de 04 de março de 2016).

Não há artigo correspondente no CPC/73

Art. 946. O agravo de instrumento será julgado antes da apelação interposta no mesmo processo.

Parágrafo único. Se ambos os recursos de que trata o *caput* houverem de ser julgados na mesma sessão, terá precedência o agravo de instrumento.

Art. 559 do CPC/73

Enunciado nº 467 do FPPC: O Ministério Público deve ser obrigatoriamente intimado no incidente de assunção de competência. (Grupo: Precedentes, IRDR, Recursos Repetitivos e Assunção de competência)

CAPÍTULO III
DO INCIDENTE DE ASSUNÇÃO DE COMPETÊNCIA

Art. 947. É admissível a assunção de competência quando o julgamento de recurso, de remessa necessária ou de processo de competência originária envolver relevante questão de direito, com grande repercussão social, sem repetição em múltiplos processos.

Enunciado nº 201 do FPPC: Aplicam-se ao incidente de assunção de competência as regras previstas nos arts. 983 e 984. (Grupo: Incidente de Resolução de Demandas Repetitivas e Assunção de Competência)

Enunciado nº 334 do FPPC: Por força da expressão "sem repetição em múltiplos processos", não cabe o incidente de assunção de competência quando couber julgamento de casos repetitivos. (Grupo: Precedentes)

Enunciado nº 335 do FPPC: O incidente de assunção de competência aplica-se ao processo do trabalho. (Grupo: Impacto do CPC no processo do trabalho)

§1º Ocorrendo a hipótese de assunção de competência, o relator proporá, de ofício ou a requerimento da parte, do Ministério Público ou da Defensoria Pública, que seja o recurso, a remessa necessária ou o processo de competência originária julgado pelo órgão colegiado que o regimento indicar.

Enunciado nº 202 do FPPC: O órgão colegiado a que se refere o §1º do art. 947 deve atender aos mesmos requisitos previstos pelo art. 978. (Grupo: Incidente de Resolução de Demandas Repetitivas e Assunção de Competência)

§2º O órgão colegiado julgará o recurso, a remessa necessária ou o processo de competência originária se reconhecer interesse público na assunção de competência.

§3º O acórdão proferido em assunção de competência vinculará todos os juízes e órgãos fracionários, exceto se houver revisão de tese.

Enunciado nº 167 do FPPC: Os tribunais regionais do trabalho estão vinculados aos enunciados de suas próprias súmulas e aos seus precedentes em incidente de assunção de competência ou de resolução de demandas repetitivas. (Grupo: Impacto do CPC no Processo do Trabalho)

Enunciado nº 558 do FPPC: Caberá reclamação contra decisão que contrarie acórdão proferido no julgamento dos incidentes de resolução de demandas repetitivas ou de assunção de competência para o tribunal cujo precedente foi desrespeitado, ainda que este não possua competência para julgar o recurso contra a decisão impugnada. (Grupo: Precedentes, IRDR, Recursos Repetitivos e Assunção de competência)

§4º Aplica-se o disposto neste artigo quando ocorrer relevante questão de direito a respeito da qual seja conveniente a prevenção ou a composição de divergência entre câmaras ou turmas do tribunal.

Art. 555, §1º, do CPC/73

Enunciado nº 461 do FPPC: O disposto no §2º do art. 927 aplica-se ao incidente de assunção de competência. (Grupo: Precedentes, IRDR, Recursos Repetitivos e Assunção de competência)

Enunciado nº 468 do FPPC: O incidente de assunção de competência aplica-se em qualquer tribunal. (Grupo: Precedentes, IRDR, Recursos Repetitivos e Assunção de competência)

Enunciado nº 469 do FPPC: A "grande repercussão social", pressuposto para a instauração do incidente de assunção de competência, abrange, dentre outras, repercussão jurídica, econômica ou política. (Grupo: Precedentes, IRDR, Recursos Repetitivos e Assunção de competência)

CAPÍTULO IV
DO INCIDENTE DE ARGUIÇÃO DE INCONSTITUCIONALIDADE

Art. 948. Arguida, em controle difuso, a inconstitucionalidade de lei ou de ato normativo do poder público, o relator, após ouvir o Ministério Público e as partes, submeterá a questão à turma ou à câmara à qual competir o conhecimento do processo.

Art. 480 do CPC/73

Art. 949. Se a arguição for:
I – rejeitada, prosseguirá o julgamento;
II – acolhida, a questão será submetida ao plenário do tribunal ou ao seu órgão especial, onde houver.
Parágrafo único. Os órgãos fracionários dos tribunais não submeterão ao plenário ou ao órgão especial a arguição de inconstitucionalidade quando já houver pronunciamento destes ou do plenário do Supremo Tribunal Federal sobre a questão.

Art. 481 do CPC/73

Art. 950. Remetida cópia do acórdão a todos os juízes, o presidente do tribunal designará a sessão de julgamento.

§1º As pessoas jurídicas de direito público responsáveis pela edição do ato questionado poderão manifestar-se no incidente de inconstitucionalidade se assim o requererem, observados os prazos e as condições previstos no regimento interno do tribunal.

§2º A parte legitimada à propositura das ações previstas no art. 103 da Constituição Federal poderá manifestar-se, por escrito, sobre a questão constitucional objeto de apreciação, no prazo previsto pelo regimento interno, sendo-lhe assegurado o direito de apresentar memoriais ou de requerer a juntada de documentos.

§3º Considerando a relevância da matéria e a representatividade dos postulantes, o relator poderá admitir, por despacho irrecorrível, a manifestação de outros órgãos ou entidades.

Art. 482 do CPC/73
Ver súmula vinculante 10 do STF
Ver arts. 97 e 103 da CF/88

CAPÍTULO V
DO CONFLITO DE COMPETÊNCIA

Art. 951. O conflito de competência pode ser suscitado por qualquer das partes, pelo Ministério Público ou pelo juiz.
Parágrafo único. O Ministério Público somente será ouvido nos conflitos de competência relativos aos processos previstos no art. 178, mas terá qualidade de parte nos conflitos que suscitar.

Art. 116 do CPC/73
Ver Súmulas nºs 3, 59, 180 e 348 do STJ

Art. 952. Não pode suscitar conflito a parte que, no processo, arguiu incompetência relativa.
Parágrafo único. O conflito de competência não obsta, porém, a que a parte que não o arguiu suscite a incompetência.

Art. 117 do CPC/73

Art. 953. O conflito será suscitado ao tribunal:
I – pelo juiz, por ofício;

II – pela parte e pelo Ministério Público, por petição.
Parágrafo único. O ofício e a petição serão instruídos com os documentos necessários à prova do conflito.

Art. 118 do CPC/73

Art. 954. Após a distribuição, o relator determinará a oitiva dos juízes em conflito ou, se um deles for suscitante, apenas do suscitado.
Parágrafo único. No prazo designado pelo relator, incumbirá ao juiz ou aos juízes prestar as informações.

Art. 119 do CPC/73

Art. 955. O relator poderá, de ofício ou a requerimento de qualquer das partes, determinar, quando o conflito for positivo, o sobrestamento do processo e, nesse caso, bem como no de conflito negativo, designará um dos juízes para resolver, em caráter provisório, as medidas urgentes.
Parágrafo único. O relator poderá julgar de plano o conflito de competência quando sua decisão se fundar em:
I – súmula do Supremo Tribunal Federal, do Superior Tribunal de Justiça ou do próprio tribunal;
II – tese firmada em julgamento de casos repetitivos ou em incidente de assunção de competência.

Art. 120 do CPC/73

Art. 956. Decorrido o prazo designado pelo relator, será ouvido o Ministério Público, no prazo de 5 (cinco) dias, ainda que as informações não tenham sido prestadas, e, em seguida, o conflito irá a julgamento.

Art. 121 do CPC/73

Art. 957. Ao decidir o conflito, o tribunal declarará qual o juízo competente, pronunciando-se também sobre a validade dos atos do juízo incompetente.
Parágrafo único. Os autos do processo em que se manifestou o conflito serão remetidos ao juiz declarado competente.

Art. 122 do CPC/73

Art. 958. No conflito que envolva órgãos fracionários dos tribunais, desembargadores e juízes em exercício no tribunal, observar-se-á o que dispuser o regimento interno do tribunal.

Art. 123 do CPC/73

Art. 959. O regimento interno do tribunal regulará o processo e o julgamento do conflito de atribuições entre autoridade judiciária e autoridade administrativa.

Art. 124 do CPC/73

CAPÍTULO VI
DA HOMOLOGAÇÃO DE DECISÃO ESTRANGEIRA E DA CONCESSÃO DO
EXEQUATUR À CARTA ROGATÓRIA

Art. 960. A homologação de decisão estrangeira será requerida por ação de homologação de decisão estrangeira, salvo disposição especial em sentido contrário prevista em tratado.

Enunciado nº 85 do FPPC: Deve prevalecer a regra de direito mais favorável na homologação de sentença arbitral estrangeira em razão do princípio da máxima eficácia. (art. 7º da Convenção de Nova York – Decreto nº 4.311/2002). (Grupo: Arbitragem; redação revista no III FPPC-Rio)

§1º A decisão interlocutória estrangeira poderá ser executada no Brasil por meio de carta rogatória.

§2º A homologação obedecerá ao que dispuserem os tratados em vigor no Brasil e o Regimento Interno do Superior Tribunal de Justiça.

§3º A homologação de decisão arbitral estrangeira obedecerá ao disposto em tratado e em lei, aplicando-se, subsidiariamente, as disposições deste Capítulo.

Art. 483 do CPC/73

Enunciado nº 86 do FPPC: O art. 964 não se aplica à homologação da sentença arbitral estrangeira, que se sujeita aos tratados em vigor no País e à legislação aplicável, na forma do §3º do art. 960. (Grupo: Arbitragem; enunciado aprovado por aclamação)

Art. 961. A decisão estrangeira somente terá eficácia no Brasil após a homologação de sentença estrangeira ou a concessão do *exequatur* às cartas rogatórias, salvo disposição em sentido contrário de lei ou tratado.

Enunciado nº 85 do FPPC: Deve prevalecer a regra de direito mais favorável na homologação de sentença arbitral estrangeira em razão do princípio da máxima eficácia. (art. 7º da Convenção de Nova York – Decreto nº 4.311/2002). (Grupo: Arbitragem; redação revista no III FPPC-Rio)

§1º É passível de homologação a decisão judicial definitiva, bem como a decisão não judicial que, pela lei brasileira, teria natureza jurisdicional.

Enunciado nº 553 do FPPC: A sentença arbitral parcial estrangeira submete-se ao regime de homologação. (Grupo: Arbitragem)

§2º A decisão estrangeira poderá ser homologada parcialmente.

§3º A autoridade judiciária brasileira poderá deferir pedidos de urgência e realizar atos de execução provisória no processo de homologação de decisão estrangeira.

§4º Haverá homologação de decisão estrangeira para fins de execução fiscal quando prevista em tratado ou em promessa de reciprocidade apresentada à autoridade brasileira.

§5º A sentença estrangeira de divórcio consensual produz efeitos no Brasil, independentemente de homologação pelo Superior Tribunal de Justiça.

§6º Na hipótese do §5º, competirá a qualquer juiz examinar a validade da decisão, em caráter principal ou incidental, quando essa questão for suscitada em processo de sua competência.

Art. 483, *caput*, do CPC/73

Art. 962. É passível de execução a decisão estrangeira concessiva de medida de urgência.

Enunciado nº 85 do FPPC: Deve prevalecer a regra de direito mais favorável na homologação de sentença arbitral estrangeira em razão do princípio da máxima eficácia. (art. 7º da Convenção de Nova York – Decreto nº 4.311/2002). (Grupo: Arbitragem; redação revista no III FPPC-Rio)

§1º A execução no Brasil de decisão interlocutória estrangeira concessiva de medida de urgência dar-se-á por carta rogatória.

§2º A medida de urgência concedida sem audiência do réu poderá ser executada, desde que garantido o contraditório em momento posterior.

§3º O juízo sobre a urgência da medida compete exclusivamente à autoridade jurisdicional prolatora da decisão estrangeira.

§4º Quando dispensada a homologação para que a sentença estrangeira produza efeitos no Brasil, a decisão concessiva de medida de urgência dependerá, para produzir efeitos, de ter sua validade expressamente reconhecida pelo juiz competente para dar-lhe cumprimento, dispensada a homologação pelo Superior Tribunal de Justiça.

Não há artigo correspondente no CPC/73

Art. 963. Constituem requisitos indispensáveis à homologação da decisão:

Enunciado nº 85 do FPPC: Deve prevalecer a regra de direito mais favorável na homologação de sentença arbitral estrangeira em razão do princípio da máxima eficácia. (art. 7º da Convenção de Nova York – Decreto nº 4.311/2002). (Grupo: Arbitragem; redação revista no III FPPC-Rio)

I – ser proferida por autoridade competente;
II – ser precedida de citação regular, ainda que verificada a revelia;
III – ser eficaz no país em que foi proferida;
IV – não ofender a coisa julgada brasileira;
V – estar acompanhada de tradução oficial, salvo disposição que a dispense prevista em tratado;
VI – não conter manifesta ofensa à ordem pública.
Parágrafo único. Para a concessão do *exequatur* às cartas rogatórias, observar-se-ão os pressupostos previstos no *caput* deste artigo e no art. 962, §2º.

Não há artigo correspondente no CPC/73
Ver art. 15 da LINDB

Art. 964. Não será homologada a decisão estrangeira na hipótese de competência exclusiva da autoridade judiciária brasileira.

Enunciado nº 85 do FPPC: Deve prevalecer a regra de direito mais favorável na homologação de sentença arbitral estrangeira em razão do princípio da máxima eficácia. (art. 7º da Convenção de Nova York – Decreto nº 4.311/2002). (Grupo: Arbitragem; redação revista no III FPPC-Rio)

Enunciado nº 86 do FPPC: O art. 964 não se aplica à homologação da sentença arbitral estrangeira, que se sujeita aos tratados em vigor no País e à legislação aplicável, na forma do §3º do art. 960. (Grupo: Arbitragem; enunciado aprovado por aclamação)

Parágrafo único. O dispositivo também se aplica à concessão do *exequatur* à carta rogatória.

Não há artigo correspondente no CPC/73

Art. 965. O cumprimento de decisão estrangeira far-se-á perante o juízo federal competente, a requerimento da parte, conforme as normas estabelecidas para o cumprimento de decisão nacional.

Enunciado nº 85 do FPPC: Deve prevalecer a regra de direito mais favorável na homologação de sentença arbitral estrangeira em razão do princípio da máxima eficácia. (art. 7º da Convenção de Nova York – Decreto nº 4.311/2002). (Grupo: Arbitragem; redação revista no III FPPC-Rio)

Parágrafo único. O pedido de execução deverá ser instruído com cópia autenticada da decisão homologatória ou do *exequatur*, conforme o caso.

Art. 484 do CPC/73
Ver art. 109, X, da CF/88

CAPÍTULO VII
DA AÇÃO RESCISÓRIA

Art. 966. A decisão de mérito, transitada em julgado, pode ser rescindida quando:

Enunciado nº 203 do FPPC: Não se admite ação rescisória de sentença arbitral. (Grupo: Arbitragem)
Enunciado nº 336 do FPPC: Cabe ação rescisória contra decisão interlocutória de mérito. (Grupo Sentença, Coisa Julgada e Ação Rescisória)
Enunciado nº 338 do FPPC: Cabe ação rescisória para desconstituir a coisa julgada formada sobre a resolução expressa da questão prejudicial incidental. (Grupo Sentença, Coisa Julgada e Ação Rescisória)

I – se verificar que foi proferida por força de prevaricação, concussão ou corrupção do juiz;
II – for proferida por juiz impedido ou por juízo absolutamente incompetente;
III – resultar de dolo ou coação da parte vencedora em detrimento da parte vencida ou, ainda, de simulação ou colusão entre as partes, a fim de fraudar a lei;

IV – ofender a coisa julgada;

Enunciado nº 554 do FPPC: Na ação rescisória fundada em violação ao efeito positivo da coisa julgada, haverá o rejulgamento da causa após a desconstituição da decisão rescindenda. (Grupo: Sentença, coisa julgada e ação rescisória)

V – violar manifestamente norma jurídica;
VI – for fundada em prova cuja falsidade tenha sido apurada em processo criminal ou venha a ser demonstrada na própria ação rescisória;
VII – obtiver o autor, posteriormente ao trânsito em julgado, prova nova cuja existência ignorava ou de que não pôde fazer uso, capaz, por si só, de lhe assegurar pronunciamento favorável;
VIII – for fundada em erro de fato verificável do exame dos autos.

§1º Há erro de fato quando a decisão rescindenda admitir fato inexistente ou quando considerar inexistente fato efetivamente ocorrido, sendo indispensável, em ambos os casos, que o fato não represente ponto controvertido sobre o qual o juiz deveria ter se pronunciado.

§2º Nas hipóteses previstas nos incisos do *caput*, será rescindível a decisão transitada em julgado que, embora não seja de mérito, impeça:
I – nova propositura da demanda; ou
II – admissibilidade do recurso correspondente.

Enunciado nº 555 do FPPC: Nos casos em que tanto a decisão de inadmissibilidade do recurso quanto a decisão recorrida apresentem vícios rescisórios, ambas serão rescindíveis, ainda que proferidas por órgãos jurisdicionais diversos. (Grupo: Sentença, coisa julgada e ação rescisória)

§3º A ação rescisória pode ter por objeto apenas 1 (um) capítulo da decisão.

Enunciado nº 337 do FPPC: A competência para processar a ação rescisória contra capítulo de decisão deverá considerar o órgão jurisdicional que proferiu o capítulo rescindendo. (Grupo Sentença, Coisa Julgada e Ação Rescisória)

Enunciado nº 338 do FPPC: Cabe ação rescisória para desconstituir a coisa julgada formada sobre a resolução expressa da questão prejudicial incidental. (Grupo Sentença, Coisa Julgada e Ação Rescisória)

§4º Os atos de disposição de direitos, praticados pelas partes ou por outros participantes do processo e homologados pelo juízo, bem como os atos homologatórios praticados no curso da execução, estão sujeitos à anulação, nos termos da lei.

§5º Cabe ação rescisória, com fundamento no inciso V do caput deste artigo, contra decisão baseada em enunciado de súmula ou acórdão proferido em julgamento de casos repetitivos que não tenha considerado a existência de distinção entre a questão discutida no processo e o padrão decisório que lhe deu fundamento.

§6º Quando a ação rescisória fundar-se na hipótese do §5º deste artigo, caberá ao autor, sob pena de inépcia, demonstrar, fundamentadamente, tratar-se de situação particularizada por hipótese fática distinta ou de questão jurídica não examinada, a impor outra solução jurídica. (NR)

A redação original do dispositivo não incluía os §§5º e 6º.
Art. 485 do CPC/73
Enunciado nº 137 do FPPC: Contra sentença transitada em julgado que resolve partilha, ainda que homologatória, cabe ação rescisória. (Grupo: Coisa Julgada, Ação Rescisória e Sentença)
Enunciado nº 138 do FPPC: A partilha amigável extrajudicial e a partilha amigável judicial homologada por decisão ainda não transitada em julgado são impugnáveis por ação anulatória. (Grupo: Coisa Julgada, Ação Rescisória e Sentença)
Ver arts. 316, 317 e 319 do Código Penal
Ver Súmula nº 343 do STF

Art. 967. Têm legitimidade para propor a ação rescisória:

I – quem foi parte no processo ou o seu sucessor a título universal ou singular;
II – o terceiro juridicamente interessado;
III – o Ministério Público:
a) se não foi ouvido no processo em que lhe era obrigatória a intervenção;
b) quando a decisão rescindenda é o efeito de simulação ou de colusão das partes, a fim de fraudar a lei;
c) em outros casos em que se imponha sua atuação;
IV – aquele que não foi ouvido no processo em que lhe era obrigatória a intervenção.

Enunciado nº 339 do FPPC: O CADE e a CVM, caso não tenham sido intimados, quando obrigatório, para participar do processo (art. 118, Lei n. 12.529/2011; art. 31, Lei n. 6.385/1976), têm legitimidade para propor ação rescisória contra a decisão ali proferida, nos termos do inciso IV do art. 967. (Grupo Sentença, Coisa Julgada e Ação Rescisória)

Parágrafo único. Nas hipóteses do art. 178, o Ministério Público será intimado para intervir como fiscal da ordem jurídica quando não for parte.
Art. 487 do CPC/73
Ver art. 31 da Lei nº 6.385/1976
Ver art. 118 da Çeo 12.529/2011
Ver Súmula nº 407 do TST

Art. 968. A petição inicial será elaborada com observância dos requisitos essenciais do art. 319, devendo o autor:
I – cumular ao pedido de rescisão, se for o caso, o de novo julgamento do processo;
II – depositar a importância de cinco por cento sobre o valor da causa, que se converterá em multa caso a ação seja, por unanimidade de votos, declarada inadmissível ou improcedente.
§1º Não se aplica o disposto no inciso II à União, aos Estados, ao Distrito Federal, aos Municípios, às suas respectivas autarquias e fundações de direito público, ao Ministério Público, à Defensoria Pública e aos que tenham obtido o benefício de gratuidade da justiça.
§2º O depósito previsto no inciso II do *caput* deste artigo não será superior a 1.000 (mil) salários-mínimos.
§3º Além dos casos previstos no art. 330, a petição inicial será indeferida quando não efetuado o depósito exigido pelo inciso II do *caput* deste artigo.

Enunciado nº 284 do FPPC: Aplica-se à ação rescisória o disposto no art. 321. (Grupo Sentença, Coisa Julgada e Ação Rescisória)

§4º Aplica-se à ação rescisória o disposto no art. 332.
§5º Reconhecida a incompetência do tribunal para julgar a ação rescisória, o autor será intimado para emendar a petição inicial, a fim de adequar o objeto da ação rescisória, quando a decisão apontada como rescindenda:
I – não tiver apreciado o mérito e não se enquadrar na situação prevista no §2º do art. 966;
II – tiver sido substituída por decisão posterior.

Enunciado nº 488 do FPPC: No mandado de segurança, havendo equivocada indicação da autoridade coatora, o impetrante deve ser intimado para emendar a petição inicial e, caso haja alteração de competência, o juiz remeterá os autos ao juízo competente. (Grupo: Impacto do novo CPC e os processos da Fazenda Pública)

§6º Na hipótese do §5º, após a emenda da petição inicial, será permitido ao réu complementar os fundamentos de defesa, e, em seguida, os autos serão remetidos ao tribunal competente.

Arts. 488 e 491 do CPC/73
Ver Súmula nº 401 do STJ

Art. 969. A propositura da ação rescisória não impede o cumprimento da decisão rescindenda, ressalvada a concessão de tutela provisória.

Art. 489 do CPC/73

Enunciado nº 80 do FPPC: A tutela antecipada prevista nestes dispositivos pode ser de urgência ou de evidência. (Grupo: Tutela Antecipada)

Enunciado nº 421 do FPPC: Não cabe estabilização de tutela antecipada em ação rescisória. (Grupo: Tutela de urgência e tutela de evidência)

Art. 970. O relator ordenará a citação do réu, designando-lhe prazo nunca inferior a 15 (quinze) dias nem superior a 30 (trinta) dias para, querendo, apresentar resposta, ao fim do qual, com ou sem contestação, observar-se-á, no que couber, o procedimento comum.

Art. 491 do CPC/73

Art. 971. Na ação rescisória, devolvidos os autos pelo relator, a secretaria do tribunal expedirá cópias do relatório e as distribuirá entre os juízes que compuserem o órgão competente para o julgamento.

Parágrafo único. A escolha de relator recairá, sempre que possível, em juiz que não haja participado do julgamento rescindendo.

Art. 553 do CPC/73

Art. 972. Se os fatos alegados pelas partes dependerem de prova, o relator poderá delegar a competência ao órgão que proferiu a decisão rescindenda, fixando prazo de 1 (um) a 3 (três) meses para a devolução dos autos.

Art. 492 do CPC/73

Enunciado nº 340 do FPPC: Observadas as regras de distribuição, o relator pode delegar a colheita de provas para juízo distinto do que proferiu a decisão rescindenda. (Grupo Sentença, Coisa Julgada e Ação Rescisória)

Art. 973. Concluída a instrução, será aberta vista ao autor e ao réu para razões finais, sucessivamente, pelo prazo de 10 (dez) dias.
Parágrafo único. Em seguida, os autos serão conclusos ao relator, procedendo-se ao julgamento pelo órgão competente.

Art. 493 do CPC/73
Ver Súmula nº 252 do STF

Art. 974. Julgando procedente o pedido, o tribunal rescindirá a decisão, proferirá, se for o caso, novo julgamento e determinará a restituição do depósito a que se refere o inciso II do art. 968.
Parágrafo único. Considerando, por unanimidade, inadmissível ou improcedente o pedido, o tribunal determinará a reversão, em favor do réu, da importância do depósito, sem prejuízo do disposto no §2º do art. 82.

Art. 494 do CPC/73

Art. 975. O direito à rescisão se extingue em 2 (dois) anos contados do trânsito em julgado da última decisão proferida no processo.
§1º Prorroga-se até o primeiro dia útil imediatamente subsequente o prazo a que se refere o *caput*, quando expirar durante férias forenses, recesso, feriados ou em dia em que não houver expediente forense.
§2º Se fundada a ação no inciso VII do art. 966, o termo inicial do prazo será a data de descoberta da prova nova, observado o prazo máximo de 5 (cinco) anos, contado do trânsito em julgado da última decisão proferida no processo.

Enunciado nº 341 do FPPC: O prazo para ajuizamento de ação rescisória é estabelecido pela data do trânsito em julgado da decisão rescindenda, de modo que não se aplicam as regras dos §§2 º e 3º do art. 975 do CPC à coisa julgada constituída antes de sua vigência. (Grupo: Direito intertemporal e disposições finais e transitórias)

§3º Nas hipóteses de simulação ou de colusão das partes, o prazo começa a contar, para o terceiro prejudicado e para o Ministério Público, que não interveio no processo, a partir do momento em que têm ciência da simulação ou da colusão.

Art. 495 do CPC/73
Enunciado nº 341 do FPPC: O prazo para ajuizamento de ação rescisória é estabelecido pela data do trânsito em julgado da decisão rescindenda, de modo que não se aplicam as regras dos §§2 º e 3º do art. 975 do CPC à

coisa julgada constituída antes de sua vigência. (Grupo: Direito intertemporal e disposições finais e transitórias)
Ver Súmula nº 100, VI, do TST
Ver art. 8º-C, da Lei nº 6.739/1979
Ver Súmula nº 401 do STJ

CAPÍTULO VIII
DO INCIDENTE DE RESOLUÇÃO DE DEMANDAS REPETITIVAS

Art. 976. É cabível a instauração do incidente de resolução de demandas repetitivas quando houver, simultaneamente:

Enunciado nº 88 do FPPC: Não existe limitação de matérias de direito passíveis de gerar a instauração do incidente de resolução de demandas repetitivas e, por isso, não é admissível qualquer interpretação que, por tal fundamento, restrinja seu cabimento. (Grupo: Recursos Extraordinários e Incidente de Resolução de Demandas Repetitivas)

Enunciado nº 89 do FPPC: Havendo apresentação de mais de um pedido de instauração do incidente de resolução de demandas repetitivas perante o mesmo tribunal todos deverão ser apensados e processados conjuntamente; os que forem oferecidos posteriormente à decisão de admissão serão apensados e sobrestados, cabendo ao órgão julgador considerar as razões neles apresentadas. (Grupo: Recursos Extraordinários e Incidente de Resolução de Demandas Repetitivas)

Enunciado nº 90 do FPPC: É admissível a instauração de mais de um incidente de resolução de demandas repetitivas versando sobre a mesma questão de direito perante tribunais de 2º grau diferentes. (Grupo: Recursos Extraordinários e Incidente de Resolução de Demandas Repetitivas)

Enunciado nº 167 do FPPC: Os tribunais regionais do trabalho estão vinculados aos enunciados de suas próprias súmulas e aos seus precedentes em incidente de assunção de competência ou de resolução de demandas repetitivas. (Grupo: Impacto do CPC no Processo do Trabalho)

Enunciado nº 204 do FPPC: Quando se deparar com diversas demandas individuais repetitivas, poderá o juiz oficiar o Ministério Público, a Defensoria Pública e os demais legitimados a que se refere o art. 988, §3º, II, para que, querendo, ofereça o incidente de resolução de demandas repetitivas, desde que atendidos os seus respectivos requisitos. (Grupo: Incidente de Resolução de Demandas Repetitivas e Assunção de Competência)

Enunciado nº 342 do FPPC: O incidente de resolução de demandas repetitivas aplica-se a recurso, a remessa necessária ou a qualquer causa de competência originária. (Grupo: Precedentes)

Enunciado nº 343 do FPPC: O incidente de resolução de demandas repetitivas compete a tribunal de justiça ou tribunal regional. (Grupo: Precedentes)

Enunciado nº 344 do FPPC: A instauração do incidente pressupõe a existência de processo pendente no respectivo tribunal. (Grupo: Precedentes)

Enunciado nº 345 do FPPC: O incidente de resolução de demandas repetitivas e o julgamento dos recursos extraordinários e especiais repetitivos formam um microssistema de solução de casos repetitivos, cujas normas de regência se complementam reciprocamente e devem ser interpretadas conjuntamente. (Grupo: Precedentes)

Enunciado nº 346 do FPPC: A Lei nº 13.015, de 21 de julho de 2014, compõe o microssistema de solução de casos repetitivos. (Grupo: Precedentes)

Enunciado nº 347 do FPPC: Aplica-se ao processo do trabalho o incidente de resolução de demandas repetitivas, devendo ser instaurado quando houver efetiva repetição de processos que contenham controvérsia sobre a mesma questão de direito. (Grupo: Impacto do CPC no processo do trabalho)

I – efetiva repetição de processos que contenham controvérsia sobre a mesma questão unicamente de direito;
II – risco de ofensa à isonomia e à segurança jurídica.

Enunciado nº 87 do FPPC: A instauração do incidente de resolução de demandas repetitivas não pressupõe a existência de grande quantidade de processos versando sobre a mesma questão, mas preponderantemente o risco de quebra da isonomia e de ofensa à segurança jurídica. (Grupo: Recursos Extraordinários e Incidente de Resolução de Demandas Repetitivas)

§1º A desistência ou o abandono do processo não impede o exame de mérito do incidente.
§2º Se não for o requerente, o Ministério Público intervirá obrigatoriamente no incidente e deverá assumir sua titularidade em caso de desistência ou de abandono.

Enunciado nº 467 do FPPC: O Ministério Público deve ser obrigatoriamente intimado no incidente de assunção de competência. (Grupo: Precedentes, IRDR, Recursos Repetitivos e Assunção de competência)

§3º A inadmissão do incidente de resolução de demandas repetitivas por ausência de qualquer de seus pressupostos de admissibilidade não impede que, uma vez satisfeito o requisito, seja o incidente novamente suscitado.

Enunciado nº 305 do FPPC: No julgamento de casos repetitivos, o tribunal deverá enfrentar todos os argumentos contrários e favoráveis à tese jurídica discutida. (Grupo: Precedentes)

§4º É incabível o incidente de resolução de demandas repetitivas quando um dos tribunais superiores, no âmbito de sua respectiva competência, já tiver afetado recurso para definição de tese sobre questão de direito material ou processual repetitiva.

§5º Não serão exigidas custas processuais no incidente de resolução de demandas repetitivas.

Não há artigo correspondente no CPC/73

Art. 977. O pedido de instauração do incidente será dirigido ao presidente de tribunal:

I – pelo juiz ou relator, por ofício;

II – pelas partes, por petição;

III – pelo Ministério Público ou pela Defensoria Pública, por petição.

Parágrafo único. O ofício ou a petição será instruído com os documentos necessários à demonstração do preenchimento dos pressupostos para a instauração do incidente.

Não há artigo correspondente no CPC/73

Art. 978. O julgamento do incidente caberá ao órgão indicado pelo regimento interno dentre aqueles responsáveis pela uniformização de jurisprudência do tribunal.

Enunciado nº 202 do FPPC: O órgão colegiado a que se refere o §1º do art. 947 deve atender aos mesmos requisitos previstos pelo art. 978. (Grupo: Incidente de Resolução de Demandas Repetitivas e Assunção de Competência)

Parágrafo único. O órgão colegiado incumbido de julgar o incidente e de fixar a tese jurídica julgará igualmente o recurso, a remessa necessária ou o processo de competência originária de onde se originou o incidente.

Não há artigo correspondente no CPC/73

Art. 979. A instauração e o julgamento do incidente serão sucedidos da mais ampla e específica divulgação e publicidade, por meio de registro eletrônico no Conselho Nacional de Justiça.

§1º Os tribunais manterão banco eletrônico de dados atualizados com informações específicas sobre questões de direito submetidas ao incidente, comunicando-o imediatamente ao Conselho Nacional de Justiça para inclusão no cadastro.

§2º Para possibilitar a identificação dos processos abrangidos pela decisão do incidente, o registro eletrônico das teses jurídicas constantes do cadastro conterá, no mínimo, os fundamentos determinantes da decisão e os dispositivos normativos a ela relacionados.

§3º Aplica-se o disposto neste artigo ao julgamento de recursos repetitivos e da repercussão geral em recurso extraordinário.

Não há artigo correspondente no CPC/73

Art. 980. O incidente será julgado no prazo de 1 (um) ano e terá preferência sobre os demais feitos, ressalvados os que envolvam réu preso e os pedidos de *habeas corpus*.

Parágrafo único. Superado o prazo previsto no *caput*, cessa a suspensão dos processos prevista no art. 982, salvo decisão fundamentada do relator em sentido contrário.

Não há artigo correspondente no CPC/73

Enunciado nº 452 do FPPC: Durante a suspensão do processo prevista no art. 982 não corre o prazo de prescrição intercorrente. (Grupo: Precedentes, IRDR, Recursos Repetitivos e Assunção de competência)

Art. 981. Após a distribuição, o órgão colegiado competente para julgar o incidente procederá ao seu juízo de admissibilidade, considerando a presença dos pressupostos do art. 976.

Não há artigo correspondente no CPC/73

Enunciado nº 91 do FPPC: Cabe ao órgão colegiado realizar o juízo de admissibilidade do incidente de resolução de demandas repetitivas, sendo vedada a decisão monocrática. (Grupo: Recursos Extraordinários e Incidente de Resolução de Demandas Repetitivas)

Enunciado nº 556 do FPPC: É irrecorrível a decisão do órgão colegiado que, em sede de juízo de admissibilidade, rejeita a instauração do incidente de resolução de demandas repetitivas, salvo o cabimento dos embargos de declaração. (Grupo: Precedentes, IRDR, Recursos Repetitivos e Assunção de competência)

Art. 982. Admitido o incidente, o relator:

Enunciado nº 205 do FPPC: Havendo cumulação de pedidos simples, a aplicação do art. 982, I e §3º, poderá provocar apenas a suspensão parcial do processo, não impedindo o prosseguimento em relação ao pedido não abrangido pela tese a ser firmada no incidente de resolução de demandas repetitivas. (Grupo: Incidente de Resolução de Demandas Repetitivas e Assunção de Competência)

I – suspenderá os processos pendentes, individuais ou coletivos, que tramitam no Estado ou na região, conforme o caso;

Enunciado nº 92 do FPPC: A suspensão de processos prevista neste dispositivo é consequência da admissão do incidente de resolução de demandas repetitivas e não depende da demonstração dos requisitos para a tutela de urgência. (Grupo: Recursos Extraordinários e Incidente de Resolução de Demandas Repetitivas; redação revista no III FPPC-Rio)

Enunciado nº 93 do FPPC: Admitido o incidente de resolução de demandas repetitivas, também devem ficar suspensos os processos que versem sobre a mesma questão objeto do incidente e que tramitem perante os juizados especiais no mesmo estado ou região. (Grupo: Recursos Extraordinários e Incidente de Resolução de Demandas Repetitivas)

Enunciado nº 205 do FPPC: Havendo cumulação de pedidos simples, a aplicação do art. 982, I e §3º, poderá provocar apenas a suspensão parcial do processo, não impedindo o prosseguimento em relação ao pedido não abrangido pela tese a ser firmada no incidente de resolução de demandas repetitivas. (Grupo: Incidente de Resolução de Demandas Repetitivas e Assunção de Competência)

Enunciado nº 470 do FPPC: Aplica-se no âmbito dos juizados especiais a suspensão prevista no art. 982, I. (Grupo: Precedentes, IRDR, Recursos Repetitivos e Assunção de competência)

Enunciado nº 557 do FPPC: O agravo de instrumento previsto no art. 1.037, §13, I, também é cabível contra a decisão prevista no art. 982, inc. I. (Grupo: Recursos (menos os repetitivos) e reclamação)

II – poderá requisitar informações a órgãos em cujo juízo tramita processo no qual se discute o objeto do incidente, que as prestarão no prazo de 15 (quinze) dias;

III – intimará o Ministério Público para, querendo, manifestar-se no prazo de 15 (quinze) dias.

Enunciado nº 467 do FPPC: O Ministério Público deve ser obrigatoriamente intimado no incidente de assunção de competência. (Grupo: Precedentes, IRDR, Recursos Repetitivos e Assunção de competência)

§1º A suspensão será comunicada aos órgãos jurisdicionais competentes.

§2º Durante a suspensão, o pedido de tutela de urgência deverá ser dirigido ao juízo onde tramita o processo suspenso.

§3º Visando à garantia da segurança jurídica, qualquer legitimado mencionado no art. 977, incisos II e III, poderá requerer, ao tribunal competente para conhecer do recurso extraordinário ou especial, a suspensão de todos os processos individuais ou coletivos em curso no território nacional que versem sobre a questão objeto do incidente já instaurado.

Enunciado nº 205 do FPPC: Havendo cumulação de pedidos simples, a aplicação do art. 982, I e §3º, poderá provocar apenas a suspensão parcial do processo, não impedindo o prosseguimento em relação ao pedido não abrangido pela tese a ser firmada no incidente de resolução de demandas repetitivas. (Grupo: Incidente de Resolução de Demandas Repetitivas e Assunção de Competência)

Enunciado nº 471 do FPPC: Aplica-se no âmbito dos juizados especiais a suspensão prevista no art. 982, §3º. (Grupo: Precedentes, IRDR, Recursos Repetitivos e Assunção de competência)

§4º Independentemente dos limites da competência territorial, a parte no processo em curso no qual se discuta a mesma questão objeto do incidente é legitimada para requerer a providência prevista no §3º deste artigo.

Enunciado nº 94 do FPPC: A parte que tiver o seu processo suspenso nos termos do inciso I do art. 982 poderá interpor recurso especial ou extraordinário contra ao acórdão que julgar o incidente de resolução de demandas repetitivas. (Grupo: Recursos Extraordinários e Incidente de Resolução de Demandas Repetitivas)

§5º Cessa a suspensão a que se refere o inciso I do *caput* deste artigo se não for interposto recurso especial ou recurso extraordinário contra a decisão proferida no incidente.

Não há artigo correspondente no CPC/73

Enunciado nº 349 do FPPC: Cabe reclamação para o tribunal que julgou o incidente de resolução de demandas repetitivas caso afrontada a autoridade dessa decisão. (Grupo: Precedentes)

Enunciado nº 452 do FPPC: Durante a suspensão do processo prevista no art. 982 não corre o prazo de prescrição intercorrente. (Grupo: Precedentes, IRDR, Recursos Repetitivos e Assunção de competência)

Art. 983. O relator ouvirá as partes e os demais interessados, inclusive pessoas, órgãos e entidades com interesse na controvérsia, que, no prazo comum de 15 (quinze) dias, poderão requerer a juntada de documentos, bem como as diligências necessárias para a elucidação da questão de direito controvertida, e, em seguida, manifestar-se-á o Ministério Público, no mesmo prazo.

Enunciado nº 201 do FPPC: Aplicam-se ao incidente de assunção de competência as regras previstas nos arts. 983 e 984. (Grupo: Incidente de Resolução de Demandas Repetitivas e Assunção de Competência)

Enunciado nº 467 do FPPC: O Ministério Público deve ser obrigatoriamente intimado no incidente de assunção de competência. (Grupo: Precedentes, IRDR, Recursos Repetitivos e Assunção de competência)

§1º Para instruir o incidente, o relator poderá designar data para, em audiência pública, ouvir depoimentos de pessoas com experiência e conhecimento na matéria.

§2º Concluídas as diligências, o relator solicitará dia para o julgamento do incidente.

Não há artigo correspondente no CPC/73

Art. 984. No julgamento do incidente, observar-se-á a seguinte ordem:

Enunciado nº 201 do FPPC: Aplicam-se ao incidente de assunção de competência as regras previstas nos arts. 983 e 984. (Grupo: Incidente de Resolução de Demandas Repetitivas e Assunção de Competência)

I – o relator fará a exposição do objeto do incidente;
II – poderão sustentar suas razões, sucessivamente:
a) o autor e o réu do processo originário e o Ministério Público, pelo prazo de 30 (trinta) minutos;

Enunciado nº 467 do FPPC: O Ministério Público deve ser obrigatoriamente intimado no incidente de assunção de competência. (Grupo: Precedentes, IRDR, Recursos Repetitivos e Assunção de competência)

b) os demais interessados, no prazo de 30 (trinta) minutos, divididos entre todos, sendo exigida inscrição com 2 (dois) dias de antecedência.

§1º Considerando o número de inscritos, o prazo poderá ser ampliado.

§2º O conteúdo do acórdão abrangerá a análise de todos os fundamentos suscitados concernentes à tese jurídica discutida, sejam favoráveis ou contrários.

Não há artigo correspondente no CPC/73

Art. 985. Julgado o incidente, a tese jurídica será aplicada:

I – a todos os processos individuais ou coletivos que versem sobre idêntica questão de direito e que tramitem na área de jurisdição do respectivo tribunal, inclusive àqueles que tramitem nos juizados especiais do respectivo Estado ou região;

Enunciado nº 95 do FPPC: A suspensão de processos na forma deste dispositivo depende apenas da demonstração da existência de múltiplos processos versando sobre a mesma questão de direito em tramitação em mais de um estado ou região. (Grupo: Recursos Extraordinários e Incidente de Resolução de Demandas Repetitivas)

Enunciado nº 472 do FPPC: Aplica-se o inciso I do art. 985 ao julgamento de recursos repetitivos e ao incidente de assunção de competência. (Grupo: Precedentes, IRDR, Recursos Repetitivos e Assunção de competência)

Enunciado nº 480 do FPPC: Aplica-se no âmbito dos juizados especiais a suspensão dos processos em trâmite no território nacional, que versem sobre a questão submetida ao regime de julgamento de recursos especiais e extraordinários repetitivos, determinada com base no art. 1.037, II. (Grupo: Precedentes, IRDR, Recursos Repetitivos e Assunção de competência)

Enunciado nº 524 do FPPC: O art. 489, §1º, IV, não obriga o órgão julgador a enfrentar os fundamentos jurídicos deduzidos no processo e já enfrentados na formação da decisão paradigma, sendo necessário demonstrar a correlação fática e jurídica entre o caso concreto e aquele já apreciado. (Grupo: Precedentes, IRDR, Recursos Repetitivos e Assunção de competência)

II – aos casos futuros que versem idêntica questão de direito e que venham a tramitar no território de competência do tribunal, salvo revisão na forma do art. 986.

§1º Não observada a tese adotada no incidente, caberá reclamação.

§2º Se o incidente tiver por objeto questão relativa a prestação de serviço concedido, permitido ou autorizado, o resultado do julgamento será comunicado ao órgão, ao ente ou à agência reguladora competente para fiscalização da efetiva aplicação, por parte dos entes sujeitos a regulação, da tese adotada.

Não há artigo correspondente no CPC/73

Art. 986. A revisão da tese jurídica firmada no incidente far-se-á pelo mesmo tribunal, de ofício ou mediante requerimento dos legitimados mencionados no art. 977, inciso III.

Não há artigo correspondente no CPC/73

Enunciado nº 473 do FPPC: A possibilidade de o tribunal revisar de ofício a tese jurídica do incidente de resolução de demandas repetitivas autoriza as partes a requerê-la. (Grupo: Precedentes, IRDR, Recursos Repetitivos e Assunção de competência)

Art. 987. Do julgamento do mérito do incidente caberá recurso extraordinário ou especial, conforme o caso.

Enunciado nº 94 do FPPC: A parte que tiver o seu processo suspenso nos termos do inciso I do art. 982 poderá interpor recurso especial ou extraordinário contra ao acórdão que julgar o incidente de resolução de demandas repetitivas. (Grupo: Recursos Extraordinários e Incidente de Resolução de Demandas Repetitivas)

Enunciado nº 348 do FPPC: Os interessados serão intimados da suspensão de seus processos individuais, podendo requerer o prosseguimento ao juiz ou tribunal onde tramitarem, demonstrando a distinção entre a questão a ser decidida e aquela a ser julgada no incidente de resolução de demandas repetitivas, ou nos recursos repetitivos. (Grupo: Precedentes)

§1º O recurso tem efeito suspensivo, presumindo-se a repercussão geral de questão constitucional eventualmente discutida.
§2º Apreciado o mérito do recurso, a tese jurídica adotada pelo Supremo Tribunal Federal ou pelo Superior Tribunal de Justiça será aplicada no território nacional a todos os processos individuais ou coletivos que versem sobre idêntica questão de direito.

Não há artigo correspondente no CPC/73
Ver art. 1.072, IV, do CPC/2015
Ver Súmula nº 734 do STF

CAPÍTULO IX
DA RECLAMAÇÃO

Art. 988. Caberá reclamação da parte interessada ou do Ministério Público para:

I – preservar a competência do tribunal;

Enunciado nº 207 do FPPC: Cabe reclamação, por usurpação da competência do tribunal de justiça ou tribunal regional federal, contra a decisão de juiz de 1º grau que inadmitir recurso de apelação. (Grupo: Ordem dos Processos nos Tribunais e Recursos Ordinários)

Enunciado nº 208 do FPPC: Cabe reclamação, por usurpação da competência do Superior Tribunal de Justiça, contra a decisão de juiz de 1º grau que inadmitir recurso ordinário, no caso do art. 1.027, II, 'b'. (Grupo: Ordem dos Processos nos Tribunais e Recursos Ordinários)

Enunciado nº 209 do FPPC: Cabe reclamação, por usurpação da competência do Superior Tribunal de Justiça, contra a decisão de presidente ou vice-presidente do tribunal de 2º grau que inadmitir recurso ordinário interposto com fundamento no art. 1.027, II, "a". (Grupo: Ordem dos Processos nos Tribunais e Recursos Ordinários)

Enunciado nº 210 do FPPC: Cabe reclamação, por usurpação da competência do Supremo Tribunal Federal, contra a decisão de presidente ou vice-presidente de tribunal superior que inadmitir recurso ordinário interposto com fundamento no art. 1.027, I. (Grupo: Ordem dos Processos nos Tribunais e Recursos Ordinários)

Enunciado nº 349 do FPPC: Cabe reclamação para o tribunal que julgou o incidente de resolução de demandas repetitivas caso afrontada a autoridade dessa decisão. (Grupo: Precedentes)

Enunciado nº 350 do FPPC: Cabe reclamação, na Justiça do Trabalho, da parte interessada ou do Ministério Público, nas hipóteses previstas no art. 988, visando a preservar a competência do tribunal e garantir a autoridade das suas decisões e do precedente firmado em julgamento de casos repetitivos. (Grupo: Impacto do CPC no processo do trabalho)

II – garantir a autoridade das decisões do tribunal;
III – garantir a observância de enunciado de súmula vinculante e de decisão do Supremo Tribunal Federal em controle concentrado de constitucionalidade;

Redação original do dispositivo: "III – garantir a observância de decisão do Supremo Tribunal Federal em controle concentrado de constitucionalidade;"

Enunciado nº 168 do FPPC: Os fundamentos determinantes do julgamento de ação de controle concentrado de constitucionalidade realizado pelo STF caracterizam a ratio decidendi do precedente e possuem efeito vinculante para todos os órgãos jurisdicionais. (Grupo: Precedentes; redação revista no IV FPPC-BH)

IV – garantir a observância de acórdão proferido em julgamento de incidente de resolução de demandas repetitivas ou de incidente de assunção de competência.

Redação original do dispositivo: "IV - garantir a observância de enunciado de súmula vinculante e de precedente proferido em julgamento de casos repetitivos ou em incidente de assunção de competência."

§1º A reclamação pode ser proposta perante qualquer tribunal, e seu julgamento compete ao órgão jurisdicional cuja competência se busca preservar ou cuja autoridade se pretenda garantir.

Enunciado nº 558 do FPPC: Caberá reclamação contra decisão que contrarie acórdão proferido no julgamento dos incidentes de resolução de demandas repetitivas ou de assunção de competência para o tribunal cujo precedente foi desrespeitado, ainda que este não possua competência para julgar o recurso contra a decisão impugnada. (Grupo: Precedentes, IRDR, Recursos Repetitivos e Assunção de competência)

§2º A reclamação deverá ser instruída com prova documental e dirigida ao presidente do tribunal.
§3º Assim que recebida, a reclamação será autuada e distribuída ao relator do processo principal, sempre que possível.
§4º As hipóteses dos incisos III e IV compreendem a aplicação indevida da tese jurídica e sua não aplicação aos casos que a ela correspondam.
§5º É inadmissível a reclamação:
I - proposta após o trânsito em julgado da decisão reclamada;
II – proposta para garantir a observância de acórdão de recurso extraordinário com repercussão geral reconhecida ou de acórdão proferido em julgamento de recursos extraordinário ou especial repetitivos, quando não esgotadas as instâncias ordinárias.

Redação original do dispositivo: "§5º É inadmissível a reclamação proposta após o trânsito em julgado da decisão."

§ 6º A inadmissibilidade ou o julgamento do recurso interposto contra a decisão proferida pelo órgão reclamado não prejudica a reclamação. (NR)

Não há artigo correspondente no CPC/73
Ver art. 1.072, IV, do CPC/2015
Ver art. 7º da Lei nº 11.417/2006

Art. 989. Ao despachar a reclamação, o relator:

I – requisitará informações da autoridade a quem for imputada a prática do ato impugnado, que as prestará no prazo de 10 (dez) dias;

II – se necessário, ordenará a suspensão do processo ou do ato impugnado para evitar dano irreparável;

III – determinará a citação do beneficiário da decisão impugnada, que terá prazo de 15 (quinze) dias para apresentar a sua contestação.

Não há artigo correspondente no CPC/73

Art. 990. Qualquer interessado poderá impugnar o pedido do reclamante.

Não há artigo correspondente no CPC/73

Art. 991. Na reclamação que não houver formulado, o Ministério Público terá vista do processo por 5 (cinco) dias, após o decurso do prazo para informações e para o oferecimento da contestação pelo beneficiário do ato impugnado.

Não há artigo correspondente no CPC/73

Art. 992. Julgando procedente a reclamação, o tribunal cassará a decisão exorbitante de seu julgado ou determinará medida adequada à solução da controvérsia.

Não há artigo correspondente no CPC/73

Art. 993. O presidente do tribunal determinará o imediato cumprimento da decisão, lavrando-se o acórdão posteriormente.

Não há artigo correspondente no CPC/73

TÍTULO II
DOS RECURSOS

CAPÍTULO I
DISPOSIÇÕES GERAIS

Art. 994. São cabíveis os seguintes recursos:
I – apelação;
II – agravo de instrumento;
III – agravo interno;
IV – embargos de declaração;
V – recurso ordinário;
VI – recurso especial;
VII – recurso extraordinário;
VIII – agravo em recurso especial ou extraordinário;
IX – embargos de divergência.

Arts. 496 do CPC/73

Art. 995. Os recursos não impedem a eficácia da decisão, salvo disposição legal ou decisão judicial em sentido diverso.
Parágrafo único. A eficácia da decisão recorrida poderá ser suspensa por decisão do relator, se da imediata produção de seus efeitos houver risco de dano grave, de difícil ou impossível reparação, e ficar demonstrada a probabilidade de provimento do recurso.

Arts. 497, 520, 558 e 542, §2º, do CPC/73
Enunciado nº 423 do FPPC: Cabe tutela de evidência recursal. (Grupo: Tutela de urgência e tutela de evidência)
Enunciado nº 465 do FPPC: A concessão do efeito suspensivo ao recurso inominado cabe exclusivamente ao relator na turma recursal. (Grupo: Impacto nos Juizados e nos procedimentos especiais da legislação extravagante)
Enunciado nº 559 do FPPC: O efeito suspensivo *ope legis* do recurso de apelação não obsta a eficácia das decisões interlocutórias nele impugnadas. (Grupo: Recursos (menos os repetitivos) e reclamação)

Art. 996. O recurso pode ser interposto pela parte vencida, pelo terceiro prejudicado e pelo Ministério Público, como parte ou como fiscal da ordem jurídica.

Parágrafo único. Cumpre ao terceiro demonstrar a possibilidade de a decisão sobre a relação jurídica submetida à apreciação judicial atingir direito de que se afirme titular ou que possa discutir em juízo como substituto processual.

Art. 499 do CPC/73
Ver Súmulas nºs 99, 202 e 226 do STJ

Art. 997. Cada parte interporá o recurso independentemente, no prazo e com observância das exigências legais.

§1º Sendo vencidos autor e réu, ao recurso interposto por qualquer deles poderá aderir o outro.

§2º O recurso adesivo fica subordinado ao recurso independente, sendo-lhe aplicáveis as mesmas regras deste quanto aos requisitos de admissibilidade e julgamento no tribunal, salvo disposição legal diversa, observado, ainda, o seguinte:

I – será dirigido ao órgão perante o qual o recurso independente fora interposto, no prazo de que a parte dispõe para responder;

II – será admissível na apelação, no recurso extraordinário e no recurso especial;

III – não será conhecido, se houver desistência do recurso principal ou se for ele considerado inadmissível.

Art. 500 do CPC/73

Art. 998. O recorrente poderá, a qualquer tempo, sem a anuência do recorrido ou dos litisconsortes, desistir do recurso.

Enunciado nº 352 do FPPC: É permitida a desistência do recurso de revista repetitivo, mesmo quando eleito como representativo da controvérsia, sem necessidade de anuência da parte adversa ou dos litisconsortes; a desistência, contudo, não impede a análise da questão jurídica objeto de julgamento do recurso repetitivo. (Grupo: Impacto do CPC no processo do trabalho)

Parágrafo único. A desistência do recurso não impede a análise de questão cuja repercussão geral já tenha sido reconhecida e daquela objeto de julgamento de recursos extraordinários ou especiais repetitivos.

Art. 501 do CPC/73

Enunciado nº 213 do FPPC: No caso do art. 998, parágrafo único, o resultado do julgamento não se aplica ao recurso de que se desistiu. (Grupo: Ordem dos Processos nos Tribunais e Recursos Ordinários)

Enunciado nº 352 do FPPC: É permitida a desistência do recurso de revista repetitivo, mesmo quando eleito como representativo da controvérsia, sem necessidade de anuência da parte adversa ou dos litisconsortes; a desistência, contudo, não impede a análise da questão jurídica objeto de julgamento do recurso repetitivo. (Grupo: Impacto do CPC no processo do trabalho)

Art. 999. A renúncia ao direito de recorrer independe da aceitação da outra parte.

Art. 502 do CPC/73

Art. 1.000. A parte que aceitar expressa ou tacitamente a decisão não poderá recorrer.
Parágrafo único. Considera-se aceitação tácita a prática, sem nenhuma reserva, de ato incompatível com a vontade de recorrer.

Art. 503 do CPC/73

Art. 1.001. Dos despachos não cabe recurso.

Art. 504 do CPC/73

Art. 1.002. A decisão pode ser impugnada no todo ou em parte.

Art. 505 do CPC/73

Art. 1.003. O prazo para interposição de recurso conta-se da data em que os advogados, a sociedade de advogados, a Advocacia Pública, a Defensoria Pública ou o Ministério Público são intimados da decisão.

Enunciado nº 22 do FPPC: O Tribunal não poderá julgar extemporâneo ou intempestivo recurso, na instância ordinária ou na extraordinária, interposto antes da abertura do prazo. (Grupo: Ordem dos Processos no Tribunal, Teoria Geral dos Recursos, Apelação e Agravo)

§1º Os sujeitos previstos no *caput* considerar-se-ão intimados em audiência quando nesta for proferida a decisão.
§2º Aplica-se o disposto no art. 231, incisos I a VI, ao prazo de interposição de recurso pelo réu contra decisão proferida anteriormente à citação.

§3º No prazo para interposição de recurso, a petição será protocolada em cartório ou conforme as normas de organização judiciária, ressalvado o disposto em regra especial.

§4º Para aferição da tempestividade do recurso remetido pelo correio, será considerada como data de interposição a data de postagem.

Enunciado nº 96 do FPPC: Fica superado o Enunciado nº 216 da súmula do STJ após a entrada em vigor do CPC ("A tempestividade de recurso interposto no Superior Tribunal de Justiça é aferida pelo registro no protocolo da Secretaria e não pela data da entrega na agência do correio"). (Grupo: Ordem dos Processos no Tribunal, Teoria Geral dos Recursos, Apelação e Agravo)

§5º Excetuados os embargos de declaração, o prazo para interpor os recursos e para responder-lhes é de 15 (quinze) dias.

§6º O recorrente comprovará a ocorrência de feriado local no ato de interposição do recurso.

Enunciado nº 551 do FPPC: Cabe ao relator, antes de não conhecer do recurso por intempestividade, conceder o prazo de cinco dias úteis para que o recorrente prove qualquer causa de prorrogação, suspensão ou interrupção do prazo recursal a justificar a tempestividade do recurso. (Grupo: Recursos (menos os repetitivos) e reclamação)

Art. 506 do CPC/73
Ver Súmula nº 434 do TST
Ver Súmula nº 216 do STJ

Art. 1.004. Se, durante o prazo para a interposição do recurso, sobrevier o falecimento da parte ou de seu advogado ou ocorrer motivo de força maior que suspenda o curso do processo, será tal prazo restituído em proveito da parte, do herdeiro ou do sucessor, contra quem começará a correr novamente depois da intimação.

Art. 507 do CPC/73

Art. 1.005. O recurso interposto por um dos litisconsortes a todos aproveita, salvo se distintos ou opostos os seus interesses.
Parágrafo único. Havendo solidariedade passiva, o recurso interposto por um devedor aproveitará aos outros quando as defesas opostas ao credor lhes forem comuns.

Art. 509 do CPC/73
Enunciado nº 234 do FPPC: A decisão de improcedência na ação proposta pelo credor beneficia todos os devedores solidários, mesmo os que não foram partes no processo, exceto se fundada em defesa pessoal. (Grupo: Coisa julgada, Ação Rescisória e Sentença)

Art. 1.006. Certificado o trânsito em julgado, com menção expressa da data de sua ocorrência, o escrivão ou o chefe de secretaria, independentemente de despacho, providenciará a baixa dos autos ao juízo de origem, no prazo de 5 (cinco) dias.

Art. 510 do CPC/73

Art. 1.007. No ato de interposição do recurso, o recorrente comprovará, quando exigido pela legislação pertinente, o respectivo preparo, inclusive porte de remessa e de retorno, sob pena de deserção.

§1º São dispensados de preparo, inclusive porte de remessa e de retorno, os recursos interpostos pelo Ministério Público, pela União, pelo Distrito Federal, pelos Estados, pelos Municípios, e respectivas autarquias, e pelos que gozam de isenção legal.

§2º A insuficiência no valor do preparo, inclusive porte de remessa e de retorno, implicará deserção se o recorrente, intimado na pessoa de seu advogado, não vier a supri-lo no prazo de 5 (cinco) dias.

Enunciado nº 98 do FPPC: O disposto nestes dispositivos aplica-se aos Juizados Especiais. (Grupo: Ordem dos Processos no Tribunal, Teoria Geral dos Recursos, Apelação e Agravo)

Enunciado nº 106 do FPPC: Não se pode reconhecer a deserção do recurso, em processo trabalhista, quando houver recolhimento insuficiente das custas e do depósito recursal, ainda que ínfima a diferença, cabendo ao juiz determinar a sua complementação. (Grupo: Impacto do CPC no Processo do Trabalho)

Enunciado nº 214 do FPPC: Diante do §2º do art. 1.007, fica prejudicada a OJ nº 140 da SDI-I do TST ("Ocorre deserção do recurso pelo recolhimento insuficiente das custas e do depósito recursal, ainda que a diferença em relação ao "quantum" devido seja ínfima, referente a centavos"). (Grupo: Impacto do CPC no Processo do Trabalho)

Enunciado nº 215 do FPPC: Fica superado o Enunciado nº 187 da súmula do STJ ("É deserto o recurso interposto para o Superior Tribunal de Justiça, quando o recorrente não recolhe, na origem, a importância das despesas de remessa e retorno dos autos"). (Grupo: Ordem dos Processos nos Tribunais e Recursos Ordinários)

§3º É dispensado o recolhimento do porte de remessa e de retorno no processo em autos eletrônicos.

§4º O recorrente que não comprovar, no ato de interposição do recurso, o recolhimento do preparo, inclusive porte de remessa e de retorno, será intimado, na pessoa de seu advogado, para realizar o recolhimento em dobro, sob pena de deserção.

Enunciado nº 97 do FPPC: É de cinco dias o prazo para efetuar o preparo. (Grupo: Ordem dos Processos no Tribunal, Teoria Geral dos Recursos, Apelação e Agravo)

Enunciado nº 98 do FPPC: O disposto nestes dispositivos aplica-se aos Juizados Especiais. (Grupo: Ordem dos Processos no Tribunal, Teoria Geral dos Recursos, Apelação e Agravo)

Enunciado nº 215 do FPPC: Fica superado o Enunciado nº 187 da súmula do STJ ("É deserto o recurso interposto para o Superior Tribunal de Justiça, quando o recorrente não recolhe, na origem, a importância das despesas de remessa e retorno dos autos"). (Grupo: Ordem dos Processos nos Tribunais e Recursos Ordinários)

§5º É vedada a complementação se houver insuficiência parcial do preparo, inclusive porte de remessa e de retorno, no recolhimento realizado na forma do §4º.

§6º Provando o recorrente justo impedimento, o relator relevará a pena de deserção, por decisão irrecorrível, fixando-lhe prazo de 5 (cinco) dias para efetuar o preparo.

§7º O equívoco no preenchimento da guia de custas não implicará a aplicação da pena de deserção, cabendo ao relator, na hipótese de dúvida quanto ao recolhimento, intimar o recorrente para sanar o vício no prazo de 5 (cinco) dias.

Arts. 511 e 519 do CPC/73

Enunciado nº 353 do FPPC: No processo do trabalho, o equívoco no preenchimento da guia de custas ou de depósito recursal não implicará a aplicação da pena de deserção, cabendo ao relator, na hipótese de dúvida quanto ao recolhimento, intimar o recorrente para sanar o vício no prazo de cinco dias. (Grupo: Impacto do CPC no processo do trabalho)

Ver Súmulas nºs 187 e 215 do STJ

Art. 1.008. O julgamento proferido pelo tribunal substituirá a decisão impugnada no que tiver sido objeto de recurso.

Art. 512 do CPC/73

CAPÍTULO II
DA APELAÇÃO

Art. 1.009. Da sentença cabe apelação.

§1º As questões resolvidas na fase de conhecimento, se a decisão a seu respeito não comportar agravo de instrumento, não são cobertas pela preclusão e devem ser suscitadas em preliminar de apelação, eventualmente interposta contra a decisão final, ou nas contrarrazões.

Enunciado nº 351 do FPPC: O regime da recorribilidade das interlocutórias do CPC aplica-se ao procedimento do mandado de segurança. (Grupo: Impactos do CPC nos Juizados e nos procedimentos especiais de legislação extravagante)

Enunciado nº 354 do FPPC: O art. 1009, §1º, não se aplica às decisões proferidas antes da entrada em vigor do CPC. (Grupo: Direito intertemporal e disposições finais e transitórias)

Enunciado nº 355 do FPPC: Se, no mesmo processo, houver questões resolvidas na fase de conhecimento em relação às quais foi interposto agravo retido na vigência do CPC/1973, e questões resolvidas na fase de conhecimento em relação às quais não se operou a preclusão por força do art. 1.009, §1º, do CPC, aplicar-se-á ao recurso de apelação o art. 523, §1º, do CPC/1973 em relação àquelas, e o art. 1.009, §1º, do CPC em relação a estas. (Grupo: Direito intertemporal e disposições finais e transitórias)

Enunciado nº 559 do FPPC: O efeito suspensivo *ope legis* do recurso de apelação não obsta a eficácia das decisões interlocutórias nele impugnadas. (Grupo: Recursos (menos os repetitivos) e reclamação)

§2º Se as questões referidas no §1º forem suscitadas em contrarrazões, o recorrente será intimado para, em **15 (quinze)** dias, manifestar-se a respeito delas.

§3º O disposto no *caput* deste artigo aplica-se mesmo quando as questões mencionadas no art. 1.015 integrarem capítulo da sentença.

Art. 513 do CPC/73

Enunciado nº 390 do FPPC: Resolvida a desconsideração da personalidade jurídica na sentença, caberá apelação. (Grupo: Litisconsórcio e intervenção de terceiros)

**Art. 1.010. A apelação, interposta por petição dirigida ao juízo de primeiro grau, conterá:
I – os nomes e a qualificação das partes;
II – a exposição do fato e do direito;
III – as razões do pedido de reforma ou de decretação de nulidade;
IV – o pedido de nova decisão.
§1º O apelado será intimado para apresentar contrarrazões no prazo de 15 (quinze) dias.
§2º Se o apelado interpuser apelação adesiva, o juiz intimará o apelante para apresentar contrarrazões.
§3º Após as formalidades previstas nos §§1º e 2º, os autos serão remetidos ao tribunal pelo juiz, independentemente de juízo de admissibilidade.**

Art. 514 do CPC/73

Enunciado nº 99 do FPPC: O órgão a quo não fará juízo de admissibilidade da apelação. (Grupo: Ordem dos Processos no Tribunal, Teoria Geral dos Recursos, Apelação e Agravo)

Enunciado nº 207 do FPPC: Cabe reclamação, por usurpação da competência do tribunal de justiça ou tribunal regional federal, contra a decisão de juiz de 1º grau que inadmitir recurso de apelação. (Grupo: Ordem dos Processos nos Tribunais e Recursos Ordinários)

Enunciado nº 208 do FPPC: Cabe reclamação, por usurpação da competência do Superior Tribunal de Justiça, contra a decisão de juiz de 1º grau que inadmitir recurso ordinário, no caso do art. 1.027, II, 'b'. (Grupo: Ordem dos Processos nos Tribunais e Recursos Ordinários)

Enunciado nº 293 do FPPC: Se considerar intempestiva a apelação contra sentença que indefere a petição inicial ou julga liminarmente improcedente o pedido, não pode o juízo a quo retratar-se. (Grupo: Petição inicial, resposta do réu e saneamento)

Enunciado nº 356 do FPPC: Aplica-se a regra do art. 1.010, §3º, às apelações pendentes de admissibilidade ao tempo da entrada em vigor do CPC, de modo que o exame da admissibilidade destes recursos competirá ao Tribunal de 2º grau. (Grupo: Direito intertemporal e disposições finais e transitórias)

Enunciado nº 474 do FPPC: O recurso inominado interposto contra sentença proferida nos juizados especiais será remetido à respectiva turma recursal independentemente de juízo de admissibilidade. (Grupo: Impacto nos Juizados e nos procedimentos especiais da legislação extravagante)

Art. 1.011. Recebido o recurso de apelação no tribunal e distribuído imediatamente, o relator:
I – decidi-lo-á monocraticamente apenas nas hipóteses do art. 932, incisos III a V;
II – se não for o caso de decisão monocrática, elaborará seu voto para julgamento do recurso pelo órgão colegiado.

Não há artigo correspondente no CPC/73

Art. 1.012. A apelação terá efeito suspensivo.
§1º Além de outras hipóteses previstas em lei, começa a produzir efeitos imediatamente após a sua publicação a sentença que:
I – homologa divisão ou demarcação de terras;
II – condena a pagar alimentos;
III – extingue sem resolução do mérito ou julga improcedentes os embargos do executado;
IV – julga procedente o pedido de instituição de arbitragem;
V – confirma, concede ou revoga tutela provisória;

Enunciado nº 217 do FPPC: A apelação contra o capítulo da sentença que concede, confirma ou revoga a tutela antecipada da evidência ou de urgência não terá efeito suspensivo automático. (Grupo: Ordem dos Processos nos Tribunais e Recursos Ordinários)

VI – decreta a interdição.
§2º Nos casos do §1º, o apelado poderá promover o pedido de cumprimento provisório depois de publicada a sentença.
§3º O pedido de concessão de efeito suspensivo nas hipóteses do §1º poderá ser formulado por requerimento dirigido ao:
I – tribunal, no período compreendido entre a interposição da apelação e sua distribuição, ficando o relator designado para seu exame prevento para julgá-la;
II – relator, se já distribuída a apelação.

Enunciado nº 465 do FPPC: A concessão do efeito suspensivo ao recurso inominado cabe exclusivamente ao relator na turma recursal. (Grupo: Impacto nos Juizados e nos procedimentos especiais da legislação extravagante)

§4º Nas hipóteses do §1º, a eficácia da sentença poderá ser suspensa pelo relator se o apelante demonstrar a probabilidade de provimento do recurso ou se, sendo relevante a fundamentação, houver risco de dano grave ou de difícil reparação.

Arts. 520, 521, 558, parágrafo único, e 1.184 do CPC/73

Enunciado nº 423 do FPPC: Cabe tutela de evidência recursal. (Grupo: Tutela de urgência e tutela de evidência)

Enunciado nº 559 do FPPC: O efeito suspensivo *ope legis* do recurso de apelação não obsta a eficácia das decisões interlocutórias nele impugnadas. (Grupo: Recursos (menos os repetitivos) e reclamação)

Art. 1.013. A apelação devolverá ao tribunal o conhecimento da matéria impugnada.

Enunciado nº 357 do FPPC: Aplicam-se ao recurso ordinário os arts. 1.013 e 1.014. (Grupo: Recursos)

§1º Serão, porém, objeto de apreciação e julgamento pelo tribunal todas as questões suscitadas e discutidas no processo, ainda que não tenham sido solucionadas, desde que relativas ao capítulo impugnado.

Enunciado nº 100 do FPPC: Não é dado ao tribunal conhecer de matérias vinculadas ao pedido transitado em julgado pela ausência de impugnação. (Grupo: Ordem dos Processos no Tribunal, Teoria Geral dos Recursos, Apelação e Agravo)

Enunciado nº 102 do FPPC: O pedido subsidiário (art. 326) não apreciado pelo juiz – que acolheu o pedido principal – é devolvido ao tribunal com a apelação interposta pelo réu. (Grupo: Ordem dos Processos no Tribunal, Teoria Geral dos Recursos, Apelação e Agravo)

§2º Quando o pedido ou a defesa tiver mais de um fundamento e o juiz acolher apenas um deles, a apelação devolverá ao tribunal o conhecimento dos demais.

§3º Se o processo estiver em condições de imediato julgamento, o tribunal deve decidir desde logo o mérito quando:

I – reformar sentença fundada no art. 485;

II – decretar a nulidade da sentença por não ser ela congruente com os limites do pedido ou da causa de pedir;

III – constatar a omissão no exame de um dos pedidos, hipótese em que poderá julgá-lo;

IV – decretar a nulidade de sentença por falta de fundamentação.

Enunciado nº 307 do FPPC: Reconhecida a insuficiência da sua fundamentação, o tribunal decretará a nulidade da sentença e, preenchidos os pressupostos do §3º do art. 1.013, decidirá desde logo o mérito da causa. (Grupo: Competência e invalidades processuais)

§4º Quando reformar sentença que reconheça a decadência ou a prescrição, o tribunal, se possível, julgará o mérito, examinando as demais questões, sem determinar o retorno do processo ao juízo de primeiro grau.

§5º O capítulo da sentença que confirma, concede ou revoga a tutela provisória é impugnável na apelação.

Art. 515, *caput* e §§1º a 3º do CPC/73
Ver art. 14 da Lei nº 7.347/1985
Ver art. 14, §3º, da Lei nº 12.016/2009
Ver art. 58, V, da Lei nº 8.245/1991
Ver art. 15, parágrafo único, da Lei nº 9.501/1997
Ver arts. 199-A e 199-B do ECA
Ver Súmula nº 331 do STJ

Art. 1.014. As questões de fato não propostas no juízo inferior poderão ser suscitadas na apelação, se a parte provar que deixou de fazê-lo por motivo de força maior.

Art. 517 do CPC/73
Enunciado nº 357 do FPPC: Aplicam-se ao recurso ordinário os arts. 1.013 e 1.014. (Grupo: Recursos)

CAPÍTULO III
DO AGRAVO DE INSTRUMENTO

Art. 1.015. Cabe agravo de instrumento contra as decisões interlocutórias que versarem sobre:

Enunciado nº 351 do FPPC: O regime da recorribilidade das interlocutórias do CPC aplica-se ao procedimento do mandado de segurança. (Grupo: Impactos do CPC nos Juizados e nos procedimentos especiais de legislação extravagante)

I – tutelas provisórias;

Enunciado nº 29 do FPPC: A decisão que condicionar a apreciação da tutela antecipada incidental ao recolhimento de custas ou a outra exigência não prevista em lei equivale a negá-la, sendo impugnável por agravo de instrumento. (Grupo: Tutela Antecipada)

Enunciado nº 560 do FPPC: As decisões de que tratam os arts. 22, 23 e 24 da Lei 11.340/2006 (Lei Maria da Penha), quando enquadradas nas hipóteses do inciso I, do art. 1.015, podem desafiar agravo de instrumento. (Grupo: Impacto nos Juizados e nos procedimentos especiais da legislação extravagante)

II – mérito do processo;

Enunciado nº 103 do FPPC: A decisão parcial proferida no curso do processo com fundamento no art. 487, I, sujeita-se a recurso de agravo de instrumento. (Grupo: Sentença, Coisa Julgada e Ação Rescisória; redação revista no III FPPC-Rio)

Enunciado nº 177 do FPPC: A decisão interlocutória que julga procedente o pedido para condenar o réu a prestar contas, por ser de mérito, é recorrível por agravo de instrumento. (Grupo: Procedimentos Especiais)

III – rejeição da alegação de convenção de arbitragem;

Enunciado nº 435 do FPPC: Cabe agravo de instrumento contra a decisão do juiz que, diante do reconhecimento de competência pelo juízo arbitral, se recusar a extinguir o processo judicial sem resolução de mérito. (Grupo: Arbitragem)

IV – incidente de desconsideração da personalidade jurídica;

Enunciado nº 390 do FPPC: Resolvida a desconsideração da personalidade jurídica na sentença, caberá apelação. (Grupo: Litisconsórcio e intervenção de terceiros)

V – rejeição do pedido de gratuidade da justiça ou acolhimento do pedido de sua revogação;
VI – exibição ou posse de documento ou coisa;
VII – exclusão de litisconsorte;
VIII – rejeição do pedido de limitação do litisconsórcio;

IX – admissão ou inadmissão de intervenção de terceiros;
X – concessão, modificação ou revogação do efeito suspensivo aos embargos à execução;
XI – redistribuição do ônus da prova nos termos do art. 373, §1º;
XII – (VETADO) ~~conversão da ação individual em ação coletiva;~~

~~Enunciado nº 154 do FPPC: É cabível agravo de instrumento contra ato decisório que indefere parcialmente a petição inicial ou a reconvenção. (Grupo: Coisa Julgada, Ação Rescisória e Sentença)~~

Razões do veto: "Da forma como foi redigido, o dispositivo poderia levar à conversão de ação individual em ação coletiva de maneira pouco criteriosa, inclusive em detrimento do interesse das partes. O tema exige disciplina própria para garantir a plena eficácia do instituto. Além disso, o novo Código já contempla mecanismos para tratar demandas repetitivas. No sentido do veto manifestou-se também a Ordem dos Advogados do Brasil – OAB."

XIII – outros casos expressamente referidos em lei.
Parágrafo único. Também caberá agravo de instrumento contra decisões interlocutórias proferidas na fase de liquidação de sentença ou de cumprimento de sentença, no processo de execução e no processo de inventário.

Art. 522 do CPC/73
Ver art. 100 da Lei nº 11.101/2005
Ver art. 17, §10º, da Lei nº 8.429/1992

Art. 1.016. O agravo de instrumento será dirigido diretamente ao tribunal competente, por meio de petição com os seguintes requisitos:
I – os nomes das partes;
II – a exposição do fato e do direito;
III – as razões do pedido de reforma ou de invalidação da decisão e o próprio pedido;
IV – o nome e o endereço completo dos advogados constantes do processo.

Art. 524 do CPC/73

Art. 1.017. A petição de agravo de instrumento será instruída:
I – obrigatoriamente, com cópias da petição inicial, da contestação, da petição que ensejou a decisão agravada, da própria decisão agravada, da certidão da respectiva intimação ou outro documento oficial que comprove a

tempestividade e das procurações outorgadas aos advogados do agravante e do agravado;

II – com declaração de inexistência de qualquer dos documentos referidos no inciso I, feita pelo advogado do agravante, sob pena de sua responsabilidade pessoal;

III – facultativamente, com outras peças que o agravante reputar úteis.

§1º Acompanhará a petição o comprovante do pagamento das respectivas custas e do porte de retorno, quando devidos, conforme tabela publicada pelos tribunais.

§2º No prazo do recurso, o agravo será interposto por:
I – protocolo realizado diretamente no tribunal competente para julgá-lo;
II – protocolo realizado na própria comarca, seção ou subseção judiciárias;
III – postagem, sob registro, com aviso de recebimento;
IV – transmissão de dados tipo fac-símile, nos termos da lei;
V – outra forma prevista em lei.

§3º Na falta da cópia de qualquer peça ou no caso de algum outro vício que comprometa a admissibilidade do agravo de instrumento, deve o relator aplicar o disposto no art. 932, parágrafo único.

§4º Se o recurso for interposto por sistema de transmissão de dados tipo fac-símile ou similar, as peças devem ser juntadas no momento de protocolo da petição original.

§5º Sendo eletrônicos os autos do processo, dispensam-se as peças referidas nos incisos I e II do *caput*, facultando-se ao agravante anexar outros documentos que entender úteis para a compreensão da controvérsia.

Art. 525 do CPC/73
Ver Lei nº 9.800/1999

Art. 1.018. O agravante poderá requerer a juntada, aos autos do processo, de cópia da petição do agravo de instrumento, do comprovante de sua interposição e da relação dos documentos que instruíram o recurso.

§1º Se o juiz comunicar que reformou inteiramente a decisão, o relator considerará prejudicado o agravo de instrumento.

§2º Não sendo eletrônicos os autos, o agravante tomará a providência prevista no *caput*, no prazo de 3 (três) dias a contar da interposição do agravo de instrumento.

§3º O descumprimento da exigência de que trata o §2º, desde que arguido e provado pelo agravado, importa inadmissibilidade do agravo de instrumento.

Art. 526 do CPC/73

Art. 1.019. Recebido o agravo de instrumento no tribunal e distribuído imediatamente, se não for o caso de aplicação do art. 932, incisos III e IV, o relator, no prazo de 5 (cinco) dias:

I – poderá atribuir efeito suspensivo ao recurso ou deferir, em antecipação de tutela, total ou parcialmente, a pretensão recursal, comunicando ao juiz sua decisão;

Enunciado nº 423 do FPPC: Cabe tutela de evidência recursal. (Grupo: Tutela de urgência e tutela de evidência)

II – ordenará a intimação do agravado pessoalmente, por carta com aviso de recebimento, quando não tiver procurador constituído, ou pelo Diário da Justiça ou por carta com aviso de recebimento dirigida ao seu advogado, para que responda no prazo de 15 (quinze) dias, facultando-lhe juntar a documentação que entender necessária ao julgamento do recurso;

III – determinará a intimação do Ministério Público, preferencialmente por meio eletrônico, quando for o caso de sua intervenção, para que se manifeste no prazo de 15 (quinze) dias.

Art. 527 do CPC/73

Art. 1.020. O relator solicitará dia para julgamento em prazo não superior a 1 (um) mês da intimação do agravado.

Art. 528 do CPC/73

CAPÍTULO IV
DO AGRAVO INTERNO

Art. 1.021. Contra decisão proferida pelo relator caberá agravo interno para o respectivo órgão colegiado, observadas, quanto ao processamento, as regras do regimento interno do tribunal.

Enunciado nº 142 do FPPC: Da decisão monocrática do relator que concede ou nega o efeito suspensivo ao agravo de instrumento ou que concede, nega, modifica ou revoga, no todo ou em parte, a tutela jurisdicional nos casos de competência originária ou recursal, cabe o recurso de agravo interno nos termos do art. 1.021 do CPC. (Grupo: Tutela Antecipada)

§1º Na petição de agravo interno, o recorrente impugnará especificadamente os fundamentos da decisão agravada.

§2º O agravo será dirigido ao relator, que intimará o agravado para manifestar-se sobre o recurso no prazo de 15 (quinze) dias, ao final do qual, não havendo retratação, o relator levá-lo-á a julgamento pelo órgão colegiado, com inclusão em pauta.

§3º É vedado ao relator limitar-se à reprodução dos fundamentos da decisão agravada para julgar improcedente o agravo interno.

§4º Quando o agravo interno for declarado manifestamente inadmissível ou improcedente em votação unânime, o órgão colegiado, em decisão fundamentada, condenará o agravante a pagar ao agravado multa fixada entre um e cinco por cento do valor atualizado da causa.

Enunciado nº 358 do FPPC: A aplicação da multa prevista no art. 1.021, §4º, exige manifesta inadmissibilidade ou manifesta improcedência. (Grupo: Recursos)

Enunciado nº 359 do FPPC: A aplicação da multa prevista no art. 1.021, §4º, exige que a manifesta inadmissibilidade seja declarada por unanimidade. (Grupo: Recursos)

§5º A interposição de qualquer outro recurso está condicionada ao depósito prévio do valor da multa prevista no §4º, à exceção da Fazenda Pública e do beneficiário de gratuidade da justiça, que farão o pagamento ao final.

Art. 557, §1º, do CPC/73

Enunciado nº 464 do FPPC: A decisão unipessoal (monocrática) do relator em Turma Recursal é impugnável por agravo interno. (Grupo: Impacto nos Juizados e nos procedimentos especiais da legislação extravagante)

Ver Súmula nº 117 do STJ

CAPÍTULO V
DOS EMBARGOS DE DECLARAÇÃO

Art. 1.022. Cabem embargos de declaração contra qualquer decisão judicial para:

Enunciado nº 360 do FPPC: A não oposição de embargos de declaração em caso de erro material na decisão não impede sua correção a qualquer tempo. (Grupo: Recursos)

I – esclarecer obscuridade ou eliminar contradição;
II – suprir omissão de ponto ou questão sobre o qual devia se pronunciar o juiz de ofício ou a requerimento;

Enunciado nº 394 do FPPC: As partes podem opor embargos de declaração para corrigir vício da decisão relativo aos argumentos trazidos pelo *amicus curiae*. (Grupo: Litisconsórcio e intervenção de terceiros)

III – corrigir erro material.
Parágrafo único. Considera-se omissa a decisão que:
I – deixe de se manifestar sobre tese firmada em julgamento de casos repetitivos ou em incidente de assunção de competência aplicável ao caso sob julgamento;

Enunciado nº 453 do FPPC: A estabilidade a que se refere o *caput* do art. 926 consiste no dever de os tribunais observarem os próprios precedentes. (Grupo: Precedentes, IRDR, Recursos Repetitivos e Assunção de competência)

Enunciado nº 454 do FPPC: Uma das dimensões da coerência a que se refere o *caput* do art. 926 consiste em os tribunais não ignorarem seus próprios precedentes (dever de autorreferência). (Grupo: Precedentes, IRDR, Recursos Repetitivos e Assunção de competência)

II – incorra em qualquer das condutas descritas no art. 489, §1º.
Art. 535 do CPC/73
Enunciado nº 475 do FPPC: Cabem embargos de declaração contra decisão interlocutória no âmbito dos juizados especiais. (Grupo: Impacto nos Juizados e nos procedimentos especiais da legislação extravagante)

Enunciado nº 561 do FPPC: A decisão que julgar procedente ou improcedente o pedido em arguição de descumprimento de preceito fundamental é impugnável por embargos de declaração, aplicando-se por analogia o art. 26 da Lei n.º 9868/1999. (Grupo: Impacto nos Juizados e nos procedimentos especiais da legislação extravagante)

Enunciado nº 562 do FPPC: Considera-se omissa a decisão que não justifica o objeto e os critérios de ponderação do conflito entre normas. (Grupo: Sentença, coisa julgada e ação rescisória)

Ver Súmulas nºs 98 e 211 do STJ

Art. 1.023. Os embargos serão opostos, no prazo de 5 (cinco) dias, em petição dirigida ao juiz, com indicação do erro, obscuridade, contradição ou omissão, e não se sujeitam a preparo.

§1º Aplica-se aos embargos de declaração o art. 229.

§2º O juiz intimará o embargado para, querendo, manifestar-se, no prazo de 5 (cinco) dias, sobre os embargos opostos, caso seu eventual acolhimento implique a modificação da decisão embargada.

Art. 536 do CPC/73

Art. 1.024. O juiz julgará os embargos em 5 (cinco) dias.

§1º Nos tribunais, o relator apresentará os embargos em mesa na sessão subsequente, proferindo voto, e, não havendo julgamento nessa sessão, será o recurso incluído em pauta automaticamente.

§2º Quando os embargos de declaração forem opostos contra decisão de relator ou outra decisão unipessoal proferida em tribunal, o órgão prolator da decisão embargada decidi-los-á monocraticamente.

§3º O órgão julgador conhecerá dos embargos de declaração como agravo interno se entender ser este o recurso cabível, desde que determine previamente a intimação do recorrente para, no prazo de 5 (cinco) dias, complementar as razões recursais, de modo a ajustá-las às exigências do art. 1.021, §1º.

Enunciado nº 104 do FPPC: O princípio da fungibilidade recursal é compatível com o CPC e alcança todos os recursos, sendo aplicável de ofício. (Grupo: Ordem dos Processos no Tribunal, Teoria Geral dos Recursos, Apelação e Agravo)

§4º Caso o acolhimento dos embargos de declaração implique modificação da decisão embargada, o embargado que já tiver interposto outro recurso contra a decisão originária tem o direito de complementar ou alterar suas razões, nos exatos limites da modificação, no prazo de 15 (quinze) dias, contado da intimação da decisão dos embargos de declaração.

§5º Se os embargos de declaração forem rejeitados ou não alterarem a conclusão do julgamento anterior, o recurso interposto pela outra parte antes da publicação do julgamento dos embargos de declaração será processado e julgado independentemente de ratificação.

Art. 537 do CPC/73

Enunciado nº 23 do FPPC: Fica superado o Enunciado nº 418 da súmula do STJ após a entrada em vigor do CPC ("É inadmissível o recurso especial interposto antes da publicação do acórdão dos embargos de declaração, sem posterior ratificação"). (Grupo: Ordem dos Processos no Tribunal, Teoria Geral dos Recursos, Apelação e Agravo)

Enunciado nº 476 do FPPC: O direito ao recurso nasce com a publicação em cartório, secretaria da vara ou inserção nos autos eletrônicos da decisão a ser impugnada, o que primeiro ocorrer. (Grupo: Direito intertemporal)
Ver Súmula nº 418 do STJ

Art. 1.025. Consideram-se incluídos no acórdão os elementos que o embargante suscitou, para fins de pré-questionamento, ainda que os embargos de declaração sejam inadmitidos ou rejeitados, caso o tribunal superior considere existentes erro, omissão, contradição ou obscuridade.

Não há artigo correspondente no CPC/73
Ver Súmula nº 211 do STJ

Art. 1.026. Os embargos de declaração não possuem efeito suspensivo e interrompem o prazo para a interposição de recurso.

Enunciado nº 218 do FPPC: A inexistência de efeito suspensivo dos embargos de declaração não autoriza o cumprimento provisório da sentença nos casos em que a apelação tenha efeito suspensivo. (Grupo: Ordem dos Processos nos Tribunais e Recursos Ordinários)

§1º A eficácia da decisão monocrática ou colegiada poderá ser suspensa pelo respectivo juiz ou relator se demonstrada a probabilidade de provimento do recurso ou, sendo relevante a fundamentação, se houver risco de dano grave ou de difícil reparação.

Enunciado nº 423 do FPPC: Cabe tutela de evidência recursal. (Grupo: Tutela de urgência e tutela de evidência)

§2º Quando manifestamente protelatórios os embargos de declaração, o juiz ou o tribunal, em decisão fundamentada, condenará o embargante a pagar ao embargado multa não excedente a dois por cento sobre o valor atualizado da causa.

§3º Na reiteração de embargos de declaração manifestamente protelatórios, a multa será elevada a até dez por cento sobre o valor atualizado da causa, e a interposição de qualquer recurso ficará condicionada ao depósito prévio do valor da multa, à exceção da Fazenda Pública e do beneficiário de gratuidade da justiça, que a recolherão ao final.

Enunciado nº 7 do FPPC: O pedido, quando omitido em decisão judicial transitada em julgado, pode ser objeto de ação autônoma. (Grupo: Ordem dos Processos no Tribunal, Teoria Geral dos Recursos, Apelação e Agravo)

Enunciado nº 8 do FPPC: Fica superado o Enunciado nº 453 da súmula do STJ após a entrada em vigor do CPC ("Os honorários sucumbenciais, quando omitidos em decisão transitada em julgado, não podem ser cobrados em execução ou em ação própria"). (Grupo: Ordem dos Processos no Tribunal, Teoria Geral dos Recursos, Apelação e Agravo)

§4º Não serão admitidos novos embargos de declaração se os 2 (dois) anteriores houverem sido considerados protelatórios.

Art. 538 do CPC/73

Enunciado nº 361 do FPPC: Na hipótese do art. 1.026, §4º, não cabem embargos de declaração e, caso opostos, não produzirão qualquer efeito. (Grupo: Recursos)

Enunciado nº 477 do FPPC: Publicada em cartório ou inserida nos autos eletrônicos a decisão que julga embargos de declaração sob a vigência do CPC de 2015, computar-se-ão apenas os dias úteis no prazo para o recurso subsequente, ainda que a decisão embargada tenha sido proferida ao tempo do CPC de 1973, tendo em vista a interrupção do prazo prevista no art. 1.026. (Grupo: Direito intertemporal)

Enunciado nº 563 do FPPC: Os embargos de declaração no âmbito do Supremo Tribunal Federal interrompem o prazo para a interposição de outros recursos. (Grupo: Impacto nos Juizados e nos procedimentos especiais da legislação extravagante)

Ver Súmula nº 98 do STJ

CAPÍTULO VI
DOS RECURSOS PARA O SUPREMO TRIBUNAL FEDERAL E PARA O SUPERIOR TRIBUNAL DE JUSTIÇA

Seção I
Do Recurso Ordinário

Art. 1.027. Serão julgados em recurso ordinário:
I – pelo Supremo Tribunal Federal, os mandados de segurança, os *habeas data* e os mandados de injunção decididos em única instância pelos tribunais superiores, quando denegatória a decisão;

Enunciado nº 210 do FPPC: Cabe reclamação, por usurpação da competência do Supremo Tribunal Federal, contra a decisão de presidente ou vice-presidente de tribunal superior que inadmitir recurso ordinário interposto com fundamento no art. 1.027, I. (Grupo: Ordem dos Processos nos Tribunais e Recursos Ordinários)

II – pelo Superior Tribunal de Justiça:

Enunciado nº 209 do FPPC: Cabe reclamação, por usurpação da competência do Superior Tribunal de Justiça, contra a decisão de presidente ou vice-presidente do tribunal de 2º grau que inadmitir recurso ordinário interposto com fundamento no art. 1.027, II, "a". (Grupo: Ordem dos Processos nos Tribunais e Recursos Ordinários)

a) os mandados de segurança decididos em única instância pelos tribunais regionais federais ou pelos tribunais de justiça dos Estados e do Distrito Federal e Territórios, quando denegatória a decisão;
b) os processos em que forem partes, de um lado, Estado estrangeiro ou organismo internacional e, de outro, Município ou pessoa residente ou domiciliada no País.

Enunciado nº 207 do FPPC: Cabe reclamação, por usurpação da competência do tribunal de justiça ou tribunal regional federal, contra a decisão de juiz de 1º grau que inadmitir recurso de apelação. (Grupo: Ordem dos Processos nos Tribunais e Recursos Ordinários)

Enunciado nº 208 do FPPC: Cabe reclamação, por usurpação da competência do Superior Tribunal de Justiça, contra a decisão de juiz de 1º grau que inadmitir recurso ordinário, no caso do art. 1.027, II, 'b'. (Grupo: Ordem dos Processos nos Tribunais e Recursos Ordinários)

§1º Nos processos referidos no inciso II, alínea "b", contra as decisões interlocutórias caberá agravo de instrumento dirigido ao Superior Tribunal de Justiça, nas hipóteses do art. 1.015.
§2º Aplica-se ao recurso ordinário o disposto nos arts. 1.013, §3º, e 1.029, §5º.

Art. 539 do CPC/73
Enunciado nº 357 do FPPC: Aplicam-se ao recurso ordinário os arts. 1.013 e 1.014. (Grupo: Recursos)
Ver arts. 102, II, e 105, II, da CF/88

Art. 1.028. Ao recurso mencionado no art. 1.027, inciso II, alínea "b", aplicam-se, quanto aos requisitos de admissibilidade e ao procedimento, as disposições relativas à apelação e o Regimento Interno do Superior Tribunal de Justiça.
§1º Na hipótese do art. 1.027, §1º, aplicam-se as disposições relativas ao agravo de instrumento e o Regimento Interno do Superior Tribunal de Justiça.
§2º O recurso previsto no art. 1.027, incisos I e II, alínea "a", deve ser interposto perante o tribunal de origem, cabendo ao seu presidente ou vice-presidente determinar a intimação do recorrido para, em 15 (quinze) dias, apresentar as contrarrazões.

Enunciado nº 209 do FPPC: Cabe reclamação, por usurpação da competência do Superior Tribunal de Justiça, contra a decisão de presidente ou vice-presidente do tribunal de 2º grau que inadmitir recurso ordinário interposto com fundamento no art. 1.027, II, "a". (Grupo: Ordem dos Processos nos Tribunais e Recursos Ordinários)

Enunciado nº 210 do FPPC: Cabe reclamação, por usurpação da competência do Supremo Tribunal Federal, contra a decisão de presidente ou vice-presidente de tribunal superior que inadmitir recurso ordinário interposto com fundamento no art. 1.027, I. (Grupo: Ordem dos Processos nos Tribunais e Recursos Ordinários)

§3º Findo o prazo referido no §2º, os autos serão remetidos ao respectivo tribunal superior, independentemente de juízo de admissibilidade.
Art. 540 do CPC/73

Seção II
Do Recurso Extraordinário e do Recurso Especial

Subseção I
Disposições Gerais

Art. 1.029. O recurso extraordinário e o recurso especial, nos casos previstos na Constituição Federal, serão interpostos perante o presidente ou o vice-presidente do tribunal recorrido, em petições distintas que conterão:
I – a exposição do fato e do direito;
II – a demonstração do cabimento do recurso interposto;
III – as razões do pedido de reforma ou de invalidação da decisão recorrida.
§1º Quando o recurso fundar-se em dissídio jurisprudencial, o recorrente fará a prova da divergência com a certidão, cópia ou citação do repositório de jurisprudência, oficial ou credenciado, inclusive em mídia eletrônica, em

que houver sido publicado o acórdão divergente, ou ainda com a reprodução de julgado disponível na rede mundial de computadores, com indicação da respectiva fonte, devendo-se, em qualquer caso, mencionar as circunstâncias que identifiquem ou assemelhem os casos confrontados.

§2º ~~Quando o recurso estiver fundado em dissídio jurisprudencial, é vedado ao tribunal inadmiti-lo com base em fundamento genérico de que as circunstâncias fáticas são diferentes, sem demonstrar a existência da distinção.~~ (Revogado pela Lei 13.256, de 04 de março de 2016).

§3º O Supremo Tribunal Federal ou o Superior Tribunal de Justiça poderá desconsiderar vício formal de recurso tempestivo ou determinar sua correção, desde que não o repute grave.

Enunciado nº 83 do FPPC: Fica superado o Enunciado nº 115 da súmula do STJ após a entrada em vigor do CPC ("*Na instância especial é inexistente recurso interposto por advogado sem procuração nos autos*"). (Grupo: Ordem dos Processos no Tribunal, Teoria Geral dos Recursos, Apelação e Agravo)

Enunciado nº 219 do FPPC: O relator ou o órgão colegiado poderá desconsiderar o vício formal de recurso tempestivo ou determinar sua correção, desde que não o repute grave. (Grupo: Recursos Extraordinários)

Enunciado nº 220 do FPPC: O Supremo Tribunal Federal ou o Superior Tribunal de Justiça inadmitirá o recurso extraordinário ou o recurso especial quando o recorrente não sanar o vício formal de cuja falta foi intimado para corrigir. (Grupo: Recursos Extraordinários)

Enunciado nº 550 do FPPC: A inexistência de repercussão geral da questão constitucional discutida no recurso extraordinário é vício insanável, não se aplicando o dever de prevenção de que trata o parágrafo único do art. 932, sem prejuízo do disposto no art. 1.033. (Grupo: Recursos (menos os repetitivos) e reclamação)

§4º Quando, por ocasião do processamento do incidente de resolução de demandas repetitivas, o presidente do Supremo Tribunal Federal ou do Superior Tribunal de Justiça receber requerimento de suspensão de processos em que se discuta questão federal constitucional ou infraconstitucional, poderá, considerando razões de segurança jurídica ou de excepcional interesse social, estender a suspensão a todo o território nacional, até ulterior decisão do recurso extraordinário ou do recurso especial a ser interposto.

§5º O pedido de concessão de efeito suspensivo a recurso extraordinário ou a recurso especial poderá ser formulado por requerimento dirigido:

I – ao tribunal superior respectivo, no período compreendido entre a publicação da decisão de admissão do recurso e sua distribuição, ficando o relator designado para seu exame prevento para julgá-lo;

Redação original do dispositivo: "I - ao tribunal superior respectivo, no período compreendido entre a interposição do recurso e sua distribuição, ficando o relator designado para seu exame prevento para julgá-lo;"

Enunciado nº 221 do FPPC: Fica superado o Enunciado nº 634 da súmula do STF após a entrada em vigor do CPC ("Não compete ao Supremo Tribunal Federal conceder medida cautelar para dar efeito suspensivo a recurso extraordinário que ainda não foi objeto de juízo de admissibilidade na origem"). (Grupo: Recursos Extraordinários)

Enunciado nº 222 do FPPC: Fica superado o Enunciado nº 635 da súmula do STF após a entrada em vigor do CPC ("Cabe ao presidente do tribunal de origem decidir o pedido de medida cautelar em recurso extraordinário ainda pendente do seu juízo de admissibilidade"). (Grupo: Recursos Extraordinários)

II – ao relator, se já distribuído o recurso;
III – ao presidente ou vice-presidente do tribunal recorrido, no período compreendido entre a interposição do recurso e a publicação da decisão de admissão do recurso, assim como no caso de o recurso ter sido sobrestado, nos termos do art. 1.037. (NR)

Redação original do dispositivo: "III – ao presidente ou vice-presidente do tribunal local, no caso de o recurso ter sido sobrestado, nos termos do art. 1.037."

Art. 541 do CPC/73

Enunciado nº 423 do FPPC: Cabe tutela de evidência recursal. (Grupo: Tutela de urgência e tutela de evidência)

Ver Súmulas nºs 634 e 635 do STF e nº 115 do STJ

Art. 1.030. Recebida a petição do recurso pela secretaria do tribunal, o recorrido será intimado para apresentar contrarrazões no prazo de 15 (quinze) dias, findo o qual os autos serão conclusos ao presidente ou ao vice-presidente do tribunal recorrido, que deverá:
I – negar seguimento:
a) a recurso extraordinário que discuta questão constitucional à qual o Supremo Tribunal Federal não tenha reconhecido a existência de repercussão geral ou a recurso extraordinário interposto contra acórdão que esteja em conformidade com entendimento do Supremo Tribunal Federal exarado no regime de repercussão geral;
b) a recurso extraordinário ou a recurso especial interposto contra acórdão que esteja em conformidade com entendimento do Supremo Tribunal Federal

ou do Superior Tribunal de Justiça, respectivamente, exarado no regime de julgamento de recursos repetitivos;

II - encaminhar o processo ao órgão julgador para realização do juízo de retratação, se o acórdão recorrido divergir do entendimento do Supremo Tribunal Federal ou do Superior Tribunal de Justiça exarado, conforme o caso, nos regimes de repercussão geral ou de recursos repetitivos;

III - sobrestar o recurso que versar sobre controvérsia de caráter repetitivo ainda não decidida pelo Supremo Tribunal Federal ou pelo Superior Tribunal de Justiça, conforme se trate de matéria constitucional ou infraconstitucional;

IV – selecionar o recurso como representativo de controvérsia constitucional ou infraconstitucional, nos termos do §6º do art. 1.036;

V – realizar o juízo de admissibilidade e, se positivo, remeter o feito ao Supremo Tribunal Federal ou ao Superior Tribunal de Justiça, desde que:

a) o recurso ainda não tenha sido submetido ao regime de repercussão geral ou de julgamento de recursos repetitivos;

b) o recurso tenha sido selecionado como representativo da controvérsia; ou

c) o tribunal recorrido tenha refutado o juízo de retratação.

Redação original do dispositivo: "Art. 1.030. Recebida a petição do recurso pela secretaria do tribunal, o recorrido será intimado para apresentar contrarrazões no prazo de 15 (quinze) dias, findo o qual os autos serão remetidos ao respectivo tribunal superior. Parágrafo único. A remessa de que trata o caput dar-se-á independentemente de juízo de admissibilidade."

Enunciado nº 211 do FPPC: Cabe reclamação, por usurpação da competência do Superior Tribunal de Justiça, contra a decisão de presidente ou vice-presidente do tribunal de 2º grau que inadmitir recurso especial não repetitivo. (Grupo: Ordem dos Processos nos Tribunais e Recursos Ordinários)

Enunciado nº 212 do FPPC: Cabe reclamação, por usurpação da competência do Supremo Tribunal Federal, contra a decisão de presidente ou vice-presidente do tribunal de 2º grau que inadmitir recurso extraordinário não repetitivo. (Grupo: Ordem dos Processos nos Tribunais e Recursos Ordinários)

§1º Da decisão de inadmissibilidade proferida com fundamento no inciso V caberá agravo ao tribunal superior, nos termos do art. 1.042.

§2º Da decisão proferida com fundamento nos incisos I e III caberá agravo interno, nos termos do art. 1.021. (NR)

Art. 542 do CPC/73

Enunciado nº 478 do FPPC: Os pedidos de uniformização previstos no art. 14 da Lei nº 10.259/2001 e nos arts. 18 e 19 da Lei nº 12.153/2009 formulados contra acórdão proferido pela Turma Recursal devem ser remetidos à Turma Nacional de Uniformização ou à Turma Regional de Uniformização respectiva independentemente de juízo de admissibilidade, aplicando-se por analogia a regra decorrente do art. 1.030, 65 parágrafo único. (Grupo: Impacto nos Juizados e nos procedimentos especiais da legislação extravagante)

Art. 1.031. Na hipótese de interposição conjunta de recurso extraordinário e recurso especial, os autos serão remetidos ao Superior Tribunal de Justiça.

§1º Concluído o julgamento do recurso especial, os autos serão remetidos ao Supremo Tribunal Federal para apreciação do recurso extraordinário, se este não estiver prejudicado.

§2º Se o relator do recurso especial considerar prejudicial o recurso extraordinário, em decisão irrecorrível, sobrestará o julgamento e remeterá os autos ao Supremo Tribunal Federal.

§3º Na hipótese do §2º, se o relator do recurso extraordinário, em decisão irrecorrível, rejeitar a prejudicialidade, devolverá os autos ao Superior Tribunal de Justiça para o julgamento do recurso especial.

Art. 543 do CPC/73

Art. 1.032. Se o relator, no Superior Tribunal de Justiça, entender que o recurso especial versa sobre questão constitucional, deverá conceder prazo de 15 (quinze) dias para que o recorrente demonstre a existência de repercussão geral e se manifeste sobre a questão constitucional.

Parágrafo único. Cumprida a diligência de que trata o *caput*, o relator remeterá o recurso ao Supremo Tribunal Federal, que, em juízo de admissibilidade, poderá devolvê-lo ao Superior Tribunal de Justiça.

Não há artigo correspondente no CPC/73

Enunciado nº 564 do FPPC: Os arts. 1.032 e 1.033 devem ser aplicados aos recursos interpostos antes da entrada em vigor do CPC de 2015 e ainda pendentes de julgamento. (Grupo: Direito Intertemporal)

Enunciado nº 565 do FPPC: Na hipótese de conversão de recurso extraordinário em recurso especial ou vice-versa, após a manifestação do recorrente, o recorrido será intimado para, no prazo do *caput* do art. 1.032, complementar suas contrarrazões. (Grupo: Recursos (menos os repetitivos) e reclamação)

Enunciado nº 566 do FPPC: Na hipótese de conversão do recurso extraordinário em recurso especial, nos termos do art. 1.033, cabe ao relator conceder o prazo do *caput* do art. 1.032 para que o recorrente adapte seu recurso e se manifeste sobre a questão infraconstitucional. (Grupo: Recursos (menos os repetitivos) e reclamação)

Art. 1.033. Se o Supremo Tribunal Federal considerar como reflexa a ofensa à Constituição afirmada no recurso extraordinário, por pressupor a revisão da interpretação de lei federal ou de tratado, remetê-lo-á ao Superior Tribunal de Justiça para julgamento como recurso especial.

Não há artigo correspondente no CPC/73

Enunciado nº 550 do FPPC: A inexistência de repercussão geral da questão constitucional discutida no recurso extraordinário é vício insanável, não se aplicando o dever de prevenção de que trata o parágrafo único do art. 932, sem prejuízo do disposto no art. 1.033. (Grupo: Recursos (menos os repetitivos) e reclamação)

Enunciado nº 564 do FPPC: Os arts. 1.032 e 1.033 devem ser aplicados aos recursos interpostos antes da entrada em vigor do CPC de 2015 e ainda pendentes de julgamento. (Grupo: Direito Intertemporal)

Enunciado nº 565 do FPPC: Na hipótese de conversão de recurso extraordinário em recurso especial ou vice-versa, após a manifestação do recorrente, o recorrido será intimado para, no prazo do *caput* do art. 1.032, complementar suas contrarrazões. (Grupo: Recursos (menos os repetitivos) e reclamação)

Enunciado nº 566 do FPPC: Na hipótese de conversão do recurso extraordinário em recurso especial, nos termos do art. 1.033, cabe ao relator conceder o prazo do *caput* do art. 1.032 para que o recorrente adapte seu recurso e se manifeste sobre a questão infraconstitucional. (Grupo: Recursos (menos os repetitivos) e reclamação)

Ver Súmula nº 636 do STF

Art. 1.034. Admitido o recurso extraordinário ou o recurso especial, o Supremo Tribunal Federal ou o Superior Tribunal de Justiça julgará o processo, aplicando o direito.

Parágrafo único. Admitido o recurso extraordinário ou o recurso especial por um fundamento, devolve-se ao tribunal superior o conhecimento dos demais fundamentos para a solução do capítulo impugnado.

Não há artigo correspondente no CPC/73

Enunciado nº 223 do FPPC: Fica superado o Enunciado nº 528 da súmula do STF após a entrada em vigor do CPC ("Se a decisão contiver partes autônomas, a admissão parcial, pelo presidente do tribunal 'a quo', de recurso extraordinário que, sobre qualquer delas se manifestar, não limitará a apreciação de todas pelo supremo tribunal federal, independentemente de interposição de agravo de instrumento"). (Grupo: Recursos Extraordinários) Ver Súmulas nºs 292, 456 e 528 do STF

Art. 1.035. O Supremo Tribunal Federal, em decisão irrecorrível, não conhecerá do recurso extraordinário quando a questão constitucional nele versada não tiver repercussão geral, nos termos deste artigo.

§1º Para efeito de repercussão geral, será considerada a existência ou não de questões relevantes do ponto de vista econômico, político, social ou jurídico que ultrapassem os interesses subjetivos do processo.

§2º O recorrente deverá demonstrar a existência de repercussão geral para apreciação exclusiva pelo Supremo Tribunal Federal.

Enunciado nº 224 do FPPC: A existência de repercussão geral terá de ser demonstrada de forma fundamentada, sendo dispensável sua alegação em preliminar ou em tópico específico. (Grupo: Recursos Extraordinários)

§3º Haverá repercussão geral sempre que o recurso impugnar acórdão que:
I – contrarie súmula ou jurisprudência dominante do Supremo Tribunal Federal;
II – tenha sido proferido em julgamento de casos repetitivos; (Revogado pela Lei 13.256, de 04 de março de 2016);
III – tenha reconhecido a inconstitucionalidade de tratado ou de lei federal, nos termos do art. 97 da Constituição Federal.
§4º O relator poderá admitir, na análise da repercussão geral, a manifestação de terceiros, subscrita por procurador habilitado, nos termos do Regimento Interno do Supremo Tribunal Federal.
§5º Reconhecida a repercussão geral, o relator no Supremo Tribunal Federal determinará a suspensão do processamento de todos os processos pendentes, individuais ou coletivos, que versem sobre a questão e tramitem no território nacional.
§6º O interessado pode requerer, ao presidente ou ao vice-presidente do tribunal de origem, que exclua da decisão de sobrestamento e inadmita o recurso extraordinário que tenha sido interposto intempestivamente, tendo o recorrente o prazo de 5 (cinco) dias para manifestar-se sobre esse requerimento.
§7º Da decisão que indeferir o requerimento referido no §6º ou que aplicar entendimento firmado em regime de repercussão geral ou em julgamento de recursos repetitivos caberá agravo interno.

Redação original do dispositivo: "§7º Da decisão que indeferir o requerimento referido no §6º caberá agravo, nos termos do art. 1.042."

§8º Negada a repercussão geral, o presidente ou o vice-presidente do tribunal de origem negará seguimento aos recursos extraordinários sobrestados na origem que versem sobre matéria idêntica.

§9º O recurso que tiver a repercussão geral reconhecida deverá ser julgado no prazo de 1 (um) ano e terá preferência sobre os demais feitos, ressalvados os que envolvam réu preso e os pedidos de *habeas corpus*.

§10. ~~Não ocorrendo o julgamento no prazo de 1 (um) ano a contar do reconhecimento da repercussão geral, cessa, em todo o território nacional, a suspensão dos processos, que retomarão seu curso normal.~~ (Revogado pela Lei 13.256, de 04 de março de 2016)

§11. A súmula da decisão sobre a repercussão geral constará de ata, que será publicada no diário oficial e valerá como acórdão. (NR)

Arts. 543-A e 543-B do CPC/73

Enunciado nº 550 do FPPC: A inexistência de repercussão geral da questão constitucional discutida no recurso extraordinário é vício insanável, não se aplicando o dever de prevenção de que trata o parágrafo único do art. 932, sem prejuízo do disposto no art. 1.033. (Grupo: Recursos (menos os repetitivos) e reclamação)

Ver art. 102, §3º, da CF/88
Ver Resolução nº 160/2012 do CNJ

Subseção II
Do Julgamento dos Recursos Extraordinário e Especial Repetitivos

Art. 1.036. Sempre que houver multiplicidade de recursos extraordinários ou especiais com fundamento em idêntica questão de direito, haverá afetação para julgamento de acordo com as disposições desta Subseção, observado o disposto no Regimento Interno do Supremo Tribunal Federal e no do Superior Tribunal de Justiça.

Enunciado nº 363 do FPPC: O procedimento dos recursos extraordinários e especiais repetitivos aplica-se por analogia às causas repetitivas de competência originária dos tribunais superiores, como a reclamação e o conflito de competência. (Grupo: Precedentes)

§1º O presidente ou o vice-presidente de tribunal de justiça ou de tribunal regional federal selecionará 2 (dois) ou mais recursos representativos da controvérsia, que serão encaminhados ao Supremo Tribunal Federal ou ao Superior Tribunal de Justiça para fins de afetação, determinando a suspensão do trâmite de todos os processos pendentes, individuais ou coletivos, que tramitem no Estado ou na região, conforme o caso.

Enunciado nº 364 do FPPC: O sobrestamento da causa em primeira instância não ocorrerá caso se mostre necessária a produção de provas para efeito de distinção de precedentes. (Grupo: Precedentes)

§2º O interessado pode requerer, ao presidente ou ao vice-presidente, que exclua da decisão de sobrestamento e inadmita o recurso especial ou o recurso extraordinário que tenha sido interposto intempestivamente, tendo o recorrente o prazo de 5 (cinco) dias para manifestar-se sobre esse requerimento.

§3º Da decisão que indeferir o requerimento referido no §2º caberá apenas agravo interno.

Redação original do dispositivo: "§3º Da decisão que indeferir este requerimento caberá agravo, nos termos do art. 1.042."

§4º A escolha feita pelo presidente ou vice-presidente do tribunal de justiça ou do tribunal regional federal não vinculará o relator no tribunal superior, que poderá selecionar outros recursos representativos da controvérsia.

§5º O relator em tribunal superior também poderá selecionar 2 (dois) ou mais recursos representativos da controvérsia para julgamento da questão de direito independentemente da iniciativa do presidente ou do vice-presidente do tribunal de origem.

§6º Somente podem ser selecionados recursos admissíveis que contenham abrangente argumentação e discussão a respeito da questão a ser decidida. **(NR)**

Art. 543-C, *caput*, do CPC/73

Art. 1.037. Selecionados os recursos, o relator, no tribunal superior, constatando a presença do pressuposto do *caput* do art. 1.036, proferirá decisão de afetação, na qual:

Enunciado nº 363 do FPPC: O procedimento dos recursos extraordinários e especiais repetitivos aplica-se por analogia às causas repetitivas de competência originária dos tribunais superiores, como a reclamação e o conflito de competência. (Grupo: Precedentes)

I – identificará com precisão a questão a ser submetida a julgamento;
II – determinará a suspensão do processamento de todos os processos pendentes, individuais ou coletivos, que versem sobre a questão e tramitem no território nacional;

Enunciado nº 348 do FPPC: Os interessados serão intimados da suspensão de seus processos individuais, podendo requerer o prosseguimento ao juiz ou tribunal onde tramitarem, demonstrando a distinção entre a questão a ser decidida e aquela a ser julgada no incidente de resolução de demandas repetitivas, ou nos recursos repetitivos. (Grupo: Precedentes)

Enunciado nº 480 do FPPC: Aplica-se no âmbito dos juizados especiais a suspensão dos processos em trâmite no território nacional, que versem sobre a questão submetida ao regime de julgamento de recursos especiais e extraordinários repetitivos, determinada com base no art. 1.037, II. (Grupo: Precedentes, IRDR, Recursos Repetitivos e Assunção de competência)

III – poderá requisitar aos presidentes ou aos vice-presidentes dos tribunais de justiça ou dos tribunais regionais federais a remessa de um recurso representativo da controvérsia.

§1º Se, após receber os recursos selecionados pelo presidente ou pelo vice-presidente de tribunal de justiça ou de tribunal regional federal, não se proceder à afetação, o relator, no tribunal superior, comunicará o fato ao presidente ou ao vice-presidente que os houver enviado, para que seja revogada a decisão de suspensão referida no art. 1.036, §1º.

§2º É vedado ao órgão colegiado decidir, para os fins do art. 1.040, questão não delimitada na decisão a que se refere o inciso I do *caput*. (Revogado pela Lei 13.256, de 04 de março de 2016)

§3º Havendo mais de uma afetação, será prevento o relator que primeiro tiver proferido a decisão a que se refere o inciso I do *caput*.

§4º Os recursos afetados deverão ser julgados no prazo de 1 (um) ano e terão preferência sobre os demais feitos, ressalvados os que envolvam réu preso e os pedidos de *habeas corpus*.

§5º Não ocorrendo o julgamento no prazo de 1 (um) ano a contar da publicação da decisão de que trata o inciso I do *caput*, cessam automaticamente, em todo o território nacional, a afetação e a suspensão dos processos, que retomarão seu curso normal. (Revogado pela Lei 13.256, de 04 de março de 2016)

Enunciado nº 348 do FPPC: Os interessados serão intimados da suspensão de seus processos individuais, podendo requerer o prosseguimento ao juiz ou tribunal onde tramitarem, demonstrando a distinção entre a questão a ser decidida e aquela a ser julgada no incidente de resolução de demandas repetitivas, ou nos recursos repetitivos. (Grupo: Precedentes)

§6º Ocorrendo a hipótese do §5º, é permitido a outro relator do respectivo tribunal superior afetar 2 (dois) ou mais recursos representativos da controvérsia na forma do art. 1.036.

Enunciado nº 348 do FPPC: Os interessados serão intimados da suspensão de seus processos individuais, podendo requerer o prosseguimento ao juiz ou tribunal onde tramitarem, demonstrando a distinção entre a questão a ser decidida e aquela a ser julgada no incidente de resolução de demandas repetitivas, ou nos recursos repetitivos. (Grupo: Precedentes)

§7º Quando os recursos requisitados na forma do inciso III do *caput* contiverem outras questões além daquela que é objeto da afetação, caberá ao tribunal decidir esta em primeiro lugar e depois as demais, em acórdão específico para cada processo.

§8º As partes deverão ser intimadas da decisão de suspensão de seu processo, a ser proferida pelo respectivo juiz ou relator quando informado da decisão a que se refere o inciso II do *caput*.

Enunciado nº 348 do FPPC: Os interessados serão intimados da suspensão de seus processos individuais, podendo requerer o prosseguimento ao juiz ou tribunal onde tramitarem, demonstrando a distinção entre a questão a ser decidida e aquela a ser julgada no incidente de resolução de demandas repetitivas, ou nos recursos repetitivos. (Grupo: Precedentes)

§9º Demonstrando distinção entre a questão a ser decidida no processo e aquela a ser julgada no recurso especial ou extraordinário afetado, a parte poderá requerer o prosseguimento do seu processo.

Enunciado nº 174 do FPPC: A realização da distinção compete a qualquer órgão jurisdicional, independentemente da origem do precedente invocado. (Grupo: Precedentes)

Enunciado nº 348 do FPPC: Os interessados serão intimados da suspensão de seus processos individuais, podendo requerer o prosseguimento ao juiz ou tribunal onde tramitarem, demonstrando a distinção entre a questão a ser decidida e aquela a ser julgada no incidente de resolução de demandas repetitivas, ou nos recursos repetitivos. (Grupo: Precedentes)

Enunciado nº 481 do FPPC: O disposto nos §§9º a 13 do art. 1.037 aplica-se, no que couber, ao incidente de resolução de demandas repetitivas. (Grupo: Precedentes, IRDR, Recursos Repetitivos e Assunção de competência)

§10. O requerimento a que se refere o §9º será dirigido:

Enunciado nº 348 do FPPC: Os interessados serão intimados da suspensão de seus processos individuais, podendo requerer o prosseguimento ao juiz ou tribunal onde tramitarem, demonstrando a distinção entre a questão a ser decidida e aquela a ser julgada no incidente de resolução de demandas repetitivas, ou nos recursos repetitivos. (Grupo: Precedentes)
Enunciado nº 481 do FPPC: O disposto nos §§9º a 13 do art. 1.037 aplica-se, no que couber, ao incidente de resolução de demandas repetitivas. (Grupo: Precedentes, IRDR, Recursos Repetitivos e Assunção de competência)

I – ao juiz, se o processo sobrestado estiver em primeiro grau;
II – ao relator, se o processo sobrestado estiver no tribunal de origem;
III – ao relator do acórdão recorrido, se for sobrestado recurso especial ou recurso extraordinário no tribunal de origem;
IV – ao relator, no tribunal superior, de recurso especial ou de recurso extraordinário cujo processamento houver sido sobrestado.
§11. A outra parte deverá ser ouvida sobre o requerimento a que se refere o §9º, no prazo de 5 (cinco) dias.

Enunciado nº 348 do FPPC: Os interessados serão intimados da suspensão de seus processos individuais, podendo requerer o prosseguimento ao juiz ou tribunal onde tramitarem, demonstrando a distinção entre a questão a ser decidida e aquela a ser julgada no incidente de resolução de demandas repetitivas, ou nos recursos repetitivos. (Grupo: Precedentes)
Enunciado nº 481 do FPPC: O disposto nos §§9º a 13 do art. 1.037 aplica-se, no que couber, ao incidente de resolução de demandas repetitivas. (Grupo: Precedentes, IRDR, Recursos Repetitivos e Assunção de competência)

§12. Reconhecida a distinção no caso:,

Enunciado nº 348 do FPPC: Os interessados serão intimados da suspensão de seus processos individuais, podendo requerer o prosseguimento ao juiz ou tribunal onde tramitarem, demonstrando a distinção entre a questão a ser decidida e aquela a ser julgada no incidente de resolução de demandas repetitivas, ou nos recursos repetitivos. (Grupo: Precedentes)
Enunciado nº 481 do FPPC: O disposto nos §§9º a 13 do art. 1.037 aplica-se, no que couber, ao incidente de resolução de demandas repetitivas. (Grupo: Precedentes, IRDR, Recursos Repetitivos e Assunção de competência)

I – dos incisos I, II e IV do §10, o próprio juiz ou relator dará prosseguimento ao processo;

II – do inciso III do §10, o relator comunicará a decisão ao presidente ou ao vice-presidente que houver determinado o sobrestamento, para que o recurso especial ou o recurso extraordinário seja encaminhado ao respectivo tribunal superior, na forma do art. 1.030, parágrafo único.

§13. Da decisão que resolver o requerimento a que se refere o §9º caberá:

Enunciado nº 348 do FPPC: Os interessados serão intimados da suspensão de seus processos individuais, podendo requerer o prosseguimento ao juiz ou tribunal onde tramitarem, demonstrando a distinção entre a questão a ser decidida e aquela a ser julgada no incidente de resolução de demandas repetitivas, ou nos recursos repetitivos. (Grupo: Precedentes)

Enunciado nº 481 do FPPC: O disposto nos §§9º a 13 do art. 1.037 aplica-se, no que couber, ao incidente de resolução de demandas repetitivas. (Grupo: Precedentes, IRDR, Recursos Repetitivos e Assunção de competência)

I – agravo de instrumento, se o processo estiver em primeiro grau;

Enunciado nº 557 do FPPC: O agravo de instrumento previsto no art. 1.037, §13, I, também é cabível contra a decisão prevista no art. 982, inc. I. (Grupo: Recursos (menos os repetitivos) e reclamação)

II – agravo interno, se a decisão for de relator.

Art. 543-C, §1º, do CPC/73

Art. 1.038. O relator poderá:

Enunciado nº 363 do FPPC: O procedimento dos recursos extraordinários e especiais repetitivos aplica-se por analogia às causas repetitivas de competência originária dos tribunais superiores, como a reclamação e o conflito de competência. (Grupo: Precedentes)

I – solicitar ou admitir manifestação de pessoas, órgãos ou entidades com interesse na controvérsia, considerando a relevância da matéria e consoante dispuser o regimento interno;

II – fixar data para, em audiência pública, ouvir depoimentos de pessoas com experiência e conhecimento na matéria, com a finalidade de instruir o procedimento;

III – requisitar informações aos tribunais inferiores a respeito da controvérsia e, cumprida a diligência, intimará o Ministério Público para manifestar-se.

§1º No caso do inciso III, os prazos respectivos são de 15 (quinze) dias, e os atos serão praticados, sempre que possível, por meio eletrônico.

§2º Transcorrido o prazo para o Ministério Público e remetida cópia do relatório aos demais ministros, haverá inclusão em pauta, devendo ocorrer o julgamento com preferência sobre os demais feitos, ressalvados os que envolvam réu preso e os pedidos de *habeas corpus*.

§3º O conteúdo do acórdão abrangerá a análise dos fundamentos relevantes da tese jurídica discutida. (NR)

Redação original do dispositivo: "§3º O conteúdo do acórdão abrangerá a análise de todos os fundamentos da tese jurídica discutida, favoráveis ou contrários."

Art. 543-C, §§3º a 6º, do CPC/73

Enunciado nº 305 do FPPC: No julgamento de casos repetitivos, o tribunal deverá enfrentar todos os argumentos contrários e favoráveis à tese jurídica discutida. (Grupo: Precedentes)

Art. 1.039. Decididos os recursos afetados, os órgãos colegiados declararão prejudicados os demais recursos versando sobre idêntica controvérsia ou os decidirão aplicando a tese firmada.

Enunciado nº 363 do FPPC: O procedimento dos recursos extraordinários e especiais repetitivos aplica-se por analogia às causas repetitivas de competência originária dos tribunais superiores, como a reclamação e o conflito de competência. (Grupo: Precedentes)

Parágrafo único. Negada a existência de repercussão geral no recurso extraordinário afetado, serão considerados automaticamente inadmitidos os recursos extraordinários cujo processamento tenha sido sobrestado.

Não há artigo correspondente no CPC/73

Art. 1.040. Publicado o acórdão paradigma:

Enunciado nº 363 do FPPC: O procedimento dos recursos extraordinários e especiais repetitivos aplica-se por analogia às causas repetitivas de competência originária dos tribunais superiores, como a reclamação e o conflito de competência. (Grupo: Precedentes)

ART. 1.041

I – o presidente ou o vice-presidente do tribunal de origem negará seguimento aos recursos especiais ou extraordinários sobrestados na origem, se o acórdão recorrido coincidir com a orientação do tribunal superior;

Enunciado nº 482 do FPPC: Aplica-se o art. 1.040, I, aos recursos extraordinários interpostos nas turmas ou colégios recursais dos juizados especiais cíveis, federais e da fazenda pública. (Grupo: Precedentes, IRDR, Recursos Repetitivos e Assunção de competência)

II – o órgão que proferiu o acórdão recorrido, na origem, reexaminará o processo de competência originária, a remessa necessária ou o recurso anteriormente julgado, se o acórdão recorrido contrariar a orientação do tribunal superior;

III – os processos suspensos em primeiro e segundo graus de jurisdição retomarão o curso para julgamento e aplicação da tese firmada pelo tribunal superior;

IV – se os recursos versarem sobre questão relativa a prestação de serviço público objeto de concessão, permissão ou autorização, o resultado do julgamento será comunicado ao órgão, ao ente ou à agência reguladora competente para fiscalização da efetiva aplicação, por parte dos entes sujeitos a regulação, da tese adotada.

§1º A parte poderá desistir da ação em curso no primeiro grau de jurisdição, antes de proferida a sentença, se a questão nela discutida for idêntica à resolvida pelo recurso representativo da controvérsia.

§2º Se a desistência ocorrer antes de oferecida contestação, a parte ficará isenta do pagamento de custas e de honorários de sucumbência.

§3º A desistência apresentada nos termos do §1º independe de consentimento do réu, ainda que apresentada contestação.

Arts. 543-B, §3º, e 543-C, §7º, do CPC/73

Art. 1.041. Mantido o acórdão divergente pelo tribunal de origem, o recurso especial ou extraordinário será remetido ao respectivo tribunal superior, na forma do art. 1.036, §1º.

§1º Realizado o juízo de retratação, com alteração do acórdão divergente, o tribunal de origem, se for o caso, decidirá as demais questões ainda não decididas cujo enfrentamento se tornou necessário em decorrência da alteração.

§2º Quando ocorrer a hipótese do inciso II do *caput* do art. 1.040 e o recurso versar sobre outras questões, caberá ao presidente ou ao vice-presidente do tribunal recorrido, depois do reexame pelo órgão de origem e independentemente de ratificação do recurso, sendo positivo o juízo de admissibilidade, determinar a remessa do recurso ao tribunal superior para julgamento das demais questões. (NR)

Redação original do dispositivo: "§2º Quando ocorrer a hipótese do inciso II do *caput* do art. 1.040 e o recurso versar sobre outras questões, caberá ao presidente do tribunal, depois do reexame pelo órgão de origem e independentemente de ratificação do recurso ou de juízo de admissibilidade, determinar a remessa do recurso ao tribunal superior para julgamento das demais questões."

Não há artigo correspondente no CPC/73

Seção III
Do Agravo em Recurso Especial e em Recurso Extraordinário

Art. 1.042. Cabe agravo contra decisão do presidente ou do vice-presidente do tribunal recorrido que inadmitir recurso extraordinário ou recurso especial, salvo quando fundada na aplicação de entendimento firmado em regime de repercussão geral ou em julgamento de recursos repetitivos.

Redação original do dispositivo: "Art. 1.042. Cabe agravo contra decisão de presidente ou de vice-presidente do tribunal que:"

Enunciado nº 225 do FPPC: O agravo em recurso especial ou extraordinário será interposto nos próprios autos. (Grupo: Recursos Extraordinários)

I – indeferir pedido formulado com base no art. 1.035, §6º, ou no art. 1.036, §2º, de inadmissão de recurso especial ou extraordinário intempestivo; (Revogado pela Lei 13.256, de 04 de março de 2016)

II – inadmitir, com base no art. 1.040, inciso I, recurso especial ou extraordinário sob o fundamento de que o acórdão recorrido coincide com a orientação do tribunal superior; (Revogado pela Lei 13.256, de 04 de março de 2016)

III - inadmitir recurso extraordinário, com base no art. 1.035, §8º, ou no art. 1.039, parágrafo único, sob o fundamento de que o Supremo Tribunal Federal reconheceu a inexistência de repercussão geral da questão constitucional discutida. (Revogado pela Lei 13.256, de 04 de março de 2016)

§1º Sob pena de não conhecimento do agravo, incumbirá ao agravante demonstrar, de forma expressa: (Revogado pela Lei 13.256, de 04 de março de 2016)

I – a intempestividade do recurso especial ou extraordinário sobrestado, quando o recurso fundar-se na hipótese do inciso I do *caput* deste artigo; (Revogado pela Lei 13.256, de 04 de março de 2016)

II – a existência de distinção entre o caso em análise e o precedente invocado, quando a inadmissão do recurso: (Revogado pela Lei 13.256, de 04 de março de 2016)

a) ~~especial ou extraordinário fundar-se em entendimento firmado em julgamento de recurso repetitivo por tribunal superior;~~ (Revogada pela Lei 13.256, de 04 de março de 2016)

b) ~~extraordinário fundar-se em decisão anterior do Supremo Tribunal Federal de inexistência de repercussão geral da questão constitucional discutida.~~ (Revogada pela Lei 13.256, de 04 de março de 2016).

§2º A petição de agravo será dirigida ao presidente ou ao vicepresidente do tribunal de origem e independe do pagamento de custas e despesas postais, aplicando-se a ela o regime de repercussão geral e de recursos repetitivos, inclusive quanto à possibilidade de sobrestamento e do juízo de retratação.

Redação original do dispositivo: "§2º A petição de agravo será dirigida ao presidente ou vice-presidente do tribunal de origem e independe do pagamento de custas e despesas postais."

§3º O agravado será intimado, de imediato, para oferecer resposta no prazo de 15 (quinze) dias.

§4º Após o prazo de resposta, não havendo retratação, o agravo será remetido ao tribunal superior competente.

Enunciado nº 228 do FPPC: Fica superado o Enunciado nº 639 da súmula do STF após a entrada em vigor do CPC ("Aplica-se a Súmula nº 288 quando não constarem do traslado do agravo de instrumento as cópias das peças necessárias à verificação da tempestividade do recurso extraordinário não admitido pela decisão agravada"). (Grupo: Recursos Extraordinários)

Enunciado nº 229 do FPPC: Fica superado o Enunciado nº 288 da súmula do STF após a entrada em vigor do CPC ("Nega-se provimento a agravo para subida de recurso extraordinário, quando faltar no traslado o despacho agravado, a decisão recorrida, a petição de recurso extraordinário ou qualquer peça essencial à compreensão da controvérsia"). (Grupo: Recursos Extraordinários)

§5º O agravo poderá ser julgado, conforme o caso, conjuntamente com o recurso especial ou extraordinário, assegurada, neste caso, sustentação oral, observando-se, ainda, o disposto no regimento interno do tribunal respectivo.

§6º Na hipótese de interposição conjunta de recursos extraordinário e especial, o agravante deverá interpor um agravo para cada recurso não admitido.

§7º Havendo apenas um agravo, o recurso será remetido ao tribunal competente, e, havendo interposição conjunta, os autos serão remetidos ao Superior Tribunal de Justiça.

§8º Concluído o julgamento do agravo pelo Superior Tribunal de Justiça e, se for o caso, do recurso especial, independentemente de pedido, os autos serão remetidos ao Supremo Tribunal Federal para apreciação do agravo a ele dirigido, salvo se estiver prejudicado. (NR)

Arts. 544 e 545 do CPC/73
Ver Súmulas nºs 288 e 639 do STF

Seção IV
Dos Embargos de Divergência

Art. 1.043. É embargável o acórdão de órgão fracionário que:

Enunciado nº 230 do FPPC: Cabem embargos de divergência contra acórdão que, em agravo interno ou agravo em recurso especial ou extraordinário, decide recurso especial ou extraordinário. (Grupo: Recursos Extraordinários)

I – em recurso extraordinário ou em recurso especial, divergir do julgamento de qualquer outro órgão do mesmo tribunal, sendo os acórdãos, embargado e paradigma, de mérito;

II – em recurso extraordinário ou em recurso especial, divergir do julgamento de qualquer outro órgão do mesmo tribunal, sendo os acórdãos, embargado e paradigma, relativos ao juízo de admissibilidade; (Revogado pela Lei 13.256, de 04 de março de 2016);

Enunciado nº 231 do FPPC: Fica superado o Enunciado nº 315 da súmula do STJ após a entrada em vigor do CPC ("Não cabem embargos de divergência no âmbito do agravo de instrumento que não admite recurso especial"). (Grupo: Recursos Extraordinários)

III – em recurso extraordinário ou em recurso especial, divergir do julgamento de qualquer outro órgão do mesmo tribunal, sendo um acórdão de mérito e outro que não tenha conhecido do recurso, embora tenha apreciado a controvérsia;

IV – nos processos de competência originária, divergir do julgamento de qualquer outro órgão do mesmo tribunal. (Revogado pela Lei 13.256, de 04 de março de 2016)

§1º Poderão ser confrontadas teses jurídicas contidas em julgamentos de recursos e de ações de competência originária.

§2º A divergência que autoriza a interposição de embargos de divergência pode verificar-se na aplicação do direito material ou do direito processual.

§3º Cabem embargos de divergência quando o acórdão paradigma for da mesma turma que proferiu a decisão embargada, desde que sua composição tenha sofrido alteração em mais da metade de seus membros.

Enunciado nº 232 do FPPC: Fica superado o Enunciado nº 353 da súmula do STF após a entrada em vigor do CPC ("São incabíveis os embargos da Lei nº 623, de 19.02.49, com fundamento em divergência entre decisões da mesma turma do Supremo Tribunal Federal"). (Grupo: Recursos Extraordinários)

§4º O recorrente provará a divergência com certidão, cópia ou citação de repositório oficial ou credenciado de jurisprudência, inclusive em mídia eletrônica, onde foi publicado o acórdão divergente, ou com a reprodução de julgado disponível na rede mundial de computadores, indicando a respectiva fonte, e mencionará as circunstâncias que identificam ou assemelham os casos confrontados.

§5º É vedado ao tribunal inadmitir o recurso com base em fundamento genérico de que as circunstâncias fáticas são diferentes, sem demonstrar a existência da distinção. (Revogado pela Lei 13.256, de 04 de março de 2016)

Art. 546 do CPC/73

Art. 1.044. No recurso de embargos de divergência, será observado o procedimento estabelecido no regimento interno do respectivo tribunal superior.

§1º A interposição de embargos de divergência no Superior Tribunal de Justiça interrompe o prazo para interposição de recurso extraordinário por qualquer das partes.

§2º Se os embargos de divergência forem desprovidos ou não alterarem a conclusão do julgamento anterior, o recurso extraordinário interposto pela outra parte antes da publicação do julgamento dos embargos de divergência será processado e julgado independentemente de ratificação.

Art. 546, parágrafo único, do CPC/73
Ver Súmulas nºs 353 e 598 do STF e nºs 158, 168, 315, 316 e 420 do STJ

LIVRO COMPLEMENTAR
DISPOSIÇÕES FINAIS E TRANSITÓRIAS

Art. 1.045. Este Código entra em vigor após decorrido 1 (um) ano da data de sua publicação oficial.

Art. 1.220 do CPC/73

Art. 1.046. Ao entrar em vigor este Código, suas disposições se aplicarão desde logo aos processos pendentes, ficando revogada a Lei nº 5.869, de 11 de janeiro de 1973.

Enunciado nº 267 do FPPC: Os prazos processuais iniciados antes da vigência do CPC serão integralmente regulados pelo regime revogado. (Grupo: Direito intertemporal e disposições finais e transitórias)

Enunciado nº 268 do FPPC: A regra de contagem de prazos em dias úteis só se aplica aos prazos iniciados após a vigência do Novo Código. (Grupo: Direito intertemporal e disposições finais e transitórias)

Enunciado nº 275 do FPPC: Nos processos que tramitam eletronicamente, a regra do art. 229, §1º, não se aplica aos prazos já iniciados no regime anterior. (Grupo: Direito intertemporal e disposições finais e transitórias)

Enunciado nº 295 do FPPC: As regras sobre intervalo mínimo entre as audiências do CPC só se aplicam aos processos em que o ato for designado após sua vigência. (Grupo: Direito intertemporal e disposições finais e transitórias)

Enunciado nº 308 do FPPC: Aplica-se o art. 489, §1º, a todos os processos pendentes de decisão ao tempo da entrada em vigor do CPC. (Grupo: Direito intertemporal e disposições finais e transitórias)

Enunciado nº 311 do FPPC: A regra sobre remessa necessária é aquela vigente ao tempo da prolação da sentença, de modo que a limitação de seu cabimento no CPC não prejudica os reexames estabelecidos no regime do art. 475 CPC/1973. (Grupo: Direito intertemporal e disposições finais e transitórias)

Enunciado nº 341 do FPPC: O prazo para ajuizamento de ação rescisória é estabelecido pela data do trânsito em julgado da decisão rescindenda, de modo que não se aplicam as regras dos §§2 º e 3º do art. 975 do CPC à coisa julgada constituída antes de sua vigência. (Grupo: Direito intertemporal e disposições finais e transitórias)

Enunciado nº 354 do FPPC: O art. 1.009, §1º, não se aplica às decisões proferidas antes da entrada em vigor do CPC. (Grupo: Direito intertemporal e disposições finais e transitórias)

Enunciado nº 355 do FPPC: Se, no mesmo processo, houver questões resolvidas na fase de conhecimento em relação às quais foi interposto agravo retido na vigência do CPC/1973, e questões resolvidas na fase de conhecimento em relação às quais não se operou a preclusão por força do art. 1.009, §1º, do CPC, aplicar-se-á ao recurso de apelação o art. 523, §1º, do CPC/1973 em relação àquelas, e o art. 1.009, §1º, do CPC em relação a estas. (Grupo: Direito intertemporal e disposições finais e transitórias)

Enunciado nº 356 do FPPC: Aplica-se a regra do art. 1.010, §3º, às apelações pendentes de admissibilidade ao tempo da entrada em vigor do CPC, de modo que o exame da admissibilidade destes recursos competirá ao Tribunal de 2º grau. (Grupo: Direito intertemporal e disposições finais e transitórias)

Enunciado nº 365 do FPPC: Aplica-se a regra do art. 1.030, parágrafo único, aos recursos extraordinário e especial pendentes de admissibilidade ao tempo da entrada em vigor do CPC, de modo que o exame da admissibilidade destes recursos competirá ao STF e STJ. (Grupo: Direito intertemporal e disposições finais e transitórias)

§1º As disposições da Lei nº 5.869, de 11 de janeiro de 1973, relativas ao procedimento sumário e aos procedimentos especiais que forem revogadas aplicar-se-ão às ações propostas e não sentenciadas até o início da vigência deste Código.

Enunciado nº 567 do FPPC: Invalidado o ato processual praticado à luz do CPC de 1973, a sua repetição observará o regramento do CPC-2015, salvo nos casos de incidência do art. 1047 do CPC-2015 e no que refere às disposições revogadas relativas ao procedimento sumário, aos procedimentos especiais e às cautelares. (Grupo: Direito Intertemporal)

Enunciado nº 568 do FPPC: As disposições do CPC-1973 relativas aos procedimentos cautelares que forem revogadas aplicar-se-ão às ações propostas e não sentenciadas até o início da vigência do CPC/2015. (Grupo: Direito Intertemporal)

§2º Permanecem em vigor as disposições especiais dos procedimentos regulados em outras leis, aos quais se aplicará supletivamente este Código.
§3º Os processos mencionados no art. 1.218 da Lei nº 5.869, de 11 de janeiro de 1973, cujo procedimento ainda não tenha sido incorporado por lei submetem-se ao procedimento comum previsto neste Código.
§4º As remissões a disposições do Código de Processo Civil revogado, existentes em outras leis, passam a referir-se às que lhes são correspondentes neste Código.
§5º A primeira lista de processos para julgamento em ordem cronológica observará a antiguidade da distribuição entre os já conclusos na data da entrada em vigor deste Código.

Art. 1.221 do CPC/73

Enunciado nº 479 do FPPC: As novas regras de competência relativa previstas no CPC de 2015 não afetam os processos cujas petições iniciais foram protocoladas na vigência do CPC-73. (Grupo: Direito intertemporal) Ver art. 1.218 do CPC/73

Art. 1.047. As disposições de direito probatório adotadas neste Código aplicam-se apenas às provas requeridas ou determinadas de ofício a partir da data de início de sua vigência.

Não há artigo correspondente no CPC/73

Enunciado nº 366 do FPPC: O protesto genérico por provas, realizado na petição inicial ou na contestação ofertada antes da vigência do CPC, não implica requerimento de prova para fins do art. 1047. (Grupo: Direito intertemporal e disposições finais e transitórias)

Enunciado nº 567 do FPPC: Invalidado o ato processual praticado à luz do CPC de 1973, a sua repetição observará o regramento do CPC-2015, salvo nos casos de incidência do art. 1047 do CPC-2015 e no que refere às disposições revogadas relativas ao procedimento sumário, aos procedimentos especiais e às cautelares. (Grupo: Direito Intertemporal)

Enunciado nº 569 do FPPC: O art. 1.047 não impede convenções processuais em matéria probatória, ainda que relativas a provas requeridas ou determinadas sob vigência do CPC-1973. (Grupo: Direito Intertemporal)

Art. 1.048. Terão prioridade de tramitação, em qualquer juízo ou tribunal, os procedimentos judiciais:

I – em que figure como parte ou interessado pessoa com idade igual ou superior a 60 (sessenta) anos ou portadora de doença grave, assim compreendida qualquer das enumeradas no art. 6º, inciso XIV, da Lei nº 7.713, de 22 de dezembro de 1988;

II – regulados pela Lei nº 8.069, de 13 de julho de 1990 (Estatuto da Criança e do Adolescente).

§1º A pessoa interessada na obtenção do benefício, juntando prova de sua condição, deverá requerê-lo à autoridade judiciária competente para decidir o feito, que determinará ao cartório do juízo as providências a serem cumpridas.

§2º Deferida a prioridade, os autos receberão identificação própria que evidencie o regime de tramitação prioritária.

§3º Concedida a prioridade, essa não cessará com a morte do beneficiado, estendendo-se em favor do cônjuge supérstite ou do companheiro em união estável.

§4º A tramitação prioritária independe de deferimento pelo órgão jurisdicional e deverá ser imediatamente concedida diante da prova da condição de beneficiário.

Arts. 1.1211-A e 1.211-B do CPC/73
Ver art. 6º, XIV, da Lei nº 7.713/1988
Ver Lei nº 8.069/1990

Art. 1.049. Sempre que a lei remeter a procedimento previsto na lei processual sem especificá-lo, será observado o procedimento comum previsto neste Código.

Parágrafo único. Na hipótese de a lei remeter ao procedimento sumário, será observado o procedimento comum previsto neste Código, com as modificações previstas na própria lei especial, se houver.

Não há artigo correspondente no CPC/73
Enunciado nº 570 do FPPC: As ações revisionais de aluguel ajuizadas após a entrada em vigor do Código de Processo Civil deverão tramitar pelo procedimento comum, aplicando-se, com as adaptações procedimentais que se façam necessárias, as disposições dos artigos 68 a 70 da Lei 8.245/1991. (Grupo: Impacto nos Juizados e nos procedimentos especiais da legislação extravagante)
Ver art. 16, *caput*, do Decreto-Lei nº 58/1937
Ver art. 39 da Lei nº 4.886/1965
Ver art. 5º, *caput*, da Lei nº 6.969/1981
Ver art. 14 da Lei nº 10.257/2001
Ver art. 20, *caput*, da Lei nº 6.383/1976

Art. 1.050. A União, os Estados, o Distrito Federal, os Municípios, suas respectivas entidades da administração indireta, o Ministério Público, a Defensoria Pública e a Advocacia Pública, no prazo de 30 (trinta) dias a contar da data da entrada em vigor deste Código, deverão se cadastrar perante a administração do tribunal no qual atuem para cumprimento do disposto nos arts. 246, §2º, e 270, parágrafo único.

Não há artigo correspondente no CPC/73

Art. 1.051. As empresas públicas e privadas devem cumprir o disposto no art. 246, §1º, no prazo de 30 (trinta) dias, a contar da data de inscrição do ato constitutivo da pessoa jurídica, perante o juízo onde tenham sede ou filial.

Parágrafo único. O disposto no *caput* não se aplica às microempresas e às empresas de pequeno porte.

Não há artigo correspondente no CPC/73

Art. 1.052. Até a edição de lei específica, as execuções contra devedor insolvente, em curso ou que venham a ser propostas, permanecem reguladas pelo Livro II, Título IV, da Lei nº 5.869, de 11 de janeiro de 1973.

Arts. 748 a 786-A do CPC/73

Art. 1.053. Os atos processuais praticados por meio eletrônico até a transição definitiva para certificação digital ficam convalidados, ainda que não tenham observado os requisitos mínimos estabelecidos por este Código, desde que tenham atingido sua finalidade e não tenha havido prejuízo à defesa de qualquer das partes.

Não há artigo correspondente no CPC/73

Art. 1.054. O disposto no art. 503, §1º, somente se aplica aos processos iniciados após a vigência deste Código, aplicando-se aos anteriores o disposto nos arts. 5º, 325 e 470 da Lei nº 5.869, de 11 de janeiro de 1973.

Art. 285-B, §2º, do CPC/73
Enunciado nº 367 do FPPC: Para fins de interpretação do art. 1.054, entende-se como início do processo a data do protocolo da petição inicial. (Grupo: Direito intertemporal e disposições finais e transitórias)
Ver arts. 5º, 325 e 470 do CPC/73

Art. 1.055. (VETADO) O devedor ou arrendatário não se exime da obrigação de pagamento dos tributos, das multas e das taxas incidentes sobre os bens vinculados e de outros encargos previstos em contrato, exceto se a obrigação de pagar não for de sua responsabilidade, conforme contrato, ou for objeto de suspensão em tutela provisória.

Não há artigo correspondente no CPC/73
Razões do veto: "Ao converter em artigo autônomo o §2o do art. 285-B do Código de Processo Civil de 1973, as hipóteses de sua aplicação, hoje restritas, ficariam imprecisas e ensejariam interpretações equivocadas, tais como possibilitar a transferência de responsabilidade tributária por meio de contrato."

Art. 1.056. Considerar-se-á como termo inicial do prazo da prescrição prevista no art. 924, inciso V, inclusive para as execuções em curso, a data de vigência deste Código.

Não há artigo correspondente no CPC/73

Art. 1.057. O disposto no art. 525, §§14 e 15, e no art. 535, §§7º e 8º, aplica-se às decisões transitadas em julgado após a entrada em vigor deste Código, e, às decisões transitadas em julgado anteriormente, aplica-se o disposto no art. 475-L, §1º, e no art. 741, parágrafo único, da Lei nº 5.869, de 11 de janeiro de 1973.

Não há artigo correspondente no CPC/73
Ver arts. 475-L, §1º, e 741, parágrafo único, do CPC/73

Art. 1.058. Em todos os casos em que houver recolhimento de importância em dinheiro, esta será depositada em nome da parte ou do interessado, em conta especial movimentada por ordem do juiz, nos termos do art. 840, inciso I.

Não há artigo correspondente no CPC/73

Art. 1.059. À tutela provisória requerida contra a Fazenda Pública aplica-se o disposto nos arts. 1º a 4º da Lei nº 8.437, de 30 de junho de 1992, e no art. 7º, §2º, da Lei nº 12.016, de 7 de agosto de 2009.

Não há artigo correspondente no CPC/73
Ver arts. 1º a 4º da Lei nº 8.437/1992
Ver art. 7º, §2º, da Lei nº 12.016/2009

Art. 1.060. O inciso II do art. 14 da Lei nº 9.289, de 4 de julho de 1996, passa a vigorar com a seguinte redação:

"Art. 14. ....

....

II – aquele que recorrer da sentença adiantará a outra metade das custas, comprovando o adiantamento no ato de interposição do recurso, sob pena de deserção, observado o disposto nos §§1º a 7º do art. 1.007 do Código de Processo Civil;

...." (NR)

Não há artigo correspondente no CPC/73
Ver antiga redação do art. 14, II, da Lei nº 9.289/1995

Art. 1.061. O §3º do art. 33 da Lei nº 9.307, de 23 de setembro de 1996 (Lei de Arbitragem), passa a vigorar com a seguinte redação:

"Art. 33. ....

....

§3º A decretação da nulidade da sentença arbitral também poderá ser requerida na impugnação ao cumprimento da sentença, nos termos dos arts. 525 e seguintes do Código de Processo Civil, se houver execução judicial." (NR)

Não há artigo correspondente no CPC/73
Ver antiga redação do art. 33, §3º, da Lei nº 9.307/1996

Art. 1.062. O incidente de desconsideração da personalidade jurídica aplica-se ao processo de competência dos juizados especiais.

Não há artigo correspondente no CPC/73
Ver art. 10 da Lei nº 9.099/1995

Art. 1.063. Até a edição de lei específica, os juizados especiais cíveis previstos na Lei nº 9.099, de 26 de setembro de 1995, continuam competentes para o processamento e julgamento das causas previstas no art. 275, inciso II, da Lei nº 5.869, de 11 de janeiro de 1973.

Não há artigo correspondente no CPC/73
Ver art. 275, II, do CPC/73

Art. 1.064. O *caput* do art. 48 da Lei nº 9.099, de 26 de setembro de 1995, passa a vigorar com a seguinte redação:
"Art. 48. Caberão embargos de declaração contra sentença ou acórdão nos casos previstos no Código de Processo Civil.
...." (NR)

Não há artigo correspondente no CPC/73
Enunciado nº 475 do FPPC: Cabem embargos de declaração contra decisão interlocutória no âmbito dos juizados especiais. (Grupo: Impacto nos Juizados e nos procedimentos especiais da legislação extravagante)
Ver antiga redação do caput do art. 48 da Lei nº 9.099/1995

Art. 1.065. O art. 50 da Lei nº 9.099, de 26 de setembro de 1995, passa a vigorar com a seguinte redação:
"Art. 50. Os embargos de declaração interrompem o prazo para a interposição de recurso." (NR)

Não há artigo correspondente no CPC/73
Enunciado nº 483 do FPPC: Os embargos de declaração no sistema dos juizados especiais interrompem o prazo para a interposição de recursos

e propositura de reclamação constitucional para o Superior Tribunal de Justiça. (Grupo: Impacto nos Juizados e nos procedimentos especiais da legislação extravagante)
Ver antiga redação do art. 50 da Lei nº 9.099/1995

Art. 1.066. O art. 83 da Lei nº 9.099, de 26 de setembro de 1995, passam a vigorar com a seguinte redação:
"Art. 83. Cabem embargos de declaração quando, em sentença ou acórdão, houver obscuridade, contradição ou omissão.

....

§2º Os embargos de declaração interrompem o prazo para a interposição de recurso.

...." (NR)

Não há artigo correspondente no CPC/73
Ver antiga redação do caput e §2º do art. 83 da Lei nº 9.099/1995

Art. 1.067. O art. 275 da Lei nº 4.737, de 15 de julho de 1965 (Código Eleitoral), passa a vigorar com a seguinte redação:
"Art. 275. São admissíveis embargos de declaração nas hipóteses previstas no Código de Processo Civil.

§1º Os embargos de declaração serão opostos no prazo de 3 (três) dias, contado da data de publicação da decisão embargada, em petição dirigida ao juiz ou relator, com a indicação do ponto que lhes deu causa.

§2º Os embargos de declaração não estão sujeitos a preparo.

§3º O juiz julgará os embargos em 5 (cinco) dias.

§4º Nos tribunais:

I – o relator apresentará os embargos em mesa na sessão subsequente, proferindo voto;

II – não havendo julgamento na sessão referida no inciso I, será o recurso incluído em pauta;

III – vencido o relator, outro será designado para lavrar o acórdão.

§5º Os embargos de declaração interrompem o prazo para a interposição de recurso.

§6º Quando manifestamente protelatórios os embargos de declaração, o juiz ou o tribunal, em decisão fundamentada, condenará o embargante a pagar ao embargado multa não excedente a 2 (dois) salários-mínimos.

§7º Na reiteração de embargos de declaração manifestamente protelatórios, a multa será elevada a até 10 (dez) salários-mínimos." (NR)

Não há artigo correspondente no CPC/73
Ver antiga redação do art. 275 do Código Eleitoral

Art. 1.068. O art. 274 e o *caput* do art. 2.027 da Lei nº 10.406, de 10 de janeiro de 2002 (Código Civil), passam a vigorar com a seguinte redação:

Enunciado nº 137 do FPPC: Contra sentença transitada em julgado que resolve partilha, ainda que homologatória, cabe ação rescisória. (Grupo: Coisa Julgada, Ação Rescisória e Sentença)

Enunciado nº 138 do FPPC: A partilha amigável extrajudicial e a partilha amigável judicial homologada por decisão ainda não transitada em julgado são impugnáveis por ação anulatória. (Grupo: Coisa Julgada, Ação Rescisória e Sentença)

Enunciado nº 234 do FPPC: A decisão de improcedência na ação proposta pelo credor beneficia todos os devedores solidários, mesmo os que não foram partes no processo, exceto se fundada em defesa pessoal. (Grupo: Coisa julgada, Ação Rescisória e Sentença)

"Art. 274. O julgamento contrário a um dos credores solidários não atinge os demais, mas o julgamento favorável aproveita-lhes, sem prejuízo de exceção pessoal que o devedor tenha direito de invocar em relação a qualquer deles." (NR)

"Art. 2.027. A partilha é anulável pelos vícios e defeitos que invalidam, em geral, os negócios jurídicos.

...." (NR)

Não há artigo correspondente no CPC/73
Ver antiga redação dos arts. 274 e 2.027 do Código Civil

Art. 1.069. O Conselho Nacional de Justiça promoverá, periodicamente, pesquisas estatísticas para avaliação da efetividade das normas previstas neste Código.

Não há artigo correspondente no CPC/73
Ver Resolução 76/2009 do CNJ

Art. 1.070. É de 15 (quinze) dias o prazo para a interposição de qualquer agravo, previsto em lei ou em regimento interno de tribunal, contra decisão de relator ou outra decisão unipessoal proferida em tribunal.

Não há artigo correspondente no CPC/73
Ver art. 39 da Lei nº 8.038/1990
Ver art. 4º, §3º, da Lei nº 8.437/1992
Ver arts. 317 e 335, §2º, do Regimento Interno do STF

Art. 1.071. O Capítulo III do Título V da Lei nº 6.015, de 31 de dezembro de 1973 (Lei de Registros Públicos), passa a vigorar acrescida do seguinte art. 216-A:

Enunciado nº 368 do FPPC: A impugnação ao reconhecimento extrajudicial da usucapião necessita ser feita mediante representação por advogado. (Grupo: Advogado e Sociedade de Advogados. Prazos).

"Art. 216-A. Sem prejuízo da via jurisdicional, é admitido o pedido de reconhecimento extrajudicial de usucapião, que será processado diretamente perante o cartório do registro de imóveis da comarca em que estiver situado o imóvel usucapiendo, a requerimento do interessado, representado por advogado, instruído com:

I – ata notarial lavrada pelo tabelião, atestando o tempo de posse do requerente e seus antecessores, conforme o caso e suas circunstâncias;

II – planta e memorial descritivo assinado por profissional legalmente habilitado, com prova de anotação de responsabilidade técnica no respectivo conselho de fiscalização profissional, e pelos titulares de direitos reais e de outros direitos registrados ou averbados na matrícula do imóvel usucapiendo e na matrícula dos imóveis confinantes;

III – certidões negativas dos distribuidores da comarca da situação do imóvel e do domicílio do requerente;

IV – justo título ou quaisquer outros documentos que demonstrem a origem, a continuidade, a natureza e o tempo da posse, tais como o pagamento dos impostos e das taxas que incidirem sobre o imóvel.

§1º O pedido será autuado pelo registrador, prorrogando-se o prazo da prenotação até o acolhimento ou a rejeição do pedido.

§2º Se a planta não contiver a assinatura de qualquer um dos titulares de direitos reais e de outros direitos registrados ou averbados na matrícula do imóvel usucapiendo e na matrícula dos imóveis confinantes, esse será notificado pelo registrador competente, pessoalmente ou pelo correio com aviso de recebimento, para manifestar seu consentimento expresso em 15 (quinze) dias, interpretado o seu silêncio como discordância.

§3º O oficial de registro de imóveis dará ciência à União, ao Estado, ao Distrito Federal e ao Município, pessoalmente, por intermédio do oficial de registro de títulos e documentos, ou pelo correio com aviso de recebimento, para que se manifestem, em 15 (quinze) dias, sobre o pedido.

§4º O oficial de registro de imóveis promoverá a publicação de edital em jornal de grande circulação, onde houver, para a ciência de terceiros eventualmente interessados, que poderão se manifestar em 15 (quinze) dias.

§5º Para a elucidação de qualquer ponto de dúvida, poderão ser solicitadas ou realizadas diligências pelo oficial de registro de imóveis.

§6º Transcorrido o prazo de que trata o §4º deste artigo, sem pendência de diligências na forma do §5º deste artigo e achando-se em ordem a documentação, com inclusão da concordância expressa dos titulares de direitos reais e de outros direitos registrados ou averbados na matrícula do imóvel usucapiendo e na matrícula dos imóveis confinantes, o oficial de registro de imóveis registrará a aquisição do imóvel com as descrições apresentadas, sendo permitida a abertura de matrícula, se for o caso.

§7º Em qualquer caso, é lícito ao interessado suscitar o procedimento de dúvida, nos termos desta Lei.

§8º Ao final das diligências, se a documentação não estiver em ordem, o oficial de registro de imóveis rejeitará o pedido.

§9º A rejeição do pedido extrajudicial não impede o ajuizamento de ação de usucapião.

§10. Em caso de impugnação do pedido de reconhecimento extrajudicial de usucapião, apresentada por qualquer um dos titulares de direito reais e de outros direitos registrados ou averbados na matrícula do imóvel usucapiendo e na matrícula dos imóveis confinantes, por algum dos entes públicos ou por algum terceiro interessado, o oficial de registro de imóveis remeterá os autos ao juízo competente da comarca da situação do imóvel, cabendo ao requerente emendar a petição inicial para adequá-la ao procedimento comum."

Não há artigo correspondente no CPC/73

Enunciado nº 25 do FPPC: A inexistência de procedimento judicial especial para a ação de usucapião e de regulamentação da usucapião extrajudicial não implica vedação da ação, que remanesce no sistema legal, para qual devem ser observadas as peculiaridades que lhe são próprias, especialmente a necessidade de citação dos confinantes e a ciência da União, do Estado, do Distrito Federal e do Município. (Grupo: Procedimentos Especiais; redação revista no III FPPC-Rio)

Ver art. 60 da Lei nº 11.977/2009

Art. 1.072. Revogam-se:
I – o art. 22 do Decreto-Lei nº 25, de 30 de novembro de 1937;

Enunciado nº 447 do FPPC: O exequente deve providenciar a intimação da União, Estados e Municípios no caso de penhora de bem tombado. (Grupo: Execução)

II – os arts. 227, *caput*, 229, 230, 456, 1.482, 1.483 e 1.768 a 1.773 da Lei nº 10.406, de 10 de janeiro de 2002 (Código Civil);

Enunciado nº 120 do FPPC: A ausência de denunciação da lide gera apenas a preclusão do direito de a parte promovê-la, sendo possível ação autônoma de regresso. (Grupo: Litisconsórcio e Intervenção de Terceiros)

III – os arts. 2º, 3º, 4º, 6º, 7º, 11, 12 e 17 da Lei nº 1.060, de 5 de fevereiro de 1950;

IV – os arts. 13 a 18, 26 a 29 e 38 da Lei nº 8.038, de 28 de maio de 1990;

V – os arts. 16 a 18 da Lei nº 5.478, de 25 de julho de 1968; e

Enunciado nº 484 do FPPC: A revogação dos arts. 16 a 18 da Lei de Alimentos, que tratam da gradação dos meios de satisfação do direito do credor, não implica supressão da possibilidade de penhora sobre créditos originários de alugueis de prédios ou de quaisquer outros rendimentos do devedor. (Grupo: Execução)

VI – o art. 98, §4º, da Lei nº 12.529, de 30 de novembro de 2011.

Não há artigo correspondente no CPC/73
Ver art. 22 do Decreto-Lei nº 25/1937
Ver arts. 227, *caput*, 229, 230, 456, 1.482, 1.483 e 1.768 a 1.733 do Código Civil
Ver arts. 2º, 3º, 4º, 6º, 7º, 11, 12 e 17 da Lei nº 1.060/1950
Ver arts. 13 a 18, 26 a 29 e 38 da Lei nº 8.038/1990
Ver arts. 16 a 18 da Lei nº 5.478/1968
Ver art. 98, §4º, da Lei nº 12.529/2011

LEI Nº 13.140, DE 26 DE JUNHO DE 2015

Dispõe sobre a mediação entre particulares como meio de solução de controvérsias e sobre a autocomposição de conflitos no âmbito da administração pública; altera a Lei nº 9.469, de 10 de julho de 1997, e o Decreto nº 70.235, de 6 de março de 1972; e revoga o §2º do art. 6º da Lei nº 9.469, de 10 de julho de 1997.

A PRESIDENTA DA REPÚBLICA,
Faço saber que o Congresso Nacional decreta e eu sanciono a seguinte Lei:

Art. 1º Esta Lei dispõe sobre a mediação como meio de solução de controvérsias entre particulares e sobre a autocomposição de conflitos no âmbito da administração pública.

Parágrafo único. Considera-se mediação a atividade técnica exercida por terceiro imparcial sem poder decisório, que, escolhido ou aceito pelas partes, as auxilia e estimula a identificar ou desenvolver soluções consensuais para a controvérsia.

Art. 3º do CPC/2015
Enunciado nº 371 do FPPC: Os métodos de solução consensual de conflitos devem ser estimulados também nas instâncias recursais. (Grupo: Normas fundamentais)
Enunciado nº 485 do FPPC: É cabível a audiência de conciliação e mediação no processo de execução, na qual é admissível, entre outras coisas, a apresentação de plano de cumprimento da prestação. (Grupo: Execução)

CAPÍTULO I
DA MEDIAÇÃO

Seção I
Disposições Gerais

Art. 2º A mediação será orientada pelos seguintes princípios:
I - imparcialidade do mediador;

II - isonomia entre as partes;
III - oralidade;
IV - informalidade;
V - autonomia da vontade das partes;
VI - busca do consenso;
VII - confidencialidade;
VIII - boa-fé.

§1º Na hipótese de existir previsão contratual de cláusula de mediação, as partes deverão comparecer à primeira reunião de mediação.

§2º Ninguém será obrigado a permanecer em procedimento de mediação.

Art. 166 do CPC/2015

Enunciado nº 187 do FPPC: No emprego de esforços para a solução consensual do litígio familiar, são vedadas iniciativas de constrangimento ou intimidação para que as partes conciliem, assim como as de aconselhamento sobre o objeto da causa. (Grupo: Procedimentos Especiais)

Art. 3º Pode ser objeto de mediação o conflito que verse sobre direitos disponíveis ou sobre direitos indisponíveis que admitam transação.

§1º A mediação pode versar sobre todo o conflito ou parte dele.

§2º O consenso das partes envolvendo direitos indisponíveis, mas transigíveis, deve ser homologado em juízo, exigida a oitiva do Ministério Público.

Art. 334 do CPC/2015

Seção II
Dos Mediadores

Subseção I
Disposições Comuns

Art. 4º O mediador será designado pelo tribunal ou escolhido pelas partes.

§1º O mediador conduzirá o procedimento de comunicação entre as partes, buscando o entendimento e o consenso e facilitando a resolução do conflito.

§2º Aos necessitados será assegurada a gratuidade da mediação.

Arts. 98 a 102 e 166 do CPC/2015

Enunciado nº 397 do FPPC: A estrutura para autocomposição, nos Juizados Especiais, deverá contar com a conciliação e a mediação. (Grupo: Impacto nos Juizados e nos procedimentos especiais da legislação extravagante)

Art. 5º Aplicam-se ao mediador as mesmas hipóteses legais de impedimento e suspeição do juiz.

Parágrafo único. A pessoa designada para atuar como mediador tem o dever de revelar às partes, antes da aceitação da função, qualquer fato ou circunstância que possa suscitar dúvida justificada em relação à sua imparcialidade para mediar o conflito, oportunidade em que poderá ser recusado por qualquer delas.

Art. 170 do CPC/2015

Art. 6º O mediador fica impedido, pelo prazo de um ano, contado do término da última audiência em que atuou, de assessorar, representar ou patrocinar qualquer das partes.

Art. 172 do CPC/2015

Art. 7º O mediador não poderá atuar como árbitro nem funcionar como testemunha em processos judiciais ou arbitrais pertinentes a conflito em que tenha atuado como mediador.

Art. 8º O mediador e todos aqueles que o assessoram no procedimento de mediação, quando no exercício de suas funções ou em razão delas, são equiparados a servidor público, para os efeitos da legislação penal.

Subseção II
Dos Mediadores Extrajudiciais

Art. 9º Poderá funcionar como mediador extrajudicial qualquer pessoa capaz que tenha a confiança das partes e seja capacitada para fazer mediação, independentemente de integrar qualquer tipo de conselho, entidade de classe ou associação, ou nele inscrever-se.

Art. 10. As partes poderão ser assistidas por advogados ou defensores públicos. **Parágrafo único.** Comparecendo uma das partes acompanhada de advogado ou defensor público, o mediador suspenderá o procedimento, até que todas estejam devidamente assistidas.

Subseção III
Dos Mediadores Judiciais

Art. 11. Poderá atuar como mediador judicial a pessoa capaz, graduada há pelo menos dois anos em curso de ensino superior de instituição reconhecida pelo Ministério da Educação e que tenha obtido capacitação em escola ou instituição de formação de mediadores, reconhecida pela Escola Nacional de Formação e Aperfeiçoamento de Magistrados - ENFAM ou pelos tribunais, observados os requisitos mínimos estabelecidos pelo Conselho Nacional de Justiça em conjunto com o Ministério da Justiça.

Art. 167 do CPC/2015

Art. 12. Os tribunais criarão e manterão cadastros atualizados dos mediadores habilitados e autorizados a atuar em mediação judicial.

§1º A inscrição no cadastro de mediadores judiciais será requerida pelo interessado ao tribunal com jurisdição na área em que pretenda exercer a mediação.

§2º Os tribunais regulamentarão o processo de inscrição e desligamento de seus mediadores.

Art. 165 do CPC/2015

Enunciado nº 187 do FPPC: No emprego de esforços para a solução consensual do litígio familiar, são vedadas iniciativas de constrangimento ou intimidação para que as partes conciliem, assim como as de aconselhamento sobre o objeto da causa. (Grupo: Procedimentos Especiais)

Enunciado nº 371 do FPPC: Os métodos de solução consensual de conflitos devem ser estimulados também nas instâncias recursais. (Grupo: Normas fundamentais)

Enunciado nº 397 do FPPC: A estrutura para autocomposição, nos Juizados Especiais, deverá contar com a conciliação e a mediação. (Grupo: Impacto nos Juizados e nos procedimentos especiais da legislação extravagante)

Ver Resolução nº 125/2010 do CNJ

Art. 13. A remuneração devida aos mediadores judiciais será fixada pelos tribunais e custeada pelas partes, observado o disposto no §2o do art. 4o desta Lei.

Art. 169 do CPC/2015

Seção III
Do Procedimento de Mediação

Subseção I
Disposições Comuns

Art. 14. No início da primeira reunião de mediação, e sempre que julgar necessário, o mediador deverá alertar as partes acerca das regras de confidencialidade aplicáveis ao procedimento.

Art. 166 do CPC/2015

Art. 15. A requerimento das partes ou do mediador, e com anuência daquelas, poderão ser admitidos outros mediadores para funcionarem no mesmo procedimento, quando isso for recomendável em razão da natureza e da complexidade do conflito.

Art. 168 do CPC/2015

Art. 16. Ainda que haja processo arbitral ou judicial em curso, as partes poderão submeter-se à mediação, hipótese em que requererão ao juiz ou árbitro a suspensão do processo por prazo suficiente para a solução consensual do litígio.

§1º É irrecorrível a decisão que suspende o processo nos termos requeridos de comum acordo pelas partes.

§2º A suspensão do processo não obsta a concessão de medidas de urgência pelo juiz ou pelo árbitro.

Art. 17. Considera-se instituída a mediação na data para a qual for marcada a primeira reunião de mediação.

Parágrafo único. Enquanto transcorrer o procedimento de mediação, ficará suspenso o prazo prescricional.

Art. 18. Iniciada a mediação, as reuniões posteriores com a presença das partes somente poderão ser marcadas com a sua anuência.

Art. 19. No desempenho de sua função, o mediador poderá reunir-se com as partes, em conjunto ou separadamente, bem como solicitar das partes as informações que entender necessárias para facilitar o entendimento entre aquelas.

Art. 20. O procedimento de mediação será encerrado com a lavratura do seu termo final, quando for celebrado acordo ou quando não se justificarem novos esforços para a obtenção de consenso, seja por declaração do mediador nesse sentido ou por manifestação de qualquer das partes.

Parágrafo único. O termo final de mediação, na hipótese de celebração de acordo, constitui título executivo extrajudicial e, quando homologado judicialmente, título executivo judicial.

Subseção II
Da Mediação Extrajudicial

Art. 21. O convite para iniciar o procedimento de mediação extrajudicial poderá ser feito por qualquer meio de comunicação e deverá estipular o escopo proposto para a negociação, a data e o local da primeira reunião.

Parágrafo único. O convite formulado por uma parte à outra considerar-se-á rejeitado se não for respondido em até trinta dias da data de seu recebimento.

Art. 22. A previsão contratual de mediação deverá conter, no mínimo:
I - prazo mínimo e máximo para a realização da primeira reunião de mediação, contado a partir da data de recebimento do convite;
II - local da primeira reunião de mediação;
III - critérios de escolha do mediador ou equipe de mediação;
IV - penalidade em caso de não comparecimento da parte convidada à primeira reunião de mediação.
§1º A previsão contratual pode substituir a especificação dos itens acima enumerados pela indicação de regulamento, publicado por instituição idônea prestadora de serviços de mediação, no qual constem critérios claros para a escolha do mediador e realização da primeira reunião de mediação.
§2º Não havendo previsão contratual completa, deverão ser observados os seguintes critérios para a realização da primeira reunião de mediação:
I - prazo mínimo de dez dias úteis e prazo máximo de três meses, contados a partir do recebimento do convite;
II - local adequado a uma reunião que possa envolver informações confidenciais;
III - lista de cinco nomes, informações de contato e referências profissionais de mediadores capacitados; a parte convidada poderá escolher, expressamente, qualquer um dos cinco mediadores e, caso a parte convidada não se manifeste, considerar-se-á aceito o primeiro nome da lista;
IV - o não comparecimento da parte convidada à primeira reunião de mediação acarretará a assunção por parte desta de cinquenta por cento das custas e honorários sucumbenciais caso venha a ser vencedora em procedimento arbitral ou judicial posterior, que envolva o escopo da mediação para a qual foi convidada.

§ 3º Nos litígios decorrentes de contratos comerciais ou societários que não contenham cláusula de mediação, o mediador extrajudicial somente cobrará por seus serviços caso as partes decidam assinar o termo inicial de mediação e permanecer, voluntariamente, no procedimento de mediação.

Art. 23. Se, em previsão contratual de cláusula de mediação, as partes se comprometerem a não iniciar procedimento arbitral ou processo judicial durante certo prazo ou até o implemento de determinada condição, o árbitro ou o juiz suspenderá o curso da arbitragem ou da ação pelo prazo previamente acordado ou até o implemento dessa condição.

Parágrafo único. O disposto no caput não se aplica às medidas de urgência em que o acesso ao Poder Judiciário seja necessário para evitar o perecimento de direito.

Subseção III
Da Mediação Judicial

Art. 24. Os tribunais criarão centros judiciários de solução consensual de conflitos, responsáveis pela realização de sessões e audiências de conciliação e mediação, pré-processuais e processuais, e pelo desenvolvimento de programas destinados a auxiliar, orientar e estimular a autocomposição.

Parágrafo único. A composição e a organização do centro serão definidas pelo respectivo tribunal, observadas as normas do Conselho Nacional de Justiça.

Art. 165 do CPC/2015

Art. 25. Na mediação judicial, os mediadores não estarão sujeitos à prévia aceitação das partes, observado o disposto no art. 5o desta Lei.

Art. 168 do CPC/2015

Art. 26. As partes deverão ser assistidas por advogados ou defensores públicos, ressalvadas as hipóteses previstas nas Leis nos 9.099, de 26 de setembro de 1995, e 10.259, de 12 de julho de 2001.

Parágrafo único. Aos que comprovarem insuficiência de recursos será assegurada assistência pela Defensoria Pública.

Art. 27. Se a petição inicial preencher os requisitos essenciais e não for o caso de improcedência liminar do pedido, o juiz designará audiência de mediação.

Arts. 250, 303, 308, 319, 334, 565, 694, 695 e 696 do CPC/2015

Enunciado nº 273 do FPPC: Ao ser citado, o réu deverá ser advertido de que sua ausência injustificada à audiência de conciliação ou mediação configura ato atentatório à dignidade da justiça, punível com a multa do art. 335, §8º, sob pena de sua inaplicabilidade. (Grupo: Petição inicial, resposta do réu e saneamento)

Enunciado nº 67 do FPPC: A audiência de mediação referida no art. 565 (e seus parágrafos) deve ser compreendida como a sessão de mediação ou de conciliação, conforme as peculiaridades do caso concreto. (Grupo: Procedimentos Especiais)

Art. 28. O procedimento de mediação judicial deverá ser concluído em até sessenta dias, contados da primeira sessão, salvo quando as partes, de comum acordo, requererem sua prorrogação.

Parágrafo único. Se houver acordo, os autos serão encaminhados ao juiz, que determinará o arquivamento do processo e, desde que requerido pelas partes, homologará o acordo, por sentença, e o termo final da mediação e determinará o arquivamento do processo.

Art. 334 do CPC/2015

Art. 29. Solucionado o conflito pela mediação antes da citação do réu, não serão devidas custas judiciais finais.

Seção IV
Da Confidencialidade e suas Exceções

Art. 30. Toda e qualquer informação relativa ao procedimento de mediação será confidencial em relação a terceiros, não podendo ser revelada sequer em processo arbitral ou judicial salvo se as partes expressamente decidirem de forma diversa ou quando sua divulgação for exigida por lei ou necessária para cumprimento de acordo obtido pela mediação.

§1º O dever de confidencialidade aplica-se ao mediador, às partes, a seus prepostos, advogados, assessores técnicos e a outras pessoas de sua confiança que tenham, direta ou indiretamente, participado do procedimento de mediação, alcançando:

I - declaração, opinião, sugestão, promessa ou proposta formulada por uma parte à outra na busca de entendimento para o conflito;

II - reconhecimento de fato por qualquer das partes no curso do procedimento de mediação;

III - manifestação de aceitação de proposta de acordo apresentada pelo mediador;
IV - documento preparado unicamente para os fins do procedimento de mediação.

§2º A prova apresentada em desacordo com o disposto neste artigo não será admitida em processo arbitral ou judicial.

§3º Não está abrigada pela regra de confidencialidade a informação relativa à ocorrência de crime de ação pública.

§4º A regra da confidencialidade não afasta o dever de as pessoas discriminadas no caput prestarem informações à administração tributária após o termo final da mediação, aplicando-se aos seus servidores a obrigação de manterem sigilo das informações compartilhadas nos termos do art. 198 da Lei no 5.172, de 25 de outubro de 1966 - Código Tributário Nacional.

Art. 166 do CPC/2015

Art. 31. Será confidencial a informação prestada por uma parte em sessão privada, não podendo o mediador revelá-la às demais, exceto se expressamente autorizado.

Art. 166, §2º, do CPC/2015

CAPÍTULO II
DA AUTOCOMPOSIÇÃO DE CONFLITOS EM QUE FOR PARTE PESSOA JURÍDICA DE DIREITO PÚBLICO

Seção I
Disposições Comuns

Art. 32. A União, os Estados, o Distrito Federal e os Municípios poderão criar câmaras de prevenção e resolução administrativa de conflitos, no âmbito dos respectivos órgãos da Advocacia Pública, onde houver, com competência para:
I - dirimir conflitos entre órgãos e entidades da administração pública;
II - avaliar a admissibilidade dos pedidos de resolução de conflitos, por meio de composição, no caso de controvérsia entre particular e pessoa jurídica de direito público;
III - promover, quando couber, a celebração de termo de ajustamento de conduta.

§1º O modo de composição e funcionamento das câmaras de que trata o caput será estabelecido em regulamento de cada ente federado.

§2º A submissão do conflito às câmaras de que trata o caput é facultativa e será cabível apenas nos casos previstos no regulamento do respectivo ente federado.

§3º Se houver consenso entre as partes, o acordo será reduzido a termo e constituirá título executivo extrajudicial.

§4º Não se incluem na competência dos órgãos mencionados no caput deste artigo as controvérsias que somente possam ser resolvidas por atos ou concessão de direitos sujeitos a autorização do Poder Legislativo.

§5º Compreendem-se na competência das câmaras de que trata o caput a prevenção e a resolução de conflitos que envolvam equilíbrio econômico-financeiro de contratos celebrados pela administração com particulares.

Art. 174 do CPC/2015

Enunciado nº 397 do FPPC: A estrutura para autocomposição, nos Juizados Especiais, deverá contar com a conciliação e a mediação. (Grupo: Impacto nos Juizados e nos procedimentos especiais da legislação extravagante)

Enunciado nº 398 do FPPC: As câmaras de mediação e conciliação têm competência para realização da conciliação, no âmbito administrativo, de conflitos judiciais e extrajudiciais. (Grupo: Impacto do novo CPC e os processos da Fazenda Pública e Impacto nos Juizados e nos procedimentos especiais da legislação extravagante)

Art. 33. Enquanto não forem criadas as câmaras de mediação, os conflitos poderão ser dirimidos nos termos do procedimento de mediação previsto na Subseção I da Seção III do Capítulo I desta Lei.

Parágrafo único. A Advocacia Pública da União, dos Estados, do Distrito Federal e dos Municípios, onde houver, poderá instaurar, de ofício ou mediante provocação, procedimento de mediação coletiva de conflitos relacionados à prestação de serviços públicos.

Art. 34. A instauração de procedimento administrativo para a resolução consensual de conflito no âmbito da administração pública suspende a prescrição.

§1º Considera-se instaurado o procedimento quando o órgão ou entidade pública emitir juízo de admissibilidade, retroagindo a suspensão da prescrição à data de formalização do pedido de resolução consensual do conflito.

§2º Em se tratando de matéria tributária, a suspensão da prescrição deverá observar o disposto na Lei nº 5.172, de 25 de outubro de 1966 - Código Tributário Nacional.

Seção II
Dos Conflitos Envolvendo a Administração Pública Federal Direta, suas Autarquias e Fundações

Art. 35. As controvérsias jurídicas que envolvam a administração pública federal direta, suas autarquias e fundações poderão ser objeto de transação por adesão, com fundamento em:

I - autorização do Advogado-Geral da União, com base na jurisprudência pacífica do Supremo Tribunal Federal ou de tribunais superiores; ou

II - parecer do Advogado-Geral da União, aprovado pelo Presidente da República.

§1º Os requisitos e as condições da transação por adesão serão definidos em resolução administrativa própria.

§2º Ao fazer o pedido de adesão, o interessado deverá juntar prova de atendimento aos requisitos e às condições estabelecidos na resolução administrativa.

§3º A resolução administrativa terá efeitos gerais e será aplicada aos casos idênticos, tempestivamente habilitados mediante pedido de adesão, ainda que solucione apenas parte da controvérsia.

§4º A adesão implicará renúncia do interessado ao direito sobre o qual se fundamenta a ação ou o recurso, eventualmente pendentes, de natureza administrativa ou judicial, no que tange aos pontos compreendidos pelo objeto da resolução administrativa.

§5º Se o interessado for parte em processo judicial inaugurado por ação coletiva, a renúncia ao direito sobre o qual se fundamenta a ação deverá ser expressa, mediante petição dirigida ao juiz da causa.

§6º A formalização de resolução administrativa destinada à transação por adesão não implica a renúncia tácita à prescrição nem sua interrupção ou suspensão.

Art. 36. No caso de conflitos que envolvam controvérsia jurídica entre órgãos ou entidades de direito público que integram a administração pública federal, a Advocacia-Geral da União deverá realizar composição extrajudicial do conflito, observados os procedimentos previstos em ato do Advogado-Geral da União.

§1º Na hipótese do caput, se não houver acordo quanto à controvérsia jurídica, caberá ao Advogado-Geral da União dirimi-la, com fundamento na legislação afeta.

§2º Nos casos em que a resolução da controvérsia implicar o reconhecimento da existência de créditos da União, de suas autarquias e fundações em face de pessoas jurídicas de direito público federais, a Advocacia-Geral da União poderá solicitar ao Ministério do Planejamento, Orçamento e Gestão a adequação orçamentária para quitação das dívidas reconhecidas como legítimas.

§3º A composição extrajudicial do conflito não afasta a apuração de responsabilidade do agente público que deu causa à dívida, sempre que se verificar que sua ação ou omissão constitui, em tese, infração disciplinar.

§4º Nas hipóteses em que a matéria objeto do litígio esteja sendo discutida em ação de improbidade administrativa ou sobre ela haja decisão do Tribunal de Contas da União, a conciliação de que trata o caput dependerá da anuência expressa do juiz da causa ou do Ministro Relator.

Art. 37. É facultado aos Estados, ao Distrito Federal e aos Municípios, suas autarquias e fundações públicas, bem como às empresas públicas e sociedades de economia mista federais, submeter seus litígios com órgãos ou entidades da administração pública federal à Advocacia-Geral da União, para fins de composição extrajudicial do conflito.

Art. 38. Nos casos em que a controvérsia jurídica seja relativa a tributos administrados pela Secretaria da Receita Federal do Brasil ou a créditos inscritos em dívida ativa da União:

I - não se aplicam as disposições dos incisos II e III do caput do art. 32;

II - as empresas públicas, sociedades de economia mista e suas subsidiárias que explorem atividade econômica de produção ou comercialização de bens ou de prestação de serviços em regime de concorrência não poderão exercer a faculdade prevista no art. 37;

III - quando forem partes as pessoas a que alude o caput do art. 36:

a) a submissão do conflito à composição extrajudicial pela Advocacia-Geral da União implica renúncia do direito de recorrer ao Conselho Administrativo de Recursos Fiscais;

b) a redução ou o cancelamento do crédito dependerá de manifestação conjunta do Advogado-Geral da União e do Ministro de Estado da Fazenda.

Parágrafo único. O disposto no inciso II e na alínea a do inciso III não afasta a competência do Advogado-Geral da União prevista nos incisos X e XI do art. 4º da Lei Complementar nº 73, de 10 de fevereiro de 1993.

Art. 39. A propositura de ação judicial em que figurem concomitantemente nos polos ativo e passivo órgãos ou entidades de direito público que integrem a administração pública federal deverá ser previamente autorizada pelo Advogado-Geral da União.

Art. 40. Os servidores e empregados públicos que participarem do processo de composição extrajudicial do conflito, somente poderão ser responsabilizados civil, administrativa ou criminalmente quando, mediante dolo ou fraude, receberem qualquer vantagem patrimonial indevida, permitirem ou facilitarem sua recepção por terceiro, ou para tal concorrerem.

CAPÍTULO III
DISPOSIÇÕES FINAIS

Art. 41. A Escola Nacional de Mediação e Conciliação, no âmbito do Ministério da Justiça, poderá criar banco de dados sobre boas práticas em mediação, bem como manter relação de mediadores e de instituições de mediação.

Art. 42. Aplica-se esta Lei, no que couber, às outras formas consensuais de resolução de conflitos, tais como mediações comunitárias e escolares, e àquelas levadas a efeito nas serventias extrajudiciais, desde que no âmbito de suas competências.

Parágrafo único. A mediação nas relações de trabalho será regulada por lei própria.

Art. 175 do CPC/2015

Art. 43. Os órgãos e entidades da administração pública poderão criar câmaras para a resolução de conflitos entre particulares, que versem sobre atividades por eles reguladas ou supervisionadas.

Art. 44. Os arts. 1º e 2º da Lei no 9.469, de 10 de julho de 1997, passam a vigorar com a seguinte redação:

"**Art. 1º** O Advogado-Geral da União, diretamente ou mediante delegação, e os dirigentes máximos das empresas públicas federais, em conjunto com o dirigente estatutário da área afeta ao assunto, poderão autorizar a realização de acordos ou transações para prevenir ou terminar litígios, inclusive os judiciais.

§1º Poderão ser criadas câmaras especializadas, compostas por servidores públicos ou empregados públicos efetivos, com o objetivo de analisar e formular propostas de acordos ou transações.

§3º Regulamento disporá sobre a forma de composição das câmaras de que trata o §1º, que deverão ter como integrante pelo menos um membro efetivo da Advocacia-Geral da União ou, no caso das empresas públicas, um assistente jurídico ou ocupante de função equivalente.

§4º Quando o litígio envolver valores superiores aos fixados em regulamento, o acordo ou a transação, sob pena de nulidade, dependerá de prévia e expressa autorização do Advogado-Geral da União e do Ministro de Estado a cuja área de competência estiver afeto o assunto, ou ainda do Presidente da Câmara dos Deputados, do Senado Federal, do Tribunal de Contas da União, de Tribunal ou Conselho, ou do Procurador-Geral da República, no caso de interesse dos órgãos dos Poderes Legislativo e Judiciário ou do Ministério Público da União, excluídas as empresas públicas federais não dependentes, que necessitarão apenas de prévia e expressa autorização dos dirigentes de que trata o caput.

§5º Na transação ou acordo celebrado diretamente pela parte ou por intermédio de procurador para extinguir ou encerrar processo judicial, inclusive os casos de extensão administrativa de pagamentos postulados em juízo, as partes poderão definir a responsabilidade de cada uma pelo pagamento dos honorários dos respectivos advogados." (NR)

"Art. 2º O Procurador-Geral da União, o Procurador-Geral Federal, o Procurador-Geral do Banco Central do Brasil e os dirigentes das empresas públicas federais mencionadas no caput do art. 1o poderão autorizar, diretamente ou mediante delegação, a realização de acordos para prevenir ou terminar, judicial ou extrajudicialmente, litígio que envolver valores inferiores aos fixados em regulamento.

§1º No caso das empresas públicas federais, a delegação é restrita a órgão colegiado formalmente constituído, composto por pelo menos um dirigente estatutário.

§2º O acordo de que trata o caput poderá consistir no pagamento do débito em parcelas mensais e sucessivas, até o limite máximo de sessenta.

§3º O valor de cada prestação mensal, por ocasião do pagamento, será acrescido de juros equivalentes à taxa referencial do Sistema Especial de Liquidação e de Custódia - SELIC para títulos federais, acumulada mensalmente, calculados a partir do mês subsequente ao da consolidação até o mês anterior ao do pagamento e de um por cento relativamente ao mês em que o pagamento estiver sendo efetuado.

§4º Inadimplida qualquer parcela, após trinta dias, instaurar-se-á o processo de execução ou nele prosseguir-se-á, pelo saldo." (NR)

Art. 45. O Decreto no 70.235, de 6 de março de 1972, passa a vigorar acrescido do seguinte art. 14-A:

"Art. 14-A. No caso de determinação e exigência de créditos tributários da União cujo sujeito passivo seja órgão ou entidade de direito público da administração pública federal, a submissão do litígio à composição extrajudicial pela Advocacia-Geral da União é considerada reclamação, para fins do disposto no inciso III do art. 151 da Lei no 5.172, de 25 de outubro de 1966 - Código Tributário Nacional."

Art. 46. A mediação poderá ser feita pela internet ou por outro meio de comunicação que permita a transação à distância, desde que as partes estejam de acordo.

Parágrafo único. É facultado à parte domiciliada no exterior submeter-se à mediação segundo as regras estabelecidas nesta Lei.

Art. 47. Esta Lei entra em vigor após decorridos cento e oitenta dias de sua publicação oficial.

Art. 48. Revoga-se o §2o do art. 6o da Lei no 9.469, de 10 de julho de 1997.

APÊNCIDE A

Tabela de equivalência CPC 2015 x CPC 1973

CPC 2015	CPC 1973	CPC 2015	CPC 1973
Art. 1º	S/C	Art. 26	S/C
Art. 2º	Arts. 2º e 262	Art. 27	S/C
Art. 3º	S/C	Art. 28	S/C
Art. 4º	S/C	Art. 29	S/C
Art. 5º	Art. 14	Art. 30	S/C
Art. 6º	S/C	Art. 31	S/C
Art. 7º	S/C	Art. 32	S/C
Art. 8º	S/C	Art. 33	S/C
Art. 9º	S/C	Art. 34	S/C
Art. 10º	S/C	Art. 35	S/C
Art. 11	S/C	Art. 36	Art. 211
Art. 12	S/C	Art. 37	S/C
Art. 13	S/C	Art. 38	S/C
Art. 14	Art. 1211	Art. 39	S/C
Art. 15	S/C	Art. 40	S/C
Art. 16	Art. 1º	Art. 41	S/C
Art. 17	Art. 3º	Art. 42	Art. 86
Art. 18	Art. 6º	Art. 43	Art. 87
Art. 19	Art. 4º	Art. 44	S/C
Art. 20	Art. 4º	Art. 45	Art. 99
Art. 21	Art. 88	Art. 46	Arts. 94 e 578
Art. 22	S/C	Art. 47	Art. 95
Art. 23	Art. 89	Art. 48	Art. 96
Art. 24	Art. 90	Art. 49	Art. 97
Art. 25	S/C	Art. 50	Art. 98

CPC 2015	CPC 1973
Art. 51	Art. 99
Art. 52	S/C
Art. 53	Art. 100
Art. 54	Art. 102
Art. 55	Arts. 103 e 105
Art. 56	Art. 104
Art. 57	S/C
Art. 58	Art. 105
Art. 59	Arts. 106 e 219
Art. 60	Art. 107
Art. 61	Art. 108
Art. 62	Art. 111
Art. 63	Arts. 111 e 112
Art. 64	Arts. 112 e 113
Art. 65	Art. 114
Art. 66	Art. 115
Art. 67	S/C
Art. 68	S/C
Art. 69	S/C
Art. 70	Art. 7º
Art. 71	Art. 8º
Art. 72	Art. 9º
Art. 73	Art. 10
Art. 74	Art. 11
Art. 75	Art. 12
Art. 76	Art. 13
Art. 77	Art. 14
Art. 78	Art. 15
Art. 79	Art. 16
Art. 80	Art. 17
Art. 81	Art. 18

CPC 2015	CPC 1973
Art. 82	Arts. 19 e 20
Art. 83	Arts. 835, 836 e 837
Art. 84	Art. 20
Art. 85	Art.20
Art. 86	Art. 21
Art. 87	Art. 23
Art. 88	Art. 24
Art. 89	Art. 25
Art. 90	Art. 26
Art. 91	Art. 27
Art. 92	Art. 28
Art. 93	Art. 29
Art. 94	Art. 32
Art. 95	Art. 33
Art. 96	Art. 35
Art. 97	S/C
Art. 98	S/C
Art. 99	S/C
Art. 100	S/C
Art. 101	S/C
Art. 102	S/C
Art. 103	Art. 36
Art. 104	Art. 37
Art. 105	Art. 38
Art. 106	Art. 39
Art. 107	Art. 40
Art. 108	Art. 41
Art. 109	Art. 42
Art. 110	Art. 43
Art. 111	Art.44
Art. 112	Art. 45

TABELA DE EQUIVALÊNCIA CPC 2015 X CPC 1973

CPC 2015	CPC 1973
Art. 113	Art. 46
Art. 114	Art. 47
Art. 115	Art. 47
Art. 116	S/C
Art. 117	Art. 48
Art. 118	Art. 49
Art. 119	Art. 50
Art. 120	Art. 51
Art. 121	Art. 52
Art. 122	Art. 53
Art. 123	Art. 55
Art. 124	Art. 54
Art. 125	Arts. 70 e 73
Art. 126	Art. 71
Art. 127	Art. 74
Art. 128	Art. 75
Art. 129	Art. 76
Art. 130	Art. 77
Art. 131	Arts. 78 e 79
Art. 132	Art. 80
Art. 133	S/C
Art. 134	S/C
Art. 135	S/C
Art. 136	S/C
Art. 137	S/C
Art. 138	S/C
Art. 139	Arts. 125 e 342
Art. 140	Arts. 126 e 127
Art. 141	Art. 128
Art. 142	Art. 129
Art. 143	Art. 133

CPC 2015	CPC 1973
Art. 144	Arts. 134 e 135
Art. 145	Art. 135
Art. 146	Arts. 312, 313, 314, 304 e 305
Art. 147	Art. 136
Art. 148	Art. 138
Art. 149	Art. 139
Art. 150	Art. 140
Art. 151	S/C
Art. 152	Art. 141
Art. 153	S/C
Art. 154	Art. 143
Art. 155	Art. 144
Art. 156	Art. 145
Art. 157	Art. 146
Art. 158	Art. 147
Art. 159	Art. 148
Art. 160	Art. 149
Art. 161	Art. 150
Art. 162	Art. 151
Art. 163	Art. 152
Art. 164	Art. 153
Art. 165	S/C
Art. 166	S/C
Art. 167	S/C
Art. 168	S/C
Art. 169	S/C
Art. 170	S/C
Art. 171	S/C
Art. 172	S/C
Art. 173	S/C
Art. 174	S/C

CPC 2015	CPC 1973
Art. 175	S/C
Art. 176	S/C
Art. 177	Art. 81
Art. 178	Art. 82
Art. 179	Art. 83
Art. 180	Arts. 188, 236 e 200
Art. 181	Art. 85
Art. 182	S/C
Art. 183	Art. 188
Art. 184	S/C
Art. 185	S/C
Art. 186	S/C
Art. 187	S/C
Art. 188	Art. 154
Art. 189	Art. 155
Art. 190	S/C
Art. 191	S/C
Art. 192	Arts. 156 e 157
Art. 193	Art. 154
Art. 194	S/C
Art. 195	S/C
Art. 196	S/C
Art. 197	S/C
Art. 198	S/C
Art. 199	S/C
Art. 200	Art. 158
Art. 201	Art. 160
Art. 202	Art. 161
Art. 203	Art. 162
Art. 204	Art. 163
Art. 205	Art. 164

CPC 2015	CPC 1973
Art. 206	Art. 166
Art. 207	Art. 167
Art. 208	Art. 168
Art. 209	Art. 169
Art. 210	Art. 170
Art. 211	Art. 171
Art. 212	Art. 172
Art. 213	S/C
Art. 214	Art. 173
Art. 215	Art. 174
Art. 216	Art. 175
Art. 217	Art. 176
Art. 218	Arts. 177, 185 e 192
Art. 219	S/C
Art. 220	S/C
Art. 221	Art. 180
Art. 222	Art. 182
Art. 223	Art. 183
Art. 224	Art. 184
Art. 225	Art. 186
Art. 226	Art. 189
Art. 227	Art. 187
Art. 228	Art. 190
Art. 229	Art. 191
Art. 230	Art. 240
Art. 231	Art. 241
Art. 232	S/C
Art. 233	Arts. 193 e 194
Art. 234	Arts. 195, 196 e 197
Art. 235	Art. 198
Art. 236	Art. 200

CPC 2015	CPC 1973	CPC 2015	CPC 1973
Art. 237	Arts. 201 e 1213	Art. 268	Art. 212
Art. 238	Art. 213	Art. 269	Art. 234
Art. 239	Art. 214	Art. 270	Art. 237
Art. 240	Art. 219 e 220	Art. 271	Art. 235
Art. 241	Art. 219	Art. 272	Art. 236
Art. 242	Art. 215	Art. 273	Art. 237
Art. 243	Art. 216	Art. 274	Art. 238
Art. 244	Art. 217	Art. 275	Art. 239
Art. 245	Art. 218	Art. 276	Art. 243
Art. 246	Art. 221	Art. 277	Art. 244
Art. 247	Art. 222	Art. 278	Art. 245
Art. 248	Art. 223	Art. 279	Arts. 84 e 246
Art. 249	Art. 224	Art. 280	Art. 247
Art. 250	Art. 225	Art. 281	Art. 248
Art. 251	Art. 226	Art. 282	Art. 249
Art. 252	Art. 227	Art. 283	Art. 250
Art. 253	Art. 228	Art. 284	Art. 251
Art. 254	Art. 229	Art. 285	Art. 252
Art. 255	Art. 230	Art. 286	Art. 253
Art. 256	Art. 231	Art. 287	Art. 254
Art. 257	Art. 232	Art. 288	Art. 255
Art. 258	Art. 233	Art. 289	Art. 256
Art. 259	S/C	Art. 290	Art. 257
Art. 260	Art. 202	Art. 291	Art. 258
Art. 261	Art. 203	Art. 292	Arts. 259 e 260
Art. 262	Art. 204	Art. 293	Art. 261
Art. 263	Art. 202	Art. 294	Art. 796
Art. 264	Art. 206	Art. 295	S/C
Art. 265	Art. 207	Art. 296	Art. 807
Art. 266	Art. 208	Art. 297	Arts. 798 e 273
Art. 267	Art. 209	Art. 298	Art. 273

CPC 2015	CPC 1973
Art. 299	Art. 800
Art. 300	Arts. 273, 804 e 798
Art. 301	S/C
Art. 302	Art. 811
Art. 303	S/C
Art. 304	S/C
Art. 305	Arts. 801 e 273
Art. 306	Art. 802
Art. 307	Art. 803
Art. 308	Art. 806
Art. 309	Art. 808
Art. 310	Art. 810
Art. 311	Arts. 273 e 902
Art. 312	Art. 263
Art. 313	Art. 265
Art. 314	Art. 266
Art. 315	Art. 110
Art. 316	S/C
Art. 317	S/C
Art. 318	Art. 271
Art. 319	Art. 282
Art. 320	Art. 283
Art. 321	Art. 284
Art. 322	Art. 286 e 293
Art. 323	Art. 290
Art. 324	Art. 286
Art. 325	Art. 288
Art. 326	Art. 289
Art. 327	Art. 292
Art. 328	Art. 291

CPC 2015	CPC 1973
Art. 329	Arts. 264, 294 e 321
Art. 330	Art. 295
Art. 331	Arts. 296 e 285-B
Art. 332	Arts. 285-A e 295
Art. 333	S/C
Art. 334	Art. 331
Art. 335	Art. 297 e 298
Art. 336	Art. 300
Art. 337	Art. 301
Art. 338	S/C
Art. 339	Arts. 62, 63, 64 e 69
Art. 340	Art. 305
Art. 341	Art. 302
Art. 342	Art. 303
Art. 343	Arts. 315, 316 e 317
Art. 344	Art. 319
Art. 345	Art. 320
Art. 346	Art. 322
Art. 347	Art. 323
Art. 348	Art. 324
Art. 349	S/C
Art. 350	Art. 326
Art. 351	Art. 327
Art. 352	Art. 327
Art. 353	Art. 328
Art. 354	Art. 329
Art. 355	Art. 330
Art. 356	Art. 273
Art. 357	Arts. 331 e 407
Art. 358	Art. 450

CPC 2015	CPC 1973	CPC 2015	CPC 1973
Art. 359	Art. 448	Art. 390	Art. 349
Art. 360	Art. 445	Art. 391	Art. 350
Art. 361	Art. 446 e 452	Art. 392	Art. 351
Art. 362	Art. 453	Art. 393	Art. 352
Art. 363	S/C	Art. 394	Art. 353
Art. 364	Art. 454	Art. 395	Art. 354
Art. 365	Art. 455	Art. 396	Arts. 355, 844 e 845
Art. 366	Art. 456	Art. 397	Art. 356
Art. 367	Art. 457	Art. 398	Art. 357
Art. 368	Art. 444	Art. 399	Art. 358
Art. 369	Art. 332	Art. 400	Art. 359
Art. 370	Art. 130	Art. 401	Art. 360
Art. 371	Art. 131	Art. 402	Art. 361
Art. 372	S/C	Art. 403	Art. 362
Art. 373	Art. 333	Art. 404	Art. 363
Art. 374	Art. 334	Art. 405	Art. 364
Art. 375	Art. 335	Art. 406	Art. 366
Art. 376	Art. 337	Art. 407	Art. 367
Art. 377	Art. 338	Art. 408	Art. 368
Art. 378	Art. 339	Art. 409	Art. 370
Art. 379	Art. 340	Art. 410	Art. 371
Art. 380	Art. 341	Art. 411	Art. 369
Art. 381	Arts. 846, 847, 851 e 861	Art. 412	Art. 373
Art. 382	Art. 848	Art. 413	Art. 374
Art. 383	Art. 866	Art. 414	Art. 375
Art. 384	S/C	Art. 415	Art. 376
Art. 385	Arts. 343 e 344	Art. 416	Art. 377
Art. 386	Art. 345	Art. 417	Art. 378
Art. 387	Art. 346	Art. 418	Art. 379
Art. 388	Art. 347	Art. 419	Art. 380
Art. 389	Art. 348		

CPC 2015	CPC 1973	CPC 2015	CPC 1973
Art. 420	Art. 381	Art. 451	Art. 408
Art. 421	Art. 382	Art. 452	Art. 409
Art. 422	Art. 383	Art. 453	Art. 410
Art. 423	Art. 384	Art. 454	Art. 411
Art. 424	Art. 385	Art. 455	Art. 412
Art. 425	Art. 365	Art. 456	Art. 413
Art. 426	Art. 386	Art. 457	Art. 414
Art. 427	Art. 387	Art. 458	Art. 415
Art. 428	Art. 388	Art. 459	Art. 416
Art. 429	Art. 389	Art. 460	Art. 417
Art. 430	Art. 390	Art. 461	Art. 418
Art. 431	Art. 391	Art. 462	Art. 419
Art. 432	Art. 392	Art. 463	Art. 419
Art. 433	Art. 395	Art. 464	Arts. 420 e 421
Art. 434	Art. 396	Art. 465	Arts. 421 e 428
Art. 435	Art. 394	Art. 466	Art. 422
Art. 436	S/C	Art. 467	Art. 423
Art. 437	Art. 398	Art. 468	Art. 424
Art. 438	Art. 399	Art. 469	Art. 425
Art. 439	S/C	Art. 470	Art. 426
Art. 440	S/C	Art. 471	S/C
Art. 441	S/C	Art. 472	Art. 427
Art. 442	Art. 400	Art. 473	Art. 429
Art. 443	Art. 400	Art. 474	Art. 431-A
Art. 444	Art. 402	Art. 475	Art. 431-B
Art. 445	Art. 402	Art. 476	Art. 432
Art. 446	Art. 404	Art. 477	Arts. 433 e 435
Art. 447	Art. 405	Art. 478	Art. 434
Art. 448	Art. 406	Art. 479	Art. 436
Art. 449	Art. 336	Art. 480	Arts. 437, 438 e 439
Art. 450	Art. 407		

TABELA DE EQUIVALÊNCIA CPC 2015 X CPC 1973

CPC 2015	CPC 1973
Art. 481	Art. 440
Art. 482	Art. 441
Art. 483	Art. 442
Art. 484	Art. 443
Art. 485	Art. 267
Art. 486	Art. 268
Art. 487	Art. 269
Art. 488	Art. 249
Art. 489	Art. 458
Art. 490	Art. 459
Art. 491	Art. 459
Art. 492	Art. 460
Art. 493	Art. 462
Art. 494	Art. 463
Art. 495	Art. 466
Art. 496	Art. 475
Art. 497	Art. 461
Art. 498	Art. 461-A
Art. 499	Art. 461
Art. 500	Arts. 287 e 461
Art. 501	Art. 466-A
Art. 502	Art. 467
Art. 503	Arts. 468, 325 e 470
Art. 504	Art. 469
Art. 505	Art. 471
Art. 506	Art. 472
Art. 507	Art. 473
Art. 508	Art. 474
Art. 509	Arts. 475-A, 475-B, 475-C, 475-E, 475-G e 475-I
Art. 510	Art. 475-D

CPC 2015	CPC 1973
Art. 511	Art. 475-F
Art. 512	Art. 475-A
Art. 513	Art. 475-I
Art. 514	Art. 572
Art. 515	Art. 475-N
Art. 516	Art. 475-P
Art. 517	S/C
Art. 518	S/C
Art. 519	Art. 273
Art. 520	Art. 475-O
Art. 521	Art. 475-O
Art. 522	Art. 475-O
Art. 523	Art. 475-J
Art. 524	Art. 475-B
Art. 525	Arts. 475-L e 475-M
Art. 526	S/C
Art. 527	S/C
Art. 528	Art. 733
Art. 529	Art. 734
Art. 530	S/C
Art. 531	S/C
Art. 532	S/C
Art. 533	Art. 475-Q
Art. 534	Arts. 730 e 731
Art. 535	Art. 741
Art. 536	Arts. 461, 839 e 842
Art. 537	Arts. 287 e 461
Art. 538	Art. 461-A
Art. 539	Art. 890
Art. 540	Art. 891

CPC 2015	CPC 1973	CPC 2015	CPC 1973
Art. 541	Art. 892	Art. 572	Arts. 948 e 949
Art. 542	Art. 893	Art. 573	S/C
Art. 543	Art. 894	Art. 574	Art. 950
Art. 544	Art. 896	Art. 575	Art. 952
Art. 545	Art. 899	Art. 576	Art. 953
Art. 546	Art. 897	Art. 577	Art. 954
Art. 547	Art. 895	Art. 578	Art. 955
Art. 548	Art. 898	Art. 579	Art. 956
Art. 549	Art. 900	Art. 580	Art. 957
Art. 550	Art. 915	Art. 581	Art. 958
Art. 551	Art. 917	Art. 582	Art. 959
Art. 552	Art. 918	Art. 583	Art. 962
Art. 553	Art. 919	Art. 584	Art. 963
Art. 554	Art. 920	Art. 585	Art. 964
Art. 555	Art. 921	Art. 586	Art. 965
Art. 556	Art. 922	Art. 587	Art. 966
Art. 557	Art. 912	Art. 588	Art. 967
Art. 558	Art. 924	Art. 589	Art. 968
Art. 559	Art. 925	Art. 590	Art. 969
Art. 560	Art. 926	Art. 591	Art. 970
Art. 561	Art.927	Art. 592	Art. 971
Art. 562	Art. 928	Art. 593	Art. 973
Art. 563	Art. 929	Art. 594	Art.974
Art. 564	Art. 930	Art. 595	Art. 978
Art. 565	S/C	Art. 596	Art. 979
Art. 566	Art. 931	Art. 597	Art. 980
Art. 567	Art. 932	Art. 598	Art. 981
Art. 568	Art. 933	Art. 599	S/C
Art. 569	Art. 946	Art. 600	S/C
Art. 570	Art. 947	Art. 601	S/C
Art. 571	S/C	Art. 602	S/C

CPC 2015	CPC 1973	CPC 2015	CPC 1973
Art. 603	S/C	Art. 634	Art. 1.008
Art. 604	S/C	Art. 635	Art. 1.009
Art. 605	S/C	Art. 636	Art. 1.011
Art. 606	S/C	Art. 637	Art. 1.012
Art. 607	S/C	Art. 638	Art. 1.013
Art. 608	S/C	Art. 639	Art. 1.014
Art. 609	S/C	Art. 640	Art. 1.015
Art. 610	Art. 982	Art. 641	Art. 1.016
Art. 611	Art. 983	Art. 642	Art. 1.017
Art. 612	Art. 984	Art. 643	Art. 1.018
Art. 613	Art. 985	Art. 644	Art. 1.019
Art. 614	Art. 986	Art. 645	Art. 1.020
Art. 615	Art. 987	Art. 646	Art. 1.021
Art. 616	Art. 988	Art. 647	Art. 1.022
Art. 617	Art. 990	Art. 648	S/C
Art. 618	Art. 991	Art. 649	S/C
Art. 619	Art. 991	Art. 650	S/C
Art. 620	Art. 993	Art. 651	Art. 1.023
Art. 621	Art. 994	Art. 652	Art. 1.024
Art. 622	Art. 995	Art. 653	Art. 1.025
Art. 623	Art. 996	Art. 654	Art. 1.026
Art. 624	Art. 997	Art. 655	Art. 1.027
Art. 625	Art. 998	Art. 656	Art. 1.028
Art. 626	Art. 999	Art. 657	Art. 1.029
Art. 627	Art. 1.000	Art. 658	Art. 1.030
Art. 628	Art. 1.001	Art. 659	Art. 1.031
Art. 629	Art. 1.002	Art. 660	Art. 1.032
Art. 630	Art. 1.003	Art. 661	Art. 1.033
Art. 631	Art. 1.004	Art. 662	Art. 1.034
Art. 632	Art. 1.006	Art. 663	Art. 1.035
Art. 633	Art. 1.007	Art. 664	Art. 1.036

CPC 2015	CPC 1973
Art. 665	S/C
Art. 666	Art. 1.037
Art. 667	Art. 1.038
Art. 668	Art. 1.039
Art. 669	Art. 1.040
Art. 670	Art. 1.041
Art. 671	Art. 1.042
Art. 672	Art. 1.043
Art. 673	Art. 1.045
Art. 674	Arts. 1.046 e 1.047
Art. 675	Art. 1.048
Art. 676	Art. 1.049
Art. 677	Art. 1.050
Art. 678	Art. 1.051
Art. 679	Art. 1.053
Art. 680	Art. 1.054
Art. 681	S/C
Art. 682	Art. 56
Art. 683	Art. 57
Art. 684	Art. 58
Art. 685	Arts. 59 e 60
Art. 686	Art. 61
Art. 687	Art. 1.055
Art. 688	Art. 1.056
Art. 689	Art. 1.060
Art. 690	Art. 1.057
Art. 691	S/C
Art. 692	Art. 1.062
Art. 693	S/C
Art. 694	S/C
Art. 695	S/C

CPC 2015	CPC 1973
Art. 696	S/C
Art. 697	S/C
Art. 698	S/C
Art. 699	S/C
Art. 700	Art. 1.102-A
Art. 701	Arts. 1.102-B e 1.102-C
Art. 702	Art. 1.102-C
Art. 703	Art. 874
Art. 704	Art. 875
Art. 705	S/C
Art. 706	Art. 876
Art. 707	S/C
Art. 708	S/C
Art. 709	S/C
Art. 710	S/C
Art. 711	S/C
Art. 712	Art. 1.063
Art. 713	Art. 1.064
Art. 714	Art. 1.065
Art. 715	Art. 1.066
Art. 716	Art. 1.067
Art. 717	Art. 1.068
Art. 718	Art. 1.069
Art. 719	Art. 1.103
Art. 720	Art. 1.104
Art. 721	Arts. 1. 105 e 1.106
Art. 722	Art. 1.108
Art. 723	Art. 1.109
Art. 724	Art. 1.110
Art. 725	Art. 1.112
Art. 726	Arts. 867 e 870

CPC 2015	CPC 1973
Art. 727	Art. 871
Art. 728	S/C
Art. 729	Art. 872
Art. 730	Art. 1.113
Art. 731	Arts. 1.120 e 1.121
Art. 732	S/C
Art. 733	Art. 1.124-A
Art. 734	S/C
Art. 735	Arts. 1.125, 1.126 e 1.127
Art. 736	Art. 1.128
Art. 737	Arts. 1.130, 1.131 e 1.133
Art. 738	Art. 1.142
Art. 739	Arts. 1.143 e 1.144
Art. 740	Arts. 1.145, 1.147, 1.148, 1.149, 1.150 e 1.151
Art. 741	Arts. 1.152, 1.153 e 1.154
Art. 742	Arts. 1.155 e 1.156
Art. 743	Arts. 1.157 e 1.158
Art. 744	Art. 1.160
Art. 745	Art. 1.161, 1.163, 1.164 e 1.169
Art. 746	Arts. 1.170 e 1.171
Art. 747	Arts. 1.177 e 1.180
Art. 748	Art. 1.178
Art. 749	Art. 1.180
Art. 750	S/C
Art. 751	Art. 1.181
Art. 752	Art. 1.182
Art. 753	Art. 1.183
Art. 754	Art. 1.183
Art. 755	Arts. 1.183 e 1.184

CPC 2015	CPC 1973
Art. 756	Art. 1.186
Art. 757	S/C
Art. 758	S/C
Art. 759	Arts. 1.187 e 1.188
Art. 760	Art. 1.192
Art. 761	Arts. 1.194 e 1.195
Art. 762	Art. 1.197
Art. 763	Art. 1.198
Art. 764	Art. 1.201
Art. 765	Art. 1.204
Art. 766	S/C
Art. 767	S/C
Art. 768	S/C
Art. 769	S/C
Art. 770	S/C
Art. 771	Art. 598
Art. 772	Art. 599
Art. 773	S/C
Art. 774	Arts. 600 e 601
Art. 775	Art. 569
Art. 776	Art. 574
Art. 777	Art. 739-B
Art. 778	Arts. 566 e 567
Art. 779	Art. 568
Art. 780	Art. 573
Art. 781	Art. 576
Art. 782	Arts. 577 e 579
Art. 783	Art. 586
Art. 784	Art. 585
Art. 785	S/C
Art. 786	Art. 580

CPC 2015	CPC 1973	CPC 2015	CPC 1973
Art. 787	Art. 582	Art. 818	Art. 635
Art. 788	Art. 581	Art. 819	Art. 636
Art. 789	Art. 591	Art. 820	Art. 637
Art. 790	Art. 592	Art. 821	Art. 638
Art. 791	S/C	Art. 822	Art. 642
Art. 792	Art. 593	Art. 823	Art. 643
Art. 793	Art. 594	Art. 824	Art. 646
Art. 794	Art. 595	Art. 825	Art. 647
Art. 795	Art. 596	Art. 826	Art. 651
Art. 796	Art. 597	Art. 827	Art. 652-A
Art. 797	Arts. 612 e 613	Art. 828	Art. 615-A
Art. 798	Arts. 614 e 615	Art. 829	Art. 652
Art. 799	Art. 615	Art. 830	Arts. 653 e 654
Art. 800	Art. 571	Art. 831	Art. 659
Art. 801	Art. 616	Art. 832	Art. 648
Art. 802	Art. 617	Art. 833	Art. 649
Art. 803	Art. 618	Art. 834	Art. 650
Art. 804	Art. 619	Art. 835	Art. 655
Art. 805	Art. 620	Art. 836	Art. 659
Art. 806	Art. 621	Art. 837	Art. 659
Art. 807	Art. 624	Art. 838	Art. 665
Art. 808	Art. 926	Art. 839	Art. 664
Art. 809	Art. 627	Art. 840	Art. 666
Art. 810	Art. 628	Art. 841	Art. 659
Art. 811	Art. 629	Art. 842	Art. 655
Art. 812	Art. 630	Art. 843	Art. 655-B
Art. 813	Art. 631	Art. 844	Art. 659
Art. 814	Art. 645	Art. 845	Arts. 658 e 659
Art. 815	Art. 632	Art. 846	Arts. 660, 661, 662 e 663
Art. 816	Art. 633	Art. 847	Art. 656
Art. 817	Art. 634	Art. 848	Art. 656

CPC 2015	CPC 1973	CPC 2015	CPC 1973
Art. 849	Art. 657	Art. 879	Art. 647
Art. 850	Art. 685	Art. 880	Art. 685-C
Art. 851	Art. 667	Art. 881	Art. 704
Art. 852	Art. 670	Art. 882	Art. 689-A
Art. 853	Arts. 670 e 657	Art. 883	Art. 706
Art. 854	Art. 655-A	Art. 884	Art. 705
Art. 855	Art. 671	Art. 885	S/C
Art. 856	Art. 672	Art. 886	Art. 686
Art. 857	Art. 673	Art. 887	Art. 687
Art. 858	Art. 675	Art. 888	Art. 688
Art. 859	Art. 676	Art. 889	Arts. 687 e 698
Art. 860	Art. 674	Art. 890	Art. 690-A
Art. 861	S/C	Art. 891	Art. 692
Art. 862	Art. 677	Art. 892	Art. 690-A
Art. 863	Art. 678	Art. 893	Art. 691
Art. 864	Art. 679	Art. 894	Art. 702
Art. 865	S/C	Art. 895	Art. 690
Art. 866	Art. 655-A	Art. 896	Art. 701
Art. 867	Art. 716	Art. 897	Art. 695
Art. 868	Arts. 717, 718 e 719	Art. 898	Art. 696
Art. 869	Arts. 719, 723 e 724	Art. 899	Art. 692
Art. 870	Art. 680	Art. 900	Art. 689
Art. 871	Arts. 680, 682 e 684	Art. 901	Arts. 693, 703 e 707
Art. 872	Art. 681	Art. 902	S/C
Art. 873	Art. 683	Art. 903	Art. 694
Art. 874	Art. 685	Art. 904	Art. 708
Art. 875	Art. 685	Art. 905	Art. 709
Art. 876	Art. 685-A	Art. 906	Art. 709
Art. 877	Arts. 685-A e 685-B	Art. 907	Art. 710
Art. 878	S/C	Art. 908	Art. 711
		Art. 909	Arts. 712 e 713

CPC 2015	CPC 1973
Art. 910	S/C
Art. 911	S/C
Art. 912	S/C
Art. 913	S/C
Art. 914	Arts. 736 e 747
Art. 915	Art. 738
Art. 916	Art. 745-A
Art. 917	Arts. 745, 739-A e 743
Art. 918	Art. 739
Art. 919	Art. 739-A
Art. 920	Art. 740
Art. 921	Art. 791
Art. 922	Art. 792
Art. 923	Art. 793
Art. 924	Art. 794
Art. 925	Art. 795
Art. 926	S/C
Art. 927	S/C
Art. 928	S/C
Art. 929	Art. 547
Art. 930	Art. 548
Art. 931	Art. 549
Art. 932	Art. 557
Art. 933	S/C
Art. 934	Art. 552
Art. 935	Art. 552
Art. 936	Art. 562
Art. 937	Arts. 554 e 565
Art. 938	Arts. 515 e 560
Art. 939	Art. 561

CPC 2015	CPC 1973
Art. 940	Art. 555
Art. 941	Arts. 555 e 556
Art. 942	S/C
Art. 943	Arts. 556, 563 e 564
Art. 944	S/C
Art. 945 (Revogado)	S/C
Art. 946	Art. 559
Art. 947	Art. 555
Art. 948	Art. 480
Art. 949	Art. 481
Art. 950	Art. 482
Art. 951	Art. 116
Art. 952	Art. 117
Art. 953	Art. 118
Art. 954	Art. 119
Art. 955	Art. 120
Art. 956	Art. 121
Art. 957	Art. 122
Art. 958	Art. 123
Art. 959	Art. 124
Art. 960	Art. 483
Art. 961	Art. 483
Art. 962	S/C
Art. 963	S/C
Art. 964	S/C
Art. 965	Art. 484
Art. 966	Arts. 485 e 486
Art. 967	Art. 487
Art. 968	Arts. 488 e 480
Art. 969	Art. 489

CPC 2015	CPC 1973
Art. 970	Art. 491
Art. 971	Art. 553
Art. 972	Art. 492
Art. 973	Art. 493
Art. 974	Art. 494
Art. 975	Art. 495
Art. 976	S/C
Art. 977	S/C
Art. 978	S/C
Art. 979	S/C
Art. 980	S/C
Art. 981	S/C
Art. 982	S/C
Art. 983	S/C
Art. 984	S/C
Art. 985	S/C
Art. 986	S/C
Art. 987	S/C
Art. 988	S/C
Art. 989	S/C
Art. 990	S/C
Art. 991	S/C
Art. 992	S/C
Art. 993	S/C
Art. 994	Art. 496
Art. 995	Arts. 497 e 558
Art. 996	Art. 499
Art. 997	Art. 500
Art. 998	Art. 501
Art. 999	Art. 502
Art. 1.000	Art. 503

CPC 2015	CPC 1973
Art. 1.001	Art. 504
Art. 1.002	Art. 505
Art. 1.003	Arts. 242, 506 e 508
Art. 1.004	Art. 507
Art. 1.005	Art. 509
Art. 1.006	Art. 510
Art. 1.007	Arts. 511 e 519
Art. 1.008	Art. 512
Art. 1.009	Art. 513
Art. 1.010	Arts. 514 e 518
Art. 1.011	S/C
Art. 1.012	Arts. 520, 521, 558 e 1.184
Art. 1.013	Art. 515
Art. 1.014	Art. 517
Art. 1.015	Art. 522
Art. 1.016	Art. 524
Art. 1.017	Art. 525
Art. 1.018	Arts. 526 e 529
Art. 1.019	Art. 527
Art. 1.020	Art. 528
Art. 1.021	Arts. 545 e 557
Art. 1.022	Art. 535
Art. 1.023	Art. 536
Art. 1.024	Art. 537
Art. 1.025	S/C
Art. 1.026	Art. 538
Art. 1.027	Art. 539
Art. 1.028	Art. 540
Art. 1.029	Art. 541
Art. 1.030	Art. 542

CPC 2015	CPC 1973
Art. 1.031	Art. 543
Art. 1.032	S/C
Art. 1.033	S/C
Art. 1.034	S/C
Art. 1.035	Art. 543-A
Art. 1.036	Arts. 543-B e 543-C
Art. 1.037	S/C
Art. 1.038	Art. 543-C
Art. 1.039	Art. 543-B
Art. 1.040	Art. 543-C
Art. 1.041	Art. 543-C
Art. 1.042	S/C
Art. 1.043	Art. 546
Art. 1.044	Art. 546
Art. 1.045	S/C
Art. 1.046	Art. 1.211
Art. 1.047	S/C
Art. 1.048	Arts. 1.211-A, 1.211-B e 1.211-C
Art. 1.049	S/C
Art. 1.050	S/C
Art. 1.051	S/C

CPC 2015	CPC 1973
Art. 1.052	S/C
Art. 1.053	S/C
Art. 1.054	S/C
Art. 1.055	Art. 285-B
Art. 1.056	S/C
Art. 1.057	S/C
Art. 1.058	Art. 1.219
Art. 1.059	S/C
Art. 1.060	S/C
Art. 1.061	S/C
Art. 1.062	S/C
Art. 1.063	S/C
Art. 1.064	S/C
Art. 1.065	S/C
Art. 1.066	S/C
Art. 1.067	S/C
Art. 1.068	S/C
Art. 1.069	S/C
Art. 1.070	S/C
Art. 1.071	S/C
Art. 1.072	S/C

Tabela de equivalência CPC 1973 x CPC 2015

CPC 1973	CPC 2015
Art. 1º	Art. 16
Art. 2º	Art. 2º
Art. 3º	Art. 17
Art. 4º	Arts. 19 e 20
Art. 5º	Arts. 503 e 1.054
Art. 6º	Art. 18
Art. 7º	Art. 70
Art. 8º	Art. 71
Art. 9º	Art. 72
Art. 10º	Art. 73
Art. 11	Art. 74
Art. 12	Art. 75
Art. 13	Art. 76
Art. 14	Art. 77
Art. 15	Art. 78
Art. 16	Art. 79
Art. 17	Art. 80
Art. 18	Art. 81
Art. 19	Art. 82
Art. 20	Arts. 82, 84 e 85
Art. 21	Art. 86
Art. 22	S/C
Art. 23	Art. 87

CPC 1973	CPC 2015
Art. 24	Art. 88
Art. 25	Art. 89
Art. 26	Art. 90
Art. 27	Art. 91
Art. 28	Art. 92
Art. 29	Art. 93
Art. 30	S/C
Art. 31	S/C
Art. 32	Art. 94
Art. 33	Art. 95
Art. 34	S/C
Art. 35	Art. 96
Art. 36	Art. 103
Art. 37	Art. 104
Art. 38	Art. 105
Art. 39	Art. 106
Art. 40	Art. 107
Art. 41	Art. 108
Art. 42	Art. 109
Art. 43	Art. 110
Art. 44	Art. 111
Art. 45	Art. 112
Art. 46	Art. 113

CPC 1973	CPC 2015	CPC 1973	CPC 2015
Art. 47	Arts. 114 e 115	Art. 78	Art. 131
Art. 48	Art. 117	Art. 79	Art. 131
Art. 49	Art. 118	Art. 80	Art. 132
Art. 50	Art. 119	Art. 81	Art. 177
Art. 51	Art. 120	Art. 82	Art. 178
Art. 52	Art. 121	Art. 83	Art. 179
Art. 53	Art. 122	Art. 84	Art. 279
Art. 54	Art. 124	Art. 85	Art.181
Art. 55	Art. 123	Art. 86	Art. 42
Art. 56	Art. 682	Art. 87	Art. 43
Art. 57	Art. 683	Art. 88	Art. 21
Art. 58	Art. 684	Art. 89	Art. 23
Art. 59	Art. 685	Art. 90	Art. 24
Art. 60	Art. 685	Art. 91	S/C
Art. 61	Art. 686	Art. 92	S/C
Art. 62	Art. 339	Art. 93	S/C
Art. 63	Art. 339	Art. 94	Art. 46
Art. 64	Art. 339	Art. 95	Art. 47
Art. 65	S/C	Art. 96	Art. 48
Art. 66	S/C	Art. 97	Art. 49
Art. 67	S/C	Art. 98	Art. 50
Art. 68	S/C	Art. 99	Art. 51
Art. 69	Art. 339	Art. 100	Art. 53
Art. 70	Art. 125	Art. 101	Revogado
Art. 71	Art. 126	Art. 102	Art. 54
Art. 72	S/C	Art. 103	Art. 55
Art. 73	Art. 125	Art. 104	Art. 56
Art. 74	Art. 127	Art. 105	Arts. 55 e 58
Art. 75	Art. 128	Art. 106	Art. 59
Art. 76	Art. 129	Art. 107	Art. 60
Art. 77	Art. 130	Art. 108	Art. 61

CPC 1973	CPC 2015	CPC 1973	CPC 2015
Art. 109	S/C	Art. 140	Art. 150
Art. 110	Art. 315	Art. 141	Art. 152
Art. 111	Arts. 62 e 63	Art. 142	Art. 152
Art. 112	Art. 63	Art. 143	Art. 154
Art. 113	Art. 64	Art. 144	Art. 155
Art. 114	Art. 65	Art. 145	Art. 156
Art. 115	Art. 66	Art. 146	Art. 157
Art. 116	Art. 951	Art. 147	Art. 158
Art. 117	Art. 952	Art. 148	Art. 159
Art. 118	Art. 953	Art. 149	Art. 160
Art. 119	Art. 954	Art. 150	Art. 161
Art. 120	Art. 955	Art. 151	Art. 162
Art. 121	Art. 956	Art. 152	Art. 163
Art. 122	Art. 957	Art. 153	Art. 164
Art. 123	Art. 958	Art. 154	Art. 188
Art. 124	Art. 959	Art. 155	Art. 189
Art. 125	Art. 139	Art. 156	Art. 192
Art. 126	Art. 140	Art. 157	Art. 192
Art. 127	Art. 74	Art. 158	Art. 200
Art. 128	Art. 141	Art. 159	S/C
Art. 129	Art. 142	Art. 160	Art. 201
Art. 130	Art. 370	Art. 161	Art. 202
Art. 131	Art. 371	Art. 162	Art. 203
Art. 132	S/C	Art. 163	Art. 204
Art. 133	Art. 143	Art. 164	Art. 205
Art. 134	Art. 144	Art. 165	S/C
Art. 135	Arts. 144 e 145	Art. 166	Art. 206
Art. 136	Art. 147	Art. 167	Art. 207
Art. 137	S/C	Art. 168	Art. 208
Art. 138	Art. 148	Art. 169	Art. 209
Art. 139	Art. 149	Art. 170	Art. 210

CPC 1973	CPC 2015	CPC 1973	CPC 2015
Art. 171	Art. 211	Art. 202	Arts. 260 e 263
Art. 172	Art. 212	Art. 203	Art. 261
Art. 173	Art. 214	Art. 204	Art. 262
Art. 174	Art. 215	Art. 205	S/C
Art. 175	Art. 216	Art. 206	Art. 264
Art. 176	S/C	Art. 207	Art. 265
Art. 177	Art. 217	Art. 208	Art. 266
Art. 178	S/C	Art. 209	Art. 267
Art. 179	S/C	Art. 210	S/C
Art. 180	Art. 221	Art. 211	Art. 36
Art. 181	S/C	Art. 212	Art. 268
Art. 182	Art. 222	Art. 213	Art. 238
Art. 183	Art. 223	Art. 214	Art. 239
Art. 184	Art. 224	Art. 215	Art. 242
Art. 185	Art. 218	Art. 216	Art. 243
Art. 186	Art. 225	Art. 217	Art. 244
Art. 187	Art. 227	Art. 218	Art. 245
Art. 188	Arts. 180 e 183	Art. 219	Arts. 240 e 241
Art. 189	Art. 226	Art. 220	Art. 240
Art. 190	Art. 228	Art. 221	Art. 246
Art. 191	Art. 229	Art. 222	Art. 247
Art. 192	Art. 218	Art. 223	Art. 248
Art. 193	Art. 233	Art. 224	Art. 249
Art. 194	Art. 233	Art. 225	Art. 250
Art. 195	Art. 234	Art. 226	Art. 251
Art. 196	Art. 234	Art. 227	Art. 252
Art. 197	Art. 234	Art. 228	Art. 253
Art. 198	Art. 235	Art. 229	Art. 254
Art. 199	S/C	Art. 230	Art. 255
Art. 200	Art. 236	Art. 231	Art. 256
Art. 201	Art. 237	Art. 232	Art. 257

CPC 1973	CPC 2015	CPC 1973	CPC 2015
Art. 233	Art. 258	Art. 264	Art. 329
Art. 234	Art. 269	Art. 265	Art. 313
Art. 235	Art. 271	Art. 266	Art. 314
Art. 236	Arts. 272 e 180	Art. 267	Art. 485
Art. 237	Arts. 273 e 270	Art. 268	Art. 486
Art. 238	Art. 274	Art. 269	Art. 487
Art. 239	Art. 275	Art. 270	S/C
Art. 240	Art. 230	Art. 271	Art. 318
Art. 241	Art. 231	Art. 272	S/C
Art. 242	Art. 1.003	Art. 273	Arts. 297, 298, 519, 300, 311, 305 e 356
Art. 243	Art. 276		
Art. 244	Art. 277	Art. 274	S/C
Art. 245	Art. 278	Art. 275	S/C
Art. 246	Art. 279	Art. 276	S/C
Art. 247	Art. 280	Art. 277	S/C
Art. 248	Art. 281	Art. 278	S/C
Art. 249	Arts. 282 e 488	Art. 279	S/C
Art. 250	Art. 283	Art. 280	S/C
Art. 251	Art. 284	Art. 281	S/C
Art. 252	Art. 285	Art. 282	Art. 319
Art. 253	Art. 286	Art. 283	Art. 320
Art. 254	Art. 287	Art. 284	Art. 321
Art. 255	Art. 288	Art. 285	S/C
Art. 256	Art. 289	Art. 285-A	Art. 332
Art. 257	Art. 290	Art. 285-B	Arts. 330 e 1.055
Art. 258	Art. 291	Art. 286	Arts. 324 e 322
Art. 259	Art. 292	Art. 287	Arts. 500 e 537
Art. 260	Art. 292	Art. 288	Art. 325
Art. 261	Art. 293	Art. 289	Art. 326
Art. 262	Art. 2º	Art. 290	Art. 323
Art. 263	Art. 312	Art. 291	Art. 328

CPC 1973	CPC 2015	CPC 1973	CPC 2015
Art. 292	Arts. 327	Art. 323	Art. 347
Art. 293	Art. 322	Art. 324	Art. 348
Art. 294	Art. 329	Art. 325	Arts. 503 e 1.054
Art. 295	Arts. 330 e 332	Art. 326	Art. 350
Art. 296	Art. 331	Art. 327	Arts. 351 e 352
Art. 297	Art. 335	Art. 328	Art. 353
Art. 298	Art. 335	Art. 329	Art. 354
Art. 299	S/C	Art. 330	Art. 355
Art. 300	Art. 336	Art. 331	Art. 357
Art. 301	Art. 337	Art. 332	Art. 369
Art. 302	Art. 341	Art. 333	Art. 373
Art. 303	Art. 342	Art. 334	Art. 374
Art. 304	Art. 146	Art. 335	Art. 375
Art. 305	Arts. 146 e 340	Art. 336	Art. 449
Art. 306	S/C	Art. 337	Art. 376
Art. 307	S/C	Art. 338	Art. 377
Art. 308	S/C	Art. 339	Art. 378
Art. 309	S/C	Art. 340	Art. 379
Art. 310	S/C	Art. 341	Art. 380
Art. 311	S/C	Art. 342	Art. 139
Art. 312	Art. 146	Art. 343	Art. 385
Art. 313	Art. 146	Art. 344	Art. 385
Art. 314	Art. 146	Art. 345	Art. 386
Art. 315	Art. 343	Art. 346	Art. 387
Art. 316	Art. 343	Art. 347	Art. 388
Art. 317	Art. 343	Art. 348	Art. 389
Art. 318	S/C	Art. 349	Art. 390
Art. 319	Art. 344	Art. 350	Art. 391
Art. 320	Art. 345	Art. 351	Art. 392
Art. 321	S/C	Art. 352	Art. 393
Art. 322	Art. 346	Art. 353	Art. 394

CPC 1973	CPC 2015	CPC 1973	CPC 2015
Art. 354	Art. 395	Art. 385	Art. 424
Art. 355	Art. 396	Art. 386	Art. 426
Art. 356	Art. 397	Art. 387	Art. 427
Art. 357	Art. 398	Art. 388	Art. 428
Art. 358	Art. 399	Art. 389	Art. 429
Art. 359	Art. 400	Art. 390	Art. 430
Art. 360	Art. 401	Art. 391	Art. 431
Art. 361	Art. 402	Art. 392	Art. 432
Art. 362	Art. 403	Art. 393	S/C
Art. 363	Art. 404	Art. 394	S/C
Art. 364	Art. 405	Art. 395	Art. 433
Art. 365	Art. 425	Art. 396	Art. 434
Art. 366	Art. 426	Art. 397	Art. 435
Art. 367	Art. 407	Art. 398	Art. 437
Art. 368	Art. 408	Art. 399	Art. 438
Art. 369	Art. 411	Art. 400	Arts. 442 e 443
Art. 370	Art. 409	Art. 401	S/C
Art. 371	Art. 410	Art. 402	Arts. 444 e 445
Art. 372	S/C	Art. 403	S/C
Art. 373	Art. 412	Art. 404	Art. 446
Art. 374	Art. 413	Art. 405	Art. 447
Art. 375	Art. 414	Art. 406	Art. 448
Art. 376	Art. 415	Art. 407	Arts. 450 e 357
Art. 377	Art. 416	Art. 408	Art. 451
Art. 378	Art. 417	Art. 409	Art. 452
Art. 379	Art. 418	Art. 410	Art. 453
Art. 380	Art. 419	Art. 411	Art. 454
Art. 381	Art. 420	Art. 412	Art. 455
Art. 382	Art. 421	Art. 413	Art. 456
Art. 383	Art. 422	Art. 414	Art. 457
Art. 384	Art. 423	Art. 415	Art. 458

CPC 1973	CPC 2015	CPC 1973	CPC 2015
Art. 416	Art. 459	Art. 445	Art. 360
Art. 417	Art. 460	Art. 446	Art. 361
Art. 418	Art. 461	Art. 447	S/C
Art. 419	Arts. 462 e 463	Art. 448	Art. 359
Art. 420	Art. 464	Art. 449	S/C
Art. 421	Arts. 465 e 464	Art. 450	Art. 358
Art. 422	Art. 466	Art. 451	S/C
Art. 423	Art. 467	Art. 452	Art. 361
Art. 424	Art. 468	Art. 453	Art. 362
Art. 425	Art. 469	Art. 454	Art. 364
Art. 426	Art. 470	Art. 455	Art. 365
Art. 427	Art. 472	Art. 456	Art. 366
Art. 428	Art. 465	Art. 457	Art. 367
Art. 429	Art. 473	Art. 458	Art. 489
Art. 430	Revogado	Art. 459	Arts. 490 e 491
Art. 431	Revogado	Art. 460	Art. 492
Art. 431-A	Art. 474	Art. 461	Arts. 497, 499, 500, 536 e 537
Art. 431-B	Art. 475	Art. 461-A	Arts. 498 e 538
Art. 432	Art. 476	Art. 462	Art. 493
Art. 433	Art. 477	Art. 463	Art. 494
Art. 434	Art. 478	Art. 464	Revogado
Art. 435	Art. 477	Art. 465	Revogado
Art. 436	Art. 479	Art. 466	Art. 495
Art. 437	Art. 480	Art. 466-A	Art. 501
Art. 438	Art. 480	Art. 466-B	S/C
Art. 439	Art. 480	Art. 466-C	S/C
Art. 440	Art. 481	Art. 467	Art. 502
Art. 441	Art. 482	Art. 468	Art. 503
Art. 442	Art. 483	Art. 469	Art. 504
Art. 443	Art. 484	Art. 470	Arts. 503 e 1.054
Art. 444	Art. 368	Art. 471	Art. 505

CPC 1973	CPC 2015	CPC 1973	CPC 2015
Art. 472	Art. 506	Art. 485	Art. 966
Art. 473	Art. 507	Art. 486	Art. 966
Art. 474	Art. 508	Art. 487	Art. 967
Art. 475	Art. 496	Art. 488	Art. 968
Art. 475-A	Arts. 509 e 512	Art. 489	Art. 969
Art. 475-B	Arts. 509 e 524	Art. 490	Art. 968
Art. 475-C	Art. 509	Art. 491	Art. 970
Art. 475-D	Art. 510	Art. 492	Art. 972
Art. 475-E	Art. 509	Art. 493	Art. 973
Art. 475-F	Art. 511	Art. 494	Art. 974
Art. 475-G	Art. 509	Art. 495	Art. 975
Art. 475-H	S/C	Art. 496	Art. 994
Art. 475-I	Arts. 509 e 513	Art. 497	Art. 995
Art. 475-J	Art. 523	Art. 498	S/C
Art. 475-L	Art. 525	Art. 499	Art. 996
Art. 475-M	Art. 525	Art. 500	Art. 997
Art. 475-N	Art. 515	Art. 501	Art. 998
Art. 475-O	Arts. 520, 521 e 522	Art. 502	Art. 999
Art. 475-P	Art. 516	Art. 503	Art. 1.000
Art. 475-Q	Art. 533	Art. 504	Art. 1.001
Art. 475-R	S/C	Art. 505	Art. 1.002
Art. 476	S/C	Art. 506	Art. 1.003
Art. 477	S/C	Art. 507	Art. 1.004
Art. 478	S/C	Art. 508	Art. 1.003
Art. 479	S/C	Art. 509	Art. 1.005
Art. 480	Art. 948	Art. 510	Art. 1.006
Art. 481	Art. 949	Art. 511	Art. 1.007
Art. 482	Art. 950	Art. 512	Art. 1.008
Art. 483	Arts. 960 e 961	Art. 513	Art. 1.009
Art. 484	Art. 965	Art. 514	Art. 1.010
		Art. 515	Arts. 1.013 e 938

CPC 1973	CPC 2015
Art. 516	S/C
Art. 517	Art. 1.014
Art. 518	Art. 1.010
Art. 519	Art. 1.007
Art. 520	Art. 1.012
Art. 521	Art. 1.012
Art. 522	Art. 1.015
Art. 523	S/C
Art. 524	Art. 1.016
Art. 525	Art. 1.017
Art. 526	Art. 1.018
Art. 527	Art. 1.019
Art. 528	Art. 1.020
Art. 529	Art. 1.018
Art. 530	S/C
Art. 531	S/C
Art. 532	S/C
Art. 533	S/C
Art. 534	S/C
Art. 535	Art. 1.022
Art. 536	Art. 1.023
Art. 537	Art. 1.024
Art. 538	Art. 1.026
Art. 539	Art. 1.027
Art. 540	Art. 1.028
Art. 541	Art. 1.029
Art. 542	Art. 1.030
Art. 543	Art. 1.031
Art. 543-A	Art. 1.035
Art. 543-B	Arts. 1.036 e 1.039

CPC 1973	CPC 2015
Art. 543-C	Arts. 1.036, 1.038, 1.040 e 1.041
Art. 544	Art. S/C
Art. 545	Art. 1.021
Art. 546	Art. 1.043
Art. 547	Art. 929
Art. 548	Art. 930
Art. 549	Art. 931
Art. 550	S/C
Art. 551	S/C
Art. 552	Arts. 934 e 935
Art. 553	Art. 971
Art. 554	Art. 937
Art. 555	Arts. 941, 940 e 947
Art. 556	Arts. 941 e 943
Art. 557	Art. 932
Art. 558	Arts. 995 e 1.012
Art. 559	Art. 946
Art. 560	Art. 938
Art. 561	Art.939
Art. 562	Art. 936
Art. 563	Art. 943
Art. 564	Art. 943
Art. 565	Art. 937
Art. 566	Art. 778
Art. 567	Art. 778
Art. 568	Art. 779
Art. 569	Art. 775
Art. 570	Revogado
Art. 571	Art. 800
Art. 572	Art. 514

CPC 1973	CPC 2015	CPC 1973	CPC 2015
Art. 573	Art. 780	Art. 604	Revogado
Art. 574	Art. 776	Art. 605	Revogado
Art. 575	S/C	Art. 606	Revogado
Art. 576	Art. 781	Art. 607	Revogado
Art. 577	Art. 782	Art. 608	Revogado
Art. 578	Art. 46	Art. 609	Revogado
Art. 579	Art. 782	Art. 610	Revogado
Art. 580	Art. 786	Art. 611	Revogado
Art. 581	Art. 788	Art. 612	Art. 797
Art. 582	Art. 787	Art. 613	Art. 797
Art. 583	Revogado	Art. 614	Art. 798
Art. 584	Revogado	Art. 615	Art. 798
Art. 585	Art. 784	Art. 615-A	Art. 828
Art. 586	Art. 783	Art. 616	Art. 801
Art. 587	S/C	Art. 617	Art. 802
Art. 588	Revogado	Art. 618	Art. 803
Art. 589	Revogado	Art. 619	Art. 804
Art. 590	Revogado	Art. 620	Art. 805
Art. 591	Art. 789	Art. 621	Art. 806
Art. 592	Art. 790	Art. 622	S/C
Art. 593	Art. 792	Art. 623	S/C
Art. 594	Art. 793	Art. 624	Art. 807
Art. 595	Art. 794	Art. 625	S/C
Art. 596	Art. 795	Art. 626	Art. 808
Art. 597	Art. 796	Art. 627	Art. 809
Art. 598	Art. 771	Art. 628	Art. 810
Art. 599	Art. 772	Art. 629	Art. 811
Art. 600	Art. 774	Art. 630	Art. 812
Art. 601	Art. 774	Art. 631	Art. 813
Art. 602	Revogado	Art. 632	Art. 815
Art. 603	Revogado	Art. 633	Art. 816

CPC 1973	CPC 2015
Art. 634	Art. 817
Art. 635	Art. 818
Art. 636	Art. 819
Art. 637	Art. 820
Art. 638	Art. 821
Art. 639	Revogado
Art. 640	Revogado
Art. 641	Revogado
Art. 642	Art. 822
Art. 643	Art. 823
Art. 644	S/C
Art. 645	Art. 814
Art. 646	Art. 824
Art. 647	Art. 825
Art. 648	Art. 832
Art. 649	Art. 833
Art. 650	Art. 834
Art. 651	Art. 826
Art. 652	Art. 829
Art. 652-A	Art. 827
Art. 653	Art. 830
Art. 654	Art. 830
Art. 655	Arts. 835 e 842
Art. 655-A	Arts. 854 e 866
Art. 655-B	Art. 843
Art. 656	Arts. 847 e 848
Art. 657	Arts. 849 e 853
Art. 658	Art. 845
Art. 659	Arts. 831, 845, 836, 844 e 837
Art. 660	Art. 846
Art. 661	Art. 846

CPC 1973	CPC 2015
Art. 662	Art. 846
Art. 663	Art. 846
Art. 664	Art. 839
Art. 665	Art. 838
Art. 666	Art. 840
Art. 667	Art. 851
Art. 668	Art. 847
Art. 669	Revogado
Art. 670	Arts. 852 e 853
Art. 671	Art. 855
Art. 672	Art. 856
Art. 673	Art. 857
Art. 674	Art. 860
Art. 675	Art. 858
Art. 676	Art. 859
Art. 677	Art. 862
Art. 678	Art. 863
Art. 679	Art. 864
Art. 680	Arts. 870 e 871
Art. 681	Art. 872
Art. 682	Art. 871
Art. 683	Art. 873
Art. 684	Art. 871
Art. 685	Arts. 874 e 875
Art. 685-A	Arts. 876 e 877
Art. 685-B	Art. 877
Art. 685-C	Art. 880
Art. 686	Art. 886
Art. 687	Arts. 887 e 889
Art. 688	Art. 888
Art. 689	900

CPC 1973	CPC 2015
Art. 689-A	Art. 882
Art. 690	Art. 895
Art. 690-A	Arts. 890 e 892
Art. 691	Art. 893
Art. 692	Arts. 891 e 899
Art. 693	Art. 901
Art. 694	Art. 903
Art. 695	Art. 897
Art. 696	Art. 898
Art. 697	Revogado
Art. 698	Art. 889
Art. 699	Revogado
Art. 700	Revogado
Art. 701	Art. 896
Art. 702	Art. 894
Art. 703	Art. 901
Art. 704	Art. 881
Art. 705	Art. 884
Art. 706	Art. 883
Art. 707	Art. 901
Art. 708	Art. 904
Art. 709	Arts. 905 e 906
Art. 710	Art. 907
Art. 711	Art. 908
Art. 712	Art. 909
Art. 713	Art. 909
Art. 714	Revogado
Art. 715	Revogado
Art. 716	Art. 867
Art. 717	Art. 868
Art. 718	Art. 868

CPC 1973	CPC 2015
Art. 719	Art. 869
Art. 720	S/C
Art. 721	S/C
Art. 722	S/C
Art. 723	Art. 869
Art. 724	Art. 869
Art. 725	Revogado
Art. 726	Revogado
Art. 727	Revogado
Art. 728	Revogado
Art. 729	Revogado
Art. 730	Art. 534
Art. 731	Art. 534
Art. 732	S/C
Art. 733	Art. 528
Art. 734	Art. 529
Art. 735	S/C
Art. 736	Art. 914
Art. 737	Revogado
Art. 738	Art. 915
Art. 739	Arts. 918
Art. 739-A	Arts. 919 e 917
Art. 739-B	Art. 777
Art. 740	Art. 920
Art. 741	Art. 535
Art. 742	S/C
Art. 743	Art. 917
Art. 744	Revogado
Art. 745	Art. 917
Art. 745-A	Art. 916
Art. 746	S/C

CPC 1973	CPC 2015	CPC 1973	CPC 2015
Art. 747	Art. 914	Art. 778	Art. 1.052
Art. 748	Art. 1.052	Art. 779	Art. 1.052
Art. 749	Art. 1.052	Art. 780	Art. 1.052
Art. 750	Art. 1.052	Art. 781	Art. 1.052
Art. 751	Art. 1.052	Art. 782	Art. 1.052
Art. 752	Art. 1.052	Art. 783	Art. 1.052
Art. 753	Art. 1.052	Art. 784	Art. 1.052
Art. 754	Art. 1.052	Art. 785	Art. 1.052
Art. 755	Art. 1.052	Art. 786	Art. 1.052
Art. 756	Art. 1.052	Art. 786-A	Art. 1.052
Art. 757	Art. 1.052	Art. 787	Revogado
Art. 758	Art. 1.052	Art. 788	Revogado
Art. 759	Art. 1.052	Art. 789	Revogado
Art. 760	Art. 1.052	Art. 790	Revogado
Art. 761	Art. 1.052	Art. 791	Art. 921
Art. 762	Art. 1.052	Art. 792	Art. 922
Art. 763	Art. 1.198	Art. 793	Art. 923
Art. 764	Art. 1.201	Art. 794	Art. 924
Art. 765	Art. 1.204	Art. 795	Art. 925
Art. 766	Art. 1.052	Art. 796	S/C
Art. 767	Art. 1.052	Art. 797	S/C
Art. 768	Art. 1.052	Art. 798	Arts. 297 e 300
Art. 769	Art. 1.052	Art. 799	S/C
Art. 770	Art. 1.052	Art. 800	Art. 299
Art. 771	Art. 1.052	Art. 801	Art. 305
Art. 772	Art. 1.052	Art. 802	Art. 306
Art. 773	Art. 1.052	Art. 803	Art. 307
Art. 774	Art. 1.052	Art. 804	Art. 300
Art. 775	Art. 1.052	Art. 805	S/C
Art. 776	Art. 1.052	Art. 806	Art. 308
Art. 777	Art. 1.052	Art. 807	Art. 296

CPC 1973	CPC 2015	CPC 1973	CPC 2015
Art. 808	Art. 309	Art. 839	Art. 536
Art. 809	S/C	Art. 840	S/C
Art. 810	Art. 310	Art. 841	S/C
Art. 811	Art. 302	Art. 842	Art. 536
Art. 812	S/C	Art. 843	S/C
Art. 813	S/C	Art. 844	S/C
Art. 814	S/C	Art. 845	S/C
Art. 815	S/C	Art. 846	Art. 381
Art. 816	S/C	Art. 847	Art. 381
Art. 817	S/C	Art. 848	Art. 382
Art. 818	S/C	Art. 849	S/C
Art. 819	S/C	Art. 850	S/C
Art. 820	S/C	Art. 851	Art. 381
Art. 821	S/C	Art. 852	S/C
Art. 822	S/C	Art. 853	S/C
Art. 823	S/C	Art. 854	S/C
Art. 824	S/C	Art. 855	S/C
Art. 825	S/C	Art. 856	S/C
Art. 826	S/C	Art. 857	S/C
Art. 827	S/C	Art. 858	S/C
Art. 828	S/C	Art. 859	S/C
Art. 829	S/C	Art. 860	S/C
Art. 830	S/C	Art. 861	Art. 381
Art. 831	S/C	Art. 862	S/C
Art. 832	S/C	Art. 863	S/C
Art. 833	S/C	Art. 864	S/C
Art. 834	S/C	Art. 865	S/C
Art. 835	Art. 83	Art. 866	Art. 383
Art. 836	Art. 83	Art. 867	Art. 726
Art. 837	Art. 83	Art. 868	S/C
Art. 838	S/C	Art. 869	S/C

CPC 1973	CPC 2015	CPC 1973	CPC 2015
Art. 870	Art. 726	Art. 901	S/C
Art. 871	S/C	Art. 902	Art. 311
Art. 872	Art. 729	Art. 903	S/C
Art. 873	S/C	Art. 904	S/C
Art. 874	Art. 703	Art. 905	S/C
Art. 875	Art. 704	Art. 906	S/C
Art. 876	Art. 706	Art. 907	S/C
Art. 877	S/C	Art. 908	S/C
Art. 878	S/C	Art. 909	S/C
Art. 879	S/C	Art. 910	S/C
Art. 880	S/C	Art. 911	S/C
Art. 881	S/C	Art. 912	S/C
Art. 882	S/C	Art. 913	S/C
Art. 883	S/C	Art. 914	S/C
Art. 884	S/C	Art. 915	Art. 550
Art. 885	S/C	Art. 916	S/C
Art. 886	S/C	Art. 917	Art. 551
Art. 887	S/C	Art. 918	Art. 552
Art. 888	S/C	Art. 919	Art. 553
Art. 889	S/C	Art. 920	Art. 554
Art. 890	Art. 539	Art. 921	Art. 555
Art. 891	Art. 540	Art. 922	Art. 556
Art. 892	Art. 541	Art. 923	Art. 557
Art. 893	Art. 542	Art. 924	Art. 558
Art. 894	Art. 543	Art. 925	Art. 559
Art. 895	Art. 547	Art. 926	Art. 560
Art. 896	Art. 544	Art. 927	Art. 561
Art. 897	Art. 546	Art. 928	Art. 562
Art. 898	Art. 548	Art. 929	Art. 563
Art. 899	Art. 545	Art. 930	Art. 564
Art. 900	Art. 549	Art. 931	Art. 566

CPC 1973	CPC 2015	CPC 1973	CPC 2015
Art. 932	Art. 567	Art. 963	Art. 584
Art. 933	Art. 568	Art. 964	Art. 585
Art. 934	S/C	Art. 965	Art. 586
Art. 935	S/C	Art. 966	Art. 587
Art. 936	S/C	Art. 967	Art. 588
Art. 937	S/C	Art. 968	Art. 589
Art. 938	S/C	Art. 969	Art. 590
Art. 939	S/C	Art. 970	Art. 591
Art. 940	S/C	Art. 971	Art. 592
Art. 941	S/C	Art. 972	S/C
Art. 942	S/C	Art. 973	Art. 593
Art. 943	S/C	Art. 974	Art. 594
Art. 944	S/C	Art. 975	S/C
Art. 945	S/C	Art. 976	S/C
Art. 946	Art. 569	Art. 977	S/C
Art. 947	Art. 570	Art. 978	Art. 595
Art. 948	Art. 572	Art. 979	Art. 596
Art. 949	Art. 572	Art. 980	Art. 597
Art. 950	Art. 574	Art. 981	Art. 598
Art. 951	S/C	Art. 982	Art. 610
Art. 952	Art. 575	Art. 983	Art. 611
Art. 953	Art. 576	Art. 984	Art. 612
Art. 954	Art. 577	Art. 985	Art. 613
Art. 955	Art. 578	Art. 986	Art. 614
Art. 956	Art. 579	Art. 987	Art. 615
Art. 957	Art. 580	Art. 988	Art. 616
Art. 958	Art. 581	Art. 989	S/C
Art. 959	Art. 582	Art. 990	Art. 617
Art. 960	S/C	Art. 991	Art. 618
Art. 961	S/C	Art. 992	Art. 619
Art. 962	Art. 583	Art. 993	Art. 620

CPC 1973	CPC 2015	CPC 1973	CPC 2015
Art. 994	Art. 621	Art. 1.025	Art. 653
Art. 995	Art. 622	Art. 1.026	Art. 654
Art. 996	Art. 623	Art. 1.027	Art. 655
Art. 997	Art. 624	Art. 1.028	Art. 656
Art. 998	Art. 625	Art. 1.029	Art. 657
Art. 999	Art. 626	Art. 1.030	Art. 658
Art. 1.000	Art. 627	Art. 1.031	Art. 659
Art. 1.001	Art. 628	Art. 1.032	Art. 660
Art. 1.002	Art. 629	Art. 1.033	Art. 661
Art. 1.003	Art. 630	Art. 1.034	Art. 662
Art. 1.004	Art. 631	Art. 1.035	Art. 663
Art. 1.005	S/C	Art. 1.036	Art. 664
Art. 1.006	Art. 632	Art. 1.037	Art. 666
Art. 1.007	Art. 633	Art. 1.038	Art. 667
Art. 1.008	Art. 634	Art. 1.039	Art. 668
Art. 1.009	Art. 635	Art. 1.040	Art. 669
Art. 1.010	S/C	Art. 1.041	Art. 670
Art. 1.011	Art. 636	Art. 1.042	Art. 671
Art. 1.012	Art. 637	Art. 1.043	Art. 672
Art. 1.013	Art. 638	Art. 1.044	S/C
Art. 1.014	Art. 639	Art. 1.045	Art. 673
Art. 1.015	Art. 640	Art. 1.046	Art. 674
Art. 1.016	Art. 641	Art. 1.047	Art. 674
Art. 1.017	Art. 642	Art. 1.048	Art. 675
Art. 1.018	Arts. 643	Art. 1.049	Art. 676
Art. 1.019	Art. 644	Art. 1.050	Art. 677
Art. 1.020	Art. 645	Art. 1.051	Art. 678
Art. 1.021	Art. 646	Art. 1.052	S/C
Art. 1.022	Art. 647	Art. 1.053	Art. 679
Art. 1.023	Art. 651	Art. 1.054	Art. 680
Art. 1.024	Art. 652	Art. 1.055	Art. 687

TABELA DE EQUIVALÊNCIA CPC 1973 X CPC 2015

CPC 1973	CPC 2015	CPC 1973	CPC 2015
Art. 1.056	Art. 688	Art. 1.114	S/C
Art. 1.057	Art. 690	Art. 1.115	S/C
Art. 1.058	S/C	Art. 1.116	S/C
Art. 1.059	S/C	Art. 1.117	S/C
Art. 1.060	Art. 689	Art. 1.118	S/C
Art. 1.061	S/C	Art. 1.119	S/C
Art. 1.062	Art. 692	Art. 1.120	Art. 731
Art. 1.063	Art. 712	Art. 1.121	Art. 731
Art. 1.064	Art. 713	Art. 1.122	S/C
Art. 1.065	Art. 714	Art. 1.123	S/C
Art. 1.066	Art. 715	Art. 1.124	S/C
Art. 1.067	Art. 716	Art. 1.124-A	Art. 733
Art. 1.068	Art. 717	Art. 1.125	Art. 735
Art. 1.069	Art. 718	Art. 1.126	Art. 735
Art. 1.070	S/C	Art. 1.127	Art. 735
Art. 1.071	S/C	Art. 1.128	Art. 736
Arts. 1.072 a 1.102	Revogados	Art. 1.129	S/C
Art. 1.102-A	Art. 700	Art. 1.130	Art. 737
Art. 1.102-B	Art. 701	Art. 1.131	Art. 737
Art. 1.102-C	Art. 702	Art. 1.132	S/C
Art. 1.103	Art. 719	Art. 1.133	Art. 737
Art. 1.104	Art. 720	Art. 1.134	S/C
Art. 1.105	Art. 721	Art. 1.135	S/C
Art. 1.106	Art. 721	Art. 1.136	S/C
Art. 1.107	S/C	Art. 1.137	S/C
Art. 1.108	Art. 722	Art. 1.138	S/C
Art. 1.109	Art. 723	Art. 1.139	S/C
Art. 1.110	Art. 724	Art. 1.140	S/C
Art. 1.111	S/C	Art. 1.141	S/C
Art. 1.112	Art. 725	Art. 1.142	Art. 738
Art. 1.113	Art. 730	Art. 1.143	Art. 739

CPC 1973	CPC 2015	CPC 1973	CPC 2015
Art. 1.144	Art. 739	Art. 1.175	S/C
Art. 1.145	Art. 740	Art. 1.176	S/C
Art. 1.146	S/C	Art. 1.177	Art. 747
Art. 1.147	Art. 740	Art. 1.178	Art. 748
Art. 1.148	Art. 740	Art. 1.179	S/C
Art. 1.149	Art. 740	Art. 1.180	Arts. 747 e 749
Art. 1.150	Art. 740	Art. 1.181	Art. 751
Art. 1.151	Art. 740	Art. 1.182	Art. 752
Art. 1.152	Art. 741	Art. 1.183	Arts. 753, 754 e 755
Art. 1.153	Art. 741	Art. 1.184	Arts. 755 e 1.012
Art. 1.154	Art. 741	Art. 1.185	S/C
Art. 1.155	Art. 742	Art. 1.186	Art. 756
Art. 1.156	Art. 742	Art. 1.187	Art. 759
Art. 1.157	Art. 743	Art. 1.188	Art. 759
Art. 1.158	Art. 743	Art. 1.189	S/C
Art. 1.159	S/C	Art. 1.190	S/C
Art. 1.160	Art. 744	Art. 1.191	S/C
Art. 1.161	Art. 745	Art. 1.192	Art. 760
Art. 1.162	S/C	Art. 1.193	S/C
Art. 1.163	Art. 745	Art. 1.194	Art. 761
Art. 1.164	Art. 745	Art. 1.195	Art. 761
Art. 1.165	S/C	Art. 1.196	S/C
Art. 1.166	S/C	Art. 1.197	Art. 762
Art. 1.167	S/C	Art. 1.198	Art. 763
Art. 1.168	S/C	Art. 1.199	S/C
Art. 1.169	Art. 745	Art. 1.200	S/C
Art. 1.170	Art. 746	Art. 1.201	Art. 764
Art. 1.171	Art. 746	Art. 1.202	S/C
Art. 1.172	S/C	Art. 1.203	S/C
Art. 1.173	S/C	Art. 1.204	Art. 765
Art. 1.174	S/C		

Esta obra foi composta em fonte Palatino Linotype, corpo 10
e impressa em papel Offset 75g (miolo) e Supremo 250g (capa)
pela Gráfica e Editora O Lutador, em Belo Horizonte/MG.